国家社科基金青年项目(批准号:09CJY060)

劳务输出大省扶持农民工返乡创业研究:制度困境与政策选择

胡俊波　等 著

科 学 出 版 社
北 京

内容简介

本书首次将农民工返乡创业的进程归纳为孕育期、萌芽期、成长期和发展期，对其历史流变的阶段特征及演进逻辑进行剖析。本书将构建一个不确定条件下返乡农民工创业投资的决策模型，并在此基础上构建一个扶持农民工返乡创业的理论分析框架。还从政策的“知晓度、利用度、难易度、满意度、重要度”等五个方面构建一个能对政策宣传、推广到落实各环节的绩效进行评估且相对简单可行的体系，并提出进一步扶持农民工返乡创业的短期与长期政策选择。

本书适合从事“三农”问题研究的专家学者，高等院校教师、学生，以及相关行业和部门实际工作者阅读参考。

图书在版编目(CIP)数据

劳务输出大省扶持农民工返乡创业研究：制度困境与政策选择 / 胡俊波等著. — 北京：科学出版社，2016.3

ISBN 978-7-03-047680-7

Ⅰ.①劳…　Ⅱ.①胡…　Ⅲ.①民工-劳动就业-研究-中国

Ⅳ.①D669.2

中国版本图书馆 CIP 数据核字（2016）第 049434 号

责任编辑：杨　岭　孟　锐 / 责任校对：陈　靖

责任印制：余少力 / 封面设计：墨创文化

科学出版社出版

北京东黄城根北街16号

邮政编码：100717

http://www.sciencep.com

成都创新包装印刷厂印刷

科学出版社发行　各地新华书店经销

*

2015年12月第　一　版　开本：787×1092　1/16

2015年12月第一次印刷　印张：18 3/4

字数：445 千字

定价：68.00 元

序

由四川省社会科学院胡俊波博士主持的国家社科基金项目成果《劳务输出大省扶持农民工返乡创业研究：制度困境与政策选择》受到好评，结项鉴定等级为“优秀”，并即将出版，这是一件很好的事情。在新的历史时期，面对新的经济常态，为推动我国经济发展由要素驱动、投资驱动转向创新驱动，国家提出了“大众创业、万众创新”的发展战略。作为推动这一战略的具体举措，2015 年 6 月国家发布了《关于支持农民工等人员返乡创业的意见》(国办发〔2015〕47 号)。可以预见，未来中西部地区的劳务输出大省将迎来农民工返乡创业的蓬勃发展期。这项研究成果的出版可谓正当其时。

改革开放以来，中国经济 30 多年的发展是一部波澜壮阔的工业化、城镇化历史，同时也是一部蔚为壮观的农村劳动力转移流动史。伴随着一代又一代的农村劳动力外出务工，在这个群体由农民演进为农民工的过程中，中国经济创造出一个又一个奇迹。对于劳务输出地来说，劳务经济的发展不仅缓解了当地的就业压力，增加了农村居民收入，同时也为当地经济建设带来了可观的资金。可以说，在农民工群体联通下的劳务输出地与输入地之间形成了一个良性循环——输入地获得了相对稀缺的劳动力要素，而输出地则获得了相对稀缺的资金要素。由此，中国奇迹得以发轫。

然而，历史的发展总是曲折向前的，事物也总是对立统一的。随着大量农村“精英”劳动力的外出务工，其不利的一面逐渐显现。由于农民工群体以男性和青壮年为主，导致农业劳动力的老龄化、妇女化现象严重。第六次全国人口普查数据表明，四川、湖南、安徽三个劳务输出大省，人口老龄化程度均高于全国平均水平，且表现出从城市、镇到乡村人口老龄化程度依次递增的现象。宏观统计数据如此，微观调查数据则能够让我们更近一步地感受到这种危机。2014 年，我本人所主持的一项针对四川省传统农区农业劳动力的入户问卷调查也反映出这一问题的严重性。一是老龄劳动力实际主导着农业生产的经营、决策过程。在调查的 1744 个农村劳动力中，实际从事农业生产的劳动力平均年龄高达 54 岁，特别是 60 岁以上的老年人口中有 88.4%的人仍在从事农业劳动，且占总农业劳动力的比重高达 33.2%。这种经营者的老龄化又进一步导致了农业生产决策由老龄劳动力主导的现象，58.4%的家庭由 60 岁以上的老者在作出生产决策。二是农业劳动力的性别比例年龄倒挂现象十分严重。在农业劳动力样本中，女性与男性劳动力之比为 1.17∶1，但在中青年农业劳动力中性别比例却严重失衡。45 岁以下的女性与男性之比为 2.4∶1；45～60 岁的女性与男性之比为 1.35∶1；60 岁以上的女性与男性之比为 0.61∶1。这表明，女性已经成为青壮年农业劳动力的主要力量。不仅如此，大规模的农村劳动力外出，使得农村人户分离现象严重、留守问题日益凸显、乡村治理主体缺位严重、农村社区管理难度增大，等等问题，不一而足。

“归去来兮，田园将芜胡不归!”这是东晋诗人陶渊明向往自由自在的田园生活所发出的感慨，也应是这个时代“三农”领域的学者以及实际工作者面对现实所发出的感慨。只不过，二者所处时代背景的迥然差异，导致当今的人们更多的是对“田园将芜”的忧虑。“谁来种地?”是理论界面对传统农业逐渐衰败所发出的拷问和思索。从发达国家的发展进程看，在市场化、工业化、城镇化的冲击之下，传统农业终将为现代农业所取代。客观地说，面对逐渐衰亡的传统小农经济，建立现代农业经营体系、保障整个国民经济的健康发展也是中国这样一个人口大国的必由之路。现代农业的发展，要求以现代科学技术和管理方法来替代传统的生产技术和方法，而这些生产要素的效率高低却最终取决于利用它们的生产者。因而，人的要素成为决定将来我国农业发展前途的关键因素。近年来，专业大户、家庭农场、合作社和龙头企业等新型经营主体加速扩张，正在成长为我国现代农业发展中极为重要的基础性支撑。值得特别关注的是，大量返乡创业的农民工群体在新型经营主体发展壮大的过程中扮演着不可或缺的重要作用。本书的研究结果表明，那些在农林牧渔行业里务工且已经成为务工单位负责人的农民工其返乡创业成功的概率很高，这一点也恰好说明经过市场经济洗礼的农民工是可以成为推动现代农业发展的生力军的。

由此引申开来，促进农民工返乡创业也有利于新农村建设，以及县域经济的转型升级。长期以来，资金、劳动力等农村生产要素是净流出的，直至中央提出“以工促农，以城带乡”方始逐渐好转。在国家财政资金投入的引导下，各类社会资本不断进入农村，改变了过去那种农村生产要素单向流出的局面。返乡农民工群体，作为土生土长的本地人，相对于其他社会群体而言，他们对家乡有着天然的亲近感，对养育他们的“故土”有着深深的眷恋。一旦他们创业成功，他们返乡所带来的资金、技术、人力资本将在生养他们的土地上扎根下来，具有超强的稳定性。因此支持返乡农民工创业，具有更为重要的现实意义，同时也更加具有可行性。

但是，“创业艰难百战多”，特别是返乡农民工所创企业绝大多数是小微企业，在严酷的市场竞争中，往往处于非常不利的局面。为了更好地推动“双创”国家战略的实施，需要摸清农民工返乡创业的基本特征与发展态势，掌握他们面临的困难与障碍，并及时评估既有扶持政策的绩效，以便下一步有针对性地展开创业扶持，提高政策效率。可喜的是，胡俊波博士领衔的团队从 2009 年至 2014 年以劳务输出大省四川为例，对农民工返乡创业情况进行了持续地跟踪调查和研究，并最终形成了《劳务输出大省扶持农民工返乡创业研究：制度困境与政策选择》这一成果，对于把握近年来农民工返乡创业的基本态势、了解政策的实施绩效具有重要的参考意义。

该书首次将农民工返乡创业的进程归纳为孕育期、萌芽期、成长期和发展期，对其历史流变的阶段特征及演进逻辑进行了剖析。按照从一般到特殊的分析范式，分析了国际金融危机对“世界经济—中国经济—劳务输出大省”的系列影响，对特殊历史时期下劳务输出大省扶持农民工返乡创业的特殊意义及其所具备的现实条件进行了研究。该书构建了一个扶持农民工返乡创业的理论分析框架，对农民工返乡创业的态势和特点进行了连续4年时间的长期跟踪调查，并从政策的“知晓度、利用度、难易度、满意度、重要度”等五个方面构建了一个能对政策宣传、推广到落实各环节的绩效进行评估且相对简单可行的体系，在此基础上提出了进一步扶持农民工返乡创业的短期与长期政策选择。作为一项具有研究深度的学术成果，该书的出版具有重要的学术价值和应用价值。

第一，该书针对农民工返乡创业问题展开了许多富有开创性质的研究。包括：首次将农民工返乡创业历史流变归纳为四个时期进行系统研究；首次综合运用“不确定下的选择理论”和“人力资本理论”构建了农民工返乡创业投资决策模型与理论分析框架；首次将农民工的职业经历对其返乡创业意愿及行为的影响纳入计量模型实证检验；首次从农民工对政策的“知晓度、利用度、难易度、满意度、重要度”等五个方面展开创业扶持政策的绩效评估。这些创新性的研究拓展了农民工返乡创业问题研究的理论深度和广度。

第二，该书具有重要的案例参考价值。该书对农民工返乡创业问题进行了长达4年时间的连续跟踪调查，对金融危机及后金融危机期间农民工返乡创业的趋势和特征展开了详实的调查并取得了许多宝贵的资料。从目前已公开发表的研究文献看，该书对金融危机后农民工返乡创业现象所作的跟踪调查周期是最长的，可以为学界今后研究这一时期的农民工返乡创业问题提供重要参考。

第三，该书提出的战略思路和政策选择，可以为优化农民工返乡创业扶持政策提供决策参考。该书从理论与实证两个方面、从微观与宏观两个层面、从政策需求方与供给方两个视角，对影响农民工返乡创业的因素进行了深入的研究，并对已经出台的农民工返乡创业扶持政策进行了系统全面的绩效评估，掌握了返乡农民工在创业过程中的实际政策需求。针对这些政策需求，以及农民工返乡创业过程中面临的表征困难与深层制度困境，该书提出了促进农民工返乡创业的一系列具体可行的短期与长期政策选择建议。

农民工返乡创业是近年来农村经济社会发展过程中出现的新趋势、新事物，作为一项探索性的研究，该书尚存在值得进一步提升的地方，如：对农民工返乡创业的宏观定量分析还可加以完善，关于农民工返乡创业扶持政策绩效的评估框架还需要深化，对各地在扶持农民工返乡创业过程中形成的经验做法也需要继续总结。当然，瑕不掩瑜，总体而言，本书的研究思路清晰，逻辑严谨，内容丰富、资料详实、方法科学，是一份具有较高价值的研究成果，对于研究扶持农民工返乡创业是一本很好的参考书。希望胡俊波博士继续在这一领域不懈努力，深化拓展。

郭晓鸣

2015年11月1日

目　　录

第1章　导论 …… 1

1.1　研究背景与意义 …… 1

1.1.1　研究背景 …… 1

1.1.2　研究意义 …… 3

1.2　国内外相关研究综述 …… 4

1.2.1　农民工返乡创业的概念界定 …… 4

1.2.2　国外相关研究概述 …… 5

1.2.3　国内相关研究概述 …… 6

1.3　研究的基本思路、逻辑结构、主要内容与方法 …… 8

1.3.1　基本思路 …… 8

1.3.2　逻辑结构 …… 11

1.3.3　主要内容 …… 14

1.3.4　研究方法 …… 19

1.4　主要的研究发现、创新与不足 …… 19

1.4.1　主要的研究发现 …… 19

1.4.2　本书的创新之处 …… 25

1.4.3　存在的不足 …… 27

第2章　农民工返乡创业的历史流变与制度困境 …… 28

2.1　农民工返乡创业的历史流变(1978～2007年) …… 29

2.1.1　1978～1991年：农民工返乡创业孕育期 …… 29

2.1.2　1992～2002年：农民工返乡创业萌芽期 …… 36

2.1.3　2003～2007年：农民工返乡创业成长期 …… 41

2.2　农民工返乡创业面临的困难：外部环境与自身条件 …… 47

2.2.1　农民工返乡创业面临的外部环境制约 …… 48

2.2.2　农民工返乡创业面临的自身条件限制 …… 52

2.3　返乡农民工创业困境的制度根源：城市偏向的城乡二元制度 …… 53

2.3.1　农民工返乡创业历史演变的理论阐述：基于制度变迁与利益博弈 …… 54

2.3.2　政府与创业者目标函数的偏离：城乡二元制度的必然结果 …… 62

第 3 章 劳务输出大省扶持农民工返乡创业：危机下的特殊意义与现实条件 ……… 69
3.1 金融危机产生和发展的机制及其对世界经济的影响 …… 69
3.1.1 美国次贷危机的起因及美国经济政策转变 …… 69
3.1.2 欧洲主权债务危机及欧盟对外经济政策取向 …… 72
3.1.3 危机后国际经济环境的变化 …… 74
3.2 金融危机对我国经济的影响 …… 77
3.2.1 对出口与就业造成巨大冲击 …… 77
3.2.2 给经济结构调整带来机遇和挑战 …… 80
3.2.3 给我国经济带来通胀困扰 …… 82
3.3 劳务输出大省扶持农民工返乡创业的特殊意义与现实条件 …… 84
3.3.1 劳务输出大省的基本特征 …… 84
3.3.2 国际金融危机对劳务输出大省的影响 …… 92
3.3.3 扶持农民工返乡创业的特殊意义 …… 94
3.3.4 扶持农民工返乡创业的现实条件 …… 98
第 4 章 农民工返乡创业的理论分析框架 …… 106
4.1 国际金融危机背景下扶持农民工返乡创业面临的困局 …… 106
4.2 农民工返乡创业的动力机制——期望收益与成本的比较 …… 107
4.2.1 基于传统人力资本理论的农民工创业投资决策模型 …… 107
4.2.2 修正的农民工创业投资决策模型 …… 108
4.3 影响农民工返乡创业投资决策的变量解析 …… 109
4.4 扶持农民工返乡创业的分析框架：基于微观与宏观层面的视角 …… 109
4.5 扶持农民工返乡创业的政策取向与着力点：来自理论分析 …… 111
4.5.1 扶持返乡农民工返乡创业的政策取向 …… 111
4.5.2 扶持返乡农民工返乡创业的着力点 …… 112
第 5 章 农民工返乡创业的实证分析——来自劳务输出大省四川的数据 …… 113
5.1 金融危机后四川省农民工返乡的状况 …… 113
5.1.1 金融危机爆发 1 年内四川省农民工返乡状况(2008 年 9 月至 2009 年) …… 113
5.1.2 后金融危机时期四川省农民工返乡状况(2010～2012 年) …… 122
5.2 四川省返乡农民工的创业态势 …… 131
5.2.1 创业者人口学特征 …… 131
5.2.2 创业企业经营现状 …… 135
5.3 模型检验 …… 150
5.3.1 返乡农民工创业意愿影响因素分析 …… 151
5.3.2 返乡农民工创业行为影响因素分析 …… 164

第6章　农民工返乡创业扶持政策绩效评估 …… 173
6.1　农民工返乡创业扶持政策评估的理论基础 …… 173
6.1.1　政策评估的理念和标准 …… 173
6.1.2　政策评估的内容和方法 …… 179
6.1.3　返乡创业扶持政策评估的困境、思路、逻辑框架与方法 …… 182
6.2　对返乡创业扶持政策绩效的实证分析 …… 189
6.2.1　对返乡创业扶持政策知晓度的评估 …… 189
6.2.2　对返乡创业扶持政策利用度与难易度的评估 …… 214
6.2.3　对返乡创业扶持政策满意度的评估 …… 225
6.2.4　对返乡创业扶持政策重要度的评估 …… 235
6.3　总结性评价：返乡创业扶持政策的形成、发展、成效与不足 …… 250
6.3.1　返乡创业扶持政策的形成 …… 250
6.3.2　返乡创业扶持政策的发展 …… 252
6.3.3　返乡创业扶持政策的成效 …… 254
6.3.4　存在的问题 …… 256
第7章　扶持农民工返乡创业的政策选择 …… 261
7.1　扶持农民工返乡创业的基本思路 …… 261
7.2　扶持农民工返乡创业的短期政策选择 …… 263
7.2.1　优化返乡创业扶持政策体系 …… 264
7.2.2　调整扶持政策的实施方向 …… 271
7.2.3　加强扶持政策的落实力度 …… 274
7.2.4　提高政府服务质量及水平 …… 276
7.3　扶持农民工返乡创业的长期政策选择 …… 278
7.3.1　推进以户籍制度为核心的综合配套改革：起点公平与权益对等 …… 278
7.3.2　推进以土地制度为核心的农村产权制度改革：微观基础与自我“造血” …… 280
7.3.3　推进以“农民主体”培育为核心的社会结构再造：利益诉求与价值观念 …… 281
7.3.4　推进以政府职能转变为核心的社会治理结构变革：管理创新与力量制衡 …… 282
主要参考文献 …… 283
后记 …… 289

第1章　导　　论

1.1　研究背景与意义

1.1.1　研究背景

受国际金融危机的影响，2008年下半年我国出口增速大幅下降，沿海许多出口导向型企业或停产，或倒闭，外出务工的农民工纷纷返乡。2009年2月2日，国务院新闻办举行的新闻发布会表示当时约有2000万返乡农民工，加上新增的未就业农民工，返乡农民工总计达到2500万左右，就业形势很严峻。为了缓解不断增大的就业压力，从2008年下半年开始，中央就开始陆续出台多项政策以扩大就业。2008年9月26日，国务院办公厅转发人力资源和社会保障部等部门《关于促进以创业带动就业工作指导意见的通知》(国办发［2008］111号)指出要“重点指导和促进高校毕业生、失业人员和返乡农民工创业。”这是中央文件第一次明确提出要扶持返乡农民工创业。其后，党的十七届三中全会、2009年中央经济工作会议、农村工作会议以及2009年中央一号文件对于农民工返乡创业都相当重视并提出要加大扶持力度。对于劳务输出大省来说，在就业压力陡增的情况下，引导返乡农民工创业具有格外重要的现实意义：一方面可以通过创业带动就业，缓解当地的就业压力和社会矛盾，另一方面可以有效利用返乡农民工的资金、技术，带动当地经济发展和产业结构的升级。

追溯历史，我们可以发现：改革开放以后，随着经济体制由传统的计划经济向市场经济逐步转型，被禁锢在土地上的农村劳动力开始不断向城市转移，城乡之间有形的地理分割由于劳动力的流动被打破，但无形的制度藩篱却至今犹存，农民工返乡创业就是在这样的宏观背景下孕育、萌芽、成长和不断发展起来的。

1978～1992年，在传统计划经济体制的强大惯性以及“城市偏向”发展思维的束缚下，政府针对农村剩余劳动力转移的指导思想是“离土不离乡”，这期间并无“农民工”一说，也就无所谓“农民工返乡创业”，而是集中表现为农村地域空间范围内以乡镇企业为主体的农民就地创业。1978年“三中全会”以后，以家庭联产承包责任制为核心的改革使农村积累了初始资金和廉价劳动力，为农民在非农领域寻找创业机会准备了客观条件。就地创业不仅在特定时期实现了农村自我积累和剩余劳动力的就近吸纳，更对亿万农民进行了创业启蒙，培植起革新精神。因而这一时期可以说是农民工返乡创业的孕育期。

1992年小平同志南方谈话与1997年党的十五大召开，从理论上破除了社会基本制度范畴的思想束缚，社会主义市场经济改革全面推进。囿于土地和乡镇的农民向城市大规模跨区域转移，形成令人瞩目的“民工潮”，对农村低素质劳动资源实施了第一次有效开发，农民工因此蓄积了返乡创业的基本起步条件和能力。但与此同时，横亘在城乡之间的制度坚冰仍在，城市就业限制甚至歧视性政策倾向，导致农民工生存环境恶劣、发展空间受限并缺乏尊严感和归属感，这对具有创业动机和能力的农民工返乡形成了“倒逼”，部分农民工利用进城务工所获技能和资金、社会资源，返乡并开始早期艰难创业。这一时期的农民工返乡更多是被动回流，返乡创业也并非主流，但丰富的实践案例表明，经过城市化、工业化和市场化洗礼的农民工返乡创业已经萌芽。

2003年以后，面对城乡二元结构下城市化、工业化加速发展同时日益突显的“三农”问题，十六届三中全会提出要统筹城乡发展。在城务工权益日益得到保障的背景下，农民工更易积蓄创业资源与能力并激发向社会阶层上层流动的动机；新型城镇化进程中县域经济发展壮大和新农村建设，客观上也需要农民及返乡创业农民工成为重要主体力量；各级政府开始注重多渠道转移农村剩余劳动力并积极实施“回引工程”。外部创业环境的不断改善，对于增强农民工返乡创业的信心、引导其创业方向起到了正向催化的作用，推动着农民工返乡创业经济的快速成长。

2008年国际金融危机对全球实体经济造成重创，我国沿海诸多外向型劳动密集型企业遭遇困境甚而关闭，大量农民工失业并被迫返乡；次年国内经济逐渐回暖的情况下珠三角却突发“民工荒”，中国长期倚赖的粗放式资源环境利用和廉价劳动力等低成本比较优势正在失去，经济发展方式亟待转型。农民工返乡创业被空前关注，既成为缓解危机冲击下就业压力的重要举措之一，又成为顺应经济发展方式转变的客观需要，进入扩量和提质并进的大发展阶段。本书对应课题的问卷调查显示2008～2012年农民工年均返乡创业户数是过去30年年均创业户数的4.2倍。

然而，尽管不乏典型生动的创业案例，人们却始终不得不面对的一个事实是，从20世纪90年代中后期到2007年，农民工返乡创业率变化并不大，始终维持在2%～3%。虽然2008年国际金融危机之后，农民工返乡创业户数在绝对数上相对有了较大幅度增加，但从意愿创业者所占比例来看，情况却仍不乐观，课题组的调查发现，2009年有创业意愿的返乡农民工仅11.4%，到2012年也仅有14.4%。其实，返乡农民工创业长期面临着许多困境，比如“融资难、用地难、税费负担重”，以至于返乡农民工“创业率低”一直是一个比较突出的问题。在国际金融危机的冲击下，如果没有外部干预的话，农民工返乡创业成功的概率更低，农民工的创业意愿因此也会进一步降低。2008年以前一些劳务输出比较集中的地区先后制定了部分措施以刺激“归雁经济”的发展，但无论是创业规模还是扶持力度都明显不足。2008年以后农民工返乡创业得到了中央的高度重视，从中央到地方均出台了系列扶持政策，其后农民工返乡创业才得以迅速发展。

1.1.2 研究意义

无论是回顾1978年以来农民工返乡创业的历史流变还是检索2008年以来的政策实践，一系列的问题需要回答和解读。而对这些问题的回答和解读既是本书任务所在也是其意义所在。

1. 回顾历史发展，总结经验教训

是什么原因导致历史上农民工返乡创业的数量偏低而2008年以后相对增加？又是什么原因导致目前返乡农民工的创业意愿仍旧不高？对这些问题的回答，只有从历史流变的研究视角出发，才能梳理出隐藏在表象下面的深层原因。本书将农民工返乡创业问题置于农村剩余劳动力转移和农民工回流大背景下，通过对返乡创业历史流变的回顾性研究，将其发展演进划分为孕育期、萌芽期、成长期和发展期四个阶段，以试图发现中国农民工返乡创业演进的内在逻辑和特殊机理，并据此探寻进一步促进其发展的有效路径。

2. 透视现实状况，厘清发展趋势

国际金融危机对中国经济以及中国农村劳动力转移的短期和长期影响如何？返乡农民工的特征、从业结构、返乡原因是什么？他们未来的打算如何？他们是在什么样的动力机制作用下才选择返乡创业的？他们创业的意愿强烈吗？是什么因素制约了返乡农民工的创业意愿？本书将构建一个分析框架，从理论上对农民工返乡创业的动力机制进行研究。同时，以四川为例，通过连续4年时间的问卷调查，采用定性与定量分析相结合的方法，摸清农民工返乡的特征与趋势，掌握返乡农民工创业的愿望和想法，反映农民工创业面临的困难、障碍以及影响因素。

3. 评估政策实践，提供决策参考

2008年以后，从中央到地方陆续出台了许多政策扶持农民工返乡创业，这些政策出台以后，返乡创业的农民工是否知道相关政策？如果知道政策他们能够利用上这些政策吗？利用政策的难度大吗？用过政策以后感觉满意吗？还有哪些政策需要改进？本项目将从政策的“知晓度、利用度、难易度、满意度、重要度”等五个方面构建一个能够简单可行地对政策宣传、推广到落实各环节的绩效进行评估的框架，并结合课题组在四川省的调研对该评估框架进行检验，以帮助政策的制定者和实施者了解政策的宣传、推广、执行情况，掌握目前政策实施过程中存在的不足，同时还可以为政策的下一步改进提供方向参考和决策依据。

1.2 国内外相关研究综述

1.2.1 农民工返乡创业的概念界定

农民工返乡创业是中国农村劳动力转移过程中发生的一种经济现象，这种经济现象是在中国传统的“二元”结构条件下产生的一种特殊现象，对这种特殊现象的描述也就成为了中国经济体语境中的特有词汇。

1. 农民工

“农民工”这个称谓出现的时间并不长，它的前身曾经是“盲流”，后来被称为“打工仔(妹)”。称谓的演变反映着中国经济社会的发展和演变。改革开放以前，受城乡二元制度的制约，农村劳动力向城市转移是严格限制的。农村劳动力向城市转移的道路非常狭窄，只有很少部分人能够通过考学、参军等形式转移出来。1958～1975 年，城镇新增人口中，有 77.3%为自然增长，意味着仅有 22.7%的人口属于农村转移过来的①。改革开放以后，国家对农村劳动力向城市转移开始由限制到放开，但是国家对农村劳动力向城市转移控制仍然较严，主要希望农村劳动力最好在农村内部实现转移。当时很少有农村劳动力进城务工，即使有部分有冒险精神的农村劳动力进入城市经商，也通常采取“游击战术”，东躲西藏。城市居民也对农村劳动力向城市转移充满忧虑，“总担心农村流动人口进城会恶化城市治安。”② 在很长一段时期，农村劳动力在向城市转移的过程中一直受到比较严重的歧视，对农村劳动力的转移往往用比较贬义的词汇——“盲流”来描述。

1992 年以后，情况发生了比较大的变化，小平同志南方谈话进一步推动了改革向前发展。中国开始建立市场经济体制，市场经济的发展要求各种生产要素能够自由地流动，从 20 世纪 90 年代开始，大量的农民离开农村，进入城市就业。在这一阶段，对农村转移劳动力的称呼再次发生了变化，用得比较多的词汇是——“打工仔”和“打工妹”。这种具有明显地方特色的称呼，充分反映了 90 年代农村劳动力的流向主要是珠三角地区③。

进入 21 世纪以后，对农村转移劳动力的称呼再次发生变化，“农民工”成了农村转移劳动力的新的称谓。从农民工的称谓上看，社会已经开始逐渐接受他们是新型的产业工人的观点了，但是他们并没有摆脱“农民”这一城乡二元制度下形成的身份烙印，意

---

① 韩俊．跨世纪的难题——中国农业劳动力转移［M］．太原：山西经济出版社，1994：125.

② 王春光．我国城市就业制度对农村流动人口生存和发展的影响［J］．浙江大学学报，2006.9：5-15.

③ 胡俊波．禀赋、不确定性与转型期农村劳动力转移［D］．西南财经大学博士学位论文，2007，6：50.

味着他们仍然生存在城市与农村之间的夹缝中。因此，本书所研究的“农民工”指：户籍在农村，但是却在户籍地之外的地方务工经商的农村劳动力。

2. **返乡**

对返乡的界定，有研究认为是指那些曾经在本乡镇以外非农业部门就业的劳动力返回户口所在地的行为①。本书认为“乡”的范围应该适当放宽，因为按照现行的行政管理体制，县属政府部门与上级政府部门之间存在着对口关系，乡(镇)政府则不具备这种对应关系，故县级政府是具有实施农民工返乡创业扶持政策综合协调能力的最低层级政府，因而本文将“乡”的范围界定在县这个行政级别上，“返乡”则指回到户口所在县。

3. **创业**

学术界关于返乡“创业”的内涵并没有形成统一的界定。有研究认为“创业”既包括投资数百万元办企业，也包括投资数千元开饭店、经商，或进入非农产业部门或从事非原来意义的农业生产活动等②。本书界定的返乡农民工的“创业”行为包括：有一定规模的特色养殖和种植、个体经营、建立专业化合作组织、举办各种形式的企业，以及受访农民工认为应属于创业的其他形式。

1.2.2 国外相关研究概述

关于农村劳动力转移的研究可以追溯到古典经济学时期，此后西方不同学派的学者从不同的角度对这一现象展开了持续的研究。①人口学理论的研究。19 世纪末，人口学家雷文斯坦(Ravenstein)发表《人口迁移规律》一文系统地提出了人口迁移的法则。唐纳德·博格(D. J. Bogue)于 20 世纪 50 年代末提出人口迁移的“推—拉”理论，着眼于迁出地的消极因素与迁入地的积极因素对迁移者的影响研究。李(E. S. Lee)在雷文斯坦和博格的基础上发展了人口迁移理论，他建立了一个完整的分析框架，用以解释从迁出地到迁入地过程中所遇到的吸力和阻力，以及不同人群对此的反应。③ ②发展经济学派的研究。以刘易斯、费景汉、兰尼斯和托达罗为代表的发展经济学派从“二元经济理论”出发解释了在一定条件下农村劳动力转移的诱因及其与经济增长之间的关系。③人力资本理论的研究。人力资本理论将迁移视为人力资本投资的方式之一，该理论认为：除了收入差异以外，很多因素都可以影响人力资本投资的净现值(net present value，NPV)，从而影响人们的迁移决策，比如年龄、家庭因素、教育背景、迁移距离、失业率甚至社区网络等因素。

---

① 石静，等. 青年农民工返乡前后生活与社会融入状况比较研究 [J]. 中国地质大学学报，2009(6)：113-117.

② 石智雷，谭宇，吴海涛. 返乡农民工创业行为与创业意愿分析 [J]. 中国农村观察，(5)：25-37.

③ 盛来运. 国外劳动力迁移理论的发展 [J]. 统计研究，2005，8：72-73

促进创业对于推动经济发展具有非常重要的意义。新古典增长理论认为，宏观经济增长的很大部分(87.5%)来源于技术进步[①]。而Baumol[②]的微观分析则进一步指出，无论是纯粹的技术进步抑或产业组织形式的改变，这些创新在初期引进时都需要企业家的首创才可以实现，表明企业家的创业活动对经济增长具有非常重要的作用。Leibenstein[③]也认为，由于市场的不完善，重要的投入要素并不一定能够很好地市场化，企业家最重要的才能是能够获取和利用那些市场化程度不够的要素并将其运用于企业的经济活动，从而推动经济的增长。创业活动对经济增长的促进作用不仅在理论层面得到大量分析，同时也为实践经验所证实。20世纪50年代，巴基斯坦政府通过政策扶持，大幅度地提高制造业的利润，使得巴基斯坦50年代工业部门保持高速增长，并在60年代实现农业部门的加速增长[④]。Green和Hymer[⑤]的研究则表明加纳可可产业的发展与当地返乡农夫的创业密不可分，正是由于那些在尼日利亚、喀麦隆等国务工的农夫返乡建立农场并大量引种可可豆，才使得加纳的可可产业在20世纪头20年快速发展并得以成为世界主要的出口国。

1.2.3 国内相关研究概述

受计划经济的影响，中国农村人口的流动一度受到严格限制，国内对农村劳动力转移的集中研究始于改革开放以后，对农民工返乡创业的研究则更晚。通过对中国期刊全文数据库的检索可以发现，对此问题的集中研究始于1994年，截至2013年年底涉及“返乡创业”或“回乡创业”主题的学术论文有9004篇。经过对文献的梳理，得出国内理论界对农民工返乡创业问题的研究可以分为四个阶段。①理论研究的萌芽阶段(1996年以前)。这个时期，学界对于农民工返乡创业总体上持乐观态度，学者们通过农村调查提出以“民工潮”推动“创业潮”[⑥⑦⑧]。②理论反思阶段(1997～2002年)。这个时期，理

---

① Solow R M. Technical change and the aggregate production function [J]. The Review of Economics and Statistics, 1957, 39 (3): 312-320.

② Baumol W J. Entrepreneurship in economic theory [J]. The American Economic Review, 1968, 58(2): 64-71.

③ Leibenstein H. Entrepreneurship and development [J]. The American Economic Review, 1968, 58(2), Papers and Proceedings of the Eightieth Annual Meeting of the American Economic Association (May, 1968): 72-83.

④ Lewis S R Jr. Pakistan's development: social goals and private incentives by Gustav F. Papanek [J]. The American Economic Review, 1968, 58 (5): 1394-1397.

⑤ Green R H, Hymer S H. Cocoa in the Gold Coast: a study in the relations between African Farmers and agricultural experts [J]. The Journal of Economic History, 1966, 26 (3): 299-319.

⑥ 王郁昭. “民工潮”推动“创业潮”[J]. 中国国情国力，1994，7：6，7.

⑦ 张善余，杨晓勇. “民工潮”将带来“回乡创业潮”——以安徽省阜阳地区为例 [J]. 人口与经济，1996，1：43-47.

⑧ 邓祖善. “民工潮”向“创业潮”的转移 [J]. 管理世界，1996，6：202，203.

论界对农民工返乡“创业潮”是否到来开始反思[①②]，特别是白南生通过从1997年开始连续四年的跟踪研究提出“虽然不乏回乡创业的生动案例，但调查结果并不支持‘创业神话’”。③重新审视阶段(2002～2008年)。随着中西部地区经济发展水平的提高，学界重新审视农民工返乡创业问题，对农民工返乡创业的现状、制约因素进行深入思考[③④⑤⑥]，并对农民工返乡创业的前景再次乐观起来，认为农民工回乡创业热潮正在兴起[⑦⑧]。国务院发展研究中心《农民工回乡创业问题研究》课题组[⑨]认为农民工返乡创业将成为不发达地区县域经济社会发展的生力军。④理论研究快速发展阶段(2009～)。2009年出于应对金融危机的现实需求，学界提出了许多推进农民工返乡创业的政策建议[⑩⑪]。2010年以后学界对这一问题的研究开始加速细分，研究领域已经拓展到返乡创业影响因素分析[⑫]、扶持返乡创业的政府支持体系[⑬]、沿海与内地推进农民工返乡创业的“整合—互动”机制[⑭]、创业扶持政策评价[⑮]、创业企业绩效影响因素分析[⑯]、返乡创业对村落社会结构变迁的影响[⑰]等多个方面。与之同时，学界的研究方法也逐渐由以规范研究为主转向以实证研究为主。文献检索结果如表1-1所示。

---

① 牟文建，刘小娟. 缺乏政策性引导“返乡创业”难出效益［J］. 中外企业家，1997，3：37.

② 白南生，何宇鹏. 回乡，还是外出？——安徽四川二省农村外出劳动力回流研究［J］. 社会学研究，2002，3：64-78.

③ 刘光明，宋洪远. 外出劳动力回乡创业：特征、动因及其影响——对安徽、四川两省四县71位回乡创业者的案例分析［J］. 中国农村经济，2002，3：65-71.

④ 林斐. 对安徽省百名“打工”农民回乡创办企业的问卷调查及分析［J］. 中国农村经济，2002，3：72-76.

⑤ 王西玉，崔传义，赵阳. 打工与回乡：就业转变和农村发展——关于部分进城民工回乡创业的研究［J］. 管理世界，2003，7：99-109.

⑥ 费杰. 农民工返乡创业的障碍因素及对策［J］. 行政与法，2008，9：48-50.

⑦ 王运宝. 农民工“归巢”创业渐成气候［J］. 乡镇论坛，2007，18：43-45.

⑧ 韩俊、崔传义. 我国农民工回乡创业面临的困难及对策［J］. 经济纵横，2008，11：3-8

⑨ 国务院发展研究中心“农民工回乡创业问题研究”课题组. 农民工回乡创业现状与走势：对安徽、江西、河南三省的调查［J］. 改革，2008，11：15-30.

⑩ 张明林，喻林，傅春. 金融危机和产业转移背景下农民工返乡创业对策研究［J］. 求实，2009，5：53-55.

⑪ 刘庆宝. 金融危机背景下农民工返乡创业条件分析与对策思考［J］. 乡镇经济，2009，10：81-84.

⑫ 朱红根，等. 劳动力输出大省农民工返乡创业意愿影响因素的实证分析——基于江西省1145个返乡农民工的调查数据［J］. 中国农村观察，2010，5：38-47.

⑬ 田松青. 农民工返乡创业的政府支持体系研究［J］. 中国行政管理，2010，11：94-97.

⑭ 赵浩兴，张巧文. 内地农民工返乡创业与沿海地区外力推动：一个机制框架［J］. 改革，2011，3：60-68.

⑮ 刘小春，李婵，朱红根. 农民工返乡创业扶持政策评价及其完善——基于江西省1145个返乡农民工调查数据［J］. 农村经济，2011，6：101-104.

⑯ 朱红根，解春艳. 农民工返乡创业企业绩效的影响因素分析［J］. 中国农村经济，2012，4：36-46.

⑰ 程伟，张红. 农民工返乡创业对村落社会结构变迁的影响研究——基于村落终结的视角［J］. 农村经济，2012，7：109-112.

表 1-1 国内相关文献检索情况

年份	1994～1996	1997～2002	2002～2008	2009～2013
发表论文总数	13 篇	98 篇	2636 篇	6283 篇
年均发表论文数	4.3 篇	16.3 篇	376.6 篇	1256.6 篇
最高年发表论文数	6 篇(1996 年)	26 篇(2002 年)	1179 篇(2008 年)	2718 篇(2009 年)

注：2002 年既有理论反思型的文献，同时也有重新审视型的文献，二者在时间上存在交叠。

从理论研究的动态可以看出：随着宏观经济形势和环境的变化，对农民工返乡创业的研究经历了从乐观到反思，再到重新乐观这样一个动态变化的过程。同时，对农民工返乡创业的理论研究成果也呈不断上升的趋势，尽管对农民工返乡创业的理论研究起步较晚，但是随着中国经济、社会的发展，理论界对这一主题及相关问题的研究正逐渐走向深入。

但也应该看到，一方面由于对农民工返乡创业问题的研究起步较晚，另一方面随着宏观形势的变化，现有的研究还存在一定的局限性：①对形势的研判和分析有待深化。目前世界经济受国际金融危机的影响仍在深刻调整中，中国经济正处于转型关键期，扶持农民工返乡创业离不开对宏观经济环境的分析和把握。②分析农民工返乡创业动力机制的理论框架有待完善。国内现有研究多从宏观制度环境入手分析阻碍农民工返乡创业的因素，从微观层面对农民工个体创业行为进行的研究相对较少。③现有政策建议多注重短期效果。在金融危机影响最深重的 2009 年，学界针对危局提出了大量的政策建议，但是这些政策建议以及出台的扶持措施多属于“危机应对策略”。随着金融危机短期强冲击的消退以及时效性政策的退出，如何构建扶持农民工返乡创业长效机制需要作出进一步的研究。④缺乏扶持农民工返乡创业政策实施效果的评估体系。扶持农民工返乡创业是一项长期的工作，应该建立一套相对简单可行的评估体系以评估和提高扶持政策的实施效果，而现有文献在这方面的研究尚需进一步深化。

1.3 研究的基本思路、逻辑结构、主要内容与方法

1.3.1 基本思路

经过改革开放 30 多年的发展，我国经济社会发展已经进入了一个新的阶段，产业结构不断优化升级，基础设施不断改善，社会主义市场经济体制逐步完善。可以说，“我国

现在总体上已到了以工促农、以城带乡的发展阶段。”① 党的十六大提出解决“三农”问题必须“统筹城乡经济社会发展”，十七大提出要“形成城乡经济社会发展一体化新格局”，十八大进一步提出要“形成以工促农、以城带乡、工农互惠、城乡一体的新型工农、城乡关系。”扶持农民工返乡创业，通过返乡农民工将资本、技术、人才引进到相对落后的中西部劳务输出大省，带动县域经济的快速发展，正是在新的历史时期建立新的城乡关系的重要途径。

在这样的时代背景下，研究扶持农民工返乡创业问题，必须采取辩证唯物主义和历史唯物主义的方法论，既要研究农民工返乡创业发展的历史脉络，又要探寻其现实问题；既要从全国范围来审视农民工返乡创业现象，又要研究特殊时间、特殊地区扶持农民工返乡创业的重要意义；既要对农民工返乡创业现象提出理论解释，又要对进一步推动农民工返乡创业实践提出有针对性的政策建议。因此，本书的研究将沿着以下三条主线进行。

1. 历史与现实相结合

在计划经济体制下，中国的农村劳动力长期被禁锢在农村，职业流动、区域迁徙的难度很大。20 世纪 80 年代末 90 年代初，在经济体制转变的过程中，农村劳动力的转移进程才逐渐加快，并在 90 年代初形成第一批“先锋农民工”返乡创业的现象，以致当时的学界对农民工返乡创业充满了期待，认为可以通过“民工潮”推动“创业潮”。但现实与理想总是存在一定的差距，此后农民工返乡创业并未形成蔚为壮观的“大潮”。也就是说，农民工返乡创业在历史上早已发生和存在，但是却并未成为一个潮流。这就需要在理论上对以下问题作出研究：①历史上农民工返乡创业的总体特征；②微观创业主体碰到了哪些困难与障碍；③历史上农民工返乡创业未能成为潮流的根本原因。

如果以 2008 年国际金融危机爆发这一标志性事件作为划分历史与现实的时间轴，我们可以观察到金融危机爆发后，扶持农民工返乡创业成为政府、社会、学界共同关注的热点问题，从中央到地方密集出台了众多返乡创业扶持政策，倡导以创业带动就业，农民工返乡创业开始加速发展。面对现实的快速发展，同样需要在理论上作出相应的研究：①现阶段农民工返乡创业的总体特征；②微观创业主体在新的历史时期碰到的困难与障碍；③近年来农民工返乡创业的总体趋势。

2. 一般与特殊相结合

农民工返乡创业的历史流变表明，从一般性的角度看，无论是东部、中部，还是西部地区；也无论是否出现了金融危机，随着体制的转变和经济社会的发展，“农民工返乡创业”在一定的历史阶段都自然会发生，这是经济社会发展到一定阶段的必然产物。辩

---

① 新华社. 2004 年中央经济工作会议. 中华人民共和国中央人民政府网站［2008－12－5］［EB/OL］. http：//www. gov. cn/test/2008－12/05/content _ 1168928. htm.

证唯物主义告诉我们，矛盾既有普遍性，同时也有特殊性。这种矛盾的普遍性与特殊性的对立统一不仅在纵向发展的历史变迁演进过程中存在；在每一个时间横截面上，不同的区域范围内这种对立统一也处处可见。就农民工返乡创业而言，在一些特殊的历史时期，以及一些特殊的区域，扶持农民工返乡创业显得尤为重要。如果说农民工返乡创业伴随着农村劳动力转移一直在不停地演进是一种历史必然的话，那么金融危机的冲击则一定是这一历史流变过程中的特殊事件；如果说农民工返乡创业是一个在全国范围内都存在的经济现象的话，那么劳务输出大省①扶持农民工返乡创业则必定是其重中之重。

抛开金融危机的影响不说，就历史发展的一般性而言，与全国其他省份相比，劳务输出大省是特殊的。因为：第一，劳务输出大省的农村转移劳动力最多，因而劳务输出大省必然是农民工返乡创业的重点和难点；第二，劳务输出大省同时也是传统意义上的农业大省，劳动力大量转移后亟须发展现代农业；第三，劳务输出大省大量农村青壮年劳动力外出以后，农村社会问题日益严峻，比其他省份更特殊；第四，劳务输出大省与沿海地区由于历史上的劳动力输出与承接，它们之间的关系相对其他省份之间更为紧密。

从时间纵轴上看，2008年爆发的金融危机是世界经济发展的一个特殊事件，这个特殊事件对世界经济的影响是全面的、普遍的。从全球化视野看，中国经济作为世界经济的一部分，相对于世界经济而言是特殊的；从中国经济内部运行看，劳务输出大省是中国经济大局的重要组成部分，是普遍中的特殊；在全球经济、中国经济受金融危机冲击的背景下，劳务输出大省因其固有的特殊性，还会衍生出新的特殊性。首先，在金融危机的冲击下，劳务输出大省受到的影响具有特殊性。大量农村劳动力在危机影响下集中返乡，会对当地的就业形势形成挑战，同时也会对当地的社会稳定产生很大压力。其次，在后危机时代，在全球产业转移、结构调整的大背景下，利用返乡农民工在沿海积累的资金、技术和市场资源，通过扶持农民工返乡创业、推动当地经济转型升级，对于劳务输出大省而言同时也是一个跨越式发展的特殊机遇期。

因此，本课题除了研究农民工返乡的普遍历史规律和特征之外，还将沿着国际金融危机对“世界经济——中国经济——劳务输出大省”的影响这条主线，展开特殊历史时期下劳务输出大省扶持农民工返乡创业的特殊意义及其所具备的现实条件的研究。

3. 理论与实践相结合

坚持辩证唯物主义的方法论意味着必须坚持理论与实践统一的研究方法。农民工返乡创业是中国经济社会发展到一定程度出现的现象，是千千万万农村转移劳动力正在进行着的一场伟大的社会实践。这种现象需要研究者从理论层面加以解释，并揭示其背后隐含的经济实质。同时也需要研究者根据研究成果，提出有建设性的政策建议，为改进和调整相关政策提供决策参考。

---

① 这里的“劳务输出大省”并不仅仅局限于狭义的“省”的范围，出于历史渊源和现实情况，后文实证研究中将重庆市也纳入其中，为方便叙述，统称为“劳务输出大省”。

从微观层面看，农民工返乡创业是外出务工的农村劳动力面对未来的发展作出的自我选择。从经济学理论看，农民工返乡创业其实未尝不是一种人力资本投资，对于返乡农民工来说，要么创业，要么务农，要么继续外出务工。如果选择创业，那么务工与务农所能获得的收益将成为他创业的机会成本。返乡农民工是否创业取决于他创业的期望收益与成本的比较，当期望收益大于成本的时候，农民工将选择创业。然而，不同的返乡农民工在创业问题上之所以会出现不同方向的选择，意味着尽管大家都出于期望收益与成本比较的角度进行创业与否的选择，但是一定有着更为具体的因素在影响着他们的选择。劳动经济学的研究表明，人们在进行人力资本投资的时候，往往会受到年龄、教育程度、财富状况、经历等个体因素的影响，那么返乡农民工在创业抉择的时候是否也会受到这些因素的影响呢？本课题将对这一问题作出研究与解释。另外，创业者在创业过程中需要通过要素市场组织劳动力、资本、技术等生产要素，并在某个具体的空间地理位置上进行组合，生产出各种产品和服务，并通过商品市场将产品和服务销售出去。可以说，农民工返乡创业成功与否除了受创业主体个人禀赋特征变量的影响之外，与创业主体所在区域的经济发展水平、产业结构、基础设施状况、市场发育状况等宏观环境因素之间也存在重要的联系。因此，本书从理论上提出需要检验的假说——返乡农民工所在区域的宏观环境因素会对其创业意愿产生显著影响，并根据课题组 2009～2012 年连续四年所做的调查问卷数据进行计量检验。

创业是一件非常艰难的事业，特别是返乡农民工所创企业绝大多数是小微企业，在面临严酷的市场竞争的时候，初创的小微企业往往处于非常不利的局面。为此，发达国家制定了许多有利于小微企业发展的扶持政策，通过政府的“有形之手”帮助企业在初期提高竞争力和存活率。比如，美国联邦政府为了促进中小微企业发展，专门成立小企业管理局，并制定了《小企业法》，以立法形式规范中小企业融资服务体系，对小企业给予保护、援助、指导和扶持。为应对国际金融危机，2008 年 9 月国务院办公厅转发《关于促进以创业带动就业工作指导意见的通知》（国办发［2008］111 号），并于当年 12 月下发《关于切实做好当前农民工工作的通知》（国办发［2008］130 号），此后，财政部、中国人民银行等相关国家部委以及部分劳务输出大省陆续出台配套政策扶持农民工返乡创业。目前，这些政策的绩效亟须评估，这种评估不仅有利于政策的制定和实施者了解政策的宣传、推广、执行情况，掌握目前政策实施过程中存在的不足，同时还可以为政策的下一步改进提供方向参考和决策依据，因而具有十分重要的意义。为此，本书将针对农民工返乡创业扶持政策评估的实际需要，构建一个能对政策宣传、推广到落实各环节的绩效进行评估且相对简单可行的框架。同时，也将根据评估结果提出扶持农民工返乡创业的基本思路、短期与长期的政策选择。

1.3.2 逻辑结构

根据历史与现实相结合、一般与特殊相结合、理论与实践相结合的研究思路，本书将沿着“提出问题”——“分析问题”——“解决问题”的逻辑链条构建一个内治的逻辑框架(图 1-1)。

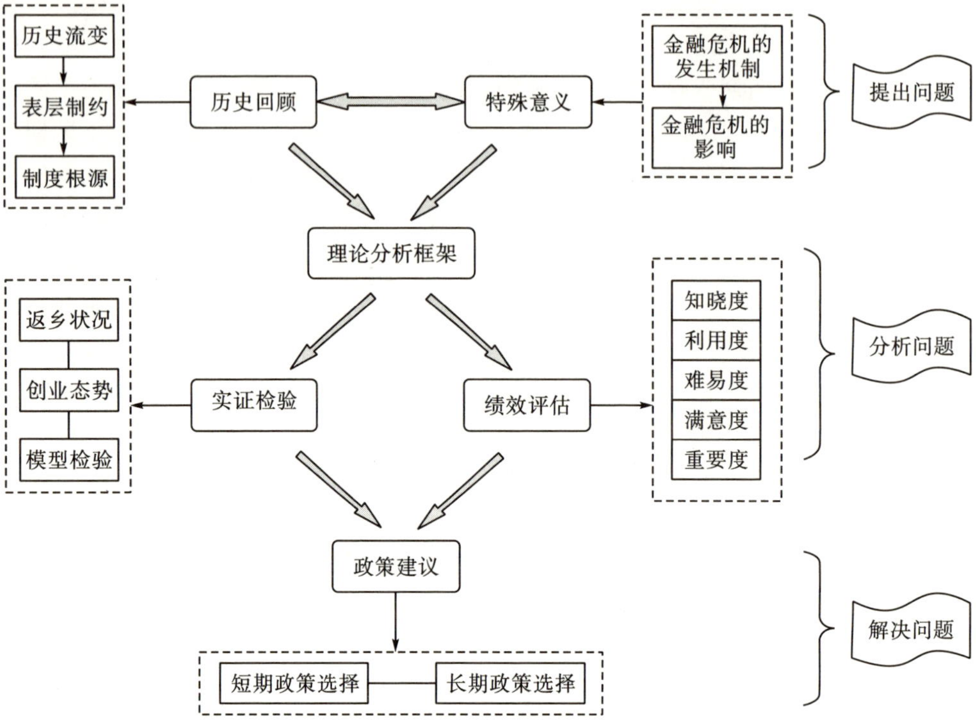

图 1-1 逻辑框架

1. **提出问题**

现实世界中发生的经济现象是经济理论的“源”点，对这些现象背后隐含的经济问题的拷问是理论研究工作的起点。本书将首先对农民工返乡创业的历史流变进行研究，将 1978 年以来的历史流变划分为孕育期、萌芽期、成长期和发展期，并且以国际金融危机爆发的 2008 年作为划分历史与现实的时间轴。其中，1978～2007 年属于历史回顾的研究内容，2008 年以后的时间段属于现实透视的研究内容。

前者从历史发展以及矛盾的一般性角度出发进行研究，涉及的历史时期包括孕育期、萌芽期、成长期。首先从每个时期的历史背景入手，介绍之所以做出如此阶段划分的依据，描述每个时期农民工返乡创业的特征，并对该时期农民工返乡创业的绩效进行简要评价。然后从外部环境与自身禀赋条件两个方面描述历史上农民工返乡创业面临的困难与制约。

后者则基于透视现实的目的，从矛盾的特殊性角度出发进行研究，描述国际金融危机这一特殊历史事件产生和发展的机制，分析其对世界经济、中国经济的影响。劳务输出大省作为中国经济体的特殊组成部分，在金融危机的冲击下，也会受到相应的影响，进而本书提出——在这一特殊的历史时期里扶持农民工返乡创业具有特殊的意义，以紧扣本书的两个关键词“劳务输出大省”、“扶持农民工返乡创业”。

2. 分析问题

针对农民工返乡创业这一农村经济社会发展过程中出现的经济现象，面对“为什么长期以来农民工返乡创业并未形成期望中的大潮？为什么2008年以后农民工返乡创业进程显著加快?”这样的拷问，本书将从理论与实证两个方面展开分析。

对于历史上农民工返乡创业率一直较低的现象，本书以制度经济学为主要的分析工具进行分析，并得出结论——长期以来，农民工返乡创业率低的根本原因在于城市偏向的城乡二元制度。该结论紧扣本书的关键词之一“制度困境”，并为后文政策建议部分的写作埋下伏笔，要扶持农民工返乡创业，必须从制度根源上解决问题。

无论是包括制度在内的外部环境也好，还是农民工的自身禀赋条件也好，这些都仅仅是影响返乡农民工是否作出创业决定的因素，都只是一些约束条件而已，并不等于决定其创业与否的动力机制。经济学是一门关于理性经济人如何选择的学科，本书将基于经济学最基本的理论——成本收益理论，借鉴劳动经济学的相关理论成果，构建一个农民工返乡创业投资决策的动力机制模型，该模型将清晰显示返乡农民工在什么条件作出创业的决定，并在此基础上从微观与宏观两个方面构建一个分析农民工返乡创业行为的理论框架。

出于透视现实的需要，本书将以劳务输出大省四川省为例，对2008年以后农民工返乡创业情况进行实证分析，分析的视角将集中在两个方面。一是对国际金融危机以后连续四年时间内，农民工返乡及创业的情况进行实证分析，以摸清现阶段农民工返乡及创业的总体特征与趋势，同时对理论分析框架中所提出的理论假说进行检验，判断究竟是哪些因素在真正影响着农民工返乡创业的选择。二是基于现代政策科学的相关理论基础，从创业扶持政策的“知晓度、利用度、难易度、满意度和重要度”五个方面构建一个能对政策宣传、推广到落实各环节的绩效进行动态评估的框架，并以四川省为例进行检验。

3. 解决问题

作为一项应用经济学研究，除了解释现实世界中发生的经济现象，还需要针对经济问题提出相应的解决办法。本书将根据“分析问题”部分得出的结论，提出相应的政策建议，紧扣本书的另一个关键词“政策选择”。

对应历史与现实相结合的研究思路，本书提出的政策建议也将分为两个部分——短期政策选择与长期政策选择。短期政策选择需要解决的问题来源于实证检验分析结果与扶持政策绩效评估结果；长期政策选择则针对长期以来农民工返乡创业面临的城乡二元制度这一根源性问题。本书期望通过这种内在的对应关系从而在结构上环环相扣，以实现逻辑上的前后关联、对应与内洽。

1.3.3 主要内容

从主要内容看，除第 1 章导论外，本书还包括 6 章：农民工返乡创业的历史流变与制度困境；劳务输出大省扶持农民工返乡创业：危机下的特殊意义与现实条件；农民工返乡创业的理论分析框架；农民工返乡创业的实证分析——来自劳务输出大省四川的数据；农民工返乡创业扶持政策绩效评估；扶持农民工返乡创业的政策选择。

第 2 章“农民工返乡创业的历史流变与制度困境”。自 20 世纪八九十年代，经受市场化和工业化“洗礼”的部分农民工“返乡创业”现象兴起，至今已然生机勃勃，并对于扩大就业、改善民生、促进县域经济发展和产业结构升级等具有十分重要的意义。从实际情况看，返乡创业行为正逐渐由第一代“先锋”农民工向更广泛的农民工群体传递，并由新生代农民工群体继续演绎崭新的行为模式和经典的创业案例。回顾历史可以发现，自改革开放伊始到 2008 年全球金融危机，农民工返乡创业大致经历了三个阶段：

一是 1978～1991 年的孕育期。这时期政府对农村剩余劳动力转移的指导思想是“离土不离乡”，并无“农民工”一说，也无所谓“农民工返乡创业”，而是集中表现为农村地域空间范围内以乡镇企业为主体的农民就地创业，不仅在特定时期实现了农村自我积累和剩余劳动力就近吸纳，更对亿万农民进行了创业启蒙、培植起革新精神。该时期创业实践具有意识形态约束下的显著时代特征，具体表现为：政府主导的改革惯性与农村生发的变迁需求相互回应，催生乡村就地创业；创业组织以集体经济为主体，政府支持促进其存活与发展；农民创业在计划与市场罅隙中求生存，城乡互动博弈促使改革向市场收敛；农民创业主要集中于劳动密集型产业，技术构成偏低。但 20 世纪 80 年代末中国经济过热和三年“治理整顿”使农村工业化遭受冲击，农民创业必须作出新的抉择。

二是 1992～2002 年的萌芽期。1992 年邓小平南方谈话与 1997 年党的十五大召开，从理论上破除了社会基本制度范畴的思想束缚，社会主义市场经济改革全面推进。囿于土地和乡镇的农民向城市大规模跨区域转移，形成令人瞩目的“民工潮”，对农村低素质劳动力资源实施了第一次有效开发，农民工因此蓄积了返乡创业的基本起步条件和能力。与此同时，城市就业限制甚至歧视性政策倾向，导致农民工生存环境恶劣、发展空间受限并缺乏尊严感和归属感，这对具有创业动机和能力的农民工返乡形成了“倒逼”，部分农民工利用进城务工所获技能和资金、社会资源，返乡并开始早期艰难创业。这一时期的农民工返乡主要表现为“被动回流”；返乡创业多是诱致性自发行为，具有偶然性、分散性和无序性；返乡创业者以中青年男性居多，受教育程度普遍高于农村地区平均水平；返乡创业主要依托当地资源建立发展，以生存型为主。对农民工流动进程而言，整体的政策环境和舆论环境并不十分友好，仍是限制性政策主导下的农民工流动。但从 20 世纪 90 年代末期开始，来自农民工、城市居民、农民工输出地与流入地政府间的多重博弈，促使改革导向统筹城乡劳动力市场的方向，农民进城或返乡、就业或创业的双向流动空间和自由逐渐得以释放，给予返乡创业更多养分和动力。

三是2003～2007年的成长期。随着统筹城乡发展战略推进，农民工在城务工权益日益得到保障，更易积蓄创业资源与能力并激发向社会阶层上层流动的动机；新型城镇化进程中县域经济发展壮大和新农村建设，客观上也需要农民及返乡创业农民工成为重要主体力量；各级政府开始注重多渠道转移农村剩余劳动力并积极实施“回引工程”。这一时期，返乡创业增速发展，从被动回流创业转向主动返乡创业；返乡创业仍以生存型为主，发展型创业呈现良好势头；自东向西渐次空间推进，经济相对不发达县域增长趋势明显；总体向城(集)镇集中并与乡村紧密联系，部分具有兼业性质。农民工返乡创业群体的力量持续提升，在与相关利益主体的多重博弈中日渐显露谈判力和话语权，从而促动经济社会利益结构变迁。

实践中，农民工返乡创业一方面受到“融资难”、创业用地“硬约束”、基础设施落后与创业企业发展需求不相匹配、创业软环境欠佳增加创业成本等客观环境因素的制约，另一方面也受到返乡创业者自身人力资本“瓶颈”约束，以及返乡创业企业居于产业链低端且发展受制、普遍面临召贤留才困境等内在条件的制约，返乡创业率和创业成功率较低，面临诸多困难和问题，整体发展缓慢。政策的总体导向与政策实践效果间出现了某种相悖现象。

尽管从中央到地方均出台政策予以促进，但农民工返乡创业并未形成期待已久的“浪潮”，且面临诸多现实困难。政策导向与实践效果的背离，从表征看源于创业者基于个人利益最大化的创业目标并不显著支持地方政府基于多重利益诉求的地方治理目标，但从历史回顾可以发现，其深层次的制度因素主要在于中国特定历史条件下形成和长期存续的城乡二元经济社会体制机制。

第3章“劳务输出大省扶持农民工返乡创业：危机下的特殊意义与现实条件”。为应对21世纪初互联网泡沫的破裂和“9.11”事件的双重打击，美国实施了极为宽松的货币政策，由于政府金融监管的滞后，当时美国房地产市场空前繁荣，并催生了次级抵押贷款市场和次级债的泡沫化发展。从2004年开始，为了防止房地产泡沫过大对整体经济造成巨大冲击，美国连续17次加息，利率的大幅攀升大大加重了购房者的还贷负担，许多次级贷款借款人无力偿还贷款，违约率和迟付率急剧攀升，随即发展成影响美国各主要金融机构的次贷危机，并于2008年进一步演变为国际金融危机。

危机过后，国际经济环境发生了巨大变化。美国通过量化宽松政策、利用美元的国际货币地位向全世界转嫁危机影响。欧盟则试图通过建立碳排放、碳交易、碳金融等一系列相关制度来摆脱主权信用危机带来的不利影响。欧美发达经济体的战略选择会对世界经济形势产生巨大影响，贸易保护主义抬头，世界经济面临通货膨胀的困扰，发展中国家经济增长方式转型更为紧迫。国际金融危机对中国的出口和就业产生了巨大冲击，给中国经济带来了通胀困扰，同时也为中国经济结构的调整带来了许多机遇与挑战。

劳务输出大省作为中国经济体的一部分具有鲜明的特殊性。地理上，劳务输出大省均为中西部地区的农业大省。历史上，劳务经济对劳务输出大省的发展发挥了重要的作用，但是随着农村劳动力的持续外流，其不利的一面也逐渐显现。比如农村劳动力的老龄化、妇女化现象日益严重；由于“农村精英”的流失，部分地区农业现代化的步伐放慢；输出地面临社会管理与基层治理问题、社会保障问题和留守问题等一系列社会问题。2008 年国际金融危机的爆发又对劳务输出大省在就业、收入、社会稳定、公共服务等方面提出了新的挑战，但同时也赋予了劳务输出大省承接产业转移、调整经济结构的契机。

因而，在金融危机爆发后新的国际国内经济形势下，劳务输出大省扶持农民工返乡创业不仅对当地经济社会发展具有重要意义，对我国整体经济的战略转型和结构调整，以及对保障社会稳定和长远发展，都具有重要的特殊意义。

第 4 章“农民工返乡创业的理论分析框架”。尽管引导返乡农民工创业具有非常重要的现实意义，一方面可以通过创业带动就业，缓解当地的就业压力和社会矛盾，另一方面可以有效利用返乡农民工的资金、技术，带动当地经济发展和产业结构的升级。但是，一直以来返乡农民工的创业率都比较低，在国际金融危机的冲击下，企业发展的外部环境更加恶化，在未来创业成功可能性降低的预期支配下，返乡农民工可能更愿意重新择业，或者等待、观望，而非自己创业。

要破解此困局，仅仅依靠市场的自我调节显然是难以实现的，需要政府介入作出制度上的改进，出台各种扶持政策，以“有形之手”对市场进行干预，达到通过农民工返乡创业带动就业增长的目的。而要出台扶持政策，则有必要先从理论上对农民工返乡创业行为进行研究，在此基础上制定的扶持政策才具有针对性。

本章基于人力资本理论，将农民工返乡创业置于不确定条件下，从期望收益与成本比较的角度出发，构建一个修正的农民工返乡创业投资决策模型，用以研究促使农民工返乡创业的动力机制。对模型的解析表明，影响农民工作出创业决定的变量有：创业投资纯收入、选择创业所放弃的务农或务工纯收入、创业成功的概率、市场贴现率的大小、农民工的风险态度以及收入流的期限。在此基础上，本章从微观与宏观两个方面出发构建了一个分析农民工返乡创业行为决策的理论框架。分析表明，影响农民工返乡创业的因素不仅可能来自微观层面的农民工个人禀赋特征，如年龄、教育水平、家庭财富状况、个人经历、创业意识等因素所产生的影响；也可能来自宏观层面的影响，比如一个地区的基础设施、产业结构、产业政策、经济发展水平、劳动力市场的发育程度等外部创业环境因素所产生的影响。本章同时提出扶持农民返乡创业的政策着力点在于：增加创业机会、提高创业收入和创业成功的概率。

第 5 章“农民工返乡创业的实证分析——来自劳务输出大省四川的数据”。2008 年 9 月 15 日美国雷曼兄弟公司宣布申请破产保护，标志着美国次贷危机演变为国际金融危机，此后世界经济陷入严重的衰退。从 2008 年下半年开始，中国沿海企业破产倒闭现象加剧，与之同时出现的是大量农民工失业返乡，到 2009 年 2 月初全国约有 2000 万农民工返乡①。四川省作为全国劳务输出大省，不可避免地受到相当大的冲击，根据四川省劳动和社会保障厅统计数据显示，截至 2008 年 12 月，全省失业返乡农民工累计 81 万人，

① 宋振远. 2000 万失业农民工返乡之后 [N]. 中国青年报，2009-2-11.

农民工失业返乡率达6.3%。为了掌握四川省农民工返乡状况，本书从2009年开始连续四年在四川省金堂县、中江县、射洪县、叙永县等劳务输出基地县发放调查问卷，近距离观察2009～2012年农民工返乡的态势。本章将这四年时间分为两个阶段，第一阶段是2009年9月以前的调查情况，主要反映金融危机期间农民工返乡状况，第二阶段是2010～2012年后金融危机期间农民工返乡状况，内容涉及返乡农民工的个人基本情况、就业状况、返乡原因及其创业打算。本章还通过问卷调查的形式，对返乡且已经创业的农民工进行了深入调查，以反映四川农民工返乡创业的变化趋势。本章将对返乡农民工的个人基本情况以及社会资本状况进行描述性分析，同时还将从创业启动资金、企业年营业收入状况、员工人数、员工工资水平、企业经营周期和企业经营状况等多个方面展开返乡农民工创业企业经营现状的研究。

另外，本章还将从两个方面对第4章所构建的理论模型进行计量检验，以明确究竟是哪些因素在显著地影响着农民工返乡创业的投资决策。一是以返乡但是尚未创业的农民工为样本，通过Logit模型考察个人特征、职业经历、区域环境、宏观政策等变量是否显著影响农民工返乡创业意愿；二是以已创业的返乡农民工为实验组，以返乡但不愿创业的农民工为参照组，通过Logit模型考察个人特征、职业经历、宏观政策等变量是否显著影响农民工返乡创业行为的选择。

第6章“农民工返乡创业扶持政策绩效评估”。为应对国际金融危机，从中央到部委以及地方各级政府出台了系列扶持农民工返乡创业的政策。政策出台以后，返乡创业的农民工是否知道相关政策？他们能够利用上这些政策吗？利用政策的难度大吗？用过政策以后感觉满意吗？还有哪些政策需要改进？对这些问题的回答实际就是对返乡创业扶持政策的绩效进行评估。这种评估不仅有利于政策的制定和实施者了解政策的宣传、推广、执行情况，掌握目前政策实施过程中存在的不足，同时还可以为政策的下一步改进提供方向参考和决策依据，因而具有十分重要的意义。

自20世纪90年代初我国实行行风评议以来，政策绩效评估已经涉及经济社会发展的方方面面，对“三农”政策绩效的评估更是其中的热点之一。但是，如果采用现有文献的研究方法则难以完整、有效地回答上述几个问题。难点主要在于：第一，既有文献方法属于静态政策评估，只能对创业扶持政策过程中的某个环节进行评估，无法同时对政策“宣传—推广—落实—客体反应”等各个环节的绩效进行评估。第二，农民工返乡创业扶持政策的出台时间相当短，目前仍处于政策调校期，缺乏系统有效的官方统计数据支撑，无法采用数据包络分析(data envelope analyse，DEA)、局部均衡政策评估模型(policy evaluation model，PEM)等方法进行精确的效应评估。为此，在现代政策科学基本理论的指导下，本章针对农民工返乡创业扶持政策评估的实际需要，首次从政策的“知晓度、利用度、难易度、满意度、重要度”等五个方面构建一个能对政策宣传、推广到落实各环节的绩效进行评估且相对简单可行的框架。

创业扶持政策是一个体系，对政策的评估不仅要从整体上对政策的宣传、落实等环节进行评估，同时还应该对一些具体的政策措施进行评估。另外，就政策客体而言，不同学历、不同企业性质的创业者对同一项政策的感受其实也并不相同，为了提高政策绩效，还应该针对不同的群体进行评估，以识别五个指标项下哪些群体具有统计意义上的显著性。为此本书还以政策评估子单元的形式，对分散在各个政府部门中的具体政策以及不同的创业群体的反应进行评估。

本章利用四川省的问卷调查结果对扶持农民工返乡创业的政策绩效进行实证评估。在分别对政策的“知晓度、利用度、难易度、满意度、重要度”进行描述性统计的基础上，对相关扶持政策从整体到具体的十类政策(如财政政策、金融政策)进行评估。同时也分别采用Logit模型和累积Logit模型对影响政策“知晓度、利用度、满意度、重要度”的因素进行回归分析，以判断上述指标项下具有统计意义上显著性的代表人群。

本章还结合相关文献资料和实地访谈资料，从政策的形成、发展、成效和仍然存在的问题等方面对农民工返乡创业扶持政策进行总结性的评价。

第7章“扶持农民工返乡创业的政策选择”。政府对农民工返乡创业的扶持是一个阶段性推进的动态过程。在这一进程中，并不是单纯的政府大包大揽即可获得成功，而是须由政府以及直接受益的农民工创业者主体共同参与、共同推进，“自上而下”与“自下而上”的制度演进相互契合、互动互促。只不过，政府力量与以农民工创业者为主体的市场力量，其作用时序、边界、转换衔接，将在一个自在的互动博弈和自觉的相互协调的过程中得以实现。[①] 总体而言，农民工返乡创业扶持的政策设计和制度变革应基于以下思路展开：①短期政策选择与长效机制构建相结合；②政府政策扶持与创业者自我发展相结合；③改善创业环境与提升创业素质相结合；④改革全面推进与政策重点突破相结合。

在理论分析与实证检验结论的基础上，本章从短期和长期两个方面提出进一步扶持农民工返乡创业的政策建议。短期政策选择建议主要针对现阶段农民工返乡创业面临的创业困境而提出。本书认为短期内加大政策扶持可以从两个层面着力，一是对目前已有的合理且有效的政策切实加大宣传和推广力度，引导返乡创业者用好用活政策；二是对返乡创业者需求最为迫切的“瓶颈”性政策重点突破，以点带面推动返乡创业扶持政策体系的优化完善。具体而言包括：优化返乡创业扶持政策体系、调整扶持政策的实施方向、加强扶持政策的落实力度、提高政府服务质量及水平。

农民工返乡创业所面临的诸多障碍，表面看是政策环境明显指向城市建设和工业发展，以及农民工群体的人力资本累积不足，但这些表象的背后，在于中国特殊历史条件下形成并由来已久的城乡二元分割的制度体系。在这种制度环境中，政府面临城市偏向的行为激励，而返乡农民工则难以真正成长为独立自主的市场主体。因此，构建农民工返乡创业的长效促进机制，其实质是消除城乡二元的体制机制，并建立城乡一体的政策制度体系，其最终目标，应该是让返乡农民工创业与城市创业者和其他企业主对等享受到“国民化”待遇，包括创业者本身所享受的社会福利以及创业过程中所面临的机会与

① 李萍，等. 统筹城乡发展中的政府与市场关系研究 [J]. 北京：经济科学出版社，2011：182.

政策制度环境，从而按照公平竞争、规范有序的市场法则实现有效率的资源配置。为此本章提出以下建议以构建农民工返乡创业的长效促进机制：一是推进以户籍制度为核心的综合配套改革，保障返乡创业农民工参与市场竞争时与其他主体之间的起点公平与权益对等；二是推进以土地制度为核心的农村产权制度改革，这是市场配置资源的微观基础以及农民工创业主体能够得以“自我造血”的前提；三是尊重返乡农民工的利益诉求与价值观念，推进以“农民主体”培育为核心的社会结构再造；四是在力量制衡的原则下，通过管理创新，推进以政府职能转变为核心的社会治理结构变革。

1.3.4 研究方法

本书综合运用劳动经济学、发展经济学、产业经济学、国际经济学、区域经济学、新制度经济学等相关理论对劳务输出大省扶持农民工返乡创业问题进行研究。在理论研究上采用比较分析、数理分析、博弈分析等方法；在实证研究上采用多元统计分析方法、计量经济检验以及案例分析等方法。在数据的收集上，本书采取问卷调查、二手资料收集、部门访谈等多种手段。以四川省为问卷主要发放地，在全省范围内选择8个劳务输出基地样本县(区)进行抽样，组织课题组成员到农村社区采取一对一面访、部门访谈、典型调查等方式收集县、乡(镇)、村不同层面的一手数据；通过四川省统计年鉴、四川省农业年鉴、市县统计年鉴及其他官方发布数据收集二手数据。

1.4 主要的研究发现、创新与不足

1.4.1 主要的研究发现

1.4.1.1 农民工返乡创业历史演进的内在逻辑与启示

1. **内在逻辑**

通过对1978年以来农民工返乡创业历史流变的梳理可以发现，促进农民工返乡创业的制度演进内生于农村剩余劳动力转移及城乡统筹发展的制度演进之中，是基层自发的诱致性制度变迁与政府主导的强制性制度变迁的相互契和，具有“中国式渐进演变”的特殊逻辑和机理。

其一，农民工返乡创业的演进过程是城乡双向“推—拉”力量博弈的过程。城市拉力和农村推力构成返乡创业阻碍因素，反之则为积极促进因素。总体看，正式或非正式制度性障碍均呈渐微趋势。进入21世纪中央从宏观上重视“三农”问题、实施城乡统筹

发展战略可视为制度演进拐点，之前的制度环境对于农村劳动力就业、转移和创业整体不友好，而后转向友好。农民工最终是否返乡创业，正是在城乡双向“推—拉”力量博弈中，对约束条件下返乡创业预期成本—收益分析的理性选择。

其二，农民工返乡创业相关制度演进的内在动力在于相关利益主体因应制度环境变化做出的策略调整及其互动博弈。农民工流动进程“干中学”引致的群体特征演变和力量成长，使其有能力也更有热情参与各种形式的市场交易和民主治理，并对自身得益“斤斤计较”；同时，迫使地方政府及城市居民重新审视其作用与地位，并在城与乡的利益权衡较量中妥协、退让。多重博弈的结果，促成了改革从城乡二元分割向城乡一元发展收敛，农民工返乡创业也将从中获取更大发展动力。

正是这种宏观经济背景不断变化之下的城乡双向“推—拉”力量博弈与相关利益主体之间的多重博弈的相互重叠，使得农民工返乡创业在2008年这个触发时点之后呈现加速发展的态势。

2. **启示**

农民工返乡创业历史演进暗含的制度选择逻辑和变迁规律，对进一步的改革和实践路径选择具有重要借鉴意义：

第一，增长主义模式驱动下，地方政府基于经济快速增长和政治支持最大化的目标导向，在资源配置上容易忽略返乡农民工创业；而整体势微的返乡创业农民工则迫切需要政策、资金、智力等支持。如此，改革须从政府目标转型开始，消除扭曲、歧视和资源的行政性主导与配置，激励市场活力与企业创新。

第二，由金融危机触动的“集中式”扶持，诸多优惠政策具有时效性而非制度性，缺乏区域针对性和适用性，一旦经济形势好转，政策支持事实上弱化和部分退出。因此，务须构建长效性激励机制和支持体系。

第三，制度演进具有历时性关联和共时性关联，城乡二元的体制机制一旦形成，便具有沿既有轨迹自我强化实施的趋向，一整套互补共生的整体性制度安排呈现某种程度的刚性。真正破解农民工返乡创业困境、构建长效促进机制，绝非仅限于返乡创业层面建立“碎片化”的扶持政策，而是围绕城乡二元体制机制展开的一系列综合配套改革。

1.4.1.2 劳务输出大省扶持农民工返乡创业面临重大机遇

(1)国际国内产业转移新趋势为农民工返乡创业提供了巨大的发展空间。国际产业转移已进入技术密集型、资本密集型、劳动密集型产业转移并存的阶段。中国经济发展突飞猛进，投资环境不断改善，综合国力逐步增强，对国外投资有着巨大吸引力，逐渐成为国际产业转移的主要承接地。受国际金融危机影响，国际产业转移越来越多地考虑产业转移承接国市场与消费者的需求，2008年以后中国中西部地区利用外资的增速远高于全国平均水平，日渐成为国际科技与产业转移的新舞台。经过多年的快速发展，我国东部地区资本相对饱和，本地市场已难以满足资本增值的需要，加之土地、劳动力、能源等生产要素供给趋紧、产业升级压力增大、企业商务成本居高不下、资源环境约束矛盾日益突出等问题，产业结构调整优化和升级成为必然。东部沿海产业市场重心纷纷指向中西部地区这个巨大的潜在市场。中西部地区通过承接国外和东部地区的梯度产业转移和跨梯度产业转移，推动本地产业结构升级，需要大量小微企业给转移产业的龙头企业做配套。在这个过程中，为农民工返乡创业提供了巨大的发展空间。

(2)中央政府的统筹和政策倾斜为农民工返乡创业提供了良好的政策环境。2000 年 1 月，国务院成立了西部地区开发领导小组，实施西部大开发战略；2006 年 4 月，国务院出台了《关于促进中部地区崛起的若干意见》以推动中部地区崛起；2007 年 6 月，重庆和成都联合获批成立成渝全国统筹城乡综合配套改革试验区；同年 12 月，国家发展和改革委员会又批准了武汉城市圈和长株潭城市群为全国资源节约型和环境友好型社会建设综合配套改革试验区。至 2014 年 1 月，国务院批复成立了四个西部地区国家级重点城市新区：两江新区、兰州新区、西咸新区和贵安新区。国家在中西部基础设施、生态环境和科技教育等方面的重点投入，改善了中西部地区的投资环境和生活环境，增强了对农民工返乡创业的吸引力；对中西部地区的政策倾斜，则为劳务输出大省扶持农民工返乡创业提供了良好的政策环境；综合配套改革试验区、城市新区的建设则为劳务输出大省扶持农民工返乡创业进行体制和机制创新开拓了空间。

(3)劳务输出大省的特殊优势有利于农民工返乡创业。第一，劳务输出大省返乡农民工具有较丰富的社会资本。返乡创业农民工可以利用亲情、乡情等社会资本从外出务工人员中招聘熟练工人；返乡创业农民工与沿海企业的联系以及对东部市场和产业发展情况的熟悉对其返乡创业有所帮助。第二，劳务输出大省返乡创业的农民工数量较多，有利于扶持政策发挥作用。为了扶持农民工返乡创业而设立的“农民工创业一条街”、“农民工创业园”等创业平台，因为有足够数量的创业企业入驻，这些平台才能更好地发挥集群效应，提高政策的效率。第三，劳务输出大省人口众多、市场潜力大。劳务输出大省通常也是人口大省，其对企业的吸引力较大，较多的创业企业聚集在一起，可以产生外部规模经济和外部范围经济，推动分工的深化。

1.4.1.3 农民工返乡创业投资决策模型与分析框架

1. 农民工返乡创业投资决策模型

在传统的人力资本理论看来，如果投资的净现值大于零，那么理性经济人就应该进行投资。然而，现实的情况却是，农民工返乡创业投资决策是在不确定的条件下进行的，即：农民工创业面临不确定性，创业有可能成功，也有可能失败。另外，农民工对于风险的态度不一定是中性的，有可能是风险规避的，也有可能是风险偏好的。因此需要将农民工创业成功的概率及其风险态度纳入投资决策模型之中。本书在不确定性条件下从期望收益与成本比较的角度入手构建农民工返乡创业投资决策模型：

$$\mathrm{NPV} = V(y) - V(x) = \sum_{j=0}^{n} \frac{pu(y_j) - u(x_j)}{(1+i)^j}$$

其中，NPV代表农民工选择创业所能够获得的净现值；$V(y)$表示农民工创业纯收入的现值；y_j代表第j个时期农民工创业所获得的、扣除直接成本之后的纯收入；$V(x)$表示农民工务农或务工纯收入的现值；x_j代表第j个时期农民工务农或务工所获得的、扣除直接成本之后的纯收入；n代表收入流的期限；i是一个外生的市场贴现率；p代表农民工创业成功的概率，$p\in[0，1]$；$u(\cdot)$代表农民工的效用函数。

农民工返乡创业的决定机制是NPV>0，代表着：在不确定性下，如果返乡农民工创业的期望收益大于成本，那么他将选择创业。

2. 扶持农民工返乡创业的理论分析框架

影响农民工创业投资决策的变量其实受到两个方面的影响：一是微观层面的影响，即农民工个人禀赋，如年龄、教育水平、家庭财富状况、个人经历、创业意识等因素所产生的影响；二是宏观层面的影响，比如基础设施、产业结构、产业政策、经济发展水平、劳动力市场的发育程度等外部创业环境因素所产生的影响。因而本书构建的扶持农民工返乡创业的分析框架如图1-2所示：在农民工微观个体因素与整体宏观环境因素的作用下，农民工的创业投资收入、创业成本、创业成功的概率、面临的市场贴现率、风险态度以及收入流的期限都是可变的，而上述变量的变化则对农民工创业投资净现值产生直接影响。如果创业投资净现值为正，那么返乡农民将在利益最大化的驱使下选择创业，并且净现值越大，返乡农民工创业的动力就越大。

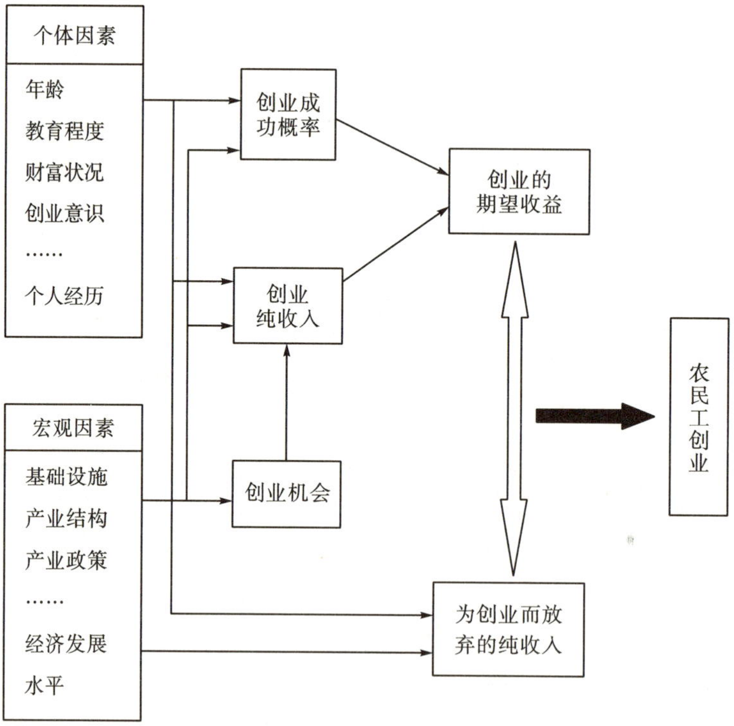

图1-2　扶持农民工返乡创业的分析框架

1.4.1.4 显著影响农民工返乡创业意愿的因素

(1)职业经历显著影响着农民工返乡创业的意愿。尽管务工单位的类型并不会对农民工返乡创业意愿产生影响，但是在什么样的行业里务工却会对其创业意愿产生重要影响。在建筑业，服装、纺织业务工的返乡农民工的创业意愿显著低于参照组，而在批发零售和餐饮行业务工的返乡农民工的创业意愿则显著高于参照组。另外，从务工期间的职务因素来看，处于单位负责人岗位和专业技术人员岗位上的返乡农民工的创业意愿显著强于参照组，而生产、运输工人的创业意愿则显著低于参照组。

(2)区域宏观环境是影响返乡农民工创业意愿的重要因素。不同县域的返乡农民工在是否愿意创业的问题上存在显著差异。另外，县域经济体的第二产业占比也是显著影响农民工创业意愿的因素之一，但其系数估计结果表明第二产业增加值占比越大的县的返乡农民工其创业意愿更低。

(3)农民工返乡创业的意愿并未呈现稳定增长的态势。无论是描述性分析还是计量检验都表明，2009～2012年的四年时间里，农民工返乡创业的积极性并未持续增长，而是波动变化。计量检验显示，仅有2010年春节返乡农民工的创业意愿比2009年发生了显著的积极变化，这与2009年国际金融危机影响最深重的时期，各级政府都非常重视扶持农民工返乡创业问题并密集出台了众多时效性的政策有关。随着金融危机造成的短期强冲击的消退，时效性政策也逐渐退出，由危机触发的创业支持热潮有所衰减，以致2011年返乡农民工创业的热情有所减退。

1.4.1.5 显著影响农民工返乡创业行为的因素

(1)性别对返乡农民工是否选择创业具有显著影响。本书发现，在将创业意愿转化为创业行动方面，女性返乡农民工选择创业的可能性显著大于男性返乡农民工。

(2)文化程度对农民工返乡创业的影响呈现非对称“倒U型”分布。在所有学历层次里面，中专学历者选择创业的可能性最大；中专学历以下，随着受教育程度的减少，学历越低者选择创业的可能性越低；中专学历以上，随着受教育程度的增加，学历越高者选择创业的可能性也同样逐渐降低。从整体上看，高学历者比低学历者更加容易选择创业。

(3)务工单位类型是影响农民工返乡创业行为的重要因素。模型的回归结果显示，不能排除农民工所在务工单位类型对其创业行为的影响。其中，那些在接受问卷调查时已经回家务农的农民工选择创业的可能性最低。相对而言，在“三资”企业务工的农民工选择返乡创业的发生比是最高的。

(4)在何种行业务工对农民工返乡创业具有显著影响。在农林牧渔行业务工的农民工返乡后选择自主创业的可能性显著地高于参照组，这与农民工出生在农村本就对农业生产比较熟悉，然后又继续在农业领域务工并掌握了其中的一些关键种养殖技术有关。

(5)务工期间的职务状况显著影响着返乡农民工的创业行为。在务工单位已经是负责人的农民工返乡后选择自主创业的可能性显著地高于参照组，同时也是所有组别中选择创业的发生比最高的。与之相对应的是，办事人员、农林牧渔生产人员选择自主创业的可能性则低于参照组。

(6)2009～2011年农民工返乡创业活跃程度呈现逐年降低的态势。本书发现，金融危机爆发后，从中央到地方密集出台了众多返乡创业扶持政策，在此影响下农民工返乡创业加速发展，但随着时间的推移，时效性扶持政策逐渐退出，对农民工群体的创业热情形成了一定程度的遏制。政策的扶持力度逐渐减弱并退出的时间，与回归结果揭示的农民工返乡创业活跃度逐年降低的趋势高度吻合。

1.4.1.6 农民工返乡创业扶持政策绩效评估结果

(1)评估结果显示，农民工返乡创业扶持政策的宣传力度是严重不够的，返乡创业者对扶持政策并不熟悉，政策的总体知晓度并不高，只有29.87①，仅有6.5%的创业者表示知道大部分或很熟悉创业政策。

(2)政策总体利用度达到58.95，相比29.87的总体政策知晓度而言，创业政策的利用度有较大幅度的上升，说明政策的推广环节比宣传环节实施得更好些。

(3)从总体上看政策的难易度达到了57.7，说明尽管政策的推广比宣传更有效率，但是返乡创业者要利用扶持政策仍然面临比较大的困难，政策的落实环节还存在较大的不足。

(4)享受过扶持政策的创业者对目前创业扶持政策的整体满意度是比较高的，测量值为70.78。与政策的知晓度和利用度相比较，享受过政策的创业者对政策的满意度大为提高。进一步说明，从政策的宣传、推广到落实的整个链条中，宣传力度和落实力度都比较差，影响了创业扶持政策作用的发挥，而一旦创业者享受到相关扶持政策，就会表现出比较高的满意度。

(5)评估结果显示，创业扶持政策重要度的测量值为82.12，说明无论创业者是否享受过扶持政策，他们都认为政策扶持对于创业来说是很重要的。

1.4.1.7 下一步政策实施重点及改进方向

从政策重要度评估结果看，扶持政策整体上对创业者而言是很重要的，其中财税、金融、用地、基础设施、绿色通道以及信息咨询服务等6类政策尤为重要，今后在政策实施过程中应放在优先实施的地位上。

根据评估结果，将今后政策的实施力度划分为“改善、加强、重点强化”三类。一要重点强化各类扶持政策的宣传，让创业者熟悉和掌握创业政策；二要着力加强政策的推广力度和落实力度，提高政策的覆盖面，降低创业者利用政策的难度；三要进一步改善扶持政策的实施效果和服务质量，提高创业者的满意程度。

---

① 该数值为知晓度的评估值，计算方法详见第6章。

具体而言，在宣传环节上，首先要注意重点强化用工、技术和产业政策的宣传，其次要进一步加强财税、金融、用地、创业培训等方面的政策宣传。在推广环节上，要特别重视提高金融、用工以及产业政策的覆盖率，同时也要注意提高基础设施、绿色通道、创业培训和信息咨询服务政策的利用度。在政策的落实上，今后要着力提高金融、技术和用地政策的落实力度，大大降低创业者利用这些政策的难度，其次也要注意降低用工、产业、创业培训以及信息咨询服务政策的利用难度。为进一步提升政策的实施效果，今后要重点改进涉及金融、用地以及基础设施等方面的政府部门的服务质量和水平，大幅度提高创业者对这3项政策的满意度，同时还要着力提高创业者对财税、用工、产业以及信息咨询服务等政策的满意度。

1.4.2 本书的创新之处

1. 首次将农民工返乡创业历史流变归纳为四个时期进行系统研究

迄今为止，对农民工返乡创业现象的研究，主要建立在对不同区域范围某一特定时期的抽样考察基础之上。尚没有文献对农民工返乡创业的历史进行系统梳理和归纳，用以分析该现象背后所隐含的深层制度因素。本书从历史流变视角出发，将农民工返乡创业问题置于农村剩余劳动力转移和农民工回流大背景下，创新性地将其发展演进历史划分为孕育期、萌芽期、成长期和发展期四个阶段，认为农民工返乡创业的演进是城乡双向“推—拉”力量博弈与相关利益主体间多重博弈相互重叠的过程，具有“中国式渐进演变”的特殊逻辑和机理，其深层次制度影响因素在于城乡二元体制机制，据此提出促进农民工返乡创业须同时着力于政府目标转型、长效激励机制构建和城乡统筹综合配套改革。

2. 对劳务输出大省扶持农民工返乡创业的特殊意义与条件进行了深度解析

本书认为应该从国际金融危机对中国经济的深远影响入手，展开扶持农民工返乡创业的研究，这是因为国际金融危机的爆发将对中国产业结构调整产生影响，进而对中国农村劳动力转移的趋势和结构产生深远影响。本书按照从一般到特殊的分析范式，分析国际金融危机对“世界经济—中国经济—劳务输出大省”的系列影响，并结合历史上劳务输出大省由于农村劳动力大量转移以后逐渐暴露的主要经济与社会问题，对特殊历史时期下劳务输出大省扶持农民工返乡创业的特殊意义及其所具备的现实条件进行研究。从历史与现实两个方面揭示，扶持农民工返乡创业，不仅是危机时期的特殊应对手段，其对于推动劳务输出大省经济结构转型升级，以及解决由于历史上城乡二元分治而导致的社会问题同样具有深远意义。

3. 构建了一个用于分析农民工返乡创业投资决策的模型及分析框架

20世纪90年代以来，随着外出农民工回流的增加，部分返乡农民工开始了在家乡的创业历程，理论界开始对农民工返乡创业问题进行研究。从研究内容上看，既包括对农民工返乡创业影响因素的研究，也包括对农民工返乡创业模式、面临的问题研究，以及进一步促进农民工返乡创业的措施的研究。尽管研究成果颇为丰富，但是从研究范式上看，却鲜有文献构建理论模型对农民工返乡创业的动力机制进行分析研究。本书运用经济学的基本分析工具——成本收益分析，借鉴人力资本理论以及不确定性理论的相关研究成果，构建一个不确定条件下返乡农民工创业投资的决策模型，从微观创业主体行为选择的角度出发阐释在什么条件下返乡农民工会选择创业。在对模型相关变量解析的基础上，进一步从微观与宏观两个方面构建分析扶持农民工返乡创业的理论分析框架，最终将已有文献所涉及的影响因素纳入该分析框架。重要的是，正是由于有了该模型的支撑，那些可能会影响农民工返乡创业选择的因素其之所以能够进入分析框架，都从理论上得到了合理的解释。

4. 对影响农民工返乡创业意愿、行为的因素进行了新的实证检验

既有文献的研究成果从理论与实证两个方面揭示了可能影响农民工返乡创业的因素，但是从既有文献的研究情况看，至少还可以在以下三个方面进一步深入：第一，既有文献关于农民工返乡前的职业经历对其返乡创业意愿及行为影响的研究相对较少，无法明确回答农民工务工期间所在行业、务工单位类型及其本人的职务状况对其创业意愿是否会产生显著影响。第二，尽管很多文献都认为宏观环境是影响农民工返乡创业的重要因素，但是这一论断仍停留在理论分析层面，还只是一种理论假说，缺乏实证研究的检验。第三，既有的实证研究，数据结构为单一的横截面数据，相对缺乏“白南生式”的针对不同年份农民工返乡创业意愿差异的比较研究。鉴于此，本书在计量检验方面的贡献主要有以下两点：

第一，理论分析层面的贡献。创业开始前，在面临不确定性的条件下，创业投资收益的净现值(net present value，NPV)是不可观测的，这给研究农民工返乡创业意愿的影响因素带来困难。本书的理论推导表明，将不可观测的连续变量 NPV 转换为可观测的离散变量“创业决定”后，“以影响农民工‘创业决定’的因素，来替代影响 NPV 大小的因素”在理论上是可行的。

第二，实证检验层面的贡献。本书检验了务工行业、单位类型及职务状况等职业经历对农民工返乡创业意愿及行为的影响；同时也对“宏观环境是影响农民工返乡创业的重要因素”这一理论假说进行了实证检验；本书利用来自四川省 2009～2012 年连续四年的混合横截面数据，比较了不同年份农民工返乡创业意愿的差异，并揭示了这种差异与宏观经济政策支持力度的变化之间的对应关系。

5. 构建了一个简单可行的用于评估农民工返乡创业扶持政策绩效的框架

由于现有文献方法在评估农民工返乡创业扶持政策绩效的过程中，会面临“缺乏有效统计数据、无法实现动态评估”这样两个困难，为此本书针对农民工返乡创业扶持政

策评估的实际需要，首次从政策的“知晓度、利用度、难易度、满意度、重要度”等五个方面构建了一个能对政策宣传、推广到落实各环节的绩效进行评估且相对简单可行的框架，并结合课题组在四川省的调研数据进行检验。

首先，针对政策已经制定，无法再次进行事前评估的现实，本书将研究视角主要集中在政策的执行评估和事后评估上。相对于注意力集中在政策实施效果上、采取事后评估的既有文献而言，本书将执行评估和事后评估整合在一起，可以更为全面地反映政策“宣传—推广—落实—客体反应”等各个环节的情况。

其次，针对政策资源分散在农业、财政、税收、金融、建设等多个政府部门中，导致评估结果“碎片化”的困境，本书以政策客体为调查对象，建立了一系列的政策评估子单元，对分散在各个部门中的具体政策进行评估。

另外，针对缺乏官方统计数据的困境，本书借鉴顾客满意度调查方法来收集返乡农民工对创业扶持政策的满意度，为了更为全面地实现政策出台以后从“政策的宣传到执行部门的政策推广、落实，再到政策作用于客体后的具体反应”这样一个全流程的绩效评估，本书还借鉴顾客满意度调查方法调查了创业者对政策宣传、推广、落实等环节的认知和态度。

1.4.3 存在的不足

(1)对农民工返乡创业的宏观定量分析尚有欠缺。由于农民工群体的流动性很大，关于农民工群体的官方统计数据十分匮乏，本书只能采取在特定区域发放调查问卷的形式来获取相关数据，导致本书尚无法对全国层面的农民工返乡创业情况作出宏观描述和定量分析。

(2)农民工返乡创业扶持政策绩效评估框架有待深化。以“美国顾客满意度指数”这种成熟的绩效评估体系做参考，本书所建立的评估框架还可以进一步深化。课题组认为，后续研究可以从两方面入手进行提升：一是对评估框架所包含的“五度”指标以及10类分项政策所占权重进行科学赋值；二是可以建立一个终极的评估指数，用以评估不同区域在创业扶持上的绩效，以推动各地区提高创业扶持的质量和效率。

第2章 农民工返乡创业的历史流变与制度困境

中国的农民流动由来已久。新中国成立到改革开放前，农村劳动力流动经历了一个从自发流动到严格管控，并一度停滞的曲折过程。改革开放之后，由于经济体制改革的深化和经济结构的调整，农村劳动力加速向城镇和非农部门转移，在转移规模、转移方向和劳动力结构等诸多方面，均经历了重大变化，并生发出中国城乡二元经济结构转型进程中的重大战略问题——"农民工"问题。亿万农民工离土离乡，进城务工就业，从盲目流动到跨区域有序流动，对促进生产要素在全国范围和各产业间重新组合、提高劳动生产率、加快中国工业化和城镇化进程，以及改变农村面貌，均做出了特殊贡献。由于中国的城乡二元结构有其特殊的历史轨迹和形成机理，"农民工"在城乡间的流动呈现出"钟摆式"① 或"候鸟式"② 特征，具体表现为季节性双向穿梭于城与乡之间，"进城"或"返乡"。20世纪八九十年代开始，返乡农民工开始出现新的内部分化，部分返乡农民工经过外出务工的市场化和工业化"洗礼"，积累了一定资金、技能、见识和信息，在家乡创办工商服务企业或进行农业规模化生产。"农民工返乡创业"现象日渐兴起，并逐渐成为欠发达地区县域经济社会发展和推进城镇化、工业化的可选途径和有效载体。

站在时间的维度，农民工返乡创业的阶段性演进内生于农村剩余劳动力转移进程之中，其特定时期所面临的宏观经济社会背景、具体的政策环境，以及农民工主体的群体特征和内部结构等，均与农村剩余劳动力转移的相关影响因素紧密相连、相互呼应。迄今为止，尚没有专门针对农民工返乡创业现象的系统性统计数据，大量文献研究主要建立在对不同区域范围某一特定时期的抽样考察基础之上。本书对农民工返乡创业的阶段性演进回顾和分析，试图在海量的现有文献基础之上，把农民工返乡创业问题置于农村剩余劳动力转移和农民工回流问题的大背景下，从不同时期的局部区域研究中，发现各时期农民工返乡创业的整体特征、共同问题，以及农民工返乡创业的整体演进规律。根据不同时期农民工返乡创业的时代背景、阶段特征，本书将农民工返乡创业的历史划分为孕育期、萌芽期、成长期和发展期等四个历史时期。本章主要从历史发展以及矛盾的一般性角度出发进行研究，涉及的历史时期包括孕育期、萌芽期、成长期。首先从每个时期的历史背景入手，介绍之所以做出如此阶段划分的依据，描述每个时期农民工返乡

---

① 邹德慈. 我国城镇化发展的多路径思考//《中国城市发展报告》编委会. 中国城市发展报告(2009) [R]. 北京：中国城市出版社，2010.

② 白南生，何宇鹏. 回乡，还是外出？——安徽四川二省农村外出劳动力回流研究 [J]. 社会学研究，2002(3)：64-78.

创业的特征，并对该时期农民工返乡创业的绩效进行简要评价。然后从外部环境与自身禀赋条件两个方面描述历史上农民工返乡创业面临的困难与制约。再以制度经济学为主要的分析工具进行分析，并得出结论——长期以来，农民工返乡创业率低的根本原因在于城市偏向的城乡二元制度。

2.1　农民工返乡创业的历史流变(1978～2007 年)

早在 20 世纪 90 年代，即有来自理论界和舆论界关于“民工潮”带动“返乡创业潮”兴起的声音。① 大量实践例证表明，时至今日，农民工返乡创业仍方兴未艾，返乡农民工创业面临不同层面的困境，仅靠自我累积难以突破。但无可置疑的是，由第一代“先锋”农民工开启的返乡创业，正逐渐向更为广泛的农民工群体传递，并由新生代农民工群体演绎崭新的行为模式和演进逻辑，为农民工劳务输出区域的县域经济发展和城镇化、工业化、农业现代化，以及农村剩余劳动力的就近转移，提供了切实可行的路径。

回望农民工返乡创业的进程，进城务工无疑具有“孵化机”作用。正是进城务工的工业化和市场化“洗礼”，才使一辈子“面朝黄土背朝天”的传统农民得以启蒙，彻底颠覆其对生存、发展以及权益的传统认知，一旦积累起一定的资金、技能和信息，便必然萌发改变生存环境和发展方式的动机。促使农民工从“进城务工”到“返乡创业”的流动及就业结构发生转变的影响因素，有两条清晰的主线，一是中国转型改革背景下城、乡发展战略的不断调适，以及由此形成的城与乡之间的“推力”与“拉力”；二是伴随农民工流动进程而持续演变的农民工生命周期特征，以及这一进程“干中学”引致的农民工群体特征演变。前者更接近宏观的维度，而后者则更接近微观的维度。由此，不同时期的农民工返乡创业，在创业主体、创业领域、成败概率等诸多方面，具有各自特定的特征，并在整体上具有“中国式渐近演变”的特殊逻辑和机理。

2.1.1　1978～1991 年：农民工返乡创业孕育期

1. 历史背景

中国的改革肇始于农村。以 1978 年为标志性年份的农村改革，其主要内容是实行家庭联产承包责任制。家庭承包制结束了生产队“大呼隆”劳动方式和“大锅饭”分配方式，从根本上改变了农业基本经营方式，形成至今仍然实行的公有私营的农村基本经营

① 陆大道，刘毅，樊杰，等. 1999 中国区域发展报告［M］. 北京：商务印书馆，2000：108，109.

制度。[①] 同时，农村改革的影响远远超出农业范畴，以此为导火索，中国开始了一系列社会主义市场经济为导向的经济社会改革。在城市，中央和地方政府的财政“分灶吃饭”、国有企业改革初期的承包责任制等诸多改革，均受到农村基本经营方式变革的深刻影响；[②] 而价格“双轨制”改革的灵感，也首先部分来自于农村经营体制改革基础之上的多元化农产品价格形成机制。在农村，改革释放了巨大的生产力和能量，引起以乡镇企业为核心的农村工业化浪潮，以及农村剩余劳动力由农业向非农产业、由农村向城镇的转移浪潮。

但是，1984 年开始，中国的改革迅速从农村全面转向城市，在“城—乡”发展上，继续表现为计划经济年代沿革下的“城市偏向”战略。与此相配合，1978～1991 年，政府主导下的农村剩余劳动力“离土不离乡”、“进厂不进城”，以及与之相适应的非集中式的乡村城镇化和中小城镇优先发展战略，将农民在农业之外的发展空间局限于农村地域。

与国家经济发展战略方向相一致，这一时期的农民创业经历了一波三折，以三个重要时间节点及其历史事件为标志：

一是 1978 年十一届三中全会明确将党和国家工作重心转移到经济发展领域。家庭承包经营制的推行，使原有的集体财产形式发生了根本变化，农民由此获得了三种形式的财产权，即由生产资料和生活资料构成的私人财产、土地使用权和经营权，以及支配自己人力资本的权利。[③] 农民一旦成为农业生产的剩余权享有者，便迸发出空前的农业生产积极性，1979～1984 年，农业生产总值年均增长达 7.6%，粮食产量年均增长 4.9%。据林毅夫在《制度、技术与中国农业发展》一书中对 1978～1984 年各项农村改革的经济贡献率测算，其对农村产出增长贡献率的总和为 48.64%，其中，仅承包经营制一项改革的贡献率达到 46.89%。[④] 人民公社时期普遍存在的“偷懒”现象消失，微观激励制度改革所致的农业爆发性增长，首先来自于农民对农业生产投入的增加，尤其是劳动力投入的增加。但是，农业生产的内部规模经济不显著，边际报酬递减制约相当明显，在短期内农业技术难以突破性进步的情况下，受制于有限的土地面积和劳动等可变要素投入的边际收益递减，农业增长和农民增收难以持续实现。因此，一方面过去农业劳动生产率低下的大量“隐性失业”以农业剩余劳动力的形式得以显化，另一方面，农民因应财产权利的确立以及持续增收致富的动机，必然生发从农业生产领域向非农生产活动领域扩大生产经营自由及社会身份和自由的要求。

二是 1984 年人民公社正式解体和“社队企业”正名为“乡镇企业”。早在“文革”时期为响应农村地区农业机械化号召，“社队企业”即已出现，尤其在长三角一带及其他城市周边地区最为集中，最初由公社和大队建立工厂，主要制造农用机械和修理农用工

---

① 蔡昉，王德文，都阳. 中国农村改革与变迁：30 年历程和经验分析［M］. 上海：格致出版社，上海人民出版社，2008：5-7.

② 姚洋. 作为制度创新过程的经济改革［M］. 上海：格致出版社，上海人民出版社，2008：134.

③ 吴敬琏. 当代中国经济改革教程［M］. 上海：上海远东出版社，2010：98.

④ 林毅夫. 制度、技术与中国农业发展［M］. 上海：上海三联书店出版社，1994：95.

具。计划经济时期以城乡二元户籍制度为核心的城乡分割格局下，政府对“社队企业”发展予以严格控制，要求其必须遵循“三就地”原则，即就地取材、就地加工、就地销售，试图把社队企业的生产限制在自然经济和自给性经营的范围之内。家庭承包制的推行使改革开放之初一度沉寂的“社队企业”以乡镇企业的形式意外地实现蓬勃发展，进入 20 世纪 90 年代，乡镇企业在我国工业生产中已经占据“三分天下”的重要地位（表 2-1）。1984 年国务院下发通知允许农村居民自带口粮到小城镇落户；1985 年开始，则相继实行“暂住证”和“居民身份证”制度，在制度上逐渐放宽了对农民在城乡间迁徙的限制。但实质上，20 世纪 80 年代，政府始终保留对乡镇企业的“三就地”要求，鼓励农村居民“离土不离乡”、“进厂不进城”，希望在农村内部实现农村剩余劳动力的转移。只是沿海地区的乡镇企业发展迅猛，往往在城镇中建立或促成一大批依靠乡镇企业自我积累和农民自发建设的明星小城镇发展，许多城镇后来甚至发展为大、中、小型城市，俨然已突破了“三就地”原则，这为后来“农民工”的出现埋下伏笔。

表 2-1　中国乡镇企业早期发展情况①

年份	企业数量/百万	劳动力		工业产出	
		数量/百万人	占农村总劳动力/%	产值/亿元	占全国产出/%
1978	1.52	28.27	9.2	385.3	9.1
1984	6.07	52.08	14.5	1240.0	16.3
1990	18.50	92.65	22.1	7097.1	29.7
1991	19.08	96.09	22.3	8708.6	32.7
1992	20.92	106.25	24.2	13193.4	38.1
1993	24.53	123.45	27.9	23558.6	48.7
1994	24.95	120.18	26.9	34688.0	49.4
1995	22.03	128.61	28.6	51259.2	55.8
1996	23.36	135.08	29.8	55901.1	56.1

三是 20 世纪 80 年代末期中国经济过热局面出现和三年“治理整顿”。“双轨制”价格改革使社会主义市场经济价格体系逐步在中国建立，但与此同时，计划内和计划外的双轨并行也带来了诸如“官倒”等经济运行中的秩序混乱。这期间，中国惯常的投资拉动型经济增长模式下大量的建设项目上马，另一方面，因改革开放而得以释放的社会购买力日渐旺盛。计划体制下的总供给不足问题充分暴露，资金、能源和原材料等供给成为制约经济增长的瓶颈。总供给和总需求的失衡使经济最终出现比较严重的通胀。与此同时，相关政策伴随改革开放的日益深化逐步放宽，特别是东南沿海地区以密集廉价劳动力及低成本资源为比较优势的对外开放，促使这些区域的工业化和城市化双双进入发展“快车道”并对劳动力显示出旺盛的需求，拉动越来越多的农民从不发达地区进入发

① 数据根据姚洋(2008)整理。详见：姚洋. 作为制度创新过程的经济改革［M］. 上海：格致出版社，上海人民出版社，2008：135.

达地区，从乡村进入城市。1989年初春，百万农民爆发性地集聚南下，引发政府及社会对“民工潮”及其可能诱致的交通、城市基础设施、城市就业、城市社会秩序等压力高度关注。在改革开放初期城市偏向的发展战略框架下，决策者在运用财政和货币政策实施宏观经济调控、应对经济过热的同时，对乡村工业化和农民工采取严格的控制措施以应对城乡利益冲突和关系协调便成为一种历史必然。1988年下半年开始，国家采取直接压缩基建项目及投资规模、强化财税及信贷控制等行政式紧缩的宏观调控手段，开始了为期三年的“治理整顿”；与此相配合，国家出台了一系列限制农村劳动力流动的政策①，农民工进城务工被视为无序的“盲流”要求予以严格控制，城市中大量农村劳动力被清退，“农村富余劳动力就地消化和转移，防止出现大量农村劳动力盲目进城找活干的局面”② 成为主导性政策方向，大量进城务工人员被“清退返乡”，形成第一次大规模的农民工返乡潮。显然，这是一种城乡二元分割、城市偏向政策主导下的农民工被动返乡。农村劳动力非农业化率出现下降局面，由1989年的21.5%下降到1991年的20.7%，下降0.8%。③ 此次农民工返乡潮，除少量“候鸟”农民工外，大量农民需重新在农村落脚，寻找新的工作机会，给农地关系本就紧张的农村造成巨大压力。使这一境况更为恶化的是，乡镇企业成为治理整顿首当其冲的对象。中央明确提出乡镇企业治理整顿“高速、整顿、改造、提高”的八字方针：要求乡镇企业发展立足于农副产品的当地原材料加工，不同大工业争材料和能源；乡镇企业的发展速度控制在20%左右，乡镇工业的发展速度控制在15%左右；压缩乡镇企业的投资规模；对一些消耗原材料较大的乡镇企业实行关停并转等。④ 同时，紧缩性的宏观政策对乡镇企业的负面影响相当大，金融和财政体系对乡镇企业的收缩远甚于传统经济部门，对乡镇企业的优惠政策也大幅减少。这种强城市偏向的政府干预，大大延缓了农村工业化步伐，乡镇企业的数量和就业人数都明显减少。据统计，1989年乡镇企业的数量为1866万家，职工数为9367万人，比上年分别减少了1.2%和1.9%；1990年则比1989年分别减少0.8%和1.1%。与此相对应，治理整顿3年间，小城镇发展速度及吸纳农村富余劳动力的水平也远低于1984～1988年的平均水平，其中，建制镇年均增长速度仅为1984～1988年的38.5%。⑤

以上分析可见，这一时期并无“农民工”一说，当然也无所谓“农民工返乡创业”，而是集中表现为农村地域空间范围内以乡镇企业为主体的农民就地创业。第一时间节点及其历史事件，为农民增加农业生产投入、扩大农业经营规模，以及在非农领域寻找创

---

① 如：1989年国务院办公厅和民政部、公安部先后发布的《国务院办公厅关于严格控制农民工外出的紧急通知》、《民政部、公安部关于进一步作好控制农民工盲目外流的通知》等政策。

② 中华人民共和国国务院. 关于做好劳动就业工作的通知(国发［1990］28号)［Z］. 1990－04－27.

③ 许经勇. 中国农村经济制度变迁六十年研究［M］. 厦门：厦门大学出版社，2009：177.

④ 原载：中华人民共和国农业部. 关于乡镇企业情况和治理整顿意见的报告［Z］. 1989－10；转引自：蔡昉，王德文，都阳. 中国农村改革与变迁：30年历程和经验分析［M］. 上海：格致出版社，上海人民出版社，2008：91.

⑤ 蔡昉，王德文，都阳. 中国农村改革与变迁——30年历程的经验分析［M］. 上海：格致出版社，上海人民出版社，2008：89-93.

业机会准备了客观条件——一是农业增收带来的创业初始资金积累，二是农业生产率提高带来的创业廉价劳动力积累；第二时间节点及其历史事件，则是以农村工业化和小城镇发展互动发展为标志的农民就地创业实践；第三时间节点及其政策环境改变，则使以农村工业化为主体的农民就地创业遭受冲击，面临重新抉择。

2. **阶段特征**

这一时期的农民就业创业实践，具有意识形态约束下的显著时代特征：

(1)表现以乡镇企业为主体的乡村就地创业，是政府主导的改革惯性与农村基层生发的变迁需求相互回应的产物。计划经济年代，服务于“重工业优先发展”的赶超战略，在城乡关系问题上政府主导地形成了“三套马车”制度，即农产品统购统销制度、人民公社制度和城乡二元分割的户籍制度，以直达农村基层的组织化形式和最严格的二元户籍制度约束，将农民紧紧地捆缚在土地上，并通过资源计划配置的方式以“工农业产品价格剪刀差”实现农村有限资源向城市的转移，从而完成工业化、城镇化的初始积累。改革开放初期，这种人为扭曲的城乡关系具有自我实施和强化的制度惯性轨迹。中央虽然出台一系列重要政策文件，涵盖农村基本经营制度、农产品价格，甚而农民自理口粮进城落户等广泛领域，逐步解除了原有体制对农民的桎梏，农村释放出巨大的生产力，农村剩余劳动力大量出现并亟须转移，但计划时期人为制度分割造成扭曲和固化的城乡分治又难以在短期内打破。在这种特定历史条件下，在农村内部实现部分城市化和工业化功能成为折中的实践方案。正是“自上而下”与“自下而上”两种力量的相互回应与作用，以乡镇企业为主体的乡村工业化迅猛发展，不仅成为农民重要的收入来源，并且对后来中国经济的市场化改革提供了宝贵经验，对中国经济增长起到重要作用。1985～1988 年国家财政收入净增额的 52%来自于乡镇企业；1986～1988 年农民纯收入中增量部分的一半以上来自于乡镇企业。[①] 于是，乡镇企业就地吸引丰富的农村剩余劳动力资源发展劳动密集产业，而农村剩余劳动力转移则局限于本地的“乡—镇”转移。乡镇企业的发展事实上对城乡分治和计划经济提出了挑战，要求打破资源要素流动的封闭格局和产品流通的计划体系。遵从于渐进式改革的逻辑和长期城市偏向政策的影响，小城镇战略成为中国 20 世纪 80 年代的主导性政策导向，而这一城镇化战略恰恰与乡镇企业的“异军突起”形成相互的适应性支持，试图通过发展乡村工业化和小城镇实现中国农村人口的就地城市化，并同时避免大城市的过度拥挤。客观上讲，小城镇战略成为辅助农村工业化和农村剩余劳动力“离土不离乡”的支持政策，而乡镇企业为城乡劳动力市场严格分割状况下的大量农村剩余劳动力提供了在农村范围内向非农产业部门转移的唯一路径，并促进了小城镇建设和数量扩张，最终促进了中国独特的“离土不离乡，进厂不进城”“两条腿”走路的城镇化模式形成。

---

① 蔡昉，王德文，都阳. 中国农村改革与变迁：30 年历程和经验分析 [M]. 上海：格致出版社，上海人民出版社，2008：76.

(2)农民创业组织的产权结构以集体经济为主体，政府的主导和推动有效帮助了乡镇企业的存活和发展壮大。乡镇企业的前身是社队企业，其产生之初即具有集体所有的性质。只是到20世纪80年代随着家庭承包制的普遍推广和人民公社三级所有制的消亡，生产队为基础的集体经济不复存在，在新的集体所有制经济基础上，一大批农民自办或集资联办的企业等多种经营的农村企业形式产生发展，中央于1984年正式将社队企业更名为乡镇企业。总体上看，乡镇企业的大发展得益于中央政府“离土不离乡”的政策导向，并在改革开放初期给予了乡镇企业较为宽松的政策环境。但具体来看，当时政府计划仍控制着经济的方方面面，尤其是原材料和产品市场以及银行信贷资金等领域，总体上的制度设计对乡镇企业并不友好，意识形态的约束也使乡镇企业可能面临一定政治风险。在这种背景下，以地方政府为代表的社区政府的主导和介入，对乡镇企业的发展壮大起着极其重要的作用。在中国乡镇企业发展历程中，有著名的“苏南模式”和“温州模式”。“苏南模式”的大部分乡镇企业通过利用集体原有积累、政府行政力量调集资源或银行信贷等形式兴办，是典型的集体经济为主体的公有制有效实现形式，表现为社区政府强力推动的体制内供给主导型强制性制度变迁。而“温州模式”则首先由市场力量自发生成，地方政府给予了保护性、支持性制度支持，即大量“红帽子”企业的存在，名义上属于地方政府，事实上属于个人企业，是典型的自下而上的体制外需求诱导型制度变迁。无论是哪种模式，乡镇企业的发展都离不开政府的主导和支持，并且在当时特定的意识形态约束下，农民和地方政府干部表现出巨大的基层创造力，基于政治风险规避创造出多种形式的公有制经济实现形式，并促进了乡镇企业的大发展。

(3)农民创业在计划与市场的罅隙中求生存，农村和城市不同的博弈参与人间策略互补的行为博弈促使改革向市场收敛。计划经济年代重工业优先发展的赶超战略，导致国家经济结构失衡，基本消费品严重短缺从而蕴涵巨大市场机会；同时，价格双轨制改革与国有企业改制背景下，国家对农业生产、农副产品加工以及国有企业控制领域的部分制造业部门的进入管制松动，使农村工业企业得以进入过去完全由国有企业垄断的原材料和产品市场以及生产领域，甚至运用市场规律以更高的价格从国有企业直接获取技术、设备、人员及市场渠道。[①] 农村工业企业因此获得生存空间，并借由更加灵活的市场敏锐性、适应力和体制机制，与国有企业在逐渐扩大的市场领域进行竞争。随着改革开放的推进，市场表现出的不断扩大的消费需求，不仅促进了乡镇企业的壮大，也刺激国有企业要求不断松绑以适应市场的需求和竞争。以乡镇企业为主体的农村工业和以国有企业为主体的城市工业在相互的市场博弈中，表现出农村工业发展壮大与市场双轨制两轨并一轨改革的相互加强，并最终导致改革向市场化方向收敛。

(4)农民创业表现出典型的禀赋结构与技术结构相匹配的特征，技术构成偏低并主要集中于劳动密集型产业。遵循比较优势，大至一国、小至一个企业，其最具竞争力的技

① 有些行为在当时意识形态制约条件下甚至有打“擦边球”或“违规”的嫌疑，如江浙地区乡镇企业发展过程中来自国有企业的“星期天工程师”等，乡镇企业发展充分利用了既有体制的“养分”，并最终成长为城市企业强有力的竞争对手。

术结构(或产业区段)是由其禀赋结构所决定，不同的技术结构必然与相应的投入结构相一致，而投入要素的相对价格则主要受制于其禀赋结构。① 支持乡镇企业发展的初始积累来自于农村改革所释放的巨大生产能量及其农业剩余，而后则主要来自于乡镇企业的自我积累或非正式金融渠道。在城市偏向的政策环境下，乡镇企业很难得到金融信贷系统的资金支持，国家政策也将其经营生产局限于农村地域范畴，而农村大量剩余劳动力则为乡镇企业发展提供了最大的要素禀赋优势。但这些从土地上直接走出来的农民整体文化水平低且缺乏必要的技能训练，与此相匹配，20 世纪 80 年代的乡镇企业具有技术结构的"三三二二"特征，即企业的技术设备中，50 年代和 60 年代水平的各占 30%，70 年代和 80 年代水平的各占 20%。这种技术选择方式与当时的劳动力要素禀赋特征是相吻合的。② 事实证明，这在乡镇企业发展早期，成为其利用比较优势保持持续增长和实现农村工业化的关键。从乡镇企业分行业统计的轻重工业比值来看，1987 年乡镇企业轻重工业产值比为 51.69∶48.31，1989 年为 51.57∶48.43，1991 年为 54.38∶45.62，各年略有浮动，轻工业产值比例略高于重工业，但总体而言乡镇企业内部的轻重工业产值比例相对稳定并处于相对均衡状态(表 2-2)。根据林毅夫和姚洋的计算，乡镇企业重工业中 93%以上产值由资源型企业创造并保持稳定，而轻工业中资源型企业在 1987 年为 61.2%，1996 年下降至 52.9%；另据黄季焜等研究，1978～1996 年，乡镇企业人均净资本存量从来没有超过国有企业的 20%，乡镇企业每万元产值所雇佣的劳动力是国有企业的几倍。③ 这些数据表明，乡镇企业的迅速发展与中国农村劳动力要素禀赋密切相关，其经营主要集中于劳动密集型产业。从具体产业来看，则具有较大地区差异：长三角地区农村经济与上海密切联系，依托蚕丝生产发展的纺织工业是其强项之一，此外，长期的商业传统与氛围，为后期大量优质民营企业的涌现积累了宝贵的企业家才能；而珠三角地区得益于优越的地理位置及其市场渠道、信息和国际资本，乡镇企业发展受沿海开放"三来一补"制造业影响至深；而中西部内陆地区则更多依赖于农业生产及其副业或以资源为基础的产业。

表 2-2　中国乡镇企业轻重工业产值④

年份	轻工业产值/(10 亿元)	轻工业产值比例/%	重工业产值/(10 亿元)	重工业产值比例/%
1987	134.93	51.69	126.09	48.31
1988	182.69	53.14	161.09	46.86
1989	237.98	51.57	223.47	48.43
1990	282.17	53.85	241.85	46.15
1991	354.49	54.38	297.34	45.62

① 黄季焜，等. 制度变迁和可持续发展：30 年中国农业与农村［M］. 上海：格致出版社，上海人民出版社，2008：191.

② 刘霞辉，张平，张晓晶. 改革年代的经济增长与结构变迁［M］. 上海：格致出版社，上海人民出版社，2008：184.

③ 黄季焜，等. 制度变迁和可持续发展：30 年中国农业与农村［M］. 上海：格致出版社，上海人民出版社，2008：181-182.

④ 数据根据黄季焜(2008)整理。同上：181.

3. 绩效评价

乡镇企业壮大和发展的局面，主要由少部分“农民精英”开创。这些“精英”往往素有走南闯北经历，或属于农村中的能工巧匠、农业生产能手，善于捕捉市场信息，敢闯敢干，其中部分为乡村干部。创办的企业多在轻工业发展较好的城市周边兴起，尤其是长三角地区，是中国早期乡镇企业兴起尤为集中的区域。乡镇企业发展不仅对实现农村自我积累、就近吸纳农村剩余劳动力功不可没，同时贡献了一笔隐藏其后、易于为人忽视的无形产出——在亿万农民中培植起来的创业积极性和革新精神。基于此，我们可以将农村剩余劳动力“离土不离乡”和乡镇企业异军突起、就近吸纳农业劳动力的特定时期，视为农民工返乡创业的孕育期。

2.1.2 1992～2002 年：农民工返乡创业萌芽期

1. 历史背景

20 世纪 80 年代的三年“治理整顿”，乡镇企业和进城务工农民成为重点治理对象。城市就业机会减少和政策环境恶化，以及乡镇企业的结构性调整和收缩，迫使大量进城务工农民返回农村，农村劳动力非农业化率出现下降局面，由 1989 年的 21.5%下降到 1991 年的 20.7%，下降 0.8%。① 这是第一次农民工返乡潮，在当时城市偏向的改革框架下，并未引起较为普遍的足够重视。20 世纪 90 年代初期开始的社会主义市场经济改革，促使非国有经济成分在城市特别是沿海地区大中城市迅速发展，制造加工、建筑、餐饮零售、生活服务等诸多二、三产业的行业向农民工敞开大门，过去囿于土地和乡镇的农民，开始向城市特别是沿海城市大规模跨区域转移，形成令人瞩目的“民工潮”。期间，部分农民工利用进城务工所获技能和所积累的资金、社会资源，返乡开始早期艰难的创业。

这一时期，来自三方面的宏观因素，对农民工返乡创业产生深刻影响：

一是 1992 年邓小平南方谈话与社会主义市场经济体制改革方向的确立。改革开放初期中国经济的快速增长与市场经济秩序逐渐建立进程中的无序与波动，一度使中国经济陷入“一放就乱，一收就死”的困境。20 世纪 80 年代末期，全国范围内引发了关于改革的大争论，第一次诘问姓“社”姓“资”的问题，改革被众所诟病。邓小平南方谈话对争论一锤定音，从理论上为中国改革开放破除了社会基本制度范畴的思想束缚；随后，十四届三中全会《关于建立社会主义市场经济体制的决定》，第一次把社会主义市场经济确立为中国经济体制改革的目标模式。这一政策背景下，改革中心环节的国有企业改革在遭遇“围墙内”政策调整型改革失利后，转向制度创新型改革阶段，明确提出建立“产权清晰、权责明确、政企分开、管理科学”的现代企业制度。国企改制“抓大放小”

① 许经勇. 中国农村经济制度变迁六十年研究［M］. 厦门：厦门大学出版社，2009：177.

政策中的“放小”，实质上是民营化的代名词。改制在农村地区则是乡镇企业的民营化。如前所述，以集体产权为主的乡镇企业在经历骄人的增长业绩之后，产权模糊的弊端逐渐显露，面临改制；而各种名义为政府所有、实际为私营业主所有的“红帽子”企业，在国家正式承认私人拥有企业开始，也需摘下原来的集体“帽子”。与此同时，中国全面加速向社会主义市场经济体制转型，进入一个调整增长的新阶段。尤其是沿江沿海地区，制造业蓬勃发展，区域城市经济迅速繁荣，与中西部地区间的发展差距日益扩大。

二是 1997 年党的十五大在所有制理论和分配理论上取得重大突破与进展。十五大明确提出公有制为主体、多种所有制经济共同发展是中国社会主义初级阶段的基本经济制度，而公有制有多样化的实现形式，非公有制经济则是社会主义市场经济的重要组成部分；在国有经济的地位和作用方面，强调从国有经济的控制力与质量上考虑国有经济的主导作用，强调从战略上调整国有经济布局；将股份制明确为一种有利于所有权和经营权分离、有利于提高企业和资本运作效率的资本组织形式，从而摆脱了意识形态的束缚，对国有企业改制和民营企业的发展具有重要实践意义；在分配理论上，明确提出允许和鼓励资本、技术等生产要素参与收益分配，并首次提出把按劳分配和按生产要素分配结合起来，从而对生产要素参与收入分配给予了肯定，对全社会积极进行财富创造具有重要激励作用。① 显然，这些重大的理论和政策突破，促进改革朝向市场方向深入推进，并推动市场经济微观主体发育和重新塑造，社会经济结构也因此产生深刻变革。

三是农民工大规模跨区域“乡—城”转移接受工业化和市场化“洗礼”，但城市和政策环境对农民工整体不友好。改革开放促使城市经济迅速繁荣，特别是沿江沿海地区制造业蓬勃发展，与中西部地区间的发展差距逐渐拉大；而乡镇企业则因上一轮治理整顿和自身改制、技术装备升级等原因，就近吸纳农村劳动力的能力显著下降。大批农村劳动力突破过去的离土不离乡的“乡—镇”转移局限，开始大规模跨区域“乡—城”转移。1992 年农村劳动力迁移到城市的人数已达到 3500 多万并逐年增长，1995 年达到 7500 万，其中出省的农村劳动力人数为 2500～2800 万。② 大量农民工进城，对本就面临城镇新增劳动力就业和下岗失业人员再就业双重压力的城市提出了挑战，并对城市基础设施和社会治安等问题造成压力。这一时期仍然延续城市偏向的政策框架，对于农民工的管理总体上继续朝向城乡分割的方向，以歧视和限制为导向的政策主线始终存在，并长久持续。1994 年《农村劳动力跨省流动就业管理暂行规定》的出台，从国家全局性政策上加强对农民工进城务工的控制力度；农民工流入地的地方政府，尤其是长三角、珠三角、北京等发达地区和城市，通过清理遣返，建立外来农村劳动力“务工证”制度，对外来劳动力实施行业工种管制等歧视性政策手段，③ 严重恶化了农民工在城市务工的生存、生活和发展环境。尽管如此，农民工跨区域流动仍势不可挡，并在 20 世纪 90 年代经历了

① 江泽民．在中国共产党第十五次全国代表大会上的报告［Z/OL］．中华人民共和国中央人民政府网站，http：//www．gov．cn/test/2008－07/11/content＿1042080＿3．htm，1997－09－12．

② 赵俊超，孙慧峰，朱喜．农民问题新探［M］．北京：中国发展出版社，2005：175．

③ 赵树凯．农民流动 30 年［J］．农村工作通讯，2008．

一个高潮期。农村外出劳动力的非农就业比达95%以上，尤以商业服务业、建筑业等城市劳动力不太愿意进入的行业为众；而东南沿海发达地区则因加工贸易型外向经济迅速发展催生大量乡镇企业、三资企业，为外来农村劳动力提供大量工业就业机会，工业企业就业比达60%～70%。[①] 直接进入城市和城市非农产业，使农民工充分接受城市化、工业化和市场化洗礼；同时，许多农民工也逐渐积累起数量可观的资金。受到城乡二元体制机制的挤压，农民工转移本身具有典型的“候鸟”式特征，难以在城市找到“根基”；部分农民工已不再满足于一般层次的需要，而意欲追求更高层次的需要，并萌生出自强不息、脚踏实地干出一番事业的念头。

显然，社会主义市场经济改革方向的确立及其后一系列市场化改革，尤其在所有制和分配理论上的突破，为民营经济壮大发展缔造了良好的空间和环境，也为农民工返乡创业开办个体、私营企业提供了正向支持，过去的“偷偷摸摸”、“提心吊胆”，成为“合理合法”、“正大光明”。另一方面，农民工大规模地跨区域流动并直接进入城市非农产业，实质是中国经济立足于密集性低成本劳动力优势的“制度变革+产业导向”模式的快速增长，对低素质劳动资源实施的第一次有效开发，[②] 农民工在观念、技能、信息等诸多方面得到显著提升，并在外出务工的过程中积累起一定资金和社会资源，为其返乡创业蓄积了基本起步条件和能力；而在异乡城市发展空间受限、心理上缺乏尊严感和归属感，则对具有创业动机和创业能力的农民工返乡形成“催化”、“倒逼”。

2. 阶段特征

一是农民工返乡回流主要表现为一种“被动返乡”。据一项对全国农村固定观察点1995～1998年农户观察数据的研究，按全国5亿农村劳动力粗略估算，“农民工”人数约为5000万，受城市下岗工人、新增劳动力就业压力以及企业开工不足等影响，农民工的比重一直呈下降趋势，尤其是受东南亚金融危机冲击，1998年比1997年农民工人数减少了5.6%，一旦经济环境改善，农民工的比重将会继续增加。[③] 另据一项对劳务输出大省安徽和四川1997～2000年农民工返乡创业的抽样调查研究，调查农村劳动力中，外出和曾经外出的劳动力占到22%。在抽样的1999年，回流劳动力占农村劳动力总数的6.3%，占外出或曾外出劳动力的28.5%，占仍外出劳动力的39.9%；而其中，56.6%因外地就业困难返乡，占比最大，其后依次为照料家人、生育和抚养、结婚、年龄大、伤病，分别占比51.2%、23.7%、21.8%、14.6%、6.8%，仅2.5%为回乡投资(图2-1)。[④] 该项调查数据表明，这期间农民工回流主要为被迫回流，具体表现为“因外

① 刘霞辉，张平，张晓晶. 改革年代的经济增长与结构变迁［M］. 上海：格致出版社，上海人民出版社，2008：184-185.

② 刘霞辉，张平，张晓晶. 改革年代的经济增长与结构变迁［M］. 上海：格致出版社，上海人民出版社，2008：187-191.

③ 张晓辉. 农村劳动力就业结构研究［J］. 中国农村经济，1999(10)：68-72.

④ 此项关于返乡原因的问卷调查允许最多选择三个原因，受调查者中80%以上选择两个或两个以上原因，一半以上选择三个原因，说明农民工回流是多重因素共同作用的结果。

地就业困难而返乡的被动回流呈上升趋势，因个人原因或家庭原因的回流呈下降趋势”①，其调查结果并不支持“创业神话”。

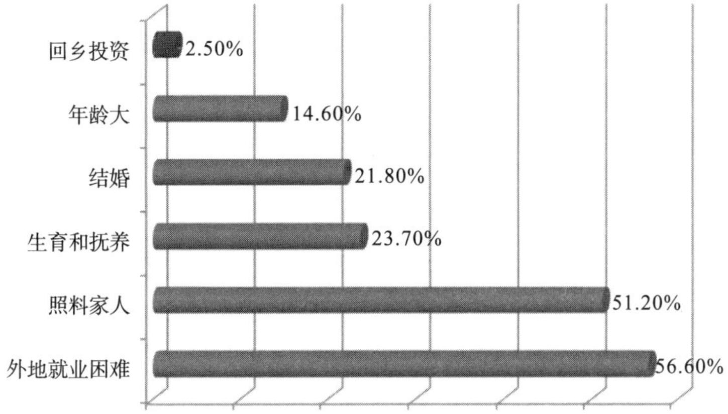

图 2-1　农民工回流诱因比较（1997～2000 年）

二是返乡农民工及其创业并未引起普遍关注，其返乡创业更多是一种诱致性的自发行为，具有偶然性、分散性和无序性。20 世纪 90 年代末期，政府和社会各界的关注度更多地集中到如何引导农民工有序流动方面，对返乡农民工及其创业问题关注不够。一方面外出务工对农民增收和某些地区经济发展的促进作用，诱使劳务输出地政府积极鼓励本地农民外出务工，甚而把农村劳务输出作为一项重要产业加以扶持发展；另一方面，劳务流入地政府逐渐认识到外来农民工对城市经济发展的重要作用，开始转变对农民工管理的态度和导向。国家对农民工的管理也经历了从管制趋向接受、认可，到鼓励的过程，并最终通过一系列政策予以引导、调控，试图使之有序化，如十四届三中全会《关于建立社会主义市场经济体制若干问题的决定》提出要鼓励和引导劳动力逐步向非农产业转移和在地区间有序流动；劳动部《关于建立社会主义市场经济体制时期劳动体制改革的总体设想》提出逐步打破城乡间、地区间劳动力流动界限，加强城乡劳动力统筹，并着手实施“农村劳动力跨地区流动有序化工程”，农民工外出务工环境逐渐得以改善。这期间约有 4.3 亿②农村劳动力从土地束缚中走出来，对中国经济社会结构产生了重大影响；2002 年，中国城镇人口比率已经达到 39%，比 1978 年的 18%增加了 21%。迫于回流农民工在本地再就业的压力，劳务输出地政府更多地考虑如何组织劳务有序输出问题，甚至部分地方把回流农民工视为“包袱”。仅少部分地方政府关注到农民工返乡创业现象，并有意识地结合当时国内不少地区正在开展的以增产粮、棉、油、肉、糖为内容，山、水、田、村、路综合治理开发的农业综合开发活动，探索发挥返乡农民工的优势，

① 白南生，何宇鹏．回乡，还是外出？——安徽四川二省农村外出劳动力回流研究［J］．社会学研究，2002(3)：64-78．

② 数据来源：刘霞辉，张平，张晓晶．改革年代的经济增长与结构变迁［M］．上海：格致出版社，上海人民出版社，2008：185．

给予必要扶持，引导和组织他们参与发展种植、养殖、家庭副业和庭园经济，以及进行农业资源开发、发展农村各项服务、修建农村公路等农村系列经济社会开发活动。多数返乡农民工回到传统农业，少数“能人”、“精英”开始发展规模化种植和养殖，或紧密联系农业产业发展个体经济或私营经济，开启早期艰难的返乡创业。

三是返乡创业的第一代农民工以中青年男性居多，且受教育程度普遍高于农村地区平均水平。1999 年国务院发展研究中心农村部和 9 省 13 县市有关部门对农民工回流的一次联合调查数据显示，男性比例高达 96%，年龄在 25～45 岁的占 80%，返乡者的 77.5%不再从事农业，而这部分人群的职业转变主要靠自我创业。① 这一总体特征多年并未有明显改变。多数调查数据显示，返乡创业农民工的学历基本集中在初中、高中水平，六成以上返乡创业者受过初中教育。这说明，良好的教育背景提高了农民工返乡创业的概率，是影响农民工吸收、消化和运用技术、推动创业的重要因素。

四是农民工返乡创业主要依托当地资源建立发展，以生存型为主。调查数据显示，尽管大多数返乡者曾怀揣各种创业梦想，但实际上大多数仍回到传统从业结构。白南生等从 1997 年开始历时 4 年，对劳务输出大省安徽、四川的抽样调查数据显示，返乡农民工中 11.2%为本地务工，1.6%为规模化养殖和水产养殖，2.7%为非农业经营性职业②③（图 2-2）。返乡农民工创业以特色种养殖业、加工业、建筑、运输、餐饮、商贸、乡村旅游、服装加工等进入门槛和技术含量较低的劳动密集型行业为主，集中于非农产业，企业形式以个体和私营为主，规模较小、投入少、风险低，这完全符合返乡创业农民工既有的资金、技术和管理能力，也有利于提高其创业成功率。

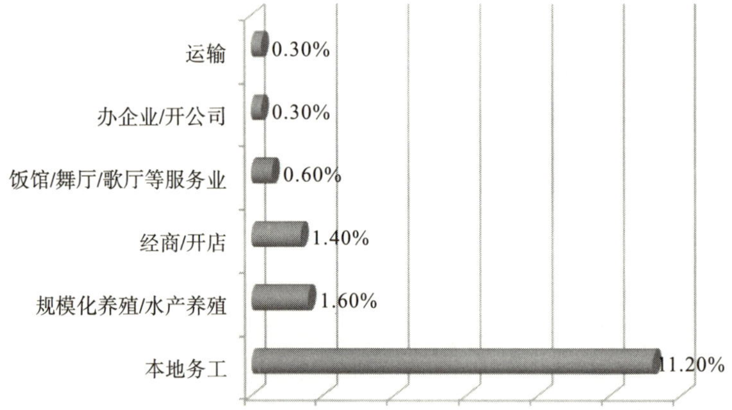

图 2-2 返乡农民工主要从业领域比较（1997～2001 年）

① “农民流动与乡村发展”课题组. 农民工回流与乡村发展——对山东省桓台县 10 村 737 名回乡农民工的调查[J]. 中国农村经济，1999(10)：63-67.

② 非农经营性职业包括：经商、开店 1.4%，经营饭馆、舞厅、歌厅等服务业 0.6%，办企业、开公司 0.3%，运输 0.3%。

③ 白南生，何宇鹏. 回乡，还是外出？——安徽四川二省农村外出劳动力回流研究 [J]. 社会学研究，2002(3)：64-78.

3. **绩效评价**

这一时期对于农民工流动而言，整体的政策环境和舆论环境并不友好。但从 20 世纪 90 年代末期开始，无论是劳务输出地政府抑或劳务输入地政府，均开始转变对农民工流动管理的态度，尤其是劳务输出地政府，具有鼓励本地农民工外出务工的积极动机。由此，这期间限制性政策主导下的农民工流动进程，来自农民工与城市居民及其与政府间，以及农民工输出地与流入地政府间的双重博弈贯穿始终，并最终将改革导向引导农民工跨区域有序流动、统筹城乡劳动力市场的方向。从农民工的流动方式来看，经历了自发流动向一定程度的有组织有序流动转变，2001 年有组织流动占到总流动量的 10%。① 这一改革进程，同时也是农民工进城务工与返乡创业(就业)双向流动空间和自由逐渐放大的进程。当然，期间农民工返乡，更主要是由于国家经济结构调整、国有企业改革引致大量下岗工人以及城市新增劳动力就业压力、体制和制度的城市偏向等原因，导致城市就业对农民工的限制甚至歧视性倾向，从而使农民工迫于在城市的失业或生存环境恶劣而被动回流；1998 年开始的亚洲金融危机则加剧了这一回流趋势。这一时期的返乡回流农民工中，具有创业目的并付诸实施的并非主流，但丰富的农民工返乡创业实践案例表明，经过城市化、工业化和市场化洗礼的农民工返乡创业，已经萌芽并将逐渐成为地方发展农村和农村经济的一支生力军。

2.1.3　2003～2007 年：农民工返乡创业成长期

1. **历史背景**

城乡二元体制下农村劳动力向城市大规模转移，在加速中国城市化、工业化进程的同时，引发一系列负面效应并派生出一系列复杂的社会问题。改革开放 30 多年来中国经济高速增长的同时，城乡收入差距却呈现由改革之初短暂缩小、而后持续扩大的“异动”变化，形成城乡发展与经济增长相悖的现实难题和日益严重的“三农”问题，并成为困扰和制约中国经济健康持续发展的瓶颈。② 鉴于此，党和国家把解决“三农”问题作为国家发展战略的重中之重，努力探求根本解决之道。在此语境下，各级政府对农村劳动力转移也形成一套完整的新思路，在继续引导农村劳动力向大城市和跨区域有序流动的同时，也强调发展壮大县域经济和吸引农村劳动力就地转移，并且开始普遍重视“农民工回引”工作，在“三农”发展整体环境不断优化的大政策背景下，各地在基础设施和扶持、服务软环境等各方面创造条件，积极主动吸引有资金、有技术、有能力、有渠道的农民工返乡创业。

① 王西玉，崔传义，赵阳．打工与回乡：就业转变和农村发展——关于部分进城民工回乡创业的研究［J］．管理世界，2003(7)：99-109.

② 李萍，等．统筹城乡发展中的政府与市场关系研究［M］．北京：经济科学出版社，2011：1.

这一时期的农民工回流逐渐由被动回流转向主动回流，返乡农民工创业也由过去农民工诱致性自发创业为主，转向政府自上而下主动“回引”与农民工自下而上的诱致性创业相辅相成。这种转变，主要得益于以下宏观要素：

一是党和国家“统筹城乡”发展战略的提出和践行。2002年，党的十六大首次提出统筹城乡经济社会发展的重大战略部署；2003年，党的十六届三中全会明确将“统筹城乡”发展列于“五个统筹”之首；2004年开始的迄今每一年，中央均将“三农”问题作为中央一号文件下发，涉及“三农”诸方面系列重大政策措施。总体来看，国家在“三农”问题的政策导向上，一方面是“减负”，即通过农村税费改革和清理涉及“三农”的不合理限制制度，切实减轻“三农”负担；另一方面是“投入”，即持续加大财政支农力度和制度一体化建设，从基础设施和基本公共服务建设、产业扶持、农业科技创新推广、农村体制关键环节改革等方面入手，推进城乡一体化建设，构建城和乡的起点公平；第三是“练内功”，即通过农业和农村经济结构调整，提高农民进入市场的组织化程度和禀赋能力、创造条件鼓励农村经营体制创新和农民发展个体私营经济等，促进农业增效、农民增收和新农村建设。中央和各级政府实施统筹城乡发展战略及其系列政策支持下，农村生活发展环境得到极大改善，2003～2008年，我国农民纯收入从2622元增加到4761元，年均增长12.7％，成为改革开放以来农民增收最快的时期。在中西部地区经济加速发展、就业机会和收入差距持续缩小，农村、农业和农民自身发展环境不断改善的情况下，部分农民开始主动返乡寻求发展机会。2003～2007年沿海地区“民工荒”的出现，便是东南沿海地区农民工工资和社会福利待遇长期维持低水平，而县域经济和农村经济持续增长、就业创业环境优化双重因素作用下，农民工流向东南沿海地区以外的其他区域或返乡寻求发展机会的现实表现。

二是国家城镇化战略从偏重规模控制的单一的“规模政策”向引导城镇化全面协调发展的综合政策转型。20世纪80年代和90年代中后期以前，基本沿袭了“控制大城市规模，合理发展中等城市，积极发展小城市”的规模等级控制的“城市发展方针”，并一度实施城乡二元分割的小城镇发展战略，强调将农村工业化和农村劳动力就地转移实现作为城镇化的重要手段。在这一城镇化发展战略指导下，中国的城市发展出现了大城市发展不足、经济集中化程度偏低；小城镇基础设施和社会事业发展不足的缺陷逐渐显露，并制约乡镇企业和农村工业化的发展；不同规模和等级的城市区域间相互行政割裂，市场要素和资源配置扭曲、效率低下。中国的城镇化呈现出土地城市化大大超越人口城市化、低价工业化和高价城市化并存的典型特征。[①]“十五”时期，中国全面调整城镇化战略思路，提出“大中小城市和小城镇协调发展的多样化”的中国特色城镇化道路；“十一五”时期再次强调城镇化对于统筹城乡发展的重大意义，提出要“坚持大中小城市和小城镇协调发展，提高城镇综合承载能力，逐步改变城乡二元结构”。在有关统筹城乡和涉及“三农”问题的政策文件中，也强调发展壮大县域经济，提高中心城镇和重点城镇的综合承载能力。这意味着县域

---

① 许经勇. 中国农村经济制度变迁六十年研究［J］. 厦门：厦门大学出版社，2009：187-192.

中心镇和重点镇将作为连接城市和农村的重要节点，承接城乡间产品、要素和资源的交流与融通；现代化的农业生产与农业相关的产业，也必然以这些节点空间为依托集聚、发展。农民工返乡创业则毫无疑问地将成为促进县域经济发展和推进新农村建设的重要主体力量。

三是各级政府在取消农民工外出务工限制、保障农民工合法权益的同时，开始有意识地实施农民工“回引”工程。2001 年开始，有关部委联合发出《关于全面清理整顿外出或外来务工人员收费的通知》；2003 年国务院办公厅《关于做好农民进城务工就业管理和服务工作的通知》可以视为农民工政策导向根本转变的重要标志之一，其后，过去对农民工的种种歧视性限制政策纷纷取消，强调对农民工和城镇居民一视同仁；2005 年，劳动和社会保障部发出《关于废止〈农村劳动力跨省流动就业管理暂行规定〉及有关配套文件的通知》，诸多存续长达十年之久的限制性政策正式宣告废止；2006 年，国务院颁布《关于解决农民工问题的若干意见》进一步反映国家统筹城乡发展、推进城乡公共服务均等化和城乡居民起点公平战略的政策思路。与此同时，各级政府着重强调多渠道转移农村剩余劳动力，从过去片面强调向城市转移转向重点发展乡镇企业和壮大县域经济，即重视农村就地转移。部分地方政府特别是劳务输出地政府，着手实施积极的“农民工回引工程”。河南、江西、四川、陕西等省份农村剩余劳动力外出打工历史较长，也较早认识到农民工返乡就业创业作用并实施鼓励措施。如四川省成都市金堂县，是传统的劳务输出大县，其农民工返乡创业最早始于 20 世纪八九十年代，早在 1999 年，该县竹篙镇便在全国率先出台落实优惠政策并创建打工仔回乡创业示范区；四川省也在 90 年代末期便明确开始实施外出民工返乡创业“回引工程”，要求各级政府“要拿出当年抓劳务输出的决心和劲头，狠抓劳务输出人员返乡创业的‘回引工程’”；江西省于 2005 年先后颁发《关于认真贯彻国办发［2004］92 号文件[①]的通知》（赣府厅发［2005］11 号）、《关于培育创业主体强化创业服务推动全民创业的指导意见》（赣劳社就［2005］51 号）等通知，要求各级政府积极鼓励、帮助具有资金、技术优势的进城就业农民返乡创业；2006 年，重庆市委市政府下发了《关于实施百万农村劳动力转移就业工程的意见》，明确返乡创业政策为“五大政策”之一；2007 年，陕西省政府发布了《关于认真做好农民工回乡创业工作的通知》（陕政办发［2007］146 号）。2007 年中央“一号文件”也明确提出要“采取各类支持政策，鼓励外出务工农民带技术、带资金回乡创业，成为建设现代农业的带头人”[②]。这一时期，农村劳动力出现了新一轮的转移浪潮。伴随着城乡统筹发展战略的深入实施和城乡劳动力就业政策的规范、公正，农村劳动力的流动性日益增强，外出就业范围也持续扩大，并继续作为农村劳动力转移的主要途径和农民增收主要来源之一。但与此同时，农民工返乡创业的步伐也明显加快，并开始“打破农村劳动力长期向城市和发达地区单向转移的旧格局，呈现出农村劳动力双向流动的新局面”[③]。

---

① 即《国务院办公厅关于进一步做好改善农民进城就业环境工作的通知》。

② 中共中央，国务院. 关于积极发展现代农业扎实推进社会主义新农村建设的若干意见［Z］. 2007-01-29.

③ 农民工回乡创业问题研究课题组. 农民工回乡创业现状的调查与政策建议［N/OL］. 2009-02-05 日，人民网-《人民日报》，http://finance.people.com.cn/nc/GB/8751401.html.

进入新世纪后，统筹城乡战略的深入实施使农民工的流动与就业、创业环境整体优化，一方面，农民工在城市务工权益日益得到保障，发展空间和可获取资源得到提升，积蓄创业能力与能量的条件得以改善，更易激发出向社会阶层上层流动的动机；另一方面，家乡生产生活环境和就业创业环境的改善，以及自身所熟悉环境的心理归属感、社会网络资源的亲密度，构成农民工返乡创业重要的吸引力因素；地方政府的积极扶持鼓励举措，则发挥着正向催化作用，增强返乡创业农民工的创业信心、引导创业方向。多种有利因素的驱使，使这一时期农民工返乡创业发展速度明显加快，进入主动回流创业、有组织有序回流创业的成长阶段。

2. **阶段特征**

一是进入新世纪后，农民工返乡创业呈现增速发展，并且正在从 20 世纪八九十年代的被动回流、创业，转向主动回流、创业。根据国务院发展研究中心农民工回乡创业问题研究课题组在全国的大规模问卷“百县调查”研究，2006 年回乡农民工 3.7 万多人，占外出农民工的 23%、农村劳动力总数的 10%；其中，回流农民工中的 13.8%为回乡创业者。在受调查的 3026 名返乡创业农民工中，约 2/3 的返乡创业者为近 6 年内实现，1990 年以前返乡创业的农民工仅占 4%，1990～1999 年占比 30.6%，2000 年之后则高达 65.4%，仅 2003 年至 2007 年 4 月的返乡创业者就占到 43%左右，年创业人数 3.1 倍于 90 年代同期(图 2-3)。[①] 与 80 年代和 90 年代农民工被城市的制度性挤压被迫返乡不同的是，进入新世纪以来的农民工返乡，已经明显地呈现出“主动回流”的特性，即是在农村劳动力自由、有序流动的政策引导下，在国家的系列惠农政策的吸引下，在对外出就业或返乡就业的成本—收益权衡下，主动进行的理性选择。

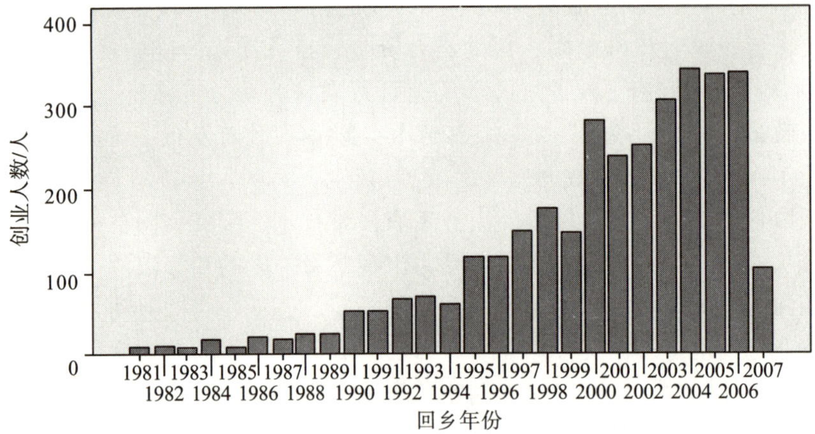

图 2-3 农民工返乡创业演进

① 农民工回乡创业问题研究课题组．农民工回乡创业现状的调查与政策建议 [N/OL]．2009－02－05 日，人民网－《人民日报》，http：//finance．people．com．cn/nc/GB/8751401．html．

② 转自：“农民工回乡创业现状的调查与政策建议”（农民工回乡创业问题研究课题组），同上。

二是返乡创业农民工的人口学特征仍具有以中青年男性为主、受教育程度普遍高出农村地区平均水平的特征，“新生代农民工”正迅速成长为返乡创业农民工的重要主体。国务院发展研究中心《农民工返乡创业问题研究》课题组的“百县调查”数据显示，3026 位返乡创业者平均年龄为 39 岁，年龄在 30～45 岁的占到 63.9%，其中男性占到 90.9%。[①] 无论在“民工潮”抑或在返乡创业农民工中，“新生代农民工”群体的出现均值得关注。据赵浩兴等对全国 16 个省份现实或潜在返乡创业农民工的实证研究，受调查的有效样本中，30 岁以下的“80 后”创业者占 46.2%，并且，现实创业者中男性为 68%，女性 32%(图 2-4)。[②] 与第一代农民工因着土地“情结”而强烈认同“离土不离乡”观念，并随着年龄增长和资金技术积累返乡创业不同，80 后“新生代农民工”自出生以来就进入学校，毕业后就进城打工，对农业、农村、农民并不熟悉，也不具有太浓的乡土情结，他们具有更高的文化知识和技能水平，以及更高的职业期望和物质、精神需求，更希望借由创业彻底摆脱农民身份和真正融入城市。从两代农民工外出务工的动机和返乡创业的发展境况来看，第一代农民工外出主要是进行资金积累，返乡后更多是利用资金从事农业相关生产、经营、开发；而新生代农民工外出除积累资金外，更注重技术和管理经验积累，返乡后往往利用打工所学跳离农业从事现代工业生产和服务创业等“非农”产业发展，并期望以此摆脱农民身份。显然，新生代农民工更加认同、适应，能更好运用城市的生产生活方式以及现代工业文明。[③]

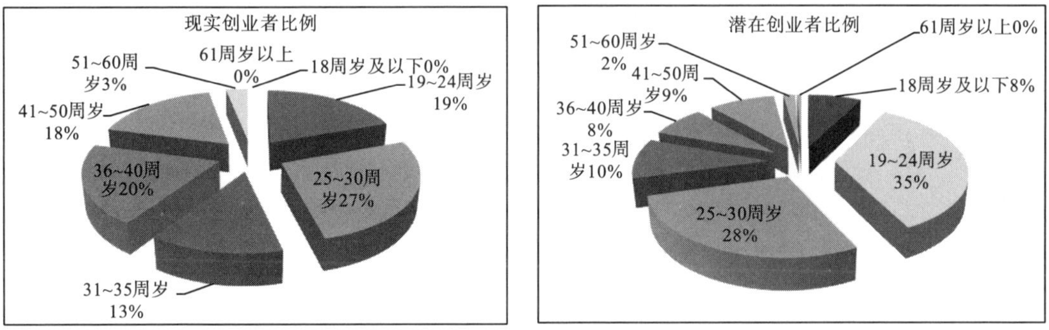

图 2-4　返乡创业调查：现实创业者与潜在创业者年龄结构比较

三是返乡农民工仍以生存型创业为主，但在产业结构、资金来源、销售渠道诸方面出现明显变化，发展型创业已经呈现出良好发展势头。以第一代农民工为主体的早期返乡创业，主要依托当地资源优势和市场，发展规模种养殖业、食品和农产品加工、运输、商贸服务、餐饮等低成本、低门槛的行业，以个体或私营经济为主，产品自产自销；受资金不足的制约，早期创业者 9 成以上依靠自身积累或亲朋好友间借贷筹措，极少通过

① 国务院发展研究中心《农民工回乡创业问题研究》课题组．农民工回乡创业现状与走势：对安徽、江西、河南三省的调查 [J]．改革，2008(11)：15-30.

② 赵浩兴，张巧文．内地农民返乡创业与沿海地区外力推动：一个机制框架 [J]．改革，2011(3)：60-68.

③ 农民工回乡创业问题研究课题组．农民工回乡创业现状的调查与政策建议 [N/OL]．2009－02－05 日，人民网－《人民日报》，http：//finance. people. com. cn/nc/GB/8751401. html.

合伙、股份或银行借贷的渠道获取创业资金。① 近年来，随着新生代农民工返乡创业主体的加入和受益于沿海地区劳动密集型产业向农村劳动力主要输出的欠发达地区渐次转移，农民工返乡创业进入劳动密集型工业领域的渐增，尤其是劳动密集型轻工业领域，如服装制造、玩具制造、食品加工制造等行业。并出现劳务输出与流入地间企业跨区域联姻联营的新兴形式，如在返乡者家乡建立分厂或与发达地区公司形成“三来一补”关系，充分利用发达地区企业原有的销售渠道进入市场，在资金来源上也更加多元，跨区域资金合作流动与银行抵押借贷等形式增加，由此，一部分具有相当规模和较高技术水平的企业正发展壮大。

四是农民工返乡创业增长趋势明显的地域多集中于经济相对不发达县域，并整体上呈现出自东向西的渐次空间推进特征。农民工返乡创业首先在东部地区起步和兴起，但2000年后，中西部地区呈现返乡创业热潮且增速明显快于东部地区。在“百县调查”的受调查者中，1990年以前返乡创业的，中西部地区仅2.3%，东部地区则占4.9%；1990～2000年，中西部地区与东部地区的比例差距逐渐缩小，分别为26%、27.4%；到2000年以后，中西部地区比例已超出东部地区达71.7%，较东部地区占比67.8%高出近4个百分点。2000年以后，中西部地区返乡创业人数是1990年以前的31倍、2000年之前的2.5倍，并分别为东部地区1990年前的13倍和2000年前的2.1倍。②

五是农民工返乡创业的空间分布总体向城(集)镇集中，并保持着与乡村的紧密联系，部分创业者具有兼业经营性质。返乡创业者的经营地点分散于村、乡(集)镇、县城以及地级市，如种养殖业、乡村旅游主要在创业者原籍乡或村，商贸、餐饮等服务业和加工业则分散在市、县、乡(集)镇甚至村。“百县调查”数据显示，46%的返乡创业者选择在村创业，54%的创业者选择(集)镇；创业者选择在村居住和在(集)镇居住的比例分别为51.1%、48.9%。98.5%的创业者仍保留着家庭承包经营土地，与农业、农村间保持着千丝万缕的紧密联系，属于保留农民身份的城镇创业者。③ 但通过对东、中、西部地区的返乡创业农民工调查研究发现，三个区域返乡创业农民工的创业地点选择具有明显差异，东部地区和中部地区农民工创业主要集中在乡镇政府所在地，分别占比61.6%和57.3%，而西部地区则主要集中于地级市，占到77.8%，其次为县级市占13.3%，乡镇仅有8.9%。这和东中西部的城镇等级体系发展和交通等基础设施发达程度直接相关。④

3. 绩效评价

农民工返乡创业迄今在回流农村劳动力中占比仍然较低，并未形成真正意义上的

① 赵浩兴，张巧文．内地农民返乡创业与沿海地区外力推动：一个机制框架[J]．改革，2011(3)：60-68.

② 国务院发展研究中心《农民工回乡创业问题研究》课题组．农民工回乡创业现状与走势：对安徽、江西、河南三省的调查[J]．改革，2008(11)：15-30.

③ 国务院发展研究中心《农民工回乡创业问题研究》课题组．农民工回乡创业现状与走势：对安徽、江西、河南三省的调查[J]．改革，2008(11)：15-30.

④ 赵浩兴，张巧文．内地农民返乡创业与沿海地区外力推动：一个机制框架[J]．改革，2011(3)：60-68.

“返乡创业潮流”。但值得关注的是，农民工返乡创业在现阶段表现出的新的演进趋势和发展势头，标示着农民工返乡创业正在进入快速成长的轨道，并在加强农村劳动力流入与输出地间经济联系、拓展农村劳动力就地转移渠道、促进农村经济发展和输出地经济结构调整、增加农民收入等方面，正日益成为一支不容忽视的重要力量。在这一进程中，地方政府、城市居民与农民工之间，仍然保持多重博弈关系，农民工群体及其返乡创业者群体整体力量的提升，迫使地方政府以及城市居民重新审视他们的作用与地位，并进一步在城与乡的利益权衡较量中妥协、退让；另一方面，农民工群体正经历一个不断被教育与成长的过程，作为真正意义上的独立市场主体及其与现代经济社会相匹配的意识形态和社会资本正迅速形成和提升，更加有能力也更有热情参与到各种形式的市场交易和民主治理中，并对自身得益“斤斤计较”。多重博弈、谈判的结果，将促成改革从城乡二元分割向城乡一元发展收敛，农民工返乡创业也将从中获取更大的发展动力，真正成长为促进县域经济和一方区域经济发展的重要力量。

2.2　农民工返乡创业面临的困难：外部环境与自身条件

20 世纪 90 年代中期，当民工潮正汹涌澎湃之时，少量农民工返乡创业的现象引起社会和学界一定关注。早在 1994 年便有学者提出农民工返乡创业浪潮的到来，认为已经出现了“一潮带三潮”的新动向，即民工潮带出了“创业潮”、“开发潮”和“建城潮”，并建议要加快“民工潮”向“创业潮”的转换。1994 年，中国农村劳动力资源开发研究会会同有关部门召开了首届“创业之星”经验交流表彰大会，试图以此推动“民工潮”向“创业潮”转化。1997 年的“创业之星”经验交流表彰大会更是作出农民回乡“创业潮”已经到来的判断：按照每百个打工者中有 4 个返乡创业者的典型调查数据测算，全国 6000 万农民工则应有 240 万返乡创业者，若每个创业者安排带动 5 个农民就业，则通过农民工返乡创业吸纳的农民就业达 1200 万。① 此后，在关于农民工回流的为数不多的研究中，对回流群体中的创业者及其相关情况进行了关注，部分研究结论对“民工潮”背后的“创业潮”予以肯定。但多数研究者发现，绝大多数回流者回到了传统的从业结构中去。而按照农户统计，工资性收入比例上升是改革开放以来推动农民增收和收入结构变化的重要力量，并且工资性收入比例差异也是造成农户间收入差距的重要因素之一，在农户普遍兼业化的情况下，高收入农户的非农就业比例通常较大，工资性收入比例较高。② 只要环境条件适合，半数以上的回流劳动力可能再次外出，且回流者比未曾外出的

① 白南生，何宇鹏. 回乡，还是进城——中国农民外出劳动力回流研究［R/OL］. 中国网，2003－06－23，http：//www. china. com. cn/chinese/zhuanti/mingong/351589. htm.

② 蔡昉，王德文，都阳. 中国农村改革与变迁——30 年历程和经验分析［J］. 上海：格致出版社，上海人民出版社，2008：167-169.

劳动力更倾向于有机会再次外出，在相当长时期内，农村劳动力流动的“候鸟式”特征仍将存续，成为中国推进城市化进程的独特方式。① 虽然我们不可否认，农民工返乡创业已然呈现出生机勃勃的景象，特别进入 21 世纪以来，有加速发展之势，并对欠发达地区农村经济社会发展起到了重要的积极推动作用，但早期学者所预期的创业浪潮并未真正来到。受农民工创业主体禀赋和客观创业环境制约，农民工返乡创业整体发展缓慢、步履艰难，不仅在农民回流中占比较低，创办的企业以个体和私营为主，规模小、成本低，多集中于劳动密集型和低技术含量行业，并且创业成功率较低，有的想办办不起来，有的办起来又垮掉。国务院发展研究中心农村经济研究部《民工流动与回乡创业研究》课题组对 1997 年农民工返乡创办的 208 家工商企业追踪调查数据显示，到 2001 年年底，继续开业的 148 家，倒闭 60 家，倒闭比例达 28.8%。② 总之，农民工返乡创业尚处于起步成长阶段，面临诸多困难和问题，概括起来，主要来自两个方面，一是客观创业环境问题，二是返乡创业的主体自身素质和条件。

2.2.1 农民工返乡创业面临的外部环境制约

1.“融资难”问题十分突出

中国现行金融体制下，中小企业贷款本身就面临诸多障碍，返乡农民工初创企业更是难上加难。据对安徽省 2000 年 118 位“打工”返乡创业农民“创业之星”的调查数据，57.1%的人认为资金不足是限制企业发展的主要因素。③ 另据统计，全国乡镇企业贷款余额占全部贷款余额的比重呈下降趋势，由 1997 年的 6.7%下降到 2001 年的 5.7%，2002 年的 5.2%，2003 年的 4.82%，到 2004 年则为 4.53%。2003 年年底农业贷款余额仅占全国金融机构各项贷款余额的 5.29%，2004 年仅 5.52%。④ “百县调查”数据也显示，近八成农民工返乡创办的企业发展得不到金融机构支持，受调查的 3026 名创业者中，70%以上的将资金筹集困难排在首位。⑤

由于农民工外出务工向家乡输送回的现金大量转化为储藏存款，县域金融机构吸收的存款大幅增长，其中，国有商业银行和邮政储蓄银行吸收了 60%以上的存款。但是，这些金融机构更多地扮演了农村资金“抽血机”的功能，大量从农村吸纳资金用于非农信贷业务，甚至中国农业银行和农业发展银行也与农村业务渐行渐远。而以农村业务为

---

① 白南生，何宇鹏. 回乡，还是外出？——安徽四川二省农村外出劳动力回流研究［J］. 社会学研究，2002(3)：64-78.

② 王西玉，崔传义，赵阳. 打工与回乡：就业转变和农村发展—关于部分进城民工回乡创业的研究［J］. 管理世界，2003(7)：99-109.

③ 林斐. 对百名“打工”回乡创业农民的问卷调查及综合分析［J］. 江淮论坛，2001(4)：64-67.

④ 转自：郭军盈. 中国农民创业问题研究［D］. 南京农业大学博士学位论文，2006：54-55.

⑤ 国务院发展研究中心《农民工回乡创业问题研究》课题组. 农民工回乡创业现状与走势：对安徽、江西、河南三省的调查［J］. 改革，2008(11)：15-30.

主的农村信用社，则因其自身经营体制等问题“重病缠身”，吸纳存款和放贷能力极其有限，且贷款核定利率远高于商业银行基准利率，资金借贷成本高昂，难当大任。此外，返乡农民工创业者缺乏可供抵押的资产，且现行抵押政策对于农村小企业具有歧视性，农村小企业设备无法抵押，且抵押资产的价值评估比例偏低；现行土地制度下，承包经营土地和集体建设用地等不能用作抵押，即便在成都、重庆等统筹城乡综合配套改革“试验区”先行先试的农村土地抵押、折价入股试点改革，仍处于探索阶段，缺乏大范围推广的可行性；加之对返乡创业的信贷担保体系发育滞后，5 万元额度的小额担保贷款难以满足创业资金需求，农民工返乡创业的融资渠道极其狭窄，仅有少数作为政府扶持对象或得益于政策性贷款的创业者能够得到银行贷款。返乡创业者自有积累资金极其有限，一旦企业需要扩大规模或资金周转出现困难时，返乡创业者往往发现并没有针对他们的合适融资方式，从而很难从银行或其他正规渠道得到贷款，① 许多返乡创业者迫于无奈转向非正规金融市场甚至高利贷保证周转资金。据温铁军等对全国 15 个省份 24 个市县部分村庄的抽样调查数据，民间借贷发生率高达 95%，高利息的民间借贷发生率高达 85%。② 乡镇企业发育较早、发展较好的温州，民间借贷具有典型代表性。如此，不仅人为加大了返乡创业企业信贷交易成本，而且放大了信贷风险。

2. 普遍面临创业用地“硬约束”

无论是何种形式或何种领域的返乡创业，均有一个“落地”问题。在中国现行的城乡二元土地制度框架下，中央政府主要通过农用地转用审批严格控制并实施最严格的耕地保护制度，对新增建设用地实施总量控制和指标层层分解，以行政配置实现土地的集中决策管理。这种土地集权化管理，在扼制土地市场投机、城市过快无序扩张、经济过热等方面具有一定作用，但行政化配置资源最大的缺陷，在于市场信息不充分和中央、地方信息不对称所致的决策偏差以及区际土地资源配置的人为扭曲。由于我国区域经济发展的东、中、西渐次空间推进，长期以来，土地高强度开发和使用失控主要在发达的东部沿海地区，而作为农民工的主要输出地则主要分布于经济欠发达的中、西部地区。这些地区的县域经济发展，城镇化和工业化严重滞后，但高度集权的经验主义或平均主义“一刀切”式的土地资源行政配置制度，使新增土地指标往往难以满足这些地区快速的城镇化、工业化需要，致使众多工业项目无法“落地”。特别是，当前新型工业化和新型城镇化互动发展以园区为重要载体，土地指标较多地留在城市，县域经济发展本身用地指标就紧张，加之地方政府对大规模企业项目引进的普遍偏好，工业园区往往具有较高进入门槛，而农民工返乡创业企业普遍规模较小，在传统工业供地模式下面临“落地”的土地“硬约束”；即便是发展农业规模化种养植项目的返乡创业者，在土地规模流转上

---

① 赵曼，刘鑫宏，顾永红. 制约瓶颈与对策思考——基于湖北省 15 县 67 名返乡创业者的纪实调查［J］. 经济学研究，2008(6)：68-73.

② 温铁军. 农户信用与民间借贷研究：农户信用与民间借贷课题主报告［R/OL］. 中经网 50 人论坛，2001－06－07.

因地权的极度分散需要支付高昂交易成本，对荒坡滩涂等非耕地使用处处受限，而其生产设施用地也面临非农建设用地的限制，极大制约了返乡农民工从事产业化的农业开发经营。

3. 基础设施落后与创业企业发展需求不相匹配

农民工输出地多为经济欠发达地区，县域经济发展相对落后。受早期小城镇发展战略影响，诸多小城镇甚至县域中心镇和重点镇均存在城镇基础设施基础薄弱，城镇功能配套不完善，城镇综合承载能力弱等问题，城镇功能区布局单调且相互割裂，企业难以就近满足上下游关联企业合作与生产性服务需求，企业员工难以就近满足生活娱乐服务，相当一部分区域城镇呈“点”状发展，未能形成紧密联系的网络状城镇体系。农村基础设施更是落后于县域经济社会发展，乡村公路等级低、路况差，路网密度低、贯通性差；农田水利设施普遍老旧失修，尤其是田间末端渠系的“最后一公里梗阻”问题突出，严重降低了土地产能；此外，农村用水、用电、用气等问题是老大难问题，尤其是丘陵地区和山区，甚至还部分存在人畜安全饮水问题。由于村级公路采取村民自治，全国近 4 万个建制村不通公路，30 多万建制村不通沥青或水泥路，154 万 km 村道既未纳入建养里程范围，也未纳入全国公路里程统计范围；① 经过电力体制“两改一同价”改革后，农村电气化水平仍然很低，农村人均用电量不足全国平均水平的 25%，用电负担依然很重；② 全国病险水库约有 3 万多座，占水库总数的近 40%，402 处大型灌区的骨干建筑物损坏率近 40%，1505 处重点中型灌区干支渠道及其建筑物损坏率分别为 51%和 50%，大型排灌泵站老化破损率达 75%左右，全国每年因渠系渗漏损失的水量约 1700 多亿立方米，农业灌溉水有效利用系数仅为 0.45③，远低于先进国家 0.7～0.8 的水平。落后的基础设施建设必然无法为农民工返乡创业提供可靠的保障和支撑。对于主要针对县域和本地农村内生性消费需求的小规模商贸和服务型企业，基础设施落后的制约相对较小；但对于原料和市场具有高度外部关联性的工业企业，特别是由于产业转移而来的新创业商机，基础设施落后则将成为重要的创业阻碍性因素。

4. 创业软环境欠佳增加创业成本

近年来，从中央到各地方政府均针对农民工返乡创业经济发展出台了系列扶持政策。但大量调查研究表明，各类政策内容的社会知晓度、政策效果的社会认同度低，以及因政府部门自身职能转变、公共服务体系完善和第三方中介市场发育等方面不足，造成“办事难”、“负担重”等问题，与政府对创业鼓励、引导和扶持的政策预期结果相偏离，致使返乡创业软环境与农民工心理预期间落差较大。

---

① 交通部部长李盛霖谈“十一五”农村公路建设［N/OL］. 新华网，2006－02－06，http：//news. xinhuanet. com.

② 徐鸿.“两改”后国家电网公司系统的财务风险及其对策［J］. 农电管理，2004(3).

③ 国家发展改革委员会，水利部，建设部. 水利发展“十一五”规划［Z］. 北京，2007－05.

其一，政府部门和社会各界对农民工返乡创业认识不足，扶持政策靶向性较弱、惠及面较窄。各地在推进城镇化、工业化和地方经济发展过程中，普遍存在引进外商和规模以上企业的偏好，而农民工返乡创业则因其规模普遍较小，更多是解决农民自身就业和增收，对地方经济增长和财税增收作用不显著，在政策上与外商企业和大企业区别对待，[①] 对其的扶持往往“雷声大雨点小”，并未真正摆上地方经济发展重要议事日程，甚而对农民工返乡创业能否成功持怀疑态度，扶持政策制定滞后、流于形式、较为笼统，缺乏可行的实施细则和分类指导，难以满足创业者的多元化需求。“百县调查”中认为“优惠政策缺乏或不落实”的农民工高达 60%；[②]“主要领导讲得好”和“实际操作不好”之间存在很大偏差，政府行为表现出明显不一致；[③] 此外，尽管有 60%的创业农户表示得到政府支持，但更多是技术、信息方面的支持，而真正攸关返乡农民工创业成败的资金、税收等关键领域支持较少；有些地方重创业前的邀请和引进，轻创业过程中和创业后的持续关注、帮扶。[④]

其二，地方政府并未从根本上转变其职能，公共管理服务水平和环境亟待提升。且不说行政职能部门分割、多头管理造成的创业审批手续复杂、程序繁多。审批部门过多，创造出更多的“寻租”空间，加大了不正常开支和税费外乱摊派等不良激励，落实政策打折扣，吃、拿、卡、要时有发生，并且越是欠发达地区这种情况越是严重。[⑤] 返乡创业者对税费制度简单划一、执行僵硬、税费负担过重的反映也较多。[⑥] 抽样数据调查中，“政府部门乱收费、企业负担重”、“审批企业或立项难”所占比例分别为 40%～50%和 59.6%。甚至即便返乡创业企业符合企业登记条件，有些地方也不以企业名义登记，而是以个体工商户名义登记，以便收取工商管理费。[⑦] 针对“产业西进”过程中出现的返乡农民工与沿海企业跨区域联姻创办的合资入股外贸企业，由于县级税务部门不熟悉出口退税业务而对企业带来不便、导致企业满意度不高的情况也多见。这些都在一定程度上恶化了返乡创业环境，打击了返乡农民工的创业热情。

其三，政府主观积极善意或出于“政绩”思量的行政干预过度，直接导致某些农民工返乡创业失败。由于农民工返乡创业普遍遭遇的问题是不知道该干什么，在无人引导、信息不灵的情况下，开办企业具有盲目性。对此，某些地方政府自觉地扮演“慈父”角色，或者基于“政绩”考虑，惯于利用自身的信息优势，根据地方资源、文化特色，以

---

① 丁孟春，李泓欣. 吉林省返乡农民工创业现状分析与政策建议 [J]. 工业技术经济，2009(12)：47-48.

② 国务院发展研究中心《农民工回乡创业问题研究》课题组. 农民工回乡创业现状与走势：对安徽、江西、河南三省的调查 [J]. 改革，2008(11)：15-30.

③ 刘光明，宋洪远. 外出劳动力回乡创业：特征、动因及其影响——对安徽、四川两省四县 71 位回乡创业者的案例分析 [J]. 中国农村经济，2002(3)：65-71.

④ 吴晓邦，李艳，唐雯. 陕西：农民工回乡创业情况的调查与思考 [N]. 陕西日报，2007-06-13.

⑤ 邓鸿勋，陆百甫. 走出二元结构：农民工、城镇化与新农村建设 [M]. 北京：中国发展出版社，2006：228.

⑥ 刘光明，宋洪远. 外出劳动力回乡创业：特征、动因及其影响——对安徽、四川两省四县 71 位回乡创业者的案例分析 [J]. 中国农村经济，2002(3)：65-71.

⑦ 崔传义. 进入 21 世纪的农民工回乡创业 [J]. 经济研究参考，2008(31)：40-43.

“百千工程”或“一村一品”等形式，行政推进乡镇企业发展。但是，实践证明，政府天生不是市场高手，违反市场规律的行政干预，最终成为一些返乡创业企业倒闭的直接原因。

此外，县域经济体第三方中介机构的匮乏，也增加了农民工返乡创业的风险和成本；而部分行业对农民工返乡创业存在较为严重的市场准入障碍和歧视，在很大程度上限制了农民工返乡创业的领域，导致市场的不平等竞争。

2.2.2 农民工返乡创业面临的自身条件限制

1. 返乡创业者自身面临人力资本“瓶颈”约束

与一般农民相比，返乡创业者的受教育程度普遍高于农村平均水平，多集中在初中、高中水平。据韩俊等调查数据，具有高中以上学历的占24.2%，初中学历的占64.8%，小学学历的占10.2%。[①] 相对良好的教育背景对农民工务工期间接纳和掌握信息、技能，以及运用其累积的技能、资金、社会网络等资源返乡创业具有重要作用。但是，返乡创业的农民工整体上属于低学历、低层次人才，他们没有受过高规格的创业技能培训，整体素质偏低，直接制约了企业的发展壮大。《中国农民工调研报告》数据显示，仅28.2%的农民工接受过技能培训，而71.8%的外出农民工从来没有接受过任何形式的技能培训。[②] 另据调查，66.5%的人创办企业以来没有进行过任何进修或培训。[③] 虽然在进城务工期间可能娴熟地掌握了某项技术，但多数不懂管理。在市场经济体系不健全的情况下，尚可能凭借“胆大”、“敢创”创业成功，但随着市场经济体系的不断完善和进入有序竞争，则更需要敏感的市场认知、较强的信息收集分析能力和综合管理能力，才可能在激烈的市场竞争中立足。

2. 返乡创业企业多位于产业链低端，发展受制

由于返乡创业者自身的素质以及农村地区总体上缺乏人才和技术支持，农民工返乡创业初期往往存在盲目性，不懂得如何进行市场分析和产品定位，或者偏听偏信，为创业失败埋下隐患，错过最佳投资时机；[④] 而企业开办之后，则往往缺乏科学合理的管理制度，生产销售没有科学的流程指导，经常采取家族式管理，决策不民主、机制不合理，难以适应市场变化，企业可持续发展受制。[⑤] 多数返乡创业者易选择与外出务工期间从事

---

① 韩俊，崔传义．我国农民工回乡创业面临的困难及对策［J］．经济纵横，2008(11)：3-8.

② 国务院研究室课题组．中国农民工调研报告［M］．北京：中国言实出版社，2006：103.

③ 国务院发展研究中心《农民工回乡创业问题研究》课题组．农民工回乡创业现状与走势：对安徽、江西、河南三省的调查［J］．改革，2008(11)：15-30.

④ 徐晋，赵彬．农民工返乡创业问题调查［J］．浙江经济，2010(16)：44-45.

⑤ 王西玉，崔传义，赵阳．打工与回乡：就业转变和农村发展—关于部分进城民工回乡创业的研究［J］．管理世界，2003(7)：99-109.

行业高度相关、投入小、见效快、风险小的机械模仿发展道路，科技含量不高，缺乏核心竞争力，产品品种单一，市场应变力不强，集中于产业链末端低水平过度竞争，并且能耗高、污染大，容易造成资源和财富的严重浪费。①②③

3. 返乡创业企业普遍面临召贤留才困境

回流农民工和当地农民是返乡创业企业的用工主体，他们具有农民和产业工人的双重身份，整体素质偏低，既缺乏追求产业技术进步和生产效率提高的内在需求，也欠缺推动企业创新发展的能力，甚至对企业和职业缺乏必要的忠诚度，难以与其他企业在较高的产业层次进行竞争。虽然政府部门的培训项目逐渐增多，但培训针对性、实用性和有效性不够，难以适应企业需求，在一定程度上加剧了“招工难”。④ 而企业发展急需的管理、营销、技术等专业人才和熟练工人却面临招不到、留不住的困境，已成为企业提升发展的障碍。课题组调研过程中发现，由于农民工返乡创业企业主要布局在县域中心镇或重点镇，因所在地并非中心城市，外部知名度较低，即便在距离中心城区仅一小时车程的区县，也往往被误解为地处偏远区域，成为关键人才引进的主要阻碍之一；此外，在中国特有的城镇化进程中，县域中心镇或重点镇特别是中西部地区，其工业化与城镇化互动协调性普遍较差，即便企业开出优厚的薪酬和福利待遇，引进的人才也往往因为城镇综合服务功能相对滞后而选择离开。

2.3　返乡农民工创业困境的制度根源：城市偏向的城乡二元制度

“民工潮”的涌动，是中国特有的城乡二元经济社会结构的必然产物。别有意味的是，这种城乡二元结构体制，在允许大量农村劳动力跨区域流向城市和非农产业的同时，也为广大在城市无法获得相应就业机会和社会保障的农民保留了一条退回农村的通道。因而，有学者把城乡二元分割体制下的中国农村及其剩余劳动力称为中国改革开放以来快速经济增长的“蓄水池”和“稳定器”。⑤ 回顾和梳理农民工返乡创业的发展历程可见，促进农民工返乡创业的制度演进实质上内生于农村剩余劳动力转移的制度演进之中，进而内生于中国城乡统筹发展的制度演进之中。与中国整体的改革进程一样，这是一个渐

① 杜敏. 关于农民工返乡创业情况的调查报告——以重庆市永川区为例 [J]. 重庆文理学院学报(自然科学版)，2007(4)：110-112.

② 韩俊，崔传义. 做好农民工回乡创业这篇大文章 [J]. 农村金融研究，2008(5)：12-15.

③ 王丽慧，王玮，王璐. 河北省农民工返乡创业的障碍因素及对策 [J]. 商业时代，2010(28)：129-130.

④ 董伟才. 农民工回乡创业亟需破解五大难题 [J]. 学习月刊，2007(9)：55-56.

⑤ 贺雪峰. 农村：中国现代化稳定器与蓄水池 [N/OL]. 中国改革论坛，2011－05－03，http：//www. chinareform. org. cn/Economy/Agriculture/Forward/201105/t20110505_108470. htm. 原来源：中国社会科学报.

进的历史过程。改革逐步收敛，并朝向引导和鼓励基于劳动力个体“排他性”和自由竞争的规范、有序、多渠道和公平流动的方向。对农村劳动力而言，这种流动是双向自由的，即由乡及城或由城返乡；同时，在就业形式上是多元的，既可以在多职业间选择“打工”，也可以根据自身禀赋和累积条件选择“创业”，或者选择其他就业途径。

对于农民工返乡创业相关改革的收敛性，及其现阶段返乡创业遭遇的制度性困境，我们试图借鉴现代制度分析的理论和方法予以考察，并给予理论解释。

2.3.1 农民工返乡创业历史演变的理论阐述：基于制度变迁与利益博弈

1. 制度变迁与利益博弈

制度作为不同利益的人与人或团体间的社会契约，其变迁的实质是新契约的缔结与利益的重新分配。人们在资源稀缺条件下试图占有非相容性资源时，就必然产生相互的冲突。因而，人与人之间、不同的利益团体之间必然存在基于利益的合作与冲突。正是在约束条件下有这种基于不同利益的互动博弈，才会产生人与人之间的动态关系进而造成社会变迁。一旦环境和资源条件发生改变，出现现存制度框架内无法获取的盈利机会时，不同利益者或群体便产生捕捉新的盈利机会的动机，并为重新确立各自的市场角色和权力地位进行新的竞争，从而产生制度变革的动力，并最终在互动中实现新的制度均衡。显然，“一项制度的改变可能涉及一个单独的个人，也可能涉及由自愿的协议组成的团体，或涉及被结合在一起或其影响决策的权力被置于政府管理的这类团体。”①

麦迪逊较早从政治学的角度对利益集团进行理论阐释，在《联邦党人文集》中，他认为“派别”即利益集团是“为某种共同的感情或利益的冲动所驱使而联合起来的一些公民，不论他们占全部公民的多数或少数，他们的利益都是同其他公民的权利或社会的长远和集体的利益相左的”，从而提出利益集团之间“遏制与平衡”的概念。在此基础上，进一步发展出多元主义集团利益政治理论及其对民主的讨论。②

奥尔森在《集体行动的逻辑》中，从经济学的角度系统分析了利益具有冲突的可能性。几个人或许有共同利益，但他们也同样有私人利益，并内含于个人对自愿组织的支持之中，尽管他们每个人都能获益于集体的形成或存在，但他们并不是为了推进共同利益而行动。这种悖论的产生，其核心缘于集体后果的公共产品性质，于是“搭便车”普遍存在，③ 这也是集体决策成本的关键之一。基于此，集团越大，集体行动达成的成本越高，合作的可能性越小；同时，利益集团体系有一种天然的偏向，即只对那些代表少数

---

① 截维斯 L E，诺斯 D C. 制度创新的理论：描述、类推与说明［C］//财产权利与制度变迁—产权学派与新制度学派译文集. 上海：上海三联书店，上海人民出版社，2003：302.

② 杨帆，张弛. 利益集团理论研究：一个跨学科的综述［J］. 管理世界，2008(3)：159-164.

③ 乔·B. 史蒂文斯. 集体选择经济学［M］. 上海：上海三联书店，上海人民出版社，1999：122-123.

有势力的成员的组织（如大企业组织）、能很好地控制其成员的组织（如工会）等有利，[①] 其政治影响力和市场谈判力能量巨大。在制度经济学者那里，制度演进最终的方向选择，既“依赖于制度变革本身的成本和收益权衡，也依赖于所影响团体相对的市场和非市场力量”[②]，是社会中不同利益集团之间互动博弈的结果。社会强势利益集团对制度演进的方向更具影响力，他们能够通过不断游说、政府俘虏、影响或控制选举、司法等途径，获取国家政权支持。

诺斯在他的《经济史中的结构与变迁》中提出“国家的存在是经济增长的关键，然而国家又是人为经济衰退的根源”这一核心悖论，从而关注到在维护统治者及其集团租金最大化的所有权结构与降低交易费用以使社会产出最大化的经济增长有效体制之间，出现了目标的不完全一致性和持久冲突[③]，从而政府有“扶持之手”与“掠夺之手”的“诺斯悖论”。哈贝马斯基于早期现代西方社会结构转型的研究，提出“市民阶级公共领域”，即一个由私人市民阶级集合组成的公共空间，其功能在于代表市民社会监督、约束、抑制和对抗国家可能侵犯社会的行为，而不仅在于协调各种私人权威。[④] 面对政府代表的国家力量和日渐组织化的分散市民阶层所代表的市民社会力量间持续的谈判、博弈与契约缔结，只有“当新兴产权及其代理人的集体行动，强大到可以迫使国家及其代理人只有通过保护有效产权来谋求其自身利益，才可能出现一个对双方互利的结果。国家在此基础上追求租金最大化，产权则在此基础上成为逐利行为的规范。”[⑤] 新制度经济学者将制度变迁及其经济增长归因于人口对稀缺资源赋予的压力增加时，支配产权的规则的制度发生变迁。[⑥] 而同时，制度变迁本身是一种费用昂贵的过程，除非新制度安排所带来的个人净收益超出制度变迁的费用，制度变迁才可能自发产生。与此同时，制度变迁通常需要集体行动，具有公共产品性质，自发过程所提供的新制度安排即“诱致性制度变迁”往往供给不足，政府的“强制性制度变迁”则成为弥补制度创新供给不足的重要补充。但是，政府只有在“按税收净收入、政治支持以及其他进入统治者效用函数的商品来衡量，强行推行一种新制度安排的预计边际收益等于统治者预计的边际费用”[⑦] 的情况下，才可能采取行动。

中国从计划经济向社会主义市场经济转型，意味着经济社会制度的全面深刻变革，必然改变社会利益结构，进而对政治结构产生深远影响。集中的计划经济条件下，中国

---

① 程同顺. 利益集团理论与中国农民的组织化［J］. 社会科学，2005(3)：17-23.

② 截维斯 L E，诺斯 D C. 制度创新的理论：描述、类推与说明［C］//财产权利与制度变迁—产权学派与新制度学派译文集. 上海：上海三联书店，上海人民出版社，2003：302.

③ 诺斯 D C. 经济史中的结构与变迁［M］. 上海：上海三联书店，上海人民出版社，1999：24-25.

④ 原载：Hambermas，Jurgen，1989. The Structural Transformation of the Public Sphere，The MIT Press；转引自：周其仁. 产权与制度变迁：中国改革的经验研究［M］. 北京：社会科学文献出版社，2002：3-4.

⑤ 周其仁. 产权与制度变迁——中国改革的经验研究［M］. 北京：社会科学文献出版社，2002：4.

⑥ 拉坦 V W. 诱致性制度变迁理论［C］//财产权利与制度变迁—产权学派与新制度学派译文集. 上海：上海三联书店，上海人民出版社，2003：331.

⑦ 林毅夫. 诱致性制度变迁与强制性变迁：关于制度变迁的经济学理论［C］//财产权利与制度变迁—产权学派与新制度学派译文集. 上海：上海三联书店，上海人民出版社，2003：371-399.

社会具有高度统一的意识形态，因而社会也具有整体性利益结构特征；社会主义市场经济体制的改革彻底改变了要素和资源的配置体制，单一公有制的产权结构被打破，诸如个体经济、民营经济、“三资”企业等多种所有制形式产生并共存，原来处于静止、孤立状态的某些社会阶层及其组织，在市场经济推动下逐渐由“后台”走向“前台”，一些新的利益群体与阶层正在生发、壮大，努力表达各自不同的利益诉求并寻求正式、非正式表达渠道。早在1988年党的十三届二中全会的工作报告中便认识到“在社会主义制度下，人民内部仍然存在着不同利益集团的矛盾”。过去整体性的社会利益结构逐渐转向多元化的利益结构，多种利益集团越来越深入地参与到制度创新的利益博弈中，进而影响着改革的前进方向。

农民工群体及其返乡创业者的产生，即是这一变革进程中产生的一支重要利益群体。农民工返乡创业的历史演进与制度变迁，正恰如其分地为相关利益集团互动博弈、相互讨价还价、力量此消彼长并最终影响和决定改革的方向提供了实践例证。我们认为，农民工返乡创业的制度演进过程，正是若干利益相关主体间互动博弈及其策略行为调整引致的社会流动的过程。这一过程，也是一个城和乡之间因制度变迁的内部累积性影响及其对观念和禀赋各异的农民工所产生的双向“推—拉”力量博弈的过程。

2. 农民工返乡创业演变进程的双向“推—拉”博弈分析

经典的人口流动“推—拉”理论认为，在市场经济和人口自由流动的条件下，人口实现迁移的目的在于改善自身的生活条件，因此，流入地有利于改善生活条件的因素就成为拉力，而原住地不利的经济社会条件则成为推力，推和拉两种力量共同作用的结果便产生人口流动。早期的“推—拉”理论更加强调外部因素对人口流动的作用，对流动者本身在流动决策中的作用重视不足。理论的发展对此进行了补充，一是认为推力和拉力在原住地和流入地均同时存在；二是将流动者本身的价值判断等因素引入研究。

中国农民工返乡创业的演进过程，正是城和乡的双向“推—拉”力量不断较量的过程。根据“推—拉”理论，我们可以作出两个基本判断：其一，人口流动是一个双向的过程，既可以是由城及乡，也可以是从城返乡，其最终的流向，取决于流动者在哪里能实现更好的生活，这不仅仅是指客观物质条件等经济生活改善，也包括流动者主观心理感受的社会地位、文化认同等社会结构改善；其二，流动者的迁移，是基于原住地和目的地“推—拉”约束条件下的理性选择。

不同时期的宏观经济形势变化和城乡政策变化，以及由此而来的社会价值观念变化，对个人禀赋和观念各异的农民工，其“推—拉”合力的指向也不相同。城市抑或乡村对农村劳动力转移的推力或拉力长期共存，来自城市的拉力和农村的推力，构成对农民工返乡创业的阻碍因素，而来自城市的推力和农村的拉力，则成为促进农民工返乡创业的积极因素。总体来看，无论是正式制度抑或非正式制度性的障碍因素均呈渐微的趋势。尤其进入新世纪以来，中央从宏观上重视“三农”问题，实施城乡统筹发展战略，农村劳动力在城和乡之间的流动，朝向更加双向自由的方向发展。

按照绝对收入差距假说的基本观点，在统一的城乡劳动力市场，城市劳动力市场的工资率高于农村劳动力在农村务农的收入是农村劳动力向城市迁移发生的主要原因。城乡绝对收入差距越大，农村劳动力迁移的动机越强。这一理论对中国农村劳动力向城市迁移的现象具有一定解释力。不可否认，城市务工收入高于在家务农收入的收入差距预期，成为农村劳动力进城务工的主要城市拉力。但是，在中国特定的以户籍制度为核心的城市偏向的劳动力就业和迁移制度框架下，劳动力迁移规模与城乡居民收入差距并不存在必然相关性。一项实证研究表明，虽然20世纪90年代以来，中国西部地区与东部地区之间收入差距最大，但事实上中部地区向东部地区的劳动力迁移规模比西部地区大得多，而省际农村劳动力净迁出率排名靠前的江西、四川、湖南三省，其农村居民人均纯收入的排名均处于全国中等和中等偏上水平，人均收入水平最低的几个省份，省际净迁出率均在十名之后。[①] 对此，Stark 的“新劳动力迁移经济学”则具有更强解释力。Stark 通过大量观察发展中国家农村发现：最穷社区的村民迁出率并不是最高；收入分布较不平等的村往往具有较高的迁出率；较穷的人一般具有较强的迁移倾向[②]。根据“新劳动力迁移经济学”理论，劳动力的迁移决策不仅取决于预期的绝对收入差距，而且取决于由迁移者个人(或家庭)收入在其社区内所处的相对位置以及社区的收入分布所决定的“相对贫困度”[③]。当一个人的生活水平在所处的社区中越属于中下水平，则越具有离开社区的迁移动机，以期通过迁移获得社会地位的上升。可以说，农民工进城务工，不仅是追求经济收入水平的提高，更是一种追求更高社会地位的社会流动过程。当然，此时进城农村劳动力的“相对贫困”参照系是原住社区。城市生活更高的收入和社会地位预期，构成最大的城市拉力。

而以户籍制度为核心的城乡二元体制，是城市最大的推力。在相当长时期内，城市通过配额、征税、附加条件、关闭市场等方式，对农村劳动力采取歧视性政策；特别在宏观经济低迷时期，城市对劳动力总需求下降，农村进城务工人员便成为“清退”对象，以此优先保障城市劳动力的就业机会和福利。最为关键的是，从计划时期便将农民制度性地捆缚在土地上并人为扭曲的城乡关系，在改革开放后仍以户籍制度为核心的城乡二元分割体制予以制度性固化，并形成一种身份歧视传导机制和某种社会阶层共有的社会价值观，进一步恶化歧视和引发社会不平等问题。正式制度性和非正式制度中的习惯、价值观等对农民工的看低和轻慢，使农民工在城市中长期被边缘化，不仅不能与城市居民共同享有就业、医疗、社会保障、教育等各种福利制度，并且在城市中普遍“被人看不起”、“得不到尊重”，从事的职业大多为城市人不愿意或不屑于从事的领域，劳动强度大、劳动时间长、工作环境恶劣、工资水平普遍较低并增长乏力以及工资拖欠或变相克

---

① 吴红宇. 农村劳动力迁移动机与制度冲突研究 [D]. 暨南大学博士学位论文，2007：62-74.

② Stark O，Taylor J E. Migration incentives，migration types：the role of relative deprivation [J]. The Economic Journal，1991，101：1163-1178.

③ Stark O. Bargaining，altrwism and demographic phenomena [J]. Population and Development Review，1984，10：679-692.

扣、劳动合约签约率低、合法权益难以得到保障。据国家统计局 2004 年调查数据，珠三角农民工每天工作 12～14 小时者占 46%，没有休息日的占 47%；另据国家劳动和社会保障部调查数据，珠三角地区在过去 12 年来农民工工资仅提高了 68 元，扣除物价上涨因素，实际为负增长。[①] 对应于“新劳动力迁移经济学”理论的“相对贫困”，随着农民工进城务工时间和自我技能、资金等累积，其参照系逐渐由原住社区转向城市居民，城市生活的“相对贫困”日渐加剧，此时，返乡则可能更易获得尊严和地位。加之远离家乡的城市生活在住房、交通、医疗等方面的生活成本大大超出农村，一旦外出务工与在家务农或就近务工的收入差距越来越小，上述的经济、社会等因素便构成对农民工返乡的城市推力。此外，随着中央实施区域经济协调发展战略以及第四次全球产业转移浪潮，中国沿海发达地区劳动密集型产业呈现出向中西部地区次递转移的趋势，也成为促使农民工返乡的推力。而就农民工创业而言，在城市创业需要更多的启动资金和面临更大的创业风险，也成为其选择返乡创业的推力。

就农村社区而言，家庭承包责任制的改革使农村剩余劳动力大量释放，这部分劳动力必然要求转向非农产业和城市。但随着改革的重点再次偏向城市以及农村早期改革能量逐渐释放殆尽，在“三农”问题日益突出，农业生产力低下、农村发展乏力、农民增收困难的现实境况下，必然推动农村劳动力转向城市和非农产业谋求发展。此外，促使农村劳动力迁移的“相对贫困”，在很大程度上受中国农村根深蒂固的“衣锦还乡”等观念影响，尤其在城乡二元分割体制及其所形成的社会阶层价值观下，“在城里混”在某种程度上已然成为关乎农村家庭脸面的标签，进城务工的农村劳动力所在家庭潜意识里普遍寄希望于他们在城市中获得一定成就或较高收入，这也是促使农村劳动力外出的最主要动机。这种观念甚至可能导致部分进城务工人员即使在城市里生活窘迫、得不到较好发展，也不愿“灰溜溜”地回家务农。

针对日益严重的“三农”问题和持续扩大的城乡差距，进入新世纪后，中央开始不遗余力地实施城乡统筹战略。与此相对应，各地方政府也着力推进城乡统筹改革，积极开展新农村建设，出台各类政策扩大本地就业岗位、优化就业环境，并鼓励农民工返乡创业。家乡经济社会条件的改善和政策环境的友好，是近年来促使农民工返乡务农、就近就业或创业的巨大拉力。此外，农村社会长期形成的浓厚的乡土情结、文化习俗的认同，以及家乡熟悉的生活环境和社会网络资源，并由此带来人格的平等感、人际交往的安全感、心理上的归属感，以及就近照顾家庭的便利和责任感，均成为吸引农民工返乡发展的拉力。尤其是从 20 世纪 80 年代开始就外出的第一代农民工，已普遍年龄偏大，并通过多年外出打工，积累了一定的资金、技术和管理经验。这种因城市化和工业化洗礼而引致的人力资本再开发，使这部分农民工返乡更易获得“相对不贫困感”，并形成其返乡甚至返乡创业的动力。

---

① 陶怀颖．解决农民工工资问题的建议［C］//国务院研究室课题组．中国农民工调研报告．北京：中国言实出版社，2006：213-214.

当然，随着中央统筹城乡战略的持续推进，以及农民工整体素质和群体影响力的持续提升，城市对农民工的政策导向也在发生转变，从早期的歧视和限制，到逐渐接受和认同，再到鼓励和引导有序、规范转移。随着各种限制性政策的取消和农民工权益保障的政策出台，农民工在城市的就业和社会保障环境均得到极大优化。制度性的转变也在逐渐影响着社会价值观念的缓慢演进。显然，这形成了城市新的拉力。

从整体的制度演进方向来看，进入 21 世纪可以看作制度转向的时间节点。之前的制度环境对于农村劳动力就业、转移和创业而言，是整体不友好的；而进入新世纪之后，整体环境转向友好。而农民工最终是否返乡创业，正是在城和乡的双向“推—拉”力量博弈中，根据自身条件对约束条件下返乡创业预期成本—收益分析下的理性选择。只要返乡创业的预期净收益大于继续在城市务工、返乡就业或务农的预期净收益，农民工则会做出返乡创业的决策。此处的预期净收益，不仅仅是经济收益，还包括社会、生理、心理等方面的收益。

3. “政府—创业者”的利益博弈分析

打开促进农民工返乡创业的城乡双向“推—拉”力量博弈的制度黑箱，制度演进的内在动力在于相关利益主体因回应制度环境变化做出的策略调整及其互动博弈。从改革开放初期中国农村的改革开始，便映射出“劳动力相对于土地(自然资源)价格提高而导致的能使资本替代劳动的技术变迁，同时，也导致了能增进代理人的生产能力并增进工人对自己的就业条件进行控制的制度变迁”。① 这种变迁通过农村剩余劳动力从土地上大量溢出以及农民工群体产生并大规模流动得以彰显。这实质是国家城市偏向和集中控制农村社会经济活动的弱化与农民群体私人所有权成长和发展并行的进程。这里的私人所有权的核心包括农地资源和农村劳动力资源。与中国整体的改革逻辑相一致，这是一个渐进的过程，国家并不在一开始便自动为农民生发的排他性私人权利的诉求提供庇护，而是在农民工特别是农村精英以及与之相关的各类新兴产权代理人逐渐成长，并广泛参与到新产权的形成，在不断的讨价还价、妥协退让中逐渐达成互利的交易。② 与中国整体的改革进程一致，农民工返乡创业的历史演进是在基层自发性的诱致性制度变迁与政府主导全面推进的强制性制度变迁的相互契和中得以实现，具有典型的渐进式演进特征。各利益相关群体间的这种互动博弈及其相对均衡，在不同的阶段，因既存制度环境、意识形态约束、技术条件制约、利益冲突及其协调成本等因素，具有显著差异。

在改革开放初期家庭承包制的实行，一方面因劳动积极性和农业生产效率提高使大量农业剩余劳动力析出，同时计划时期受体制捆缚的农村劳动力“隐性失业”大量显现；另一方面使农民成为其劳动产出的剩余索取者，获得财产权利的农民必然要求扩大其从

---

① 拉坦 V W. 诱致性制度变迁理论［C］//财产权利与制度变迁—产权学派与新制度学派译文集. 上海：上海三联书店，上海人民出版社，2003：338-339.

② 周其仁. 产权与制度变迁——中国改革的经验研究［M］. 北京：社会科学文献出版社，2002：1.

事经济活动的自由并进而扩大改革其社会身份的自由。[①] 对于这一时期的农民而言，亟须要在农业之外寻求发展空间和收入增长；而政府则须既妥善解决农业、农民的持续增收和农村剩余劳动力的继续就业问题，又须防范农村劳动力大量涌入基础设施和公共服务薄弱、就业机会有限的城市与城市居民争夺资源。此时，以计划年代社队企业为前身的乡镇企业，恰好创造了农村工业发展和剩余劳动力就地转移的条件；而农村改革刺激农业快速增长也使农民积累了一定财富，为乡镇企业发展提供了第一桶金，使乡镇企业无须外界资金的援助也可以繁荣发展。乡镇企业的“异军突起”，同时满足了农民与政府的目标需求；并且，与正在进行的价格“双轨制”改革之间也形成策略互补和相互强化实施，“双轨制”为乡镇企业的发展创造了有利条件，不仅在计划外市场上获得原材料，并且人为扭曲的重工业偏向的工业结构，使乡镇企业在消费品市场获得了低进入门槛的巨大市场空间，而乡镇企业的发展则既推进了改革的市场化进程，也为城市不断增强的基本消费需求提供了丰富产品。因而，乡村工业化与小城镇战略顺理成章地成为特定历史阶段的理性选择。正如前述提及，乡镇企业的发展虽然只是早期的精英农民在乡村地域就地创业而非“返乡创业”，但其创业成功无疑具有极大示范效应，对农民群体进行了创业启蒙，并推进了农民群体的内部分化，农民群体内部的贫富分化，为更多农民“离乡进城”寻求更好发展机会提供了催化。

中国改革的城市偏向长期存在，同时，改革始终朝向社会主义市场经济方向。市场经济改革必然要求城乡要素和资源的互通互融，而城市偏向的二元体制机制却人为分割了城与乡的联系。企图通过乡村工业化和小城镇战略实现农村人口就地转移的城镇化道路局限性逐渐显露，一方面，农民申请小城镇落户并不能给其带来实质性的好处，尤其在纯农区，很少有小城镇能为周边农民提供稳定的非农工作，农民对此缺乏积极性；[②] 另一方面，20 世纪 80 年代末期的经济过热以及城市经济体制改革，对以乡镇企业为代表的乡村工业化道路产生了巨大冲击，乡镇企业吸纳农村剩余劳动力就地转移的能力明显不足。此时，大量农村剩余劳动力亟须突破乡村和小城镇的地域局限，流向大城市寻求发展机会。劳动力要素寻求市场机会的巨大力量最终在 1989 年爆发令人瞩目的“民工潮”。更为棘手的是，1989～1991 年的三年整顿使城市就业机会减少，特别是大量吸纳农村劳动力的建筑等行业，大幅压缩，同时，农村劳动力涌入城市，必然对城市资源形成争夺，可能威胁到城市居民业已形成的社会优越感和生活幸福感，并造成城市管理的成本上升。在城市偏向的制度惯性下，各级政府曾一度视进城务工人员为“盲流”而加以歧视和限制，甚至清退返乡。

显然，返乡劳动力要么回到传统的农业生产，要么从农业或非农生产中另谋活路。但是，本就人地矛盾突出的农村，因农民返乡而矛盾更加突出；而游离于传统农业生产之外的农民，如若不能及时获得稳定的工作和生存发展机会，则可能在县域形成“盲

① 周其仁. 产权与制度变迁——中国改革的经验研究 [M]. 北京：北京大学出版社，2005：56.
② 姚洋. 作为制度创新过程的经济改革 [M]. 上海：格致出版社，上海人民出版社，2008：138.

流”，构成某种社会不稳定因素。农村劳动力流出地的地方政府首先感受到来自返乡农民的地方治理压力。对于首先关注地方经济发展和社会稳定的地方决策者而言，可能有两种政策选择：扩大本地就业机会尤其是非农就业机会，稳妥安置返乡农村劳动力；抑或与中央及农村劳动力流入地政府限制进城务工政策相制衡，鼓励甚而组织返乡劳动力重返大城市务工。

事实上，劳务流出地政府在两种政策取向上均进行了实践努力，这实质上形成了“农村家庭—村庄社区—地方政府”之间的某种联盟，并与中央政府和劳务流入地政府进行大量正式或非正式“交易”，逐渐改变着城—乡，以及中央政府、劳务地流入和流出地政府间的关系，使农村劳动力流动的政策逐渐导向基于“个体排他”的更加自由的市场化方向。1992 年南方谈话之后开始的大规模民工潮，即是这种反复博弈的现实表现。虽然来自劳务流入地城市的歧视性限制制度长期存在，但来自于劳务流出地政府及其农民工的“抵抗”也长期存在。农村劳动力进城既填补了城市人不愿或不屑于从事的行业，加速了城市化和工业化进程；也增加了农村家庭收入，促进了农业生产对劳动节约型技术的需求增长。① 这是城乡两个领域不同制度变革相互强化效应的实践例证。

特别当进入新世纪以来，二元结构体制下的改革引致严重的“三农”问题，迫使各级政府不得不予以正视并致力于统筹城乡发展。仅就农村劳动力向城市的大规模转移来看，已引发一系列负面效应：一是农村劳动力的“99、38、61”现象，即大量高素质壮年劳动力外流引致的农村“空心化”和留守老人、留守妇女、留守儿童问题，导致农村家庭结构不完整、劳动力素质下降以及农业粗放经营，大大降低了农民家庭生活质量，并派生出一系列复杂的社会问题；其二，农民工特殊群体在城市长期“被边缘化”，实质在城市进行了城乡差别的“复制”，他们既面临转化为市民的高昂成本的客观约束，又具有不愿意“被城市化”的主观意念，很大程度上导致中国的土地城市化大大超越人口城市化，低价工业化和高价城市化并存。② 于是，我们看到一系列支农惠农政策的出台和实施。对于农民工问题，政府不仅仅注重引导其有序转移，同时也高度关注农民工的“回引”，积极鼓励和支持农民工返乡创业或就业，以促进县域经济发展壮大。

同时值得关注的是，农村劳动力进城务工本身是一种人力资本投资。大量农村劳动力跨区域流动，使农民开阔了眼界，接受了新事物，农民工从技能到观念均得到全面提升，并积累起一定财富，这一群体从被城市社会所忽视，到排斥，再到不容忽视，已经成长为一个话语权渐强的社会阶层，不仅要求实现自身愈益多样和高层次的利益诉求，并且迫切需要在整体社会结构中寻求“上升”的通道。尤其是农民工内部业已出现明显分化，其群体内部潜隐着一个特殊的“底层精英”群体，一旦这一群体向上的社会结构变迁诉求无法得到满足，将必然引发社会结构失衡和秩序混乱，甚而产生带有社会仇恨

① 农业的劳动节约型技术变迁实际上意味着农业劳动生产率的提高。详细参见：蔡昉，王德文，都阳. 中国农村改革与变迁——30 年历程和经验分析 [M]. 上海：格致出版社，上海人民出版社，2008：129.

② 许经勇. 中国农村经济制度变迁六十年研究 [M]. 厦门：厦门大学出版社，2009：187-192.

情绪的反社会倾向，这种存在于社会底层的高活力群体，将对主体社会构成威胁。[①] 因此，农民工进城务工再到返乡创业，也是一个社会流动的过程。农民工进城初期，以原住村庄社区为参照系，其进城谋生的流动过程，实质是地位获得的过程，这一地位，不仅仅是经济地位，同时也涵盖社会声望和生活方式。随着农民工群体经历城市化和工业化洗礼，人力资本获得再开发和持续累积，其参照系转向城市居民，因应城乡二元分割体制而来的“市民化”的高昂成本，使农民工始终游离于城市化和工业化的边缘地带，对于部分精英农民而言，返乡创业成为其进一步提高自身地位，获得身份实质性转变的路径。日益获得话语权的农民工群体，也同时在市场竞争中日益获得更强的竞争力和交易谈判力，有更强的能力和更大的自由与来自城市的歧视和挤压相抗衡，其最直接的现实行动是“用脚投票”。2003 年以来引发社会关注的“民工荒”现象为此提供了很好的例证。而此间发生的“非典”等外部事件冲击，对“民工荒”起到一定催化作用。当“返乡”演变为成众的现象，则迫使劳务原输出地政府及时消解“返乡”劳动力就业问题，又迫使劳务原流入地政府及时消解结构性缺工问题。从而，来自“农村家庭—村庄社区—地方政府”联盟的力量制衡、市场化改革的推力，以及迫于城市结构性缺工、社会稳定和谐需要等压力，对农村劳动力流动的各种城市偏向的歧视性制度逐渐弱化、消减，并全面转向城乡统筹发展的方向。

这一进程中相关利益群体的博弈和力量制衡，激活了城乡生产要素，促进了城乡资源融通和优化配置，特别是有力地促进了全国统一劳动力市场的建立，并必然带动户籍、就业等核心制度的变革，最终促进城乡二元结构体制向城乡一体化转变。由此，农村劳动力面临更加自由、公平的就业环境，制度变革朝向既积极引导农村劳动力规范、有序地跨区域流动，又积极创造条件吸引进城务工人员返乡建设新农村或创业，农村剩余劳动力流动也因此从过去由乡及城的单向度流动，转向“乡—城”和“城—乡”的双向度流动。

2.3.2 政府与创业者目标函数的偏离：城乡二元制度的必然结果

在中国特有的农村劳动力“候鸟”式转移进程中，农民工“返乡”是一种常态，而农民工返乡创业则是这种常态中派生出的新方向或新趋势。进入新世纪以来，农民工返乡创业呈现出加速发展的态势，从中央到地方均开始关注这一现象并出台系列政策措施予以促进。但是，正如前面所述及，农民工返乡创业尚未真正形成期待已久的“浪潮”，返乡创业农民工面临诸多现实困难，创业发展缓慢。政策的总体导向与政策实践效果间出现了某种相悖现象。我们已经详细讨论过，作为对变化的制度约束环境的回应，政府、农民工等相关利益群体互动博弈，使劳动力就业政策向更加公平和自由的市场化方向整

① 李强. 现代化与中国社会分层结构之变迁［J］. 教学与研究，1996(3).

体收敛。各利益群体作为“经济人”调整自身行动策略，是基于各自的目标函数，追求各自的利益最大化。显然，若各利益主体的目标函数高度一致，将必然充分调动一切比较资源优势，促进农民工返乡创业实现快速增长和规模扩张；反之，则是发展的延缓甚至失败。

在生产导向的投资拉动型经济增长模式下，中国政府与企业均具有追求规模性快速扩张的内在冲动，目标函数长期高度一致，政府在生产要素投入上进行强干预，以低成本优势激励企业加速完成原始积累，而歧视性原则在经济管理中长期存在，现代意义上的政府与城市化高度相关，农村长期成为被忽略甚至被索取的对象。新中国成立之初，与计划经济时期重工业优先发展的赶超战略相适应，中国实行了最严格的城乡二元分割的户籍制度，将农民紧紧捆绑在土地上，同时配合以人民公社制度和农产品统购统销制度，通过工农业产品“剪刀差”，以农业生产剩余和农村发展最大限度的牺牲为代价，从农村攫取大量资源支持工业化和城市化的原始积累。由此，特定历史时期的制度安排人为扭曲了城乡关系，并形成中国特定的城乡二元经济社会结构，以及低成本支持和高资本积累驱动的经济增长模式，导致城乡发展严重失衡。改革开放后，体制惯性和城市偏向的政策仍然继续强化这种二元结构，农业、农村继续成为工业化和城市化的“采血源”，出现了经济增长与城乡发展相悖之谜，即中国创下高速经济增长奇迹的同时，城乡关系却发生由改革之初城乡差距有所缩小、而后持续扩大的异常变化。①

当然，规模扩张达到极限，以及高度城市化条件下对基础设施和公共服务的大量需求，国家、企业间目标便出现显著差异。有研究表明，当城市化达到 50%左右的水平，政府的目标—约束条件就发生变化，公共福利支出日益强化，福利目标成为政府目标的重要方面，财政支出体系也开始从生产支持转向公共支出和管理。② 当前，中央的整体政策导向是基于统筹城乡发展，积极促进返乡农民工创业。中央从 2004 年开始每年围绕“三农”问题出台系列一号文件，致力于逐渐消弭城乡差距，构建城乡要素相互融通、公共服务均等的统一市场机制体制。地方政府是各项政策的具体执行者以及结合地方实情的制度创新者，与返乡创业的农民工直接面对面谈判和“交易”，并建立起农民工与中央政府的联系，既可能与返乡农民工形成互利一体的联盟并与中央政府博弈，为农民工返乡创业争取更为有利的政策条件和物质支持，也可能消极应对甚至背离中央政府的政策导向，制约甚而阻碍农民工返乡创业。地方政府的态度和政策取向，在促进农民工返乡创业中起着至关重要的作用。

然而，在幅员如此辽阔，区域经济发展如此不均衡的中国，地方政府作为科层治理结构委托—代理链条中的重要一环，更贴近于社会生产生活现场，具有地方性知识的信息优势。改革开放以来的中央分权，为地方试验提供了制度基础。③ 但是，地方政府在现

---

① 李萍，等. 统筹城乡发展中的政府与市场关系研究 [J]. 北京：经济科学出版社，2011：1-3.

② 刘霞辉，张平，张晓晶. 改革年代的经济增长与结构变迁 [M]. 上海：格致出版社，上海人民出版社，2008：295-297.

③ 姚洋. 作为制度创新过程的经济改革 [M]. 上海：格致出版社，上海人民出版社，2008：39.

实中面临各种约束，特别是，改革并非免费午餐，必然需要支付代价。因而，地方政府并不能自觉地通过相互竞争和模仿最终淘汰无效制度，反而既追求租金最大化以及在这个框架下降低交易费用以使社会产出最大化，又具有在竞争约束条件下维持现有低效率的产权结构，即出现“诺斯悖论”。分权带来愈益明显的独立利益，地方政府成为具有多重利益代表身份特征的特殊主体：作为中央政府的下属代理人，地方政府要完成中央的计划和任务，实现中央的宏观利益；作为地方行政区划的最高代表，它又必须努力满足本区划内公民的需要，促进地方经济社会发展，实现地方社会福利的最大化；而地方政府官员则作为有限理性的“经济人”，通过谋求仕途晋升、职位公共权力和区划内公民认同等，实现自身利益最大化。这种身份特征，使地方政府可能在很大程度上与中央政府的委托目标相偏离。①②

同时，地方政府受到来自现行制度框架下的环境约束条件影响，并据此调整行为策略。其中，最为显著的影响来自于：①财政分权体制。1994 年开始的分税制，使地方政府和中央政府形成固定的财税契约合约，扣除上缴上级政府的税收，地方政府成为地方税金的剩余索取者，并面临较硬的财政预算约束，具有使地方财政收入最大化的动机，而扩大税基则是其增加财政收入最直接的有效措施。显然，当下各地方政府不遗余力地招商引资并偏好于能带来巨额利税收入的大项目、企业，尤其是资本密集和技术密集型的大型工业企业，则是对此约束条件的理性回应。②指标考核机制。现行制度框架下，对地方政府的政绩考核是通过一系列指标考核体系来体现，并与官员业绩评价和仕途升迁密切相关。中国经济长期依赖于要素积累驱动的规模化增长，在这种经济发展方式下，地方政府的绩效考核被主要按照 GDP 增长速度、外商投资、财政收入、就业、居民人均收入、改革推进速度以及社会协调发展等指标排序，尤其是以 GDP 为重要标示的经济增长总量和速度，在整个指标考核体系中具有绝对核心地位，甚至有学者和舆论对“被 GDP 绑架的中国”甚为担忧。考核指标排序的竞争加剧了各地方政府间的激烈竞争，并使地方政府官员具有强烈的考绩意识，扩张经济总量规模、加快经济增长速度、提高地方财政收入，成为其第一要务。③官员晋升制度。随着中央对地方分权和民主制度建设，地方政府官员的职位晋升已由过去上级政府直接任命，转而由上级政府提名，地方人代会投票选举，更为基层的政府甚至开始尝试“直选”改革。因此，地方政府官员谋求职位公共权力及其个人利益最大化，既须获得上级政府的认可，又须博得地方人民代表所代表的行政区划内的公众认同，加之我国官员任用体制强调“轮岗制”，促使地方政府官员在有限任期内具有利用信息优势对自身绩效进行选择性显示的强烈动机，从而热衷于引进大规模项目和企业，甚至贪大图快，在任期内对当地资源掠夺性开发和利用，以追求任期内地方经济快速发展，而无视地方经济的可持续发展等机会主义行为；同时，借经济发展充实地方财力，为辖区公共福利改进奠定财力基础。

---

① 何太平. 地方政府的双重身份与经济行为 [J]. 社会主义研究，1997(2)：37-40.

② 胡雯. 中国灌溉系统可持续治理的制度选择与绩效评价——一个嵌套分层的多中心治理视角 [J]. 成都：四川大学出版社，2011：96-97.

以上制度性约束条件形成紧密联系的整体，对地方政府行为的影响具有趋同性。财政分权使地方政府成为辖区内经济的剩余索取者；指标考核体系推动地方政府激烈竞争，并谋求 GDP、财政收入等指标极大化；官员委任制度的变化同样使地方政府具有追求地方经济发展的内在压力和动机。从某种意义上讲，地方政府更像是市场经济中追求地方经济利润最大化的厂商，有努力推动辖区发展并以此获取政治声望与收入的动机。同时，地方政府官员事实上掌握着动员和控制当地经济资源的权力，具有谋取任期内控制权回报即租金最大化的动机。

在现行指标考核机制下，地方政府的特殊身份特征及其在地方经济社会的多重身份和利益，使其最大化目标具有多重性。根据地方政府绩效考核的指标体系，我们可以认为，地方政府的目标函数是基于诸多子目标及其在指标考核体系中相对重要程度的权重结构所形成的预期收益的预期效用集合。

当然，指标考核体系不仅包括地区经济增长目标，还涵盖社会发展、生态保护、文化建设以及政府部门自身建设等多层面目标。并且，随着经济的发展和社会进步，各地已逐渐开始重视经济与社会的协调发展，更加关注民生、环境等问题。但综合来看，尤其在上述制度性约束条件下，实现地区经济增长即实现 GDP 的最大化或 GDP 增长率的最大化是地方政府的首要子目标，虽然国外普遍的经验和中国发展实践已经表明，GDP 增长并不能真实衡量经济增长和社会福利改善，不同于经济发展，而中国的“十二五”规划也试图放缓 GDP 增长目标，弱化 GDP 指标考核。但从实践实情来看，在相当长时期内，这种以 GDP 为首要目标的状况不会得到根本性转变。

服从于该目标，地方政府将动用所掌控的一切资源优先服务于地区经济增长，其他考核指标如财政收入、就业和改革推进程度等，实质上与经济增长的优先目标具有内在一致性。显然，在这样的目标驱动下，地方政府在地区产业结构、产业布局、产业形态上，将必然偏好于以资本密集和技术密集为代表的高端产业，热衷于引进规模大、见效快、利税产值高的企业和项目，往往忽略其他战略选择如中小企业发展及适应地区发展特点的劳动密集型企业发展。农民工返乡创业则主要集中于投资小、进入门槛低、技术含量低和劳动密集型的低端产业，企业规模普遍较小，创利税能力不强，在吸纳当地就业方面也难以发挥显著作用，不能很好服务于地方政府的优先目标实现，反而因返乡创业农民工自身在资金、技术和自身素质等方面的不足，需要政府的大力支持和帮扶并为此支付大量成本。出于地方稳定需要和应对上级政府的检查考核，地方政府出台种种促进农民工返乡创业的扶持政策，但并不真正重视政策的可行性和实效性，正是目标—约束条件下地方政府的理性选择和现实反映。

反观农民工返乡创业，其目标相对单一，即农民工作为有限理性的“经济人”在约束条件下追求自身利益的最大化。对于进城务工的农民工而言，首先要考虑是否回流；其次，回流后可能务农也可能创业，其最后是否选择创业，取决于对进城务工、回流务农及返乡创业各项收益—成本的比较和权衡，只要返乡创业的预期净收益大于继续在城市务工或回流务农的预期净收益，农民工就会做出返乡创业的决策，并且，扣除直接成本和间接成本之后的返乡创业收益净现值越大，返乡农民工创业的动力越大。我们在前文已经对影响农民工流动的城乡“推—拉”力量以及不同特征的农民工对制度环境的不同响应进行了讨论，并认为制度环境、农民工自身禀赋以及农民工的心理状况，对农民工是否创业和创业成功概率起到关键作用。同时，我们需要将两种因素的影响纳入考虑：无论农民工进城务工抑或返乡创业，均面临不确定性，就进城务工而言，有可能就业，也可能失业，而创业则有可能成功，也可能失败；此外，农民工的风险偏好程度也影响到其回流或创业行为，通常，风险规避者更倾向于选择预期收入稳定的领域就业，而风险偏好者更敢于选择创业。抛开农民工的风险偏好程度和计划期限长短，创业投资纯收入、农民工因创业而放弃的进城务工纯收入和回流务农纯收入、农民工进城务工就业概率和农民工返乡创业成功概率等因素成为改变农民工创业收益净现值的显性变量。但是，通过降低农民工进城务工纯收入和回流务农纯收入，以及降低农民工进城务工就业概率以提高农民工创业收益净现值，背离了经济政策通过刺激经济发展从而提高全社会福利水平的终极价值目标，与当前中央统筹城乡发展的战略目标也不相一致。因而，现实的选择应该是在促进务农和进城务工收益增长，并扩大城市就业机会的同时，提高创业投资纯收入与创业成功率，实现“帕累托改进”。①

显然，地方政府控制着大量稀缺资源，在地方经济快速增长和政治支持最大化的目标导向下，在资源配置上容易忽略返乡农民工创业；而积累了一定技能和财富并有创业动机的返乡农民工，则在整体势微的现实状况下，迫切需要政策、资金、智力等支持。地方政府的行为策略偏好及其制度供给，与返乡创业农民工的实践困境及其制度需求之间，出现了明显偏离。

农民工返乡创业面临的诸多现实困难，从表征来看，因返乡创业农民工基于个人利益最大化的创业目标实现并不显著支持地方政府基于多重利益诉求的地方治理目标实现所致。但溯其根源，更深层次的根本性制度因素在于我国特定历史条件下形成和仍旧存续的城乡二元经济社会体制机制。

制度演进具有历时关联性，即具有与历史相关的路径依赖性；同时，制度体系又具有共时性关联，同一制度系统中多种形式的制度安排，具有内在一致性与刚性特征。城乡二元的体制机制一旦形成，便具有沿既有轨迹自我强化实施的趋向，一整套互补共生、相互支持、相互强化的整体性制度安排呈现出某种程度的刚性或惰性。② 城乡二元分割的制度框架下，经济社会治理的城市偏向十分突出：首先，财政资金向工业与城市偏斜。改革开放以来，国家对农业的投入虽然总量不断增加，但相对比重却不断下降，造成农村与城市、农业与工业在发展资金上的巨大差距，农村、农业发展缺乏活力，农民、农村和农业难以通过内部的自我积累缩小与城市间差距。其二，金融信贷机构围绕城市开展业务，农村金融则是存多贷少，农村资金反而大量流向城市，使本就缺乏财政支持的

---

① 胡俊波. 困境与突破：扶持农民工返乡创业的理论分析框架［J］. 农村经济，2009(6)：113-116.

② 详细参见青木昌彦. 比较制度分析［M］. 周黎安，译. 上海：上海远东出版社，2004：243-245.

农村经济更加剧了资金短缺的局面，从而严重制约农业的现代化改造和农民创业。其三，公共基础设施建设投入以城市为重心，形成“政府主导，政府供给”的城市公共产品供给模式和“政府主导，社区供给”的农村公共产品供给模式，城市居民因此享受到巨大物质福利和社会收益，而农村居民则在“软”、“硬”环境上均全面落后于城市，在某些地方，生存环境尚且恶劣，遑论创业?

众多研究者认为，城乡分离的二元户籍制度是城乡二元结构的根本问题。户籍作为一种身份识别，人为地把我国公民划分为社会和经济地位截然不同的两类人群，与此紧密联系的城乡差异的教育、就业、医疗、养老保障等社会福利，严重阻隔了城乡要素流动和经济互通共融，剥夺了农民分享工业化、城市化和市场化等社会经济发展和文明进步成果的应有的国民权益。户籍制度所导致的身份歧视，不仅具有先赋性特征，即农民一出身便打上“农民”的烙印，相较于城市人起点不公平，并在整个生命历程中时时落后、处处落后，不能享受到与市民同等的国民待遇，迁徙自由、公平择业自由因户籍决定的身份所限制，在教育、医疗、社会保障等诸多方面处于被排斥地位，这种不平等使农民整体性人力资本偏低、获取和利用社会资源等方面能力偏弱，只能大量进入低技术含量、低进入门槛的就业领域，工资收入一直处于低水平状态，长期位于社会底层，容易陷入缪尔达尔所说的“循环积累因果”之中。更为可怕的是，先赋性的身份歧视甚至导致农民的自我歧视性投资，从而进一步恶化自身境况和被社会边缘化。

因此，我们看到城乡二元制度作为一个制度体系，各项制度安排相互支持、相互强化，形成密集而坚固的整体。历史形成的高资本积累和低成本扩张的经济增长方式，得到城市偏向的经济社会治理策略支持，而既有的经济增长方式又进一步强化了城市偏向策略；在此激励下，地方政府热衷于快速的经济增长和地方财政收入扩张，这种目标偏好又借由 GDP 导向和城市偏向的考核指标体系得以强化；这种目标偏好下，地方政府作为正式制度供给者，对农民工返乡创业的政策扶持也具有城市偏向性，在大型工业企业和外商招商引资支持政策与农民工返乡创业扶持政策之间，大量稀缺性资源必然偏向于前者，对返乡创业农民工扶持政策实施乏力也因此合乎理性；在以户籍制度为核心的城乡二元制度框架下，农民工群体整体势微，返乡创业农民工在创业者群体中也是居于下位，资金积累、技术和管理能力、社会网络资源等水平偏低，识别和把握创业机会的能力较弱，创业起步本身就更为艰难，城市偏向的政策环境则进一步加大了返乡农民工创业的难度，而农民工返乡创业率低、创业成功率低、对地方经济增长和财政收入贡献率低，加之农民群体本身的政治参与度和政治影响力较弱，对地方政府的政治支持效应低，则进一步激励地方政府的城市偏向政策取向。

农村劳动力的输出大省多为经济欠发达或较不发达地区，区域内城乡二元分割的格局更为突出。虽然迫于大量农村劳动力稳定和就业的压力，很早便开始实施政府主导的劳务输出以及农民工“回引”工程，劳务经济已经在地方经济发展中显现出较为重要的地位。但同时，这些地方具有比经济发达地区更为强烈的通过快速推进工业化和城市化加速发展地方经济的动机；相应的，通过招商引资引进大型工业企业和外商投资企业，成为这些地方政府实现目标最直接有效的手段。并且，由于地区经济发展的相对落后和城乡二元体制改革的相对滞后，农民工返乡创业者所面临的创业机会、市场化程度、公共服务平台等外部条件也相对不足，创业难度加大。即便地方政府确实致力于大力扶持农民工返乡创业，如前所述，制度体系中的各项制度安排具有共时性关联，一旦形成一套稳定的制度，整体性制度安排便呈现出内在一致性和刚性，仅仅针对农民工返乡创业而制定的政策制度，在整体性的城乡二元制度体系中，很难在孤立的情况下被改变或设计。真正有效的制度设计，应该建立在城乡二元制度体系全面变革的基础之上，这也是我们已经提及的扶持政策“碎片化”问题的根源。

第3章　劳务输出大省扶持农民工返乡创业：危机下的特殊意义与现实条件

2008年爆发了全球金融危机，对全球经济产生深远影响。这次危机及其后续演变会对我国的发展环境产生什么样的影响？给我国经济发展带来哪些机遇和挑战？赋予农民工返乡创业尤其是劳务输出大省扶持农民工返乡创业什么样的特殊意义？劳务输出大省扶持农民工返乡创业又具有什么样的现实条件？本章将探讨这些问题。

3.1　金融危机产生和发展的机制及其对世界经济的影响

2008年全球金融危机发生的原因和演变的机制到底是什么？世界主要国家和地区的经济政策会做出怎样的调整？这对我们预测世界经济走势和我国经济发展环境以及考察扶持农民工返乡创业的意义至关重要。我们尝试从创新周期的角度进行考察。

3.1.1　美国次贷危机的起因及美国经济政策转变

20世纪90年代美国出现了一个创新的“蜂聚”时期，信息技术迅猛发展，创新大量涌现，推动了美国经济将近十年的稳定、高速发展，被人们称为“新经济”时代。经济的发展也推动了股市的繁荣，而且随着创新的逐渐衰竭，大量的资金从实体经济领域流入股市，催生了股市泡沫。2000年3月纳斯达克综合指数在达到了高峰之后便急速下挫，2001年发生的“9.11”事件又雪上加霜，31个月内纳斯达克综合指数跌幅78%，标普500指数缩水50%，股市泡沫破裂了。

当时美国的宏观经济管理当局就面临一个问题：如何避免经济深度衰退？根据宏观经济学原理，拉动宏观经济增长的有“三驾马车”——投资、出口和消费。当时宏观经济管理当局会如何选择呢？首先看一下投资。当时美国国内创新衰减，股市又刚经历重创，很难通过投资来拉动经济增长。再来看一下出口。作为知识生产大国和引领信息技术发展的国家，美国在高新技术产品的生产上是具有优势的，完全可以通过扩大高新技术产品的出口来拉动美国经济的增长，而且有助于解决长期存在的贸易逆差问题，可谓一举两得。但是这个选择却面临着重大的障碍：一个是政治上的，有些敏感的高新技术的出口会涉及国家安全问题，美国担心一旦这些技术流入“危险国家”或竞争对手的手中，会危及美国的国家安全；另一个是知识产权问题，美国认为很多国家，尤其是发展中国家的知识产权保护状况很糟糕，而这些国家将是美国高新技术出口的主要市场，在这种状况下出口高新技术，美国的知识产权将无法获得充分的保护，甚至可能连创新成本都无法完全收回。因此，要扩大高新技术产品出口，首先要改善知识产权国际保护的状况，即提高知识产权国际保护的水平，使得美国的利益得到充分保障。但是知识产权国际保护水平的提高并不是美国一国就能决定的，而是由国际社会中多种利益主体共同决定的，将是一个长期的博弈过程，不可能跟着美国的经济形势走。因此，通过扩大出口来拉动经济增长也难以实现。也就只剩下消费这一个选项了。

那么，在经济低迷、居民收入难以大幅增加的情况下，如何才能促进消费需求的增长呢？2002 年时任美联储主席的格林斯潘将抵押贷款市场称为美国经济强有力的稳定力量，希望借助房屋市场使美国经济摆脱困境。美联储开始实施宽松的货币政策，到 2003 年 6 月份已将联邦基金利率降低到了 1%并维持到 2004 年 6 月。在经济开始复苏后这种宽松的货币政策也没有调整，甚至在 2003 年创造了一个 30 年内的记录：名义 GDP 增长率超过联邦基金利率 5.9%。由此释放的巨量市场流动性大幅拉低了美国长期国债收益率。1980 年到 2000 年间的 10 年期国债收益率均值为 8.48%，2003 年降到 4%。这大大降低了借贷资金成本，推动了房地产市场的繁荣。标普/CS 住宅价格指数从 2000 年 1 月份至 2006 年 7 月份上涨 106%。20 世纪 90 年代全美房价的年平均增幅不到 3%，到了 2000～2006 年，全美房价平均年增幅接近 9%。[①]

随着房地产市场的火爆，在高额利润的驱动下，很多贷款机构开始大力扩展次级抵押贷款市场。2001 年美国次级抵押贷款为 1200 亿美元，到 2005 年达到 6250 亿美元。次级抵押贷款公司业务的迅速扩大和利润的迅猛增长，使其在竞争和利益的驱动下，放松了对贷款者信用评级的审核和控制，信用等级较低、收入不稳定的投资者便乘虚而入。在贷款经纪人的疯狂促销下，市场异常火爆。对于贷款机构而言，次级抵押贷款是高回报但也存在高风险，不过其中的风险可以通过资本市场的运作转移出去，分散给那些愿意承担不同程度风险的机构。越来越多的投资银行向这些贷款机构买下这些贷款，然后将它打包成债券，债券再由信用评级公司给予债券评级，然后再到债券市场上把它卖给其他投资者。这就是次级抵押贷款债券，即次级债，是次级抵押贷款证券化后的产物。其中主要的产品是债务抵押债券 CDO(collateralised debt obligation)。CDO 一般可以分为高级层、中间层和权益层。高级层债务属于 A 级债券，享受 AAA 评级(一般占整个结构的 80%左右)，中间层在 AA 到 B 之间，最下面的是从属或权益级层，不需要评级，一般由发起人持有，或卖给对冲基金和投资银行自营部门。

由于次级债是以次级抵押贷款作为基础的，这就意味着次级债也存在高风险。为了提高次级债的市场接受程度，需要获得相应的担保。在火爆的市场氛围下，债券保险公

① 林纯洁. 美国的过度消费如何将全球引入灾难［N］. 第一财经日报，2008－10－27(A06).

司开始涉足结构性融资业务，为次级债提供担保。经过层层包装，由于其高收益率预期和很高的评级，看起来具有“高收益+低风险”特征的美国次级债成为商业银行、保险公司和其他非银行金融机构追捧的投资对象，同时也受到国外机构投资者的青睐。

对投资者来说，最大的隐患是信息的不对称，投资者几乎很难知道 CDO 包里面所装资产的具体情况，他们唯一依赖的是评级公司的评级。从某种意义上说，评级机构在次级债市场上充当了“准监管者”的角色，但是评级机构并没有尽到监管者的职责。由于评级公司对国债和次级债中的高级层均使用 AAA 评级，造成投资者的误解，认为次级债等同于同样是 AAA 评级的国债。更糟糕的是，由于 CDO 为评级机构带来丰厚的现金流①，评级机构在对结构性融资设计的评级工作中，不是站在中立的角度，而是参与到整个 CDO 打包过程中。由于评级公司对自己设计的评级模型了如指掌，对如何提高评级的秘密更是心知肚明，它们亲自涉足金融工程中，设计出可以达到 AAA 评级的复杂结构。凭借 AAA 的评级，次级债立即变成投资产品中的明星，其潜在风险评级机构心里最清楚，却迷惑了投资者。标准普尔发布的研究报告显示，2005～2007 年创立的 CDO 类别中的 85%被给予 AAA 级，其中有一些到 2007 年却变成了垃圾债券。②

对于上述的各种市场风险，政府本应该通过严格的监管予以控制。但是，有关部门有自己的考虑。房地产价格的上升有利于刺激消费，因为随着价格的上升住房拥有者可以通过再抵押取得更多的信贷用于消费，而这正是宏观经济管理当局希望看到的。在房地产市场的带动下，美国产生了旺盛的消费需求，拉动 2003～2006 年 GDP 年均增长 3%。因此，在一段时间内，政府对上述现象采取了纵容的态度。但是政府不可能一直纵容下去。因为美国次级抵押贷款的偿付保障不是建立在客户本身的还款能力基础上，而是建立在房价不断上涨的假设之上：次级抵押贷款每月要有一定的现金流还款，只要房价继续走高，整个市场就能运转下去，借款人、贷款机构、投资银行、保险公司、对冲基金、评级机构、其他 CDO 投资者、政府等各方就可以各有所获、皆大欢喜。但是宏观经济管理部门很清楚，泡沫吹得越大，泡沫破裂后对整个经济的冲击就越猛，为了防止房地产泡沫过大对整体经济造成巨大冲击，必须适时出手进行干预。从 2004 年开始至 2006 年年底，美国进行了连续 17 次加息，此举加重了购房者的还贷负担，压缩了投资者的利润空间，由此，美国房地产市场大幅度降温。

随着房屋升值减缓和利率不断攀升，2006 年许多次级贷款借款人无力偿还贷款，只好选择违约，违约率和迟付率急剧攀升。当时证券化机构迅速实施重新安排选择权，迫使贷款人拿回出现问题的抵押贷款，致使一批贷款公司宣布倒闭。由于众多的金融机构和投资者参与其中，2007 年 2 月主要金融机构纷纷陷入流动性危机，次贷信用危机随即发展成影响美国投资银行、保险公司及商业银行等主要金融机构的华尔街危机，2008 年下半年更向全球金融市场扩散，演变为百年一遇的全球金融风暴。

---

① 对 CDO 评级平均收费是其他类评级的 3 倍。

② 辛乔利，孙兆东. 次贷危机［M］. 北京：中国经济出版社，2008：111-187.

次贷危机爆发表明用房地产业拉动需求推动经济增长只能是权宜之计，如果监管不严还会带来巨大的投机风险，危及整体经济的健康运行。金融危机爆发后，美国宏观经济管理当局面临的问题是：如何让经济走出危机？带动经济走出危机并实现新的发展的增长点是什么？出口，消费，还是投资？

首先看一下消费。房价的暴跌使房屋拥有者资产缩水，只好捂紧钱袋压缩消费。无法偿还抵押贷款的借款人不但房屋被没收，其个人信用还增加了不良记录，影响了其借款消费的能力。因此，在这种情况下，企图再依靠消费来拉动经济增长并不现实。

那么经历了这次教训后，美国有关当局会不会转而寻求通过出口来拉动经济增长呢？如前文所分析的那样，通过出口拉动经济增长需要突破两个障碍，那么这两个障碍消除了没有呢？可以发现，美国有关决策者认为敏感技术的出口会影响美国国家安全的固有思维并没有改变；尽管近年来美国一直不遗余力地推动知识产权国际保护水平的提高，但保护水平仍不能让美国满意。因此，短期内这两个障碍仍然存在，除非经济形势严峻到迫使有关决策者改变固有思维，愿意与其他国家进一步分享美国创新成果，否则通过增加出口来拉动经济增长也不大可能。

投资是最有吸引力的选项。在经历了次贷危机的教训后，美国进一步认识到创新对于经济发展的重要性。政府通过鼓励和加大创新投资，不仅可以为经济走出危机提供强劲的动力，而且也为美国引领下一个创新周期奠定坚实的基础。而良好的知识产权保护是创新的重要保障。因此，次贷危机后美国对知识产权保护会更为重视，这一方面是为国内营造一个良好的创新环境，另一方面也可以为美国的高新技术产品创造一个良好的出口环境。这对美国经济的长远发展而言无疑是重要的。

但是国际知识产品保护水平的提高是一个长期的博弈过程，引领经济走向新的增长周期的创新的出现和扩散更是一个漫长的过程，短期内美国政府必然会面临由于经济低迷造成的巨大的失业、外贸赤字、财政赤字的多重压力，如何解决这个燃眉之急，是美国政府必然要考虑的问题。在历史上，美国曾经多次利用美元的国际货币地位转嫁国内经济危机：滥发美元，利用美元的国际货币地位稀释美国外债负担，并利用美元贬值刺激出口抑制进口；各种贸易保护措施纷纷出台，企图既可以抑制进口，又可以促使本国对外投资回流；打压竞争对手，炒作各种危机题材，转移民众不满。上述手法曾屡试不爽，成功为美国向外转移危机、减轻债务负担、为国内经济调整创造宽松的环境，这一次同样也不例外。

3.1.2 欧洲主权债务危机及欧盟对外经济政策取向

欧洲紧随美国次贷危机陷入债务危机是现有国际经济格局下的一个必然结果。作为世界经济重要一极的欧盟，在这次金融危机中有机遇也有挑战。二战后，欧洲一直想恢复昔日的荣光。欧盟的建立和扩张是这一梦想的载体。可是在美国掌控的国际体系中，欧盟一直受到限制。从经济上看，欧元从一出世就受到美国的打压。这一次美国陷入次贷危机本来是欧盟的机遇，欧元可以趁势向美元发起挑战，争夺国际货币霸权，可惜欧盟有些国家像美国一样负债累累，在这些国家的主权债务信用评级被调低的情况下，这些国家纷纷陷入主权债务危机。欧盟为解决成员国的主权债务危机争论不休，欧元区再次面临解体危机，如果处理得好，倒是能促进欧盟体制的完善，但是欧盟内部各国巨大的发展差距使得财政协调难度很大，统一的货币和不协调的财政政策将是欧盟一个长期的困扰，而且无论如何在短期内欧元再也无力向美元发起挑战了。

从历史上看，一个国家或一个地区要想执世界经济牛耳，必先占领创新的制高点。目前整个世界正处于创新的低迷期，谁能引领下一个创新周期的制高点，谁就是下一个周期中的赢家。引领下一个周期的创新点在哪里，在世界资源和能源日益紧张的情况下，有关新能源和探索人类新的资源来源地与开拓新的生存空间的新能源技术、海洋开发技术和空间技术更可能是下一个创新周期的核心。当然创新也存在路径依赖。由于美国本身资源丰富，在全球对资源和能源又具有超强的掌控能力，美国虽然在新能源技术上有一定的储备，但更擅长的是信息技术、空间技术等为主的高碳产业。而欧洲由于资源相对贫乏，能源以煤炭为主，石油稀缺，着力发展低碳产业，在新能源等低碳技术上领先。新的资源来源地与新的生存空间的开拓难度远远高于新能源的发展，新能源技术在较短时间内更可能成为创新的核心。

从长期看，欧盟必然要在以新能源技术为基础的低碳产业上做文章。为此，欧盟建立了碳排放、碳交易、碳金融等一系列相关制度。一旦在世界范围内按照这个制度运行起来，就可以确立起欧盟的领先地位，欧元作为碳交易和结算的基础货币，必将取代美元作为世界核心货币。可是低碳产业的市场情况并不如意。如何让世界各国尤其是发展中国家接受并购买新能源等低碳技术和产品以及如何发展国际碳交易市场，是欧洲必须首先要解决的问题。为了创造对低碳产品和技术的需求，为了发展国际碳交易市场，欧盟着力推动全球气候谈判，企图以此给其他国家和地区套上国际减排义务的约束。一旦承担了强制性减排义务，就会产生碳交易的需求进而产生对低碳技术和产品的需求。

可是很多发展中国家仍处于快速工业化的阶段，大规模碳减排意味着丧失自己的发展空间。而且发达国家在通过对世界资源和能源的掠夺和消耗的基础上发展之后，要求发展中国家牺牲发展机会承担同等的减排义务，这对发展中国家也是不公平的。美国也不积极，因为美国的优势产业是高碳的。2007年美国能源结构中，化石燃料高达84.9%，其中石油39.2%，天然气23.3%，煤炭22.4%。美国连《京都议定书》都没有加入，显然是不愿落入欧盟的算计。另外，美国作为世界能源消费大国，在经济危机的关头也不希望被碳减排束缚手脚。美国的策略就是绑架中国，要求中国作为世界第一碳排放大国，要与发达国家承担同样的责任。对发展中国家美国比欧盟要求更为苛刻，要求发展中国家立即承担强制性减排义务。发展中国家自然不愿答应这种不公平的要求，而美国就可以把谈判失败的责任推卸给中国等发展中国家。[①]

---

① 勾红洋. 低碳阴谋［M］. 太原：山西经济出版，2010：160-181.

欧盟为了实现自己的战略目标，使用各种手段“威逼利诱”。一方面，欧盟长期以来不断地制造舆论，以拯救全人类的面目推动碳减排，占据道德制高点，不断给发展中国家和美国施加压力，促使其进入自己的战略框架。另一方面，欧盟通过向发展中国家新能源产业提供资金援助、承诺发展中国家先承担“共同但有区别的责任”等途径，诱使发展中国家参与气候谈判、发展低碳产业。竭力推动建立以欧盟为主导的全球碳排放体系将是欧盟对外经济政策的一个长期目标。

3.1.3　危机后国际经济环境的变化

1. 发展中国家经济增长方式转型更为紧迫

危机之前由于美国一直对碳减排持消极态度，而且发展中国家的碳排放量也比较低，发展中国家承受的碳减排压力并不大。按照“共同但有区别的责任”的原则，发展中国家现阶段基本不用承担强制性减排义务。可是危机发生后欧美经济先后陷入困境，欧盟固然希望早日将发展中国家纳入强制减排体系，以此增加欧盟经济增长的动力，并实施复兴的宏伟的战略规划。美国也需要运用碳减排这个工具实现自己的一系列目标。首先，可以通过碳关税构筑新的贸易壁垒，为减少贸易赤字做一点贡献；其次，华尔街在金融危机后正缺乏新的盈利工具，碳金融提供了诱人的前景；第三，通过碳减排谈判给中国等快速发展的新兴国家套上枷锁，遏制其紧追猛赶的势头，延缓美国的相对衰落，为美国保持主导地位、寻找新的机遇提供缓冲。过高的油价、对石油的过度依赖，已经严重威胁到美国的国家安全和全球战略，推动碳减排既可以打击竞争对手，又可以降低对外能源依赖，增强国家安全。

因此，欧美在碳减排体系的主导权上虽然有竞争，但对发展中国家的态度在危机之后变得更为一致。危机之后美国对全球气候谈判的态度突然变得积极起来，就是看到了碳减排对于美国的重要意义。欧盟则希望多年努力构建的碳排放体系能尽快带来回报，给欧洲的整合提供黏合剂和催化剂，给欧盟经济的发展提供新的动力。危机后欧美都在努力要发展中国家放弃“共同但有区别的责任”的原则，承担强制性的碳减排义务。

一旦欧美步调一致，发展中国家面临的碳减排压力将骤增，这将迫使发展中国家加快经济增长方式转变。目前发展中国家的经济增长主要依靠粗放式的扩张，对资源和能源的消耗极大，使用的又主要是煤炭、石油等传统能源，碳排放量增长很快。如果承担强制性碳减排义务，除了发展新能源外，加快转变经济增长方式、降低经济增长能耗也是必然的选择。

2. 国际经济结构调整加快，贸易保护抬头

危机促使发达国家加快产业结构调整，这一方面意味着传统产业的淘汰与转移，另一方面也意味着各国在战略新兴产业领域的竞争。这次金融危机必然会加快产业的国际

转移。尤其是生产性服务业向新兴经济体的转移目前已经出现加速的势头。而贸易保护的抬头又给国际直接投资增加了巨大的推动力。

每次危机发生后都会出现国际贸易壁垒增加的现象，本次也不例外，在美国的带动下国际贸易壁垒增加，国际贸易摩擦迅速升温。国际金融危机爆发后，美国失业率迅速上升，一度达到 10%以上，此后三年维持在 9%以上，而美国战后最坏时期如 20 世纪 70 年代也只有 7%左右。[①] 如此巨大的失业压力，迫使政府采取措施刺激需求，增加就业。由于次贷危机后美国国内投资需求和消费需求低迷，出口又有重重障碍，政府就希望通过设置贸易壁垒一方面减少进口，把需求从国外转移到国内，另一方面作为再工业化的辅助措施，迫使本国资本从外回流和促进外商直接投资，减轻产业空心化和虚拟化状况，摆脱无就业增长的窘境，创造更多的就业机会。不但美欧等发达国家高筑贸易壁垒，发展中国家也不示弱，也纷纷拿起贸易保护的工具制造贸易摩擦。当然发达国家和发展中国家构造贸易壁垒的方式有所不同，发达国家多运用技术性贸易壁垒等隐性的贸易保护措施，发展中国家则以反倾销等传统的贸易保护手段为主。

本次危机后国际经济结构的调整也导致了各国对下一个创新周期中战略新兴产业的竞争，这必将使国际贸易摩擦从传统产业领域向新兴产业领域扩展。IMF 报告称，“美欧等国将进一步挑战新兴经济体的体制性障碍，并通过贸易救济措施，强化对绿色、新能源产业和电子信息产品的贸易保护，因此贸易摩擦会不断增加。”[②]

碳关税作为一种新的贸易壁垒将成为发达国家重要的政策工具。2009 年 6 月美国提出碳关税，美国众议院通过《美国清洁安全法案》，美国将从 2020 年开始对来自未采取措施减排温室气体国家的钢铁、水泥、玻璃和纸张等进口产品采取边境调节税。碳关税的提出可以通过环境保护议题占领道德制高点，为贸易保护主义找到借口。美国提出的碳关税反映了奥巴马政府国内和国际两个市场的通盘考虑：在国内反击传统产业势力，为新能源与传统产业的绿色改造保驾护航；国际上为气候谈判增加筹码，迫使中国、印度、巴西等发展中国家让步。美国试图以绿色产业带动经济复苏，进而着眼在危机过后抢占未来产业的制高点。碳关税为美国实现这一系列目标提供了完美的政策策略。美国本身在新能源方面就有优势，碳关税推动对美国国内碳排放产业的革命，从而使美国成为全球这一产业的绝对上游，成为产业主导者、规则制定者、定价权控制者，使美国彻底摆脱次贷危机的困扰。欧盟则立法宣布于 2012 年 1 月 1 日开始对所有入境的航空公司征收航空碳排放税，也是希望能以此获得新的增长动力，推动欧洲的复兴。

3. 通胀较长时间成为困扰世界经济的一大风险

前文分析，利用美元国际货币地位通过增加美元供给转移危机为国内经济调整和复

---

① 王小广. 看清美欧再工业化本质和机遇 [J/OL]. 财经国家周刊，http://news.hexun.com/2012-03-21/139568703.html，2012-03-19.

② 转引自庞东梅. 积极运用贸易规则加快产品结构转型我外贸出口在应对贸易摩擦中努力前行 [N]. 金融时报，2012-10-18.

苏创造条件是美国惯用手段之一。增加美元供给既可以获得铸币税，又可以使得美国外债缩水，还可以给竞争对手制造困扰，给国内创新投资创造更宽松的条件，可谓一石多鸟。次贷危机发生后美国采取了量化宽松的货币政策增加货币供给刺激经济复苏①。量化宽松是一种有别于利率杠杆等传统工具的非常规工具。通常在利率等常规工具不再有效的情况下，比如在利率接近零的时候，无法再通过降低利率增加流动性，货币当局才会采取量化宽松的方法。次贷危机后的美国经济无疑是符合这个条件的。

在雷曼兄弟于2008年9月倒闭后，美联储在随后的三个月中通过量化宽松政策创造了超过一万亿美元的储备。由于经济表现不佳，2010年11月美联储启动第二轮量化宽松的货币政策，购买6000亿美元长期国债，继续维持0～0.25％的基准利率；同时，美联储在2011年第二季度结束前，再次购买6000亿美元长期国债，相当于每个月购买750亿美元；这还远远不够，美联储责成纽约联储公开市场交易办公室，将此前购买机构债，以及机构抵押贷款支持债券的收益再投入国债，金额大约为3000亿美元。如此一来，在2011年第二季度结束前，美联储总计购买约9000亿美元国债，是第一轮量化宽松政策购买国债金额的近3倍。联储局于2008年12月至2011年6月期间推行的两轮量化宽松已经购买2.3万亿美元债券。② 2012年9月，美联储联邦公开市场委员会宣布，0～0.25％超低利率的维持期限将延长到2015年年中，并从当月15日开始推出进一步量化宽松政策，每月采购400亿美元的抵押贷款支持证券。③ 美国的量化宽松也会把欧洲、日本、英国“拖下水”，随着美元对多数货币的走软，其他发达国家为了避免本币升值打击经济，也被迫“跟随”实行量化宽松的货币政策。

但是量化宽松的货币政策对促进信贷市场恢复的作用并不明显，央行向经济注入大量流动性却没有导致货币供应量大幅增加。原因在于自危机发生以来美国银行及非银行金融机构承担资本中介功能的能力和意愿都大为萎缩，导致货币乘数大幅下降。一旦货币乘数随着经济恢复快速上升，将导致流动性急速增长，可能造成较为严重的通胀(见图3-1)。另外，在各国政府实行超低利率的诱导下，本来希望流入实体经济的量化宽松货币，极有可能流入股市等虚拟经济中，并寻机流入新兴市场，产生输入性通胀，并形成资产泡沫，增大全球经济风险。

---

① 量化宽松是由中央银行通过公开市场操作购入证券等，使银行在央行开设的结算户口内的资金增加，为银行体系注入新的流通性。“量化”指将会创造指定金额的货币，而“宽松”则指减低银行的资金压力。中央银行利用凭空创造出来的钱在公开市场购买政府债券、借钱给接受存款机构、从银行购买资产等。这些都有助降低政府债券的收益率和降低银行同业隔夜利率，银行从而坐拥大量只能赚取极低利息的资产，央行期望银行会因此较愿意提供贷款以赚取回报，以缓解市场的资金压力。从量化宽松的过程中增加的存款，银行可通过借贷，再创造出更多的货币供应，即存款倍数效应。

② 刘健俊. 浅谈美国量化宽松政策及扭曲操作政策［J］. 财经界(学术版)，2012，(04)：36-37.

③ 新浪财经. 美联储推出QE3每月额度400亿美元［EB/OL］. http：//www. sina. com. cn 2012－09－14.

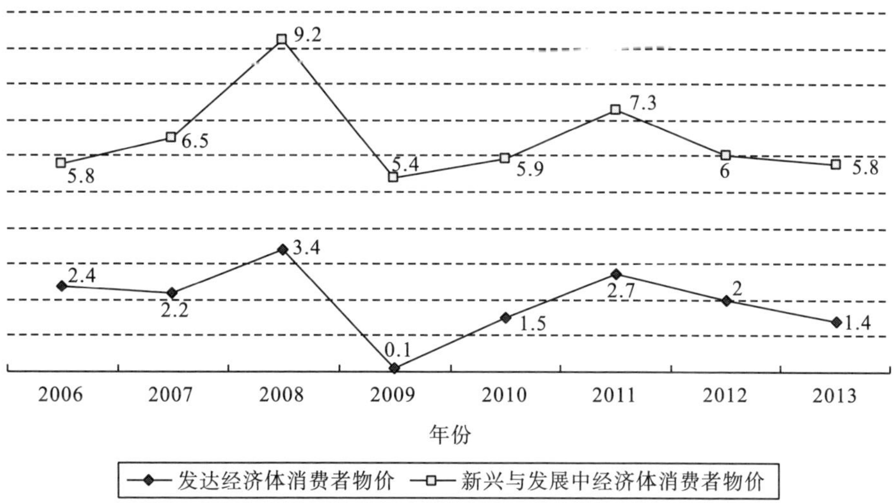

图3-1　发达经济体、新兴和发展经济体通胀情况(%)

数据来源：IMF. World Economic Outlook. Washington，DC：International Monetary Fund，April 2014：187.

3.2　金融危机对我国经济的影响

随着我国经济总量增大，经济活动向全球快速扩展，我国与发达国家结构性矛盾增大，与新兴经济体的竞争领域增多，针对我国的贸易和投资保护主义明显抬头，在汇率、市场开放、知识产权等方面我国面临越来越大的压力，外部环境对我国经济发展产生的不确定性风险明显。金融危机加剧了上述趋势，给我国经济转型和结构调整带来了新的机遇和挑战。

3.2.1　对出口与就业造成巨大冲击

金融危机发生后使得我国出口面临的一些矛盾激化，贸易摩擦激增、国外市场需求减少、出口成本上升以及发达国家的再工业化都对我国出口造成巨大冲击，导致出口下滑。从中国过去二十多年的经验来看，出口最重要的贡献在于对就业的贡献，出口的急剧下滑造成短期失业的大量增加。

1. 贸易摩擦激增

随着中国参与国际分工的广度和深度进一步加大，中国面临的贸易摩擦也日渐增多，并伴随产业发展和价值链攀升向纵深方向发展。中国经济的快速崛起必然对传统的国际经济格局形成挑战。美欧等国将通过贸易救济措施，强化对本国绿色、新能源产业和电子信息产品的贸易保护，与中国的贸易摩擦会不断增加。中国已经连续十多年成为遭遇贸易摩擦最多的国家。中国遭遇的贸易摩擦除了传统的对中国出口产品的限制措施之外，也将在一些更深的领域爆发，诸如人民币汇率、新能源政策、知识产权保护、投资环境、市场准入等会成为贸易摩擦集中爆发的领域。这是一个长期的趋势。金融危机的爆发加剧了这个趋势，中国出口所遭遇的贸易摩擦激增。①

2008 年金融危机爆发后像历次危机之后一样，贸易保护主义抬头，不过这次技术性贸易壁垒成为贸易保护的主要手段。据统计，近年来我国出口贸易遭遇技术性贸易壁垒的直接损失的年均增速为 15%，2010 年的直接损失达到 582 亿美元。我国出口产品遭遇技术性贸易壁垒呈现出增长态势。我国出口产品遭遇技术性贸易壁垒案件数 2008 年同比增长 224.2%，2009 年同比增长 26.2%。② 技术性贸易壁垒案件数占贸易壁垒案件总数的比重 2007～2010 年分别为 30.3%、56.8%、62.0%和 55.1%。③

碳关税将对我国出口造成重大障碍。近些年机电、建材、化工、钢铁等高碳产业几乎占据了中国出口的半壁江山。如果美国开征碳关税，作为美国的第一大贸易伙伴，中国出口必然受到严重的负面影响。按照碳排放的计算方法，中国大量产品将无法保持现有的对美价格优势，届时必然出现出口骤降的局面。同时欧盟各国很可能迅速跟上，中国出口市场必然一片萧条。

清洁能源等新兴产业将成“重灾区”。绿色低碳是当今世界经济的发展趋势，已经成为全球产业转型的重要方向，而这些产业发展的初始阶段大多离不开政府或多或少的支持，同时还涉及一些先进技术的引进和开发。因此随着中国制造业沿价值链攀升，进入新兴产业，必然遭到发达国家贸易壁垒的狙击，会遭遇更多的反补贴和知识产权的摩擦。美国国际贸易委员会最近发布的一份知识产权报告将矛头直指风能、电信设备、软件等中国新兴产业。2010 年 10 月美国贸易代表办公室启动对华清洁能源 301 调查。美国经济政策研究所发布了一系列数据，指责中国清洁能源补贴导致美国对华贸易逆差激增，打击了美国国内产业并大量减少了美国国内的相关高新岗位。

除了欧美发达国家，发展中国家近期对华贸易救济措施也有所增加。金融危机导致欧美市场需求不振，市场多元化成为很多中国企业的选择，新兴经济体成为市场开拓的重点，导致我国对发展中国家出口大幅增长。由于这些市场与中国经济发展程度相似，随着出口量的增加，使得其国内产业感到了竞争压力加大，导致摩擦增多。④

2. 国外市场需求减少

美国的次贷危机和随后发生的欧洲主权债务危机中，投资疲软，美国家庭债务和欧洲国家债务高企，失业率居高不下。随后美国家庭的去债务化和欧洲政府去债务化实施

---

① 孙韶华．贸易摩擦现新局四大趋势成焦点［N］．经济参考报，2011－12－09(022).

② 李盛仁．金融危机以来我国出口产品遭遇技术贸易壁垒统计分析［N］．金融时报，2012－02－20(010).

③ 李盛仁．金融危机以来我国出口产品遭遇技术贸易壁垒统计分析［N］．金融时报，2012－02－20(010).

④ 孙韶华．贸易摩擦现新局四大趋势成焦点［N］．经济参考报，2011－12－09(022).

财政紧缩，都使得居民实际收入减少，消费信心指数持续下降。国际金融危机对发达经济体、新兴和发展中经济体都造成了冲击，经济增长放缓，甚至陷入经济衰退，发达经济体的国内总需求增长率明显下降(图 3-2)。而贸易壁垒的增加使得进口产品的消费者价格上升。在上述因素的综合作用下，中国产品的国外市场需求明显减少。

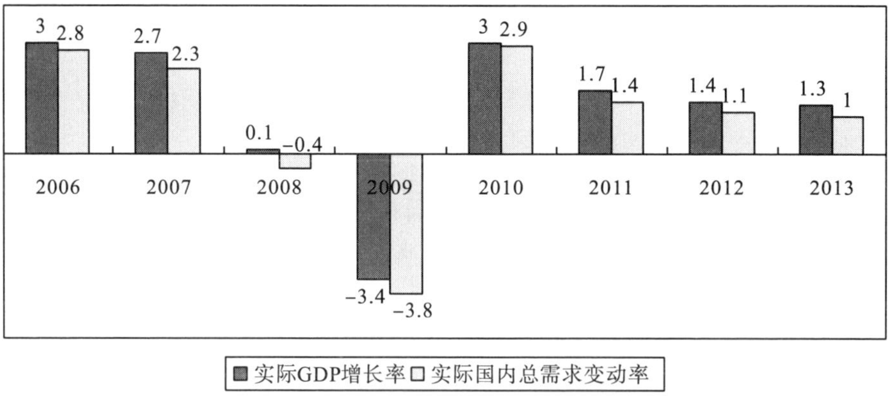

图 3-2　发达经济体经济增长率和国内总需求变动率(%)

数据来源：IMF. World Economic Outlook. Washington，DC：International Monetary Fund，April 2014：181.

3. 出口成本上升利润下降

东莞对 300 家出口外向型企业进行调查，结果显示，2010 年这些企业的出口利润是 5.7%，2011 年下降为 3.7%，2012 年预计利润率会再降 0.8 个百分点。尤其是纺织、服装、制鞋、玩具等传统产品制造企业，由于用工成本高，利润下降幅度更为明显。2011 年上述行业用工成本分别上升 12.6%、24.4%和 14.7%，综合成本分别上升 10.8%、12.6%、12.4%，利润率则分别下降了 2.6、2.6、1.4 个百分点。受危机影响，融资成本比前三年翻了一倍。使用银行资金的财务费用以前是 5%～6%，2012 年高达 12%左右。汇率波动是所有外贸企业共同担忧的另一个大问题。金融危机后主要国家的货币汇率波动频繁，汇率风险上升。外贸出口已进入从数量扩张到质量提升的拐点。2012 年我国出口产品在美国欧盟和日本市场的占有率分别同比下降 1.3、1 和 0.6 个百分点，下降幅度最大的多为劳动密集型出口产品。其中纺织品服装在欧美市场份额下降 1.1%，家具下降 1.7%，玩具下降 2%，箱包下降 2.6%。而同期其他新兴市场国家在欧美市场份额则有所上升。最主要的原因是我国要素成本大幅上升，致使我国劳动密集型产品面临传统出口大国及新兴发展中国家的竞争。

对于要素成本上涨给我国出口带来压力的情况，我国国土空间广阔，区域发展差异较大，一些东部地区不具有劳动力成本优势的产业可以向中西部地区转移，这既有利于继续维持我国出口产品竞争力，也有利于就业稳定和缩小区域发展差距。2011 年，作为接受东部地区产业转移重要省市的重庆市和河南的出口增长率分别达到160%和82.7%。①

4. 发达国家再工业化冲击

在金融危机中受冲击较重的欧美国家也重新加入全球制造业竞争。过去欧美国家经济偏重于服务业，比如英国服务业就占国民经济总量的70%以上，但金融危机之后，英国政府提出“制造业回归”战略，意图加入包括中国在内的新兴经济体制造业产业链。美国则提出了“5年出口倍增”计划，成立了跨部门的机构，将出口放到了空前重要的位置。

发达国家要实现“再工业化”就必须降低本国制造业的成本，以提高本国制造业吸引投资的能力。比如美国就已经采取了一系列措施：通过立法保障“再工业化”的实施，通过给制造业减税和提供积极的金融支持，促进制造业研发和产业化，引导新兴先进制造业发展，扶持中小企业发展促进制造业的竞争和吸纳就业能力提升。

国际分工格局决定了发达国家进行的“再工业化”不可能是恢复传统的制造业，而是一次依托高新技术的产业升级，其主要内容是发展新兴产业。比如美国在金融危机后制定的经济刺激计划中，投资重点就是基建、科研、教育、可再生能源及节能项目、智能电网、医疗信息化、环境保护等以新兴产业发展为核心的项目。

金融危机后，发达国家更加注重实体经济，大力促进制造业回归，努力抢占制造业高地，无疑对我国高端制造业、新能源等战略性新兴产业构成竞争，进一步加大了出口竞争新优势的培育难度。

作为“世界工厂”，制造业崛起是中国经济高速成长的重要原因。随着美国等发达国家“再工业化”进程的加快，中国未来可能不得不面临“双线挤压”：既要应对越南等发展中国家对低端制造业的争夺，又要应对美国等发达国家对高端制造业的争夺。

3.2.2 给经济结构调整带来机遇和挑战

进入新世纪以来，世界经济处在大调整、大变革之中，金融危机的发生更是加速了一些变化，许多新的变化趋势对我国经济结构调整形成了巨大压力和倒逼，给我国经济结构调整带来机遇和挑战。

1. 促使我国加快向内需型增长和低碳经济的转型

改革开放以来外部需求是拉动我国经济高速增长的一个重要驱动力。过度依赖外部需求带来巨额贸易顺差以及迅速膨胀的外汇储备、过高的外贸依存度，造成贸易摩擦愈演愈烈、外汇储备资产管理难题、抗外部冲击能力弱化等一系列问题。金融危机爆发后，这些问题变得更为突出，迫使我国加快向内需型经济的转变。外需往往受到许多突发性因素的

---

① 陆文军. 中国外贸找寻下一个“春天”[J]. 瞭望，2012，(14)：6-9.

影响，其变化并不是我们能控制的。立足扩大内需，是牢牢把握发展主动权的需要。

随着出口受阻，外部需求对经济的驱动作用将减弱，我国经济发展面临寻找新的增长动力的问题。未来一个时期，我国面向外需的庞大生产能力，能否用很小的代价转为面向内需，是一个巨大的挑战。如何增加内需呢？一方面要增加最终消费品需求，另一方面要增加中间产品需求。最终消费品需求的增长需要通过居民实际收入的增加来实现，而中间产品需求的增长需要通过分工的深化、产业链的延长来实现。

金融危机之后国际碳减排的压力会越来越大。中国已经取代美国成为碳排放量第一大国。欧美为了各自的战略需求都会把中国纳入强制性碳减排的体系中，给中国戴上低碳这个“金箍”。一方面在牺牲自己的资源环境和工人福利向发达国家提供廉价商品，另一方面又要由此而遭受发达国家的贸易限制和道德指责，这样的形势促使中国产生了经济转型的迫切需要。从长远趋势看，我国也有向低碳经济转型的现实需求。人类发展面临艰巨挑战，地球不可能支撑所有国家像发达国家那样挥霍资源，目前的发展方式是不可持续的。寻找新能源，避免对一次性资源的过度依赖是人类共同的课题。随着我国经济规模的扩张，能源逐渐成为我国经济增长的关键制约因素，如何破解能源难题已成为我国经济持续发展必须面对的挑战，因而发展低碳型经济是一个现实的选择。金融危机爆发后在外部的压力和内部转型需求的共同作用下，我国将加快向低碳型经济的转变。

但是在新一轮产业创新周期的竞争中，欧美发达国家为了抢占制高点，获取领先地位，必然通过知识产权保护甚至技术封锁等措施加强对新能源技术的保护，并且通过贸易壁垒加强对发展中国家低碳产业发展的限制，我国低碳经济的发展将面临技术和市场的挑战。

2. 给我国产业升级和地区经济结构调整带来机遇和挑战

国际金融危机给我国经济结构调整和产业升级带来了机遇，同时也形成了一些挑战。前文分析，本次全球金融危机意味着新一轮创新周期的开始。谁能够在新一轮创新周期中抢占先机，谁就最可能在全球经济竞争中获胜。如果我国能够在该轮创新周期中占据主动，我国将面临一个赶超发达国家的机遇。我国新能源产业近些年发展较快，在国际市场上具有一定竞争力。但是欧洲仍然是全球新能源产业市场和技术的中心，我国要想赶超，面临巨大挑战。毫无疑问，最根本的解决办法是通过加强教育提升人力资本水平和研发能力。我国人口众多，但人力资源优势转化为人力资本优势仍有很多工作要做。推动我国经济 30 多年高速增长的人口红利也面临着从数量向质量的升级问题，如何解决这个问题是一个巨大挑战。

本次金融危机后发达国家的产业转移会加快。一部分生产性服务业会向其服务的制造环节所在地靠拢，以绕过贸易壁垒降低交易成本。2009 年中国制造业增加值占世界的比重上升到 21.22%，美国为 18.41%，日本为 10.88%，德国为 5.88%。2010 年中国在全球制造业产值中的比重上升到 19.8%，超过美国的 19.4%，成为世界制造业第一大国。目前我国已有 200 多种工业产品的产量居世界第一位，对外出口量也是世界第一位，成为名副其实的制造业大国。[①] 我国作为制造业大国，对生产性服务业具有很强的吸引力。

生产性服务业的国际转移将给中国摆脱过度发展加工贸易可能造成的低附加值困境提供一个契机。我国必须抓住机遇实现在全球产业链中的升级，摆脱依赖简单加工的低附加值生产环节的状况，向具有更高附加值的环节攀升。这个除了前面提到的面临尽快提升人力资本的挑战外，还需要面对另一个挑战，即就业问题。我国人口基数大，巨大的就业压力将是我国经济生活中的一个重要议题。生产性服务业主要是知识密集型和资本密集型的产业，对劳动力的吸纳能力比较弱。因此，我国在倡导产业升级的同时绝不能忽视劳动密集型产业，避免出现无就业增长，否则失业压力剧增将危及经济安全和社会稳定。根据美日等发达国家产业升级的经验，发展新产业必须把旧产业转移出去为新产业腾出发展的空间。但是我国在产业升级的过程中，难以模仿美日等发达国家的经验。一方面的原因是刚才说到的就业的问题，把劳动密集型的产业转移出去将会造成无法承受的失业压力；另一方面，我国的对外投资环境面临许多障碍，除了我国自身国际投资人才比较缺乏的制约外，还面临很多经济的和政治的投资壁垒。如何结合我国实际情况选择一个合适的产业转移和升级的路径，也是一个巨大挑战。

3.2.3　给我国经济带来通胀困扰

金融危机爆发后，世界各国为了避免经济衰退，出台了经济刺激计划。美国实施量化宽松的货币政策，中国也实施适度宽松的货币政策并实施了 4 万亿元的经济刺激计划。这将在较长时期内给我国经济造成通胀的困扰，对我国投资和消费产生重要影响。

美国在金融危机爆发后，为了应对巨大的失业、外贸赤字、财政赤字的多重压力，实施了量化宽松的货币政策，同时采取逼迫人民币升值、打压欧元等一系列措施，在力保美元国际基础货币地位的前提下促使美元贬值，利用美元的国际货币地位稀释美国外债负担，并利用美元贬值刺激出口，抑制进口，改善国际收支。随着美元对多数货币的走软，其他发达国家为了在汇率上寻求自保，将会跟随实施量化宽松的货币政策。紧跟美联储第二轮量化宽松货币政策的步伐，欧洲中央银行宣布，继续将欧元区主导利率维持在 1％的历史最低水平，英国央行也宣布维持指标利率在 0.5％不变，并维持资产购买计划规模不变。当经济形势好转，货币乘数上升之后，量化宽松的货币政策所创造的货币迅速上升，会造成全球性的通胀压力。

随着出口导向经济的高速增长，中国的外贸盈余迅速增长，积累了巨额的外汇储备，人民币具有升值的趋势。美国为了转移金融危机的压力，希望中国这个美国最大的债主货币大幅升值以稀释美国外债，积极鼓动人民币大幅快速升值。中国担心人民币过快升值会对出口造成毁灭性打击，不仅会拖累经济增长，更严重的是会造成失业的大量增加，形成无法承受的社会压力。因此，中国采取了人民币可控的缓慢升值的做法。但是在美

① 金旼旼．“三线作战”的比较优势［J］．瞭望，2012，(14)：20-21.

国营造的人民币必须大幅升值的舆论背景下，人民币的缓慢升值反而造成了更强烈的升值预期，诱使大量热钱涌入中国，中国为了延缓人民币升值幅度只好在市场上大量购进外汇，由此增加了大量的人民币供给。2008 年末中国政府出台 4 万亿元经济刺激计划。经济刺激计划增发的货币加上外部流入的流动性，使得中国的通胀压力剧增。

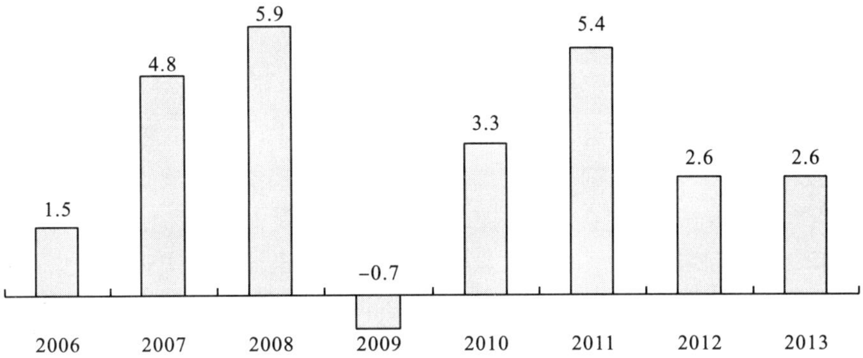

图 3-3　金融危机前后中国 CPI 增速(单位：%)

数据来源：中国国家统计局数据库。

从 CPI 数据上看 2012 年、2013 年通胀水平似乎不高(见图 3-3)，但是与普通民众的实际感觉不符。原因可能有三：其一，数据失真；其二，CPI 指标无法有效反映通胀水平；其三，“结构性通胀”中敏感商品价格涨幅远高于 CPI 衡量的平均水平。第一个可能暂且不论，我们假定统计数据是真实的，只考虑后面两种可能。据卢锋研究，进入新世纪以来我国 CPI 对通胀的弹性显著下降，无法有效反映通胀水平，涨幅较大的资产价格没有得到反映，特别是房地产价格。① 如果只考虑普通消费品，由于通胀是结构性的，不同消费品的价格涨幅有较大差异，像粮食、蔬菜、肉类、原料和燃料价格这些消费者很敏感的商品涨幅较大，让普通民众感觉实际通胀远高于公布的统计数据。总而言之，全世界在金融危机后增发了那么多货币总要有个去处，对比货币增长与经济增长和需求增长的数据，不难看出通胀压力仍然是存在的。

通胀压力对我国经济造成很大的影响。首先通胀会使失业造成的社会压力剧增。在通胀情况下，失业人口的生活状况更加恶化，失业造成的社会压力会更大，社会对失业的耐受力降低。如何解决就业问题将变得更为敏感。其次，通胀抑制了居民消费。通胀使得固定货币收入的工薪阶层实际收入减少，而通胀造成的储蓄存款缩水与进一步通胀预期又会使边际消费倾向下降，从而导致居民消费水平降低。第三，通胀会刺激投资。在扣除通胀率之后，存款利率为负，贷款利率接近零，这将对投资产生激励。不过如果不能解决投资机会、投资环境和创业贷款等问题，通胀对投资的激励作用将无法实现。最后，由于 CPI 对货币增发的弹性降低，增发的货币大量流入资产市场，催生资产泡沫和金融风险。

① 卢锋. 中国经济失衡的通胀表现 [EB/OL]. http：//www. ftchinese. com/story/001057922? page＝2，2014－08－29.

3.3 劳务输出大省扶持农民工返乡创业的特殊意义与现实条件

2013 年全国农民工总量 26894 万人，比上年增长 2.4%①。金融危机爆发当年出现了大量的农民工失业返乡，其后随着经济形势的转变以及中西部地区经济增长加快，返乡务工就业的农民也逐年增多。对于劳务输出大省来说，基本特征决定了扶持农民工返乡创业，不仅会为我国应对国际金融危机的挑战创造更多就业机会，为抓住机遇实现经济结构调整和产业升级提供重要的助力，同时还可以缓解当前农村人口结构失衡带来的一系列问题，推动劳务输出大省的城镇化、工业化和城乡统筹发展。

3.3.1 劳务输出大省的基本特征

以国际金融危机爆发的 2008 年为时间节点，根据当时各省的农村劳动力输出情况，我们把输出劳动力最多的河南、湖南、湖北、安徽、四川、贵州、重庆、江苏、广西、陕西、江西统称为劳务输出大省②(见表 3-1)。通过分析可以发现，这些劳务输出大省具有一些基本的特征。

表 3-1 2008 年主要劳务输出省份劳务输出情况 (单位：万元)

	农村劳动力转移人数	劳务输出人数
河南	2100	1300
四川	2023.4	1180
湖南	—	1200
安徽	1100	800
江苏	1608	796
广西	—	790
湖北	1036	700.13
重庆	—	700
贵州	—	560
江西	—	480
陕西	642.9	442

数据来源：国家统计局网站，“—”表示数据缺失。

① 国家统计局. 2013 年全国农民工监测调查报告［EB/OL］. http://www.stats.gov.cn/tjsj/zxfb/201405/t20140512_551585.html，2014—05—12.

② 重庆市是直辖市，并不是狭义的“省”，但在行政级别上与“省”相同，为了叙述方便，本书统称为“劳务输出大省”。

3.3.1.1　其主体是位于中西部地区的农业人口大省

从表 3-1 中可以看出，劳务输出最多的 11 个省(市)中，除了江苏外，其他均位于中西部地区。2013 年跨省输出农民工中，东部地区 882 万人，占总量的 11.4%；中部 4017 万人，占总量的 51.9%；西部地区 2840 万人，占总量的 36.7%(见表 3-2)。

表 3-2　2013 年不同地区外出农民工在省内外务工的分布①　(单位:%)

	东部	中部	西部	全国
省内	82.1	37.5	45.9	53.4
省外	17.9	62.5	54.1	46.6

数据来源：国家统计局《2013 年全国农民工监测调查报告》。

上述地区之所以会有这么多的劳动力输出，根本的原因是农业人口数量庞大(图 3-4)，再加上本地资源和经济容量较小，对农业剩余劳动力的吸纳能力较小，农业剩余劳动力只好流动到外地。

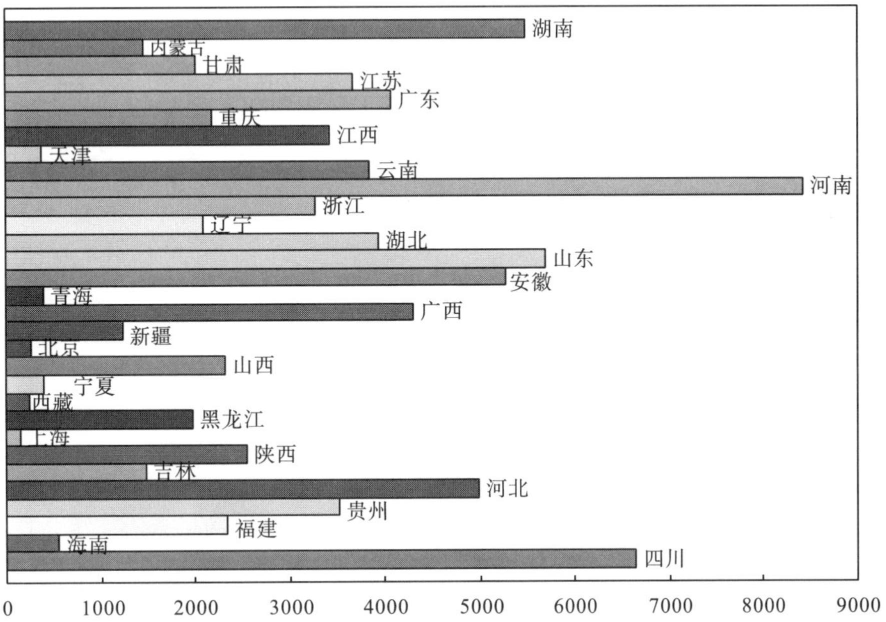

图 3-4　2010 年各省(自治区、直辖市)农业人口(单位：万人)

数据来源：国家统计局《2010 年人口普查数据》。

① 东部地区包括北京、天津、河北、辽宁、上海、江苏、浙江、福建、山东、广东、海南 11 个省(市)；中部地区包括山西、吉林、黑龙江、安徽、江西、河南、湖北、湖南 8 个省；西部地区包括内蒙古、广西、重庆、四川、贵州、云南、西藏、陕西、甘肃、青海、宁夏、新疆 12 个省(市、自治区)。农民工的就业地区分布，除东部、中部和西部地区外，另有 0.3%的外出农民工在港澳台地区及国外从业。外出农民工：指调查年度内，在本乡镇地域以外从业 6 个月及以上的农村劳动力。

3.3.1.2 劳务输出对其经济发展发挥了重要的推动作用

劳务输出大省通过劳务输出缓解了农村剩余劳动力的就业问题，增加了农民收入。劳务输出大省由于农业人口众多，人多地少的矛盾比较突出，就业门路狭窄，产生大量剩余劳动力，就业压力巨大。通过发展劳务经济将过剩的劳动力转移出去，不仅使劳动力资源得到了有效利用，而且也解决了人地之间比例严重失衡的矛盾。把农村富余劳动力转移出去，不但加快了农户之间土地使用权的流转，促进土地向种植业大户集中，提高了农业的劳动生产率和规模效益，增加了农业收入，同时转移出去的劳动力也可以另外获取收入，有力地推动了农民收入的提高。以农民工资性收入为主要形式的农村劳务经济的发展，成为了农民收入增长的重要支撑。如果说 1990 年以前农民来自于农业收入的增长构成了农民收入增长的主体，则 1990 年以后，随着农产品供给的充裕，农业已不再是农民收入增长的主要来源。尤其是“九五”后半期，我国农村居民收入增长速度呈现持续回落态势。与此同时，农民工资性收入对纯收入增加的贡献比率则逐年提高，1998 年的贡献率为 82.1%，1999 年为 117.2%，2000 年为 167.2%。也就是说，农民工资性收入的绝对增加额已经超过了纯收入增加总额。由此可见，正是由于农民工资性收入增长成为农民收入持续增长的重要来源和支柱，才弥补了农民因农业收入减少的影响，支撑了农民收入的稳步增加。[①] 按国家统计局统计，2011 年劳务输出大省的农村居民人均纯收入中工资性收入占比达 40%左右(图 3-5)。根据河南省劳动与社会保障厅统计，截至 2012 年年底，河南省农村劳动力转移就业总量已达 2570 万人，全年劳务收入达 2810 亿元，约占农民纯收入的 53%。

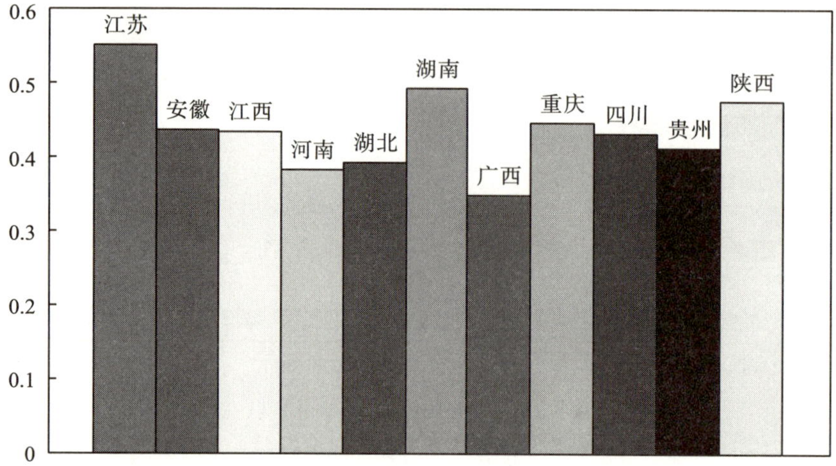

图 3-5 劳务输出大省 2011 年农村居民人均纯收入中工资性收入占比(单位:%)

数据来源：国家统计数据库。

① 国家统计局农村社会经济调查总队. 农民收入调查与研究［M］. 北京：中国统计出版社，2003：421-494.

劳务输出对劳务输出大省人口素质的提高发挥了重要作用。外出务工人员大部分都到沿海发达地区就业，从而在一定程度上提高了外出务工人员的综合素质。农民外出务工不仅得到了一定的科学技术和管理经验，还打破了原来农村经济社会的封闭状态，加强了区域间经济社会信息交流，扩大了商品和人员的流动，使农民开阔了眼界，更新了观念，提高了自身素质。

务工收入为劳务输出地提供了可观的消费和建设资金。随着农业剩余劳动力的输出，劳务输出地不断获得劳务收入的回流资金。据各地劳动与社会保障厅统计，2011 年四川省转移输出农村劳动力 2300.5 万人，实现劳务净收入 2035.76 亿元，2012 年河南省 2570 万人外出务工，全年劳务收入达 2810 亿元。劳务收入中的一部分流回劳务输出地，成为消费和建设资金，提高了当地的消费水平，促进了农村社区建设和城镇建设，成为当地的工业、农业、商业、服务业、金融业等所有产业及社会福利事业发展的重要资金源泉之一，推动了区域经济的发展。河南省固始县的“农民造城”现象就是外出农民工用其劳务收入参与城市建设的典型案例。

3.3.1.3　劳务输出对其经济发展的不利影响逐渐显现

由于外出务工的以男性和青壮年为主，使农业劳动力的老龄化、妇女化现象严重。留守农村的主要是老人、在读儿童和青少年及部分已婚妇女。根据第六次全国人口普查数据，从全国范围看，农村的人口老龄化程度高于城市，在劳务输出最多的 4 个省河南、四川、湖南、安徽中，除了河南外，人口老龄化程度均高于全国平均水平，且表现出从城市、镇到乡村人口老龄化程度依次递增的现象(表 3-3)。

农村家庭人口结构的老龄化和妇女化带来了家庭生产结构的变化，农村土地撂荒严重。输出地农业生产出现季节性的用工短缺现象，农村家庭经营活动空间被迫缩小，农业种植和一定规模的养殖等生产活动难以维系，留守人员无法经营或不能完全经营土地。一方面，传统以家庭为经营单位，以联产承包为主要形式的家庭农业生产结构被破坏，而新的农业生产方式尚未建立，另一方面，务工收入在农民家庭收入中比例的逐年增大，使大部分农民不再把农业生产作为经济收入的唯一来源，务农积极性不高，致使土地利用率下降，很大比重的土地闲置撂荒，造成土地的浪费和低效率利用。①

表 3-3　部分劳务输出大省人口老龄化情况　（单位：%）

年龄组	统计范围	四川	安徽	湖南	河南	全国
60 岁及以上人口占总人口比重	乡村	18.19	16.87	16.18	13.87	14.98
	镇	13.55	13.16	13.06	11.07	12.01
	城市	13.46	11.87	11.6	10.74	13.19
	总体	16.3	15.01	14.54	12.73	13.32

① 侯水平. 劳务输出对四川社会经济发展的影响分析 [J]. 四川省情，2007，(06)：20-21.

续表

年龄组	统计范围	四川	安徽	湖南	河南	全国
65岁及以上人口占总人口比重	乡村	12.26	11.51	11.01	9.1	10.06
	镇	9.03	8.96	8.64	7.17	7.98
	城市	8.97	8.04	7.54	7.17	8.78
	总体	10.95	10.23	9.77	8.36	8.92

数据来源：国家统计局《2010年人口普查数据》。

农村人力资本流失，导致农业现代化步伐缓慢。农民工的文化程度高于非农民工，外出农民工的文化程度高于本地农民工(见表3-4)。随着青壮年劳动力的流出，较高素质的农村劳动力不断脱离农业生产，留乡务农的劳动力呈现文化素质较低、年龄偏大和以女性为主等特点，学习、接受和应用农业科技的能力相对较弱，导致输出地农村面临着农业技术推广运用难，严重地影响了农业生产的集约化经营水平，土地抛荒、粗放管理现象较为普遍，不利于农村产业结构的调整，农业现代化步伐缓慢，甚至导致部分地区农业生产的停滞、滑坡。另外，大量农村劳动力外出务工，加大了义务投工和集资的难度，也在一定程度上影响了农村基础设施建设。

表3-4 2012年农民工的文化程度构成 (单位:%)

	非农民工	全部农民工	本地农民工	外出农民工	30岁以下青年农民工
不识字或识字很少	8.3	1.5	2.0	1.0	0.3
小学	33.8	14.3	18.4	10.5	5.5
初中	47.0	60.5	58.9	62.0	57.8
高中	8.0	13.3	13.8	12.8	14.7
中专	1.5	4.7	3.3	5.9	9.1
大专及以上	1.4	5.7	3.6	7.8	12.6

数据来源：国家统计局《2012年全国农民工监测调查报告》。

输出地第二和第三产业的发展也受到影响。近年出现的内地用工荒、劳务输出大省的用工荒表明中西部地区和东部沿海地区已经在农民工的使用上处于竞争关系。劳动力结构的失衡对劳务输出大省第二和第三产业的发展产生不良影响，在部分地区一些需要青壮年从事的行业、工种无法正常开展，乡镇企业缺乏合格的高素质的青壮劳动力，严重地影响了输出地乡镇企业的发展和招商引资，制约了当地二、三产业的正常发展。合格劳动力的缺乏使输出地一些行业无法兴办企业搞深加工，大批农产品只能作为原材料出售。由于缺乏产业支撑，当地小城镇出现有城镇无人气的空壳化现象，从而第三产业也难以正常发展。[①] 劳动力结构与质量问题已成为制约劳务输出大省经济发展的瓶颈。

---

① 郭正模. 新农村建设背景下的四川劳务输出产业 [J]. 四川省情，2006，(10)：29-30.

3.3.1.4　因劳务输出而形成了一些特殊的社会问题

劳务输出大省青壮年劳动力的大量外流，也给输出地造成了社会管理与基层治理问题、社会保障问题和留守问题等一系列社会问题。

1. 社会管理与基层治理问题

大规模的农村劳动力外出，使得农村现在人户分离严重，农村社区管理难度增大，恶化了农村的发展环境，反过来更加剧了农村资本、人才的外流，形成恶性循环，有些地方出现了“空心村”现象。这对村民自治产生消极影响，使得村民自治有效性不足，农村基层治理组织弱化，无法有效提供公共服务。

农民工外出务工时，由于基本脱离了输出地政府的管理，又无法融入输入地，生活环境由传统的“熟人社会”变成了没有归属感的“陌生人社会”，传统道德和乡土规则的约束严重弱化，机会主义行为增加。当习惯了这种行为方式之后，即使重回乡里，也难以重拾传统乡土文明习惯，可能会对乡村的社会管理带来不良影响。

具有较高素质的青壮年劳动力大量外流，农村空心化，导致乡村治理主体缺位严重、乡村治理结构失衡加剧、民主治理流于形式等问题。我国农村实行的村民自治的制度安排，要求村民作为民主治理的主体，参与村务管理和监督村干部的工作。但在通过读书升学一部分农村精英人才脱离农村之外，又加上具有较高素质的青壮年农民工的大量外流，农村优质人才大量流失，导致严重的乡村治理主体缺位困境。村党支部、村民委员会等村级正式组织治理能力下降，农村社会组织的自治自助能力和参与社会管理功能受到削弱，家族组织势力趁势崛起，甚至在有些地区代替了基层政府，掌握了大量的社会资源，导致普通村民的话语权逐渐丧失，激化矛盾。留守的老幼妇孺作为家庭代言人，表达对村级事务的主张，由于知识、能力的限制，无法有效行使民主权利，通过财务公开、村务公开实现村民监督权的制度设计名存实亡。① 有些地方村干部外出务工但不辞职，村级组织的管理权力集中在个别干部手中，导致村干部内部监督也无法实现②。

2. 社会保障问题

由于劳务输出只是人口的暂时转移，而不是人口迁移，多数外出人员年老后又将被迫返回原籍。沿海不少用工单位采取用青春工的方式，不仅工资标准偏低，还普遍缺乏社会保障，而许多外出务工人员在 40 岁以后就很难在沿海地区再找到工作，被迫返回家乡，还有不少人因病因残返乡。在缺乏广泛覆盖和全国统筹的社会保障制度的情况下，这些社会负担最终会由输出地政府来承受。

当前对农民工实行的社会保障体系中存在以下一些弊端：第一，雇主为了降低生产

---

① 周春霞. 农村空心化背景下乡村治理的困境与路径选择——以默顿的结构共能论为研究视角 [J]. 南方农村，2012，(3)：68-73.

② 子午. 农村“空心化”拷问基层社会管理 [J]. 今日中国论坛，2011，(11)：60-62.

成本漏报和瞒报职工人数，使受雇农民工得不到社会保障。第二，社会保障体制的不完善和农民工群体的流动性、季节性导致现行社会保障制度在农民工群体中难以运行。第三，农民工的工伤、医疗、养老风险没有相应的化解机制和维权机制，而信息不对称增加了农民工维护自身权益的困难。第四，因为保障力度不足，农民工对现行社会保险制度缺乏信任。第五，因伤或因病返乡的农民工，虽然拿到了雇主的一部分补偿，但要么很快就重新陷于贫困，要么为了节约金钱而坐以待毙。这无疑会积累大量的社会矛盾。劳务输出大省实际上承担了农民工合法权益缺失产生的很大部分社会矛盾。①

3. 留守问题

由于外流的劳动力以青壮年和男性为主，在劳务输出地，“386199”部队即留守妇女、留守儿童、留守老人成为农村人口的主体，使农村传统的家庭结构受到巨大冲击，留守问题日益凸显，由此造成的不良影响，劳务输出大省首当其冲。

1)留守儿童问题

由于城乡分割的户籍管理制度以及相关的就业、教育、医疗、住房、社会保障等因素，农民工很多人子女留在农村，这就是农村留守儿童(表 3-5)。

表 3-5 我国农村留守儿童情况

指标	2000 年	2005 年
总人口数量	129533 万人	130628 万人
0～17 周岁儿童占总人口比例	28.36%	25.82%
0～17 周岁儿童数量	36738 万人	33730 万人
0～17 周岁留守儿童占全部儿童的比例	8.04%	21.72%
0～17 周岁留守儿童数量	2954 万人	7326 万人
0～17 周岁农村留守儿童占留守儿童的比例	82.72%	80.00%
0～17 周岁农村留守儿童数量	2443 万人	5861 万人

资料来源：全国妇联儿童工作部：《农村留守流动儿童状况调查报告》。

据全国妇联儿童工作部的调查，全部农村儿童中，留守儿童的比例高达 28.29%。我国农村留守儿童的分布十分集中。半数以上的农村留守儿童分布在四川、安徽、河南、广东、湖南和江西 6 省。农村留守儿童分布集中的十个省份中，四川、安徽、河南、江西、湖南、湖北属于典型的劳务输出大省。重庆的农村儿童中，留守儿童所占比例最高，高达 49.9%，其次是四川、安徽和江西，其农村儿童中留守儿童所占比例也都超过了 40.0%。② 留守儿童与父母的分离引发亲情缺失、生活抚育水平低、教育监护不当和人身

① 柯健. 从劳务输出源头入手维护农民工社会保障权益——基于社会保障制度衔接的思考 [J]. 经济管理学院学报，2008，(01)：18-20.

② 全国妇联儿童工作部. 农村留守流动儿童状况调查报告 [M]. 北京：社会科学文献出版社，2011：10-13.

安全等很多问题。

2）留守妇女问题

目前“留守妇女”有 4700 万人左右。农村留守妇女面临着身体、心理和社会等多重压力和社会风险因素。留守妇女独自肩负着农业生产、赡养老人、抚养子女的责任，生产和生活负担异常沉重，同时也面临着巨大的心理压力，身体和心理健康状况显著低于全国平均水平。① 同时也容易造成家庭不稳定，据统计，农村离婚当事人的一方或双方为外出务工者，其离婚案件通常占到当地离婚案件的 60%～80%。② 另外，由于处于弱势地位，留守妇女合法权益相对难以得到有效保障。调查显示，农村性侵害案件中，62%的受害者是“留守妇女”，37%的“留守妇女”家庭受过盗窃等不法行为的侵害。③

3）留守老人问题

到目前为止我国 60 岁以上的老龄人口 70%分布在农村，与城市相比农村老龄化问题更加突出。据民政部数据，目前我国农村留守老人约 4000 万，占农村老年人口的 37%。据 2010 年公布的一项调查，农村老年空巢家庭也达到了 38.3%。④

随着农村青壮年大量外出务工，产生了大量的农村留守老人。农村留守老人问题的存在，违背了社会公正原则，成为阻碍社会建设和社会发展的重要风险因素之一。劳动力从乡村向城市的迁移，使得老龄化水平远远超过城市的农村面临着巨大的养老压力和严峻挑战，由于社会福利体系不健全，我国农村老人主要依靠家庭养老。但家庭养老功能在逐步退化，劳动力的大规模乡城迁移使留守老人的生活及疾病料理在客观上成为困扰农村家庭的一个突出问题。⑤

大部分留守老人能通过子女的外出得到一定经济上的收益，但是总体上经济状况并未得到明显的改善。⑥ 留守老人的劳动参与程度高于非留守老人，且感觉到的疲劳程度也高于非留守老人，这无疑会损害留守老人的身体健康。⑦ 农村留守老人存在精神慰藉上的需求。长期的代际分离、代际亲情交流的阻断以及农村文化娱乐设施的缺乏，使留守老人的精神慰藉缺失，情感生活匮乏，精神需求得不到满足。

---

① 许传新．西部农村留守妇女家庭压力及其影响因素分析［J］．人口与经济，2010，(01)：73-74.

② 叶敬忠，吴惠芳．丈夫外出务工对留守妇女婚姻关系的影响［J］．中州学刊，2009，(03)：130-134.

③ 吴旭．关于中国农村留守妇女现状问题的综述［J］．法制与社会，2008，(01)：234.

④ 王宁，刘娟娟．关注空巢老人［EB/OL］．http：//news．sina．com．cn/c/sd/2011－02－28/150122027881．shtml，2011－02－28.

⑤ 陈维．农民工的迁移流动对农村留守老人家庭养老的影响［J］．商丘职业技术学院学报，2009，(06)：31-33.

⑥ 周祝平．农村留守老人的收入状况研究［J］人口学刊，2009，(05)：32-37.

⑦ 贺聪志，叶敬忠．农村劳动力外出务工对留守老人生活照料的影响研究［J］．农业经济问题，2010，(03)：46-53.

3.3.2 国际金融危机对劳务输出大省的影响

国际金融危机的爆发对劳务输出大省在就业、收入、社会稳定、公共服务等方面提出了挑战，同时也赋予劳务输出大省抓住机会承接产业转移、调整经济结构的契机。

1. 金融危机使劳务输出大省面临失业增加、收入下降的压力

中小企业尤其是沿海地区的劳动密集型中小企业，是吸纳农民工就业的主力军。2013 年，农民工在制造业就业的占全部农民工的 31.4%，在建筑业就业的占 22.2%。批发、零售和餐饮业也吸纳了 17.2%的农民工。[①] 有关统计数据显示，在我国第二产业中农民工占全部从业人员的 58%，其中在加工制造业中占 68%，在建筑业中接近 80%；在第三产业中的批发、零售、餐饮业中，农民工占到 52%以上。[②]

劳动密集型出口企业在全球产业链上处于低端，面对风险时规避空间狭小，产业集群内产品同质性程度高且“两头在外”，受外部环境影响大。当国际金融危机来临时，外部需求萎缩、出口环境恶化，再加上美元疲软和人民币升值，我国劳动密集型产品的出口价格优势被严重削弱，出口进一步受到抑制。我国以出口为主的劳动密集型中小企业由于抵御风险能力差、融资能力差、利润低，陷入经营困境，尤其是外向型经济规模较大的珠三角、长三角地区反应明显。国家发展和改革委员会中小企业司公布的数据显示，2008 年上半年，全国有 6.7 万家规模以上的中小企业倒闭。以珠三角为例，2008 年 10 月上旬有近 50 家香港企业申请破产清算，到该年年底 7 万家港资企业中有 1/4 即 1.75 万家申请破产清算，而这些企业所聘用的员工绝大多数是来自内地的农民工。[③] 农民工成为金融危机之后失业最快和失业最多的群体。根据统计数据显示，截至 2008 年年底，在我国 1.3 亿外出就业的农民工中，大约有 2 300 万的农民工失业返乡。

金融危机使劳务收入大幅减少。失业农民工丧失了务工收入，即使仍未失业的农民工也出现工资下降，拖欠工资问题重新抬头，社会保险参保率出现下降。失业及工资下降给农民工家庭收入和生活带来严重影响。在劳务输出地的许多农村，农民靠农业收入只能维持生计。失业影响了子女就学，特别是影响了高中阶段和大专学生的就学经费来源。随着收入的减少，农村居民消费水平降低。考虑到全球货币泛滥的宏观经济环境，较长一段时间里都会面临通胀压力，通胀使得农民实际收入减少，而且通胀会造成农民工辛辛苦苦打工挣来的储蓄存款缩水，又会使边际消费倾向下降，农村居民消费将会进一步受到抑制。这对扩大内需显然是不利的。由于劳务收入是劳务输出大省的重要建设资金来源，金融危机也使得劳务输出大省的建设资金更为短缺。

---

① 数据来自国家统计局《2013 年全国农民工监测调查报告》。

② 杨舸，孙磊. 从“民工慌”到“民工荒”——“后金融危机”时代对农民工就业问题的反思 [J]. 中国青年研究，2010，(01)：69-74.

③ 张莉，冷崇总. 金融危机下农民工就业问题的思考 [J]. 价格月刊，2009，(03)：52-56.

从长远趋势来看，劳务输出大省面临的就业压力将是长期的，虽然不会一直像金融危机时期这样严重，但仍不容忽视。因为产业结构升级和地区结构调整是我国经济发展的大趋势，而国际金融危机只是让它显得更为突出和紧迫。随着产业结构升级，东部地区的劳动密集型企业将减少，需要中西部地区吸纳更多的剩余劳动力。劳务输出大省必须面对农村剩余劳动力就业和农民增收的难题。

2. 失业农民工返乡对解决农村人口结构问题的作用不明显

金融危机的爆发引发了农民工回流潮，似乎可在一定程度上缓解农村青壮年劳动力缺乏和劳动力结构老龄化趋势。但实际效果并不是很明显。由于青年农民工凭借年龄、体力和技术等优势可以适应更高效率和更大强度的工作，失业返乡农民工中的青年劳动力比例相对较低。据调查统计，35 岁以上的务工者往往受教育水平不高，至多是初中水平，这些人在此次经济危机中最容易遭受裁员淘汰，在短期内又很难找到工作，是失业返乡农民工的主体。① 作为当前劳务输出主体的新生代农民工更加注重主动追求个人发展以及融入城市的机会，很少真正愿意返乡并把农村和土地当成生存之路。土地、务农技术、农业就业吸纳等问题的存在也是农民工较少选择回乡务农的原因。② 很多农民工的土地已经流转出去，回乡后无地可种。即使土地没有流转或收回流转土地，但由于农业所能吸纳的劳动力十分有限，仍会存在大量过剩的劳动力。何况新生代农民工大部分缺乏务农技能。国家统计局调查显示，在农民工中，接受过农业技术培训的仅占 10.5%。年长的农民工接受农业技术培训的比例要高于青年农民工，年龄层次越低，接受农业技术培训的比例也越低，这说明青年农民工正逐渐丧失从事农业生产的技能，难以依靠土地生存。所以，金融危机下青年农民工真正意义上的回流很少，不仅对农村青壮年劳动力缺乏的缓解作用不大，而且又因为大量中老年农民工的回流，使劳动力结构的老龄化趋势反而得到了强化。对劳务输出大省来说，如何增强对青壮年农民工的吸引力，以什么样的方式促使其真正回流，是解决农村人口结构问题的关键。

3. 失业农民工返乡造成一些不稳定因素和公共服务压力

失业农民工返乡后发生土地流转纠纷的风险上升。在农村保障体系不健全的情况下，土地仍是农民最后的保障，一旦无法外出务工，农民工返乡后必然要用土地来保障自己的生活。可是有一部分外出务工农民在土地二轮延包时放弃了承包权，现在失业返乡后又要求取回承包权，为了社会稳定，当地政府不得不考虑重新分地。另有一部分虽未放弃承包权，但把土地转包出去，失业返乡后要求收回转包出去的土地。但是部分承包农户已经对土地进行了投资，打乱重来先期投入将无法收回，势必影响其利益。这些都会

---

① 国务院发展研究中心《国际金融危机对农民工就业的影响及对策研究》课题组. 农民工就业总体态势与政策因应：对 19 个省(区、市)107 个村的调查 [J]. 改革，2010，(06)：5-24.

② 聂华林，李光全. 金融危机下劳务经济与中国农村经济协调发展的审视 [J]. 中南财经政法大学学报，2009，(06)：130-135.

诱发土地流转纠纷。[①]

青年失业返乡农民工存在游民化风险。金融危机到来后，老一代农民工还愿意回到农村务农，而新生代农民工由于自身农业技能的缺乏导致其失业返乡后可能会处于游离状态。加上新生代农民工追求公平的愿望强烈，吃苦耐劳的品质不足，心理承受力较差，面对失业和鲜明的城乡差别，极易形成反社会心态，从而加入游民队伍，对社会稳定造成冲击。

多年来，对农民工的公共服务有很多欠账，不像城市下岗职工，有社会保障，纳入了政府失业登记，把他们的再就业放在很重要的位置，给予很多优惠政策。由于缺乏有效的社会保障，随着农民工的失业返乡，城市失业带来的一系列问题相当部分都转嫁给了劳务输出地政府，对当地政府的公共服务形成巨大压力。

4. 金融危机给劳务输出大省带来承接产业转移、调整经济结构的契机

改革开放三十多年来，由于优先发展东部沿海地区形成的极化效应的作用，中西部地区与东部地区的发展差距在扩大。着眼于社会稳定和经济发展的大局，调整地区经济结构，促进中西部地区的发展势在必行。而在国际经济结构调整和产业转移的大环境下，我国东部发达地区进行产业升级和转移也是大势所趋。但由于重重顾虑和阻碍，我国的地区经济结构调整、产业升级和转移进展缓慢。国际金融危机爆发所形成的新的国内外经济形势迫使我们加速这一进程。主要处于中西部地区的劳务输出大省在这一进程中面临巨大的发展机会，可以通过有选择地承接国外和东部地区的产业转移，为本地经济发展注入新的活力，推动本地产业结构、城乡收入结构、人口结构的优化调整。

3.3.3 扶持农民工返乡创业的特殊意义

在金融危机爆发后新的国际国内经济形势下，劳务输出大省扶持农民工返乡创业不仅对当地经济社会发展具有重要意义，对我国整体经济的战略转型和结构调整、对社会稳定和长远发展，都具有重要意义。

1. 可以促进就业、增加收入

如前文所述，产业结构升级和地区结构调整是我国经济发展的大趋势，随着产业结构升级，东部地区的劳动密集型企业将减少，对农村劳动力的吸纳作用将会逐渐减弱，需要中西部地区吸纳更多的剩余劳动力。这就要求劳务输出大省增强本地经济对劳动力的吸纳能力。而中小企业是吸纳就业的主力。四川省工商局的资料显示，平均一户个体工商户可以吸纳 2.7 个劳动力；平均一户私营企业可以吸纳 11.2 个劳动力。因此，扶持

---

① 沈新坤，张必春. 农民工“返乡潮”背景下的农村基层治理困境及其对策 [J]. 安徽农业科学，2009，37(28)：13881-13884.

农民工返乡创业，通过创业带动外出务工人员回流就业或者吸纳本地农民工就业，可以有效促进就业。

农民工在外出务工过程中经受了市场经济和工业化的洗礼，积累了一定资金、技术和人力资本，扶持他们回乡创业，把资金和发达地区的市场观念、技术、管理经验带到家乡，将有力推动民营经济发展。通过扶持农民工返乡创业，可以加大当地投资力度和资本密度，有利于推动当地经济加快发展，从而增加当地居民收入。

2. 有助于我国经济转型和结构调整

劳务输出大省扶持农民工返乡创业可以给经济转型和结构调整提供重要的助力。多年来，我国经济快速发展，但增长方式粗放，产业结构不合理、资源环境约束问题日趋尖锐。经济结构不合理的矛盾长期积累，发展不平衡、不协调、不可持续的问题日益显现，突出表现在：第一，需求结构失衡。投资需求过旺，消费需求不足，内部需求不足，对外部需求依赖过大。第二，供给结构不协调。过度集中于劳动密集型、资源消耗型的产品的生产与出口。第三，要素利用效率低下，环境损害大。粗放式的经济增长方式对资源的消耗和浪费严重，环境受到很大损害。第四，空间布局不够合理。东部地区利用区位优势和政策优势率先发展起来，仍没有很好地发挥对中西部地区的带动作用，地区发展差距拉大。解决我国经济发展深层次矛盾的根本举措只能依靠经济转型和结构调整。国际金融危机爆发后这些矛盾更为尖锐，经济转型和结构调整变得更为迫切。

国际国内的经济形势都要求我国必须抓紧进行产业升级，抓住金融危机后新兴产业发展和国际产业转移的机遇，大力发展低碳产业，向生产性服务业等具有更高附加值的产业升级，实现在全球产业链中的提升。由于我国地区经济发展不平衡，东部地区发展新产业的基础较好，是发展新兴产业的主力。但是东部地区必须把原有的产业转移出去，给新产业的发展腾出空间。而且随着经济的发展，东部地区的土地、工资等要素价格上涨，一些原有产业正在丧失竞争优势，需要寻找新的投资地。原有产业向哪里转移呢？如果向国外转移会面临以下问题：其一，很难找到一个投资地具有像中国那么大的本土市场潜力。试问哪一个国家能够像中国这样拥有一个 10 亿级人口的潜在消费市场呢？其二，会丧失我国较完备的制造业体系带来的范围经济。其三，部分敏感产业会遭到投资壁垒，这从金融危机爆发后中国企业的几次失败的海外并购中可以看出端倪。最后，这些产业转移到国外必然会把相应的工作机会也转移到了国外，这些产业大都是劳动密集型的，意味着大量工作机会的流失，而这对于就业形势严峻的中国来说意味着雪上加霜。

国内地区间产业转移为解决这些问题提供了一个途径。中国辽阔的国土和区域间经济发展的不平衡给产业转移提供了空间，中西部地区的要素价格低于东部地区，一些劳动密集型产业可以从东部转移到中西部而不需要转移出国门，这样既解决了上述问题，又能推动中西部地区的经济发展。但是在这个过程中，有一个产业配套问题。中西部地区缺乏像东部那样的比较完整的产业体系，成为承接东部地区产业转移的障碍。因此，为了承接沿海产业内移，必须培育配套产业。劳务输出大省大多位于中西部地区，由于其与沿海企业之间的关系比较密切，在承接沿海产业转移上具有很强的比较优势，那些在沿海务工多年的农民工，因其熟悉生产业务和企业之间的合作流程，扶持他们返乡创业建立配套中小企业将有力推动产业转移。

从国际经济形势看，我国产业升级必须依靠自主创新，经济增长也应降低对外部需求的依赖。发达国家极力加强的国际知识产权保护以及对核心尖端技术的封锁，使得企图通过技术引进实现产业升级变得不经济也不现实。而自主创新要求有人才和市场的支撑。我国是人口大国，但还不是人力资本大国，而且目前我国还存在人力资本浪费的现象。由于我国出口额的增长是依靠成本和价格竞争、依靠数量的大幅度增长来实现，而研发、设计、供应链管理、营销、品牌等关键环节的滞后，使得我国用工需求主要集中在低教育水平的劳动者，大学生等较高文化层次劳动者就业困难，出现民工荒和大学生就业难并存的怪相。要通过自主创新推动产业升级，必须加快人力资本的积累和有效利用。劳务输出大省扶持农民工返乡创业除了通过产业转移促进本地的经济增长、增加就业机会、增加地方财政收入、提高本地城乡居民收入之外，还可以借助产业转移的机会提高劳动力素质和人力资本使用效率，加快本地人才的成长，培育一批民营企业家，进而为本地新产业的建立和产业升级创造条件。另外，农民工返乡创业带动农民工回流后，可以减少留守儿童数量，有利于农村儿童的健康成长，降低辍学率，提升下一代人力资本水平。

自主创新如果没有市场需求的支撑，必然无法持续下去。市场需求分成两部分，一部分是最终消费需求，一部分是中间产品需求。农民工返乡创业可以增加就业机会，提高居民收入，从而提升消费需求。另一方面，农民工返乡创业还可以为发展生产性服务业创造条件，促进分工的深化，延长我国的产业链，增加中间产品的供给，创造中间产品的需求。交易效率和交易成本是决定分工深度的重要因素，而制度创新是交易效率提高、交易成本降低的重要途径。因此，政府出台相应的政策，进行制度创新，扶持农民工返乡创业，是解决问题的关键。实践中农民工返乡创业园区等平台的搭建，将有利于促进产业和人口的聚集，促进农村的商业化和城镇化，是一种新的城市化路径的探索，而历史证明，城市化是增加需求的巨大推动力。上述消费需求和中间产品需求的增加，在拉动我国经济增长的同时，也可以降低我国经济对外部需求的依赖，增强我国经济抗外部冲击的能力。

3. 有利于城镇化、农业现代化和城乡统筹发展

农民工回乡创业对城镇化发展有推动作用。由于农民工返乡后主要在小城镇创办企业，从而为小城镇发展提供产业支撑，带动生产要素和人口向小城镇集中，解决小城镇空壳化问题，促进小城镇基础设施建设①。

---

① 李刚，王再文. 金融危机背景下中西部县域经济发展的路径选择——由“打工经济”向“创业经济”擅变[J]. 新视野，2010(01)：15-16.

劳务输出大省是农业大省、农业人口大省，是我国农业现代化和城乡统筹发展的主体部分。劳务输出大省扶持农民工返乡创业提供了我国农业现代化和城乡统筹发展的现实途径。随着返乡农民工创业的发展，逐渐改善中西部地区的就业和生活环境，吸引更多人力资本较高的中青年农民工的回流，改善中西部农村人口的年龄结构，改变农村的空心化、女性化、老龄化、农业劳动力弱化的现状，解决人力资本这个农业现代化中最关键的问题。农业现代化是以现代工业装备农业，以现代科技武装农业，以现代管理理论和方法经营农业，目的是提高土地生产率、资源产出率、劳动生产率和产品商品率，实现农业的经济效益、社会效益和生态效益的统一。农民工返乡创业可以兴办农产品加工企业，以农产品加工和农业生产服务业为重点，延长农业产业链，在村镇发展现代饲料工业、食品工业、农业服务业等，使产品向高质量、高档次、高附加值方向发展，有助于农业产业化经营，形成生产、加工、销售有机结合和相互促进的机制，推进农业向商品化、专业化、现代化转变。农业现代化的前提是农民的现代化。无论是增长方式的转变，还是生产绩效的提高，都是在人的主观能动作用下得以实现的。劳动者素质的提高是实现农业现代化的决定因素。返乡创业的农民工掌握了一定的生产技术和管理经验，接受现代化的生活方式和价值观念，可以有力推动农业生产方式、农民从业方式和农村生活方式转变，在农业现代化中发挥引领和带动作用。

农民工返乡创业是加强城乡联系、统筹城乡、推进城乡一体化的重要途径。缩小城乡差距、推动城乡一体化，是当前我国经济发展的重要任务。城乡一体化并不意味着城市与农村的发展水平完全一样，也不意味着农村居民与城市居民的收入就再也没有差距，而是在地缘和社会网络上城乡逐渐融合。城乡的和谐发展必须超越发展主义关于传统与现代、农业与工业、政府与市场、乡村与都市、国家与社会等一系列二元对立的假设。城市与农村在发展过程中不是剥夺与被剥夺的关系，而是在资源和财富上可以共享、互通有无、互相促进，在功能上互补，在社会网络上互相融合，在文化上互相认同。城乡一体化就是要城乡统筹，必须破除非此即彼的思维，不能陷于要么只能是传统意义上的务农，要么是全部涌进大城市的两难困境。而统筹就是一个序列，在中间地带有大量可能性和发展空间。① 农民工返乡创业恰好在这中间地带有用武之地。通过农民工返乡创业活动，正好把新型工业化、新型城镇化和农业现代化有机连接在一起，有力推动城乡统筹发展，促进城乡一体化。

4. 有利于社会稳定和加强基层治理

农民工返乡创业减少农民外出就业，有助于减少家庭分离，增强家庭稳定。随劳务输出产生的留守问题对儿童、妇女、老人等家庭成员的身心健康产生了不良影响，对家庭的稳定、社会的和谐十分不利。造成留守问题的原因是由于收入过低以及城乡二元结

① 黄平．重建社区公共性——新农村社区建设的实践与思考［EB/OL］．http：//finance．sina．com．cn/review/fxzs/20100308/17187522816．shtml，2010－03－08．

构中的政策体制性社会排斥，家人相聚的成本过高，农民工不能举家搬迁，无法把家人带到城市一起生活。农民工返乡创业则可以有力带动农民工就业的本地化，使得农民工与家人相聚更为容易。对农民工来说，在家乡就业虽然工资比外出就业低，但改变了候鸟现象，生活成本较低，既务工，又能够料理农活，照顾家庭，对解决空巢老人和留守儿童、妇女等问题都有帮助。在社会保障体系不健全、户籍制度改革等旨在打破城乡二元结构的措施艰难推进的情况下，扶持农民工返乡创业对解决留守问题则显得更易推进、见效更快。

农民工返乡创业有利于农民工保障体系的完善。目前的农民工流动格局和社会保障体系下，输入地享受了劳动力流动的好处，而劳务输出大省实际上承担了农民工合法权益缺失产生的很大部分社会矛盾，农民工失业、工伤等社会负担最终会由输出地政府来承受。如果农民工返乡创业能带动大批青壮年农民工回流到本地就业，那么这种成本和收益、责任和义务的不对称性将会削弱，提高相关主体的积极性，建立更完善的社会保障体系，有利于改善农民的社会保障水平。这无疑对整个社会的和谐稳定会起到积极作用。

农民工返乡创业也有利于改善农村基层治理。返乡创业农民工往往具有更高的民主意识和更强的自主性，他们积极参与农村基层治理，为农村管理注入新的活力，对进一步扩大农村基层民主、完善村民自治制度具有积极意义。农民工返乡创业带动大量壮年农民工的回流，可以有效解决乡村治理主体缺位、村民自治有效性不足、农村基层治理组织弱化的问题。通过整合返乡农民工中的各类人才，把有技术、有能力、有意愿返乡的农民工通过民主选举纳入体制内精英，有利于解决当前农村因人才外流导致的治理困境，为农村发展注入新的活力。

3.3.4 扶持农民工返乡创业的现实条件

在当前的国际国内大的经济环境下，劳务输出大省扶持农民工返乡创业面临重大机遇，由于其自身的一些特点，也具有一些特有的优势。但同时，当前扶持农民工创业仍存在一些突出的“短板”需要补足。

3.3.4.1 面临的机遇与自身的优势

1. 国际国内产业转移

随着经济全球化深入发展，全球产业分工及梯度转移也进一步加速，并向广度和深度延伸拓展，越来越向高新科技产业、服务业方向发展，向产品内分工延伸，以发达国家为主体由生产环节向研发环节和品牌营销环节转移，以发展中国家为主体由下游生产环节(终端的加工组装)向上游生产环节(关键零部件生产)转移。国际金融危机加速了国际产业转移进程。中国已成为国际产业转移的重点承接国。受国际金融危机影响，国际产业转移越来越多地考虑产业转移承接地市场与消费者的需求，中国中西部地区日渐成为国际科技与产业转移的新舞台。2008 年，中部地区利用外资增速比全国平均水平高出 12.8%，西部地区更是高出 56%，在国际产业转移中表现出巨大吸引力。①

经过多年的快速发展，我国东部地区资本相对饱和，本地市场已难以满足资本增值的需要，加之土地、劳动力、能源等生产要素供给趋紧、产业升级压力增大、企业商务成本居高不下、资源环境约束矛盾日益突出等问题，产业结构调整优化和升级成为必然，给中西部地区的开放与发展带来了新的机遇。

中西部地区通过承接国外和东部地区的梯度产业转移和跨梯度产业转移，推动本地产业结构升级，需要大量小微企业给转移产业的龙头企业做配套。这个过程中为农民工返乡创业提供了巨大的发展空间。

2. **中央政府的统筹和政策倾斜**

改革开放后我国实施了东部地区的率先开放发展的不平衡发展战略。在极化效应的作用下，中西部地区与东部地区的发展差距拉大。为了缩小地区间发展差距，把中西部的自然资源、投资机会和市场潜力与东部的资金和技术有机结合，实现区域经济协调发展，遏制西部地区的生态环境恶化趋势，为全国建立生态屏障，加快中西部发展，缩小地区发展差距，中央政府必然要统筹全国经济结构调整，对中西部地区进行政策倾斜。

2000 年 1 月，国务院成立了西部地区开发领导小组。2001 年 3 月，九届全国人大四次会议通过的《中华人民共和国国民经济和社会发展第十个五年计划纲要》对实施西部大开发战略再次进行了具体部署。2006 年 12 月，国务院常务会议审议并原则通过《西部大开发“十一五”规划》。2012 年 2 月，国务院批复同意了《西部大开发“十二五”规划》。2007 年 6 月，成渝全国统筹城乡综合配套改革试验区成立。同年 12 月，武汉城市圈和长株潭城市群成立全国资源节约型和环境友好型社会建设综合配套改革试验区。至 2014 年 1 月，国务院批复成立了四个西部地区国家级重点城市新区：两江新区、兰州新区、西咸新区和贵安新区。

2011 年 10 月，国务院出台支持小微企业发展的九项金融、财税政策措施，2012 年 4 月国务院发布《国务院关于进一步支持小型微型企业健康发展的意见》，进一步强调要落实针对小微企业结构性减税政策，充分体现了政府支持小微企业发展的决心和力度。“十八大”也提出要支持小微企业发展。

2012 年 11 月召开的“十八大”明确提出，必须以改善需求结构、优化产业结构、促进区域协调发展、推进城镇化为重点，着力解决制约经济持续健康发展的重大结构性问题，做出继续实施区域发展总体战略，充分发挥各地区比较优势，优先推进西部大开发，全面振兴东北地区等老工业基地，大力促进中部地区崛起，积极支持东部地区率先

① 郑雄伟. 中国正处于国际产业转移的核心地带［EB/OL］. http：//gb. cri. cn/27824/2011/09/20/3245s3378676. htm，2011－09－20.

发展的战略部署。

劳务输出大省大部分位于中西部地区，中央政府对中西部地区的政策倾斜、对小微企业的扶持，为劳务输出大省扶持农民工返乡创业提供了良好的政策环境，综合配套改革试验区为劳务输出大省扶持农民工返乡创业进行体制和机制创新开拓了空间。国家在中西部基础设施、生态环境和科技教育等方面的重点投入，改善了中西部地区的投资环境和生活环境，增强了对农民工返乡创业的吸引力。

3. 自身具有一定的优势

劳务输出大省返乡农民工具有较丰富的社会资本。农民工外出打工一般都会利用自己的亲朋好友或者老乡等社会关系寻找工作机会或寻求帮助，因此在沿海地区打工的农民工中老乡聚集的现象很普遍。农民工返乡创业时，如果从事的是原来打工行业相关的行业，可以把原来在一起打工的老乡亲朋吸引回来一起创业或者从中招聘熟练工人。另一方面，农民工与当地企业的关系以及对东部市场和产业发展情况的熟悉将对其返乡创业有所帮助。在国际金融危机之后，东部发达地区向中西部次发达地区的产业转移加快。发达地区的企业迁移到次发达地区以后，骨干职工可以从发达地区带来，管理经验和管理人员也可以一并带来，但配套的生产营销方面的合作企业却不一定迁入，因此，需要在次发达地区有一些能与之配套的、为之服务的合作企业，这将有赖于本地的民营企业家的努力[①]。本地民营企业家可能是土生土长的，也可能是返乡创业农民工。由于在打工时与发达地区企业建立起来的联系，以及对发达地区市场和产业更为熟悉，有创业意愿和创业实力的农民工在提供配套服务方面有天然的优势。如果抓住产业转移提供的商业机会，返乡农民工将在创业中占据优势。劳务输出大省输出的农民工数量大，社会网络更广，社会资本更丰富。劳务输出大省在扶持农民工返乡创业时应该考虑这方面的因素，充分利用农民工的社会资本，推动创业经济的发展。

劳务输出大省返乡创业的农民工数量较多，有利于扶持政策发挥作用。比如为了扶持农民工返乡创业而设立的“农民工创业一条街”、“农民工创业园”等创业平台，如果创业企业数过少，将无法发挥平台的聚集和带动作用。只有足够数量的创业企业入驻，这些平台才能更好地聚集资源，带动就业，提高城镇化水平。只有返乡创业的农民工数量足够多，才能给有潜在创业意愿的农民工提供足够多样本去观摩学习，激励更多的农民工返乡创业，对其他地区的农民工返乡创业也能产生示范效应。

劳务输出大省由于人口众多，市场潜力大，对企业的吸引力较大，可以聚集较多的企业。较多的创业企业聚集在一起，可以产生外部规模经济和外部范围经济，推动分工的深化，从而进一步扩大市场规模，部分企业又可以获得内部规模经济，推动专业化水平提高。由此形成良性循环，不仅可以推动发达地区向次发达地区的产业转移，还可能会创造出本地特色的新产业，推动产业结构调整和产业升级。分工的深化和专业化水平

---

① 厉以宁．承接产业转移和次发达地区面临的机遇与挑战［J］．中国市场·智库版，2011，(11)：3-7.

的提高受制于交易效率和交易成本。劳务输出大省对农民工返乡创业的扶持政策的作用就在于通过体制和机制创新，降低交易成本，提高交易效率，增强本地区对创业者的吸引力，推动分工的深化和专业化水平的提高，在整个循环中起到一个启动和催化的作用。

3.3.4.2　仍然存在的“短板”：以四川省金堂县为案例

上一章从历史流变的角度出发，基于全国层面的视角以及文献资料，对 2008 年金融危机爆发前农民工返乡创业面临的困难进行了归纳总结。本部分将以四川省的劳务输出基地县——金堂县为案例，通过课题组在危机爆发后的次年展开的实地调研，从返乡农民工自身条件限制与外部环境制约两个方面对 2008 年以后劳务输出大省农民工返乡创业仍然存在的“短板”进行剖析。

1. **返乡创业农民工自身因素**

1)资金匮乏

课题组调研结果显示[①]，资金匮乏是制约农民工返乡创业的最大障碍。对于返乡农民工来说，自主创业是一项重大的投资。调研中两个样本镇返乡农民工的年家庭收入平均为 11535.8 元，低于测算的全省平均值，即使按照全省平均水平考虑，注册一家个体工商户所需的资本金都需要一个家庭经过 12 年左右的积累才能实现。调查中在回答“创业面临的困难”这一问题时选择“缺乏资金”这一选项的返乡农民工占到了 86.9%，远远高于第二困难——“缺乏技术”的比例，可见资本匮乏是制约农民工返乡创业的最大障碍。

2)人力资本不足

人力资本积累不够是制约农民工返乡创业的第二大障碍。一是文化水平不高。调研结果显示，绝大部分返乡农民工只有初中文化水平，这一比例高达 64.38%，小学文化程度的农民工占到 28.77%，二者之和超过 90%。由于文化水平不高，很难完成对创业的投资收益分析和评估。二是后天积累的人力资本水平太低。调查显示，返乡农民工中只有极少部分人在务工单位的职务为“单位负责人”，比例仅为 2.9%。而一定的管理知识和能力是自主创业的必备素质之一，如果在务工过程中没有相应的管理经历和经验，则很难在返乡以后实施自主创业。三是不愿主动进行人力资本投资。在被问及“如何开支自己的务工收入”时，部分农民工宁愿选择回家盖房，也不愿意选择用于职业技能培训，这也是他们缺乏相关技术的原因。

由于人力资本积累不够，大多数农民工缺乏创业过程中所必须具备的法律知识、财

---

① 胡俊波. 制约农民工返乡创业的现实因素分析——来自四川省金堂县的调查 [J]. 农村经济，2010，(11)：113-116.

务知识、管理知识，对于创业需要经过哪些步骤，每一个步骤会面临什么问题，需要采取什么应对方法，也不是很清楚。这都严重地制约着农民工创业行为的实施。

3)思想保守

较为保守的思想也制约着农民工返乡创业。调查显示，短期内有创业打算的人仅仅占到 11.4%，即使把创业作为一种长期远景来规划，也只有 27.6%有自己创业的打算。究其原因，思想较为保守是一个比较重要的制约因素。采访发现，很多人在面对 2009 年初较为严峻的就业形势时，其态度是相当保守的。他们宁愿选择观望，甚至回家种地，也不愿意选择自己创业，即使在面对“将来如何生存”这样的问题时，部分人也往往选择“依靠子女”。

4)抗风险能力差

“负担重、抗风险能力弱”限制着农民工返乡创业。农民工思想保守不单纯是其主观原因所致，他们思想保守也源自他们的负担普遍较重，抵御创业失败的能力非常弱，这同时也是制约他们选择创业的原因之一。调查显示，平均每个受访者的负担人口数为 2.9 人，一旦创业失败，其后果不仅是损失掉相当于家庭 12 年辛苦积累的储蓄，而且还有 2.9 人面临生存压力。面对如此巨大的负担，抗风险能力很弱的农民工很难实施自主创业。

2. **外部因素**

1)当地较低的经济水平和落后的产业结构制约着农民工返乡创业

对劳务输出大省来说，当地经济发展水平低下，客观上导致了微观个体资本积累非常缓慢，当地居民收入水平低，市场容量小。低下的经济发展水平也导致当地的金融体系缺乏活力，创业者融资困难。当地产业结构也比较落后。以课题组调研的四川省金堂县为例。2008 年福兴镇三次产业的生产总值为第一产业 16167 万元，第二产业 904 万元，第三产业 5600 万元，三次产业的比重为 71.3：4：24.7；金龙镇第一产业 8769 万元，第二产业 2122 万元，第三产业 2805 万元，三次产业的比重为 64：15.5：20.5；两个镇都严重依赖农业生产，二、三产业发展较为滞后，特别是福兴镇农业生产总值过大，工业发展极其缓慢，难以为那些在外务工从事二、三产业的返乡农民工提供足够的创业空间。

2)基础设施较为落后

尽管中央政府加大对中西部次发达地区基础设施建设的投入，可是短期内仍难有大的改善，中西部次发达地区的基础设施仍很薄弱。仍以福兴镇为例，福兴镇距金堂县城 28 km，全镇有公路 229 km，其中省道长约 4 km，县道 12 km，公路等级较低；金龙镇距金堂县城 39 km，全镇仅有水泥路 62.32 km；两个镇与县城之间都隔着龙泉山脉。由于远离县城，且交通不便，大大增加了返乡农民工的创业成本。

3)金融体系不健全

金融体系在农民工返乡创业中发挥着重要作用。农民工返乡创业需要有力的金融支持。但事实上，近年来我国出现了金融重心上移的现象，县域和县域以下已没有大中型的金融机构。当然农民工返乡创业建立的主要是一些微小企业，中小金融机构发挥作用的空间比较大。但是目前基层的中小金融机构也不发达，现有金融机构发挥的作用十分有限。这对于从事产业转移及其配套产业领域的创业者来说，无疑是一个巨大的障碍。农民工返乡创业需要金融体系的发育和完善，尤其是中小金融机构、微型金融机构的培育，对农民工返乡创业具有重要意义。可是金融机构的培育地方政府无法独立完成，需要中央政府的统筹协调。

4)优惠政策的惠及面窄

尽管各地出台了很多扶持农民工创业的优惠政策，但在有些地区由于实施中的门槛太高等原因，这些政策的惠及面仍非常窄。早在 2007 年，金堂县便出台了《关于鼓励回引创业经济发展的实施意见(试行)》(金委办发［2007］36 号)，在创业环境、财政补助与奖励等方面对返乡创业的农民工给予支持；2009 年成都市出台了《中共成都市委成都市人民政府关于进一步做好促进城乡充分就业工作的通知》(成委发［2009］26 号)及其实施细则，在市场管理、市场服务、税收优惠、融资渠道等方面明确了对返乡农民工创业的扶持办法。这些政策的制定，大大改善了农民工返乡创业的政策环境，降低了农民工返乡创业的投资成本。但是，在具体实施的过程中也暴露出政策的惠及面太窄的问题。以返乡农民工创业的融资需求为例，农民工实际申请的过程中，其难度其实是很大的。

首先，商业性融资的门槛很高。在商业银行贷款必须要提供企业营业执照、经财政部门或会计(审计)师事务所核准的前三个年度及上个月财务报表和审计报告(成立不足 3 年的企业，提交自成立以来的年度和近期报表)、税务部门年检合格的税务登记证明、担保人相关材料以及其他要求提供的资料。对于创业企业来说，满足上述条件有很大的难度。

其次，政策性担保公司的额度有限。如能获得担保公司担保，农民工创业融资则相对顺利，但是担保公司本身的资金实力有限。比如，金堂中小企业信用担保有限责任公司是一家专门的政策性担保公司，它的注册资金只有 1000 万元，按照个人融资上限 5 万元计，可为 200 个农民工提供担保，如果按企业融资需求上限 100 万元计，则最多解决 10 户企业。①

另外，政策性担保公司的融资门槛也不低。它重点支持“科技创新型、带动就业型、

① 即便考虑担保余额为其实收资本的 5 倍，也仅仅只能解决 1000 位农民工的融资担保，或者 10 户企业的上限融资担保。

资源环保型、名优品牌型、农业产业化型和出口创汇型等中小企业”、“申保企业销售收入5000万元以下，重点在3000万元以内”、“财务管理制度健全，能提供会计师事务所出具的年度财务审计报告；主营业务收入持续增长，企业连续经营时间超过两年，且盈利；资产负债真实完整，资产负债率不超过60%；上年度的经营净现金流为正值；客户能提供反担保抵(质)押物和信用反担保”。

这些条件几乎将为数众多的小本经营的农民工创业者排除在外。因此，有32.8%的返乡农民工在接受调查时，反映“缺乏优惠政策”。其实并非没有优惠政策，政府已经出台了大量的优惠政策，问题的关键在于实际执行和落实过程中这些优惠政策的惠及面实在是太窄了。金堂县80多万人口，常年有18万人在外务工，根据调研，以11.4%的人有创业打算来计算的话，也有约2万人，而政策性担保公司能解决的只有200人而已，比例仅为1%，有99%的人难以享受到政策的优惠。[①]

5)创业服务仍难以满足需求

农民工返乡创业涉及工商、税务、银行、劳动、农业、城建、公安等多个部门，创办企业要办理包括场地证明、资金证明、环保评估、消防和安全许可、生产许可、卫生许可、建筑规划和设计、工商登记等多项手续。返乡农民工在创业之前绝大部分处于生产一线，很少从事管理工作，对创办企业要经历哪些环节并不是很清楚，往往“盲人摸象”，到处乱碰，一个环节往返几次是很常见的现象，仅仅准备申报资料就要花费大量的时间、人力、财力，高昂的成本让很多人望而却步。

目前，政府部门采取了很多办法，以提高服务效率。比如，金堂县工商局根据回乡创业者注册时的实际情况，采取核发指定有效期营业执照、授权基层工商所核发个体工商户营业执照、设立创业咨询登记窗口等措施，为回乡创业者的公司注册及个体工商登记提供便利；金堂县中小企业局开办了为创业者设立的专项服务，从项目申请、融资需求、环评等方面为创业者提供服务。但是，由于创业过程所涉及的环节和部门实在太多，政府部门服务效能尽管得到了很大程度的提升，但是与巨大的需求相比，这种服务效能的提升仍然难以满足农民工创业的需求。

6)对优质劳动力吸引力不足

农民工返乡创业需要劳动力投入，创业规模较大的话需要的劳动力更多。但是他们在与发达地区对优质劳动力的竞争中仍处于劣势。目前我国劳动力无限供给的局面正在改变。随着产业结构的调整和地区发展差距的缩小，以及人口老龄化造成的劳动力的减少，中西部和东部在劳动力方面的竞争会越来越激烈。目前中西部次发达地区在与东部发达地区的劳动力竞争中处于劣势。其原因主要有以下两方面：

---

① 即便放大担保余额至实收资本的5倍，仍然有95%的人不能覆盖。

一方面，新生代农民工[①]逐渐成为农民工的主流。新生代农民工大部分没有从事农业生产的经验，具有融入城市的强烈愿望。新生代农民工对土地的情结小，思想观念、生活习惯、行为方式已日趋城市化。他们对乡村陌生，不愿归去，家乡的土地已远远不能承载他们对未来的追求。城乡间卫生条件、文明习惯、公共设施、信息渠道的差距，都使年青一代农民工更愿意到城里谋生和闯荡。他们倾向于去沿海地区或大城市就业，一是因为沿海地区工资收入高一些，二是传统的面子观念，怕被认为窝在家乡没出息。与上一代农民工相比，新生代农民工跨省外出和愿意在大中城市务工的比例更高。2009年跨省外出的比例为新生代农民工比上一代农民工高出6.9个百分点，选择在地级及以上城市务工的比例新生代农民工比上一代农民工高出9.9个百分点。准备在城市定居的新生代农民工接近一半，“坚决不回农村”的占到8.1%，“尽量留在城市，实在不行再回农村”的占到37%。[②]

另一方面，中西部地区与东部地区之间存在就业机会的差异。尽管随着中西部地区对劳动力需求的增长，中西部与东部在务工人员薪酬待遇方面差距逐渐缩小。但是因为东部地区能够提供更多的工作岗位，失业后可以更快找到工作，仍然对劳动力产生着更大的吸引力。

---

① 这里新生代农民工被定义为外出从业6个月及以上，并且在1980年及之后出生的农村劳动力。

② 国家统计局住户调查办公室. 新生代农民工的数量、结构和特点［EB/OL］. 中华人民共和国国家统计局网站 2011-03-11.

第 4 章　农民工返乡创业的理论分析框架

4.1　国际金融危机背景下扶持农民工返乡创业面临的困局

受国际金融危机的影响，2008 年下半年我国出口增速大幅下降，沿海许多出口导向型企业或停产，或倒闭，外出务工的农民工纷纷返乡。据农业部发布的数据，约有 2000 万返乡农民工，加上新增的未就业农民工，总计达到 2500 万左右，就业形势很严峻。在就业压力陡增的情况下，引导返乡农民工创业具有非常重要的现实意义：一方面可以通过创业带动就业，缓解当地的就业压力和社会矛盾，另一方面可以有效利用返乡农民工的资金、技术，带动当地经济发展和产业结构的升级。

但是，一直以来返乡农民工的创业率都比较低。白南生 2002 年的一项研究表明以回乡投资为目的返乡农民工只占返乡农民工的 2.5%[①]；到了 2007 年，返乡农民工的创业率仍然比较低，阳立高等人的研究表明，截至当年 10 月湖南省返乡创业的农民工仅占全省外出农民工的 2.66%[②]。目前在国际金融危机的冲击下，相对于经济上行期，企业发展的外部环境将不断恶化：市场的需求降低、企业之间的竞争加剧、价格进入下降通道。在这样的背景下，即使是成熟企业，其生存都面临着严峻的考验，新创业企业的存活率就更低。创业企业存活率降低，必然会影响农民工的创业意愿，在未来创业成功可能性降低的预期支配下，返乡农民工可能更愿意重新择业，或者等待、观望，而非自己创业——这就是在宏观经济环境不景气的条件下扶持农民工返乡创业所面临的困境。

要破解此困局，仅仅依靠市场的自我调节显然是难以实现的，因为在市场“看不见的手”的作用下，市场主体——农民工已经理性地作出了选择，“创业率低”的表象就是农民工真实偏好的显示。在这种情况下，就需要政府介入作出制度上的改进，出台各种扶持政策，以“有形之手”对市场进行干预，达到通过农民工返乡创业带动就业增长的目的。而要出台扶持政策，则有必要先从理论上对农民工返乡创业行为进行研究，在此

---

① 白南生，何宇鹏. 回乡，还是外出？安徽四川二省农村外出劳动力回流研究 [J]. 社会学研究. 2002.3：64-78.

② 阳立高等. 农民工返乡创业问题研究——基于对湖南省的实证分析 [J]. 经济问题. 2008.4：85-88.

基础上制定的扶持政策才具有针对性。本章将构建一个扶持农民工返乡创业的理论框架，首先从“期望收益与成本比较”的角度出发研究农民工返乡创业的动力机制，接下来具体分析影响农民工返乡创业的各种因素，然后提出政府出台扶持政策的着力点。

4.2　农民工返乡创业的动力机制——期望收益与成本的比较

“返乡”是指前期转移出去的农村劳动力又回流到迁出地，农民工返乡以后的从业范围包括：务农、在本地务工以及自己创业①。农民工返乡创业的举动可视为一种广义的人力资本投资，按照贝克尔的观点，人力资本投资“往往把投资量和总收入混合成一个纯收入概念……等于任何时期内的总收入减去周期内的费用成本”②。这种成本包括直接成本和间接成本，直接成本来自创业过程中资本、技术、劳动等要素的实际投入，而间接成本则来自由于创业而放弃的务农或者务工收入。

4.2.1　基于传统人力资本理论的农民工创业投资决策模型

在传统的人力资本理论看来，如果投资的净现值大于零，那么理性经济人就应该进行投资。而净现值是将现在和未来的投资成本，与现在和未来的投资收益折算到当前所形成的净价值③。

按照这种观点，如果农民工选择创业，那么他能够获得的纯收入流量的现值是

$$V(y) = \sum_{j=0}^{n} \frac{y_j}{(1+i)^j} \tag{4.1}$$

其中，$V(y)$表示农民工创业纯收入的现值；y_j 代表第 j 个时期农民工创业所获得的、扣除直接成本之后的纯收入，$y_j > 0$；n 代表收入流的期限；i 是一个外生的市场贴现率。

与之相对应的，农民工选择创业所放弃的务农或者务工的纯收入就是他创业的间接成本，其流量的现值为

$$V(x) - \sum_{j=0}^{n} \frac{x_j}{(1+i)^j} \tag{4.2}$$

其中，$V(x)$表示农民工务农或务工纯收入的现值；x_j 代表第 j 个时期农民工务农或务工所获得的、扣除直接成本之后的纯收入。

---

① 白南生，何宇鹏．回乡，还是外出？安徽四川二省农村外出劳动力回流研究［J］．社会学研究．2002.3：64-78.

② 加里·S．贝克尔．人力资本：特别是关于教育的理论与经验分析［M］．北京．北京大学出版社，1987：42-43.

③ 坎贝尔·R．麦克南，等．当代劳动经济学［M］．北京：人民邮电出版社，2004：81.

从而，农民工选择创业所能够获得的净现值 NPV 就是

$$\mathrm{NPV} = V(y) - V(x) = \sum_{j=0}^{n} \frac{y_j - x_j}{(1+i)^j} \tag{4.3}$$

如果 NPV>0，则表明农民工选择创业能够获得的收益大于他所付出的直接成本与间接成本之和，农民工的理性选择是创业，否则这些返乡的农民工将选择务农或者是务工。

4.2.2 修正的农民工创业投资决策模型

传统的人力资本投资决策模型能够解释在确定条件下投资人是否作出某项投资决策。然而现实的情况却是，投资人经常在不确定的条件下进行投资决策，这就有必要对传统的人力资本投资决策模型进行修正①。首先，农民工创业面临不确定性。对于农民工来说，创业有可能成功，也有可能失败。其次，农民工对于风险的态度不一定是中性的，有可能是风险规避的，也有可能是风险偏好的，因此要将农民工对风险的态度纳入模型之中。第三，为了简化分析，本文暂时只考虑两种情况之间的比较。即，如果返乡农民工不选择创业，那么他就选择务农，而务农的收入相对而言则可看作是确定的。基于这些考虑，对上述模型所做的修正如下：

农民工选择创业所获得的纯收入现值为

$$V(y) = \sum_{j=0}^{n} \frac{pu(y_j)}{(1+i)^j} \tag{4.4}$$

农民工选择创业所放弃的务农纯收入现值为

$$V(x) = \sum_{j=0}^{n} \frac{u(x_j)}{(1+i)^j} \tag{4.5}$$

其中，p 代表农民工创业成功的概率，$p \in [0, 1]$。$u(\cdot)$代表农民工的效用函数，它是一阶递增的，即收益越大那么农民工获得的效用水平就越高。但是效用函数的二阶导数则有可能是负的，表明农民工是风险厌恶型的；二阶导数也可能为正，表明农民工是风险偏好型的。修正后的农民工创业投资决策模型为

$$\mathrm{NPV} = V(y) - V(x) = \sum_{j=0}^{n} \frac{pu(y_j) - u(x_j)}{(1+i)^j} \tag{4.6}$$

上式就是农民返乡创业的动力机制模型，从上式可以看出，在不确定性下，如果返乡农民工创业的期望收益不能弥补他的成本，那么他肯定不会选择创业。

---

① 胡俊波．禀赋、不确定性与转型期农村劳动力转移［D］．西南财经大学博士学位论文，2007：29-30.

4.3　影响农民工返乡创业投资决策的变量解析

从农民工创业投资决策模型看，导致农民工创业投资净收益现值发生改变的变量有：

(1)创业投资纯收入 y_j。创业投资纯收入是吸引人力资本投资的第一要素，投资者总是在创业投资收入的吸引下，产生出进行创业投资的初步想法。创业投资纯收入不仅取决于创业投资收入的大小，也取决于创业投资所花费的直接成本，创业投资收入越大、所费成本越小则创业投资纯收入越高，农民工创业的动力越大。

(2)农民工选择创业所放弃的务农纯收入 x_j。x_j 是农民工选择创业的间接成本，x_j 越小则农民工选择创业的动力将越大，反之则创业动力减弱。

(3)农民工创业成功的概率 p。农民工创业投资决策是在当前时点对尚未发生的事件的一种先前选择，由于未来存在诸多不可预测的因素，从而使得农民工的创业投资行为面临很强的不确定性，他有可能成功也有可能失败，因此创业成功的概率 $p\in[0,1]$。成功概率越高，那么农民工创业投资的净现值就越大。

(4)市场贴现率 i 的大小。人力资本投资理论在讨论投资收入净现值 NPV 的大小的时候，通常将市场贴现率 i 视为一个比较人力资本投资收益率的基准参考点，市场贴现率 i 越大则要求有越高的投资收益才能刺激投资人投资，这意味着要促进农民工创业，那么就需要确定一个相对较低的市场利率。

(5)农民工的风险态度。与每个农民工的效用函数形式直接相关的是每个农民工的风险态度可能是不同的，面对相同的期望收益，风险偏好型的农民工比风险厌恶型的农民工选择创业的动力更大；同是风险厌恶型的农民工，风险厌恶程度较低的农民工选择创业的动力越大。

(6)收入流的期限 n。在其他条件不变的情况下，投资后的新增收入流的期限越长，人力资本投资的净现值将会越大。一般来说，年龄越大，人力资本投资的收入流的期限就越短，所以在其他条件相同的情况下，年轻人比老年人更愿意选择创业。

4.4　扶持农民工返乡创业的分析框架：基于微观与宏观层面的视角

通过进一步分析发现，上述影响农民工创业投资决策的变量其实又受到两个方面的影响：一是微观层面的影响，即农民工个人禀赋，如年龄、教育水平、家庭财富状况、个人经历、创业意识等因素所产生的影响；二是宏观层面的影响，比如基础设施、产业结构、产业政策、经济发展水平、劳动力市场的发育程度等外部创业环境因素所产生的影响。

其中，创业投资纯收入 y_j、放弃的务农纯收入 x_j、创业成功的概率 p 三个变量同时受到来自微观与宏观两个层面的影响。①对创业投资纯收入 y_j 的影响。在不同的宏观环境里，会产生不同的创业机会，创业机会的不同也就意味着创业投资收入会产生差异；另外，个人禀赋不同也会对创业投资收入产生影响，比如管理水平高的农民工创办的企业的收入会高于管理水平低的农民工所创办的同样企业的收入。同时，不同的宏观环境下，农民工创业的直接成本是不同的，比如基础设施条件的好坏、融资渠道是否畅通等都会对农民工创业企业的投入要素产生巨大影响；不同的农民工个体的成本控制能力也是不同的，从而会产生不同的直接成本。所以，在宏观与微观因素的影响下，农民创业投资的纯收入 y_j 是不同的。②对务农纯收入 x_j 的影响。农民工选择创业所放弃的收益是创业的间接成本，与 y_j 类似，相同的农民工个体在基础设施条件不同的地区所能够获得的务农收益是不同的；不同的农民工个体在同样的基础设施条件下所能获得的务农收益也是不同的，因此 x_j 也同时受到宏观与微观两方面因素的影响。③对创业成功概率 p 的影响。人力资本理论认为，除了收入差异以外，很多因素都可以影响人力资本投资的净现值，如年龄、教育背景、家庭因素等个人特征变量。农民工创业成功的概率不可避免要受这些个体因素的影响，即在相同的外部环境下，不同的农民工个体由于个人禀赋不同其创业成功的概率是不同的。除了农民工个人禀赋的不同，宏观经济变量的变化也会影响到农民工创业成功的概率，比如一个地区的基础设施条件、当地的产业结构、经济发展水平如何、相关产业政策等。

市场贴现率(利率)i 受宏观环境的影响，与单个农民工的个人特征无关，市场贴现率由货币的供给量和货币的需求量共同决定，其中货币需求内生于市场之中，而货币供给则外生于市场，由国家货币当局控制。货币当局通过各种货币政策可以影响市场贴现率的大小。而农民工的风险态度和收入流期限则完全受农民工个体禀赋的影响：那些创业意识强烈的农民工，他们的风险规避程度要比创业意识淡薄的农民工的风险规避程度低，面对同样大小的创业纯收入、成功概率和成本，创业意识强烈的农民工更愿意选择创业；收入流的期限与农民工个体的年龄有很大关系，平均而言，年轻人的收入流期限总是比老年人的长，因此年轻人的创业动机比老年人的创业动机强烈。

到此，我们可以理出一个完整的分析框架(如图 4-1)：在农民工微观个体因素与整体宏观环境因素的作用下，农民工的创业投资收入、创业成本、创业成功的概率、面临的市场贴现率、风险态度以及收入流的期限都是可变的，而上述变量的变化则对农民工创业投资净现值产生直接影响。如果创业投资净现值为正，那么返乡农民将在利益最大化的驱使下选择创业，并且净现值越大，返乡农民工创业的动力就越大。

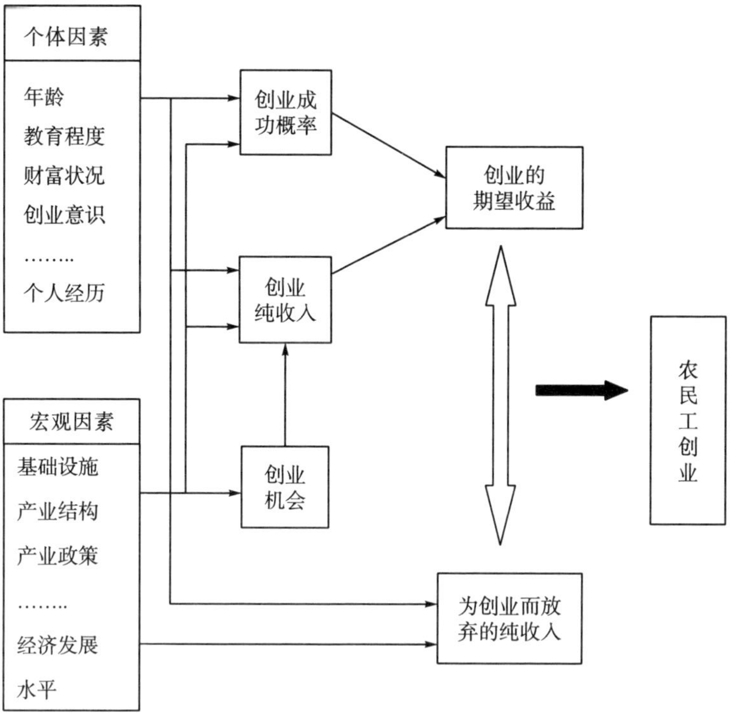

图 4-1　扶持农民工返乡创业的分析框架

4.5　扶持农民工返乡创业的政策取向与着力点：来自理论分析

4.5.1　扶持返乡农民工返乡创业的政策取向

从图 4-1 的分析框架中可以看出，要破解金融危机背景下返乡农民工“创业率低”这一困局的关键就在于：必须通过政府干预，提高返乡农民工创业投资的净现值，以改变农民工的预期，达到提高农民工创业比例的目的，并进而实现通过创业带动就业的宏观经济目标。从农民工创业投资决策模型看，要提高农民工创业投资净现值可以通过两条路径实现，一是增加农民工创业的期望收益，二是降低农民工为创业而放弃的收入。第二种途径，从抽象的理论层面看是可以起到提高农民工创业投资净现值的作用的，但是这种办法背后的经济实质却是要实施相关政策以降低返乡农民工务农或务工的收益，这显然违背了通过经济政策的刺激达到提高全社会福利水平的终极价值目标。因此，要提高农民工创业投资净现值就应在不降低农民工现有福利水平的情况下，通过增加农民工创业期望收益的途径加以实现，这种“帕累托”式的改进才是政府扶持农民工返乡创业的政策取向。

4.5.2 扶持返乡农民工返乡创业的着力点

从上述分析框架可知，返乡农民工的创业期望收益取决于三个重要因素，即创业机会、创业投资纯收入和创业成功概率，因此扶持农民工返乡创业的着力点就是：

一要增加农民工的创业机会。根据“管理学之父”德鲁克的观点，创业机会既来源于企业或者产业内部，如由于发生出乎意料的情况而产生的机会，由于实际情况与预期不一致所产生的机会，由于程序需要所产生的机会，以及由于产业与市场结构的变化所产生的机会；也来源于企业或产业外部，如人口的变化、全社会思想观念的变化以及新知识的出现①。本文认为，政府可以发挥作用的领域主要是：改变市场结构和产业结构，引导全社会思想观念的改变，加速新知识的推广和运用。其中，市场结构特别是需求结构的改变是增加农民工创业机会的短期政策手段。其他几种措施发挥作用所需的时间相对较长，属于中长期的政策手段。

二要提高农民工创业投资纯收入。提高农民工创业投资纯收入可以通过提高农民工创业投资项目的收入实现，也可以通过节约投入成本得以实现。在金融危机背景下，节约农民工创业投入成本更加具有现实意义。为此，应该加大基础设施的建设力度，建立农民工创业园，通过农民工创业企业集聚发展的模式降低农民工创业投资的用地成本；拓宽农民工创业的融资渠道，加大农民工创业贷款利息的财政补贴力度，同时加大对农民工创业企业的税收减免力度，以降低农民工创业投资的资金成本；简化农民工创业企业的申办手续，为农民工创业提供良好的公共服务，以降低农民工创业投资的时间成本。

三要提高农民工创业成功概率。农民工个人禀赋状况对农民工创业成功概率影响很大，农民工的创业意识和创业机会的把握能力是决定农民工创业成功的重要内因。政府不仅应该加大对返乡农民工的劳动就业培训覆盖面，还应该有针对性地为农民工提供创业能力培训，特别是对于年轻的返乡农民工群体更应该帮助他们提高创业所需的各种能力，如创业意识、创业机会识别能力、管理组织能力、创新能力、资源获取能力。另外，为了提高农民工创业企业的竞争力，政府还应该为他们提供技术上的援助。农民工创业初期面临的困难之一就是市场的开拓力度欠缺，为此，政府有关部门应该通过经常性地举行项目推广会等形式，加大农民工创业项目的推广力度，帮助农民工进行市场开拓。信息的获取也是创业成功的关键因素之一，为了提高农民工获取信息的效率，政府应该实施各种优惠政策以促进市场中介组织的发展。

---

① 彼得·F. 德鲁克. 创新与创业精神［M］. 上海：上海人民出版社，2002：43.

第5章　农民工返乡创业的实证分析——来自劳务输出大省四川的数据

本章将以劳务输出大省四川为例，通过从2009年到2012年连续四年时间的问卷调查，采用定性与定量分析相结合的方法，摸清农民工返乡的现状与趋势，掌握返乡农民工创业的愿望和想法，反映影响农民工返乡创业的主要因素。

5.1　金融危机后四川省农民工返乡的状况

2008年9月国际金融危机爆发后，其后到2009年是影响最为深重的一年，大批农民工失业返乡，中央政府率先做出反应，地方政府积极响应，出台了系列文件，并适时推出四万亿元经济刺激计划，及时地阻止了经济的进一步下滑，稳定了经济和社会形势。2010年以后世界经济进入后国际金融危机时代，发达经济体复苏缓慢、新兴经济体艰难转型。不同的宏观背景下，农民工返乡创业将会呈现出什么特征和趋势？这是本节主要的关注内容。本节将按照2008年9月至2009年，以及2010年至2012年两个时间段对农民工返乡创业的特征进行比较研究。

5.1.1　金融危机爆发1年内四川省农民工返乡状况（2008年9月至2009年）

2008年9月15日美国雷曼兄弟公司宣布申请破产保护，标志着美国次贷危机演变为国际金融危机，此后世界经济陷入严重的衰退。从2008年下半年开始，沿海企业破产倒闭现象加剧。2008年10月15日，东莞市樟木头镇合俊集团旗下的两家大型玩具厂突然倒闭；2008年10月17日，宝安百灵达公司宣布停止经营；2008年10月20日，宝安宜进利工厂宣布破产、坪山创亿玩具深圳有限公司倒闭；2008年10月21日，龙岗港声电子厂破产、西丽西洋服装厂倒闭[①]。与之同时出现的是大量农民工失业返乡，到2009年

---

① 经济参考报．沿海企业破产倒闭严重．新华网．2008－12－08．［EB/OL］．http：//jjckb．xinhuanet．com/wzpd/2008－12/08/content＿132559．htm．

2月初全国约有2000万农民工返乡①。四川省作为全国劳务输出大省，不可避免地受到相当大的冲击，根据四川省劳动和社会保障厅统计数据显示，截至2008年12月，全省失业返乡农民工累计81万人，农民工失业返乡率达6.3%。为具体考察农民工返乡特征，课题组于2009年3~5月在四川省成都市金堂县通过针对返乡农民工发放调查问卷的方式进行了实地随机抽样调查。共发放问卷100份，回收有效问卷77份，并于2009年9月对部分人员进行了回访。

5.1.1.1 个人基本情况

1. 性别分布状况

从回收的问卷看，返乡农民工中男性的人数比女性多，其中男性有51人，占66.23%；女性有26人，占33.77%(见图5-1)。

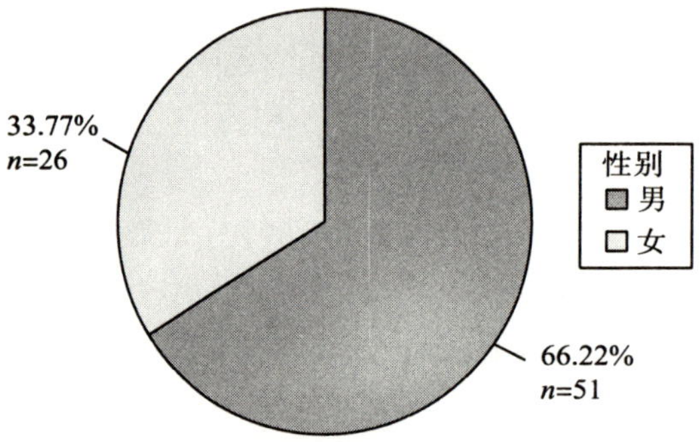

图5-1 2009年返乡农民工性别分布状况

2. 年龄分布状况

从问卷结果看，20岁及以下4人；21~30岁5人；31~40岁39人；41~50岁17人；52~65岁5人；有7人的年龄数据缺失，年龄最小者16岁，最大者64岁(见图5-2)。

3. 文化程度分布状况

不识字或识字很少的有2人，占2.74%；小学文化程度有21人，占28.77%；初中文化程度47人，占64.38%；高中文化程度2人，占2.74%；大专文化程度1人，占1.37%(见图5-3)。

① 宋振远．2000万失业农民工返乡之后［N］．中国青年报．2009-2-11．

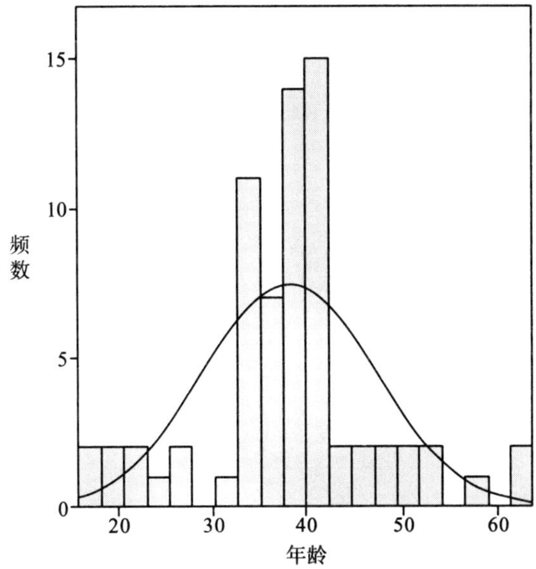

图 5-2　2009 年返乡农民工年龄状况直方图

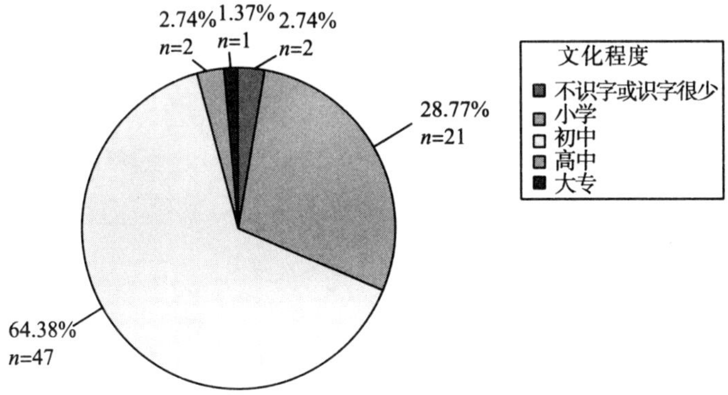

图 5-3　2009 年返乡农民工文化程度分布图

4. **家庭收入分布状况**

从表 5-1 中可以看出，受访者的年家庭纯收入平均为 11535.8 元，95%的可信区间为 8667.2～14404.5 元，去掉双侧 5%的极端值以后的截尾均值为 10459 元，中位数为 9000 元。

表 5-1 2009 年返乡农民工家庭收入状况 (单位：元)

统计数据		数值
均值		11535.85
95%的可信区间	低值	8667.22
	高值	14404.48
去掉双侧 5%的极端值以后的截尾均值		10459.75
中位数		9000.00
最小值		500.00
最大值		50000.00

5.1.1.2 返乡农民工就业状况

1. 就业状况

在接受采访的对象中，失业返乡者有 29 人，占 37.66%；在职返乡者 48 人，占 62.34%(见图 5-4)。

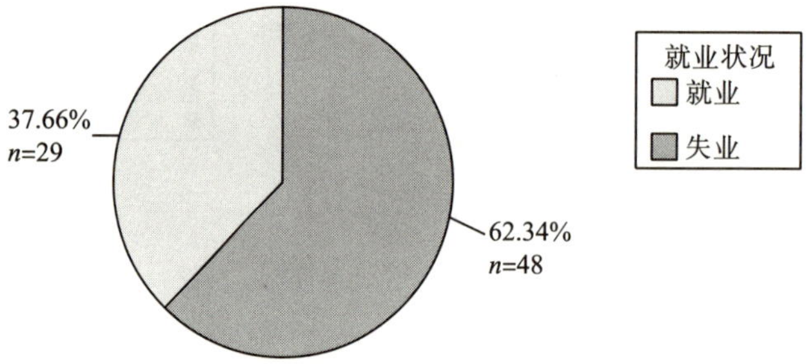

图 5-4 2009 年返乡农民工的就业状况

2. 务工单位性质

在回收的问卷中，有 7 份问卷并没有对其目前工作(失业者最近一份工作)单位的性质作出回答。在作出回答的问卷中，有 2 人在国有企业工作；有 7 人在集体企业工作；有 18 人在私营企业工作；有 2 人在三资企业工作；有 11 人是个体从业者；8 人属于自我雇佣，22 人选择了“其他”(见表 5-2)。①

① 这 22 人中含 12 名已回家务农者。

表 5-2　2009 年返乡农民工务工单位性质分布状况

		频数	总体比例/%	有效比例/%	累积比例/%
有效值	国有	2	2.6	2.9	2.9
	集体	7	9.1	10.0	12.9
	私营	18	23.4	25.7	38.6
	三资	2	2.6	2.9	41.4
	个体户	11	14.3	15.7	57.1
	自我雇佣	8	10.4	11.4	68.6
	其他	22	28.61	31.4	100.0
	小计	70	90.9	100.0	
缺失值		7	9.1		
总计		77	100.0		

3. **所处行业**

回收的问卷中，有 8 份问卷没有回答其所处行业的问题。作出回答的人群中，有 1 人在“农林牧渔”行业工作；有 10 人在制造业工作；有 19 人在建筑业工作；11 人在服装纺织业工作；4 人从事批发零售工作；3 人从事餐饮行业；4 人从事社会和商业服务工作；1 人从事交通通信行业；1 人在机关、社会团体工作；1 人在“教育、文化、科研、卫生”行业工作；另有 14 人选择“其他”。从中可以看出制造业、建筑业和服装纺织行业是吸纳就业的主要行业(见表 5-3)。

表 5-3　所处行业的分布状况

		频数	总体比例/%	有效比例/%	累积比例/%
有效值	农林牧渔	1	1.3	1.4	1.4
	制造业	10	13.0	14.5	15.9
	建筑业	19	24.7	27.5	43.5
	服装、纺织	11	14.3	15.9	59.4
	批发零售	4	5.2	5.8	65.2
	餐饮	3	3.9	4.3	69.6
	其他社会和商业服务	4	5.2	5.8	75.4
	交通通信	1	1.3	1.4	76.8
	机关、社会团体	1	1.3	1.4	78.3
	教育、文化、科研、卫生	1	1.3	1.4	79.7
	其他	14	18.2	20.3	100.0
	小计	69	89.6	100.0	
缺失值		8	10.4		
总计		77	100.0		

4. 职务状况

问卷对受访者在单位的职务状况进行了调查，调查显示：有 2 人是单位的负责人；10 人是专业技术人员；3 人是办事人员及相关人员；5 人是商业服务人员，1 人是农林牧渔生产人员，14 人是生产、运输工人，另有 35 人选择了“其他”，7 人没有作出回答(见表 5-4)。

表 5-4 受访者职务分布状况

		频数	总体比例/%	有效比例/%	累积比例/%
有效值	单位负责人	2	2.6	2.9	2.9
	专业技术人员	10	13.0	14.3	17.1
	办事人员及相关人员	3	3.9	4.3	21.4
	商业服务人员	5	6.5	7.1	28.6
	农林牧渔生产人员	1	1.3	1.4	30.0
	生产、运输工人	14	18.2	20.0	50.0
	其他	35	45.5	50.0	100.0
	小计	70	90.9	100.0	
缺失值		7	9.1		
总计		77	100.0		

5. 获得最近一份工作的方式

在获得最近一份工作的方式中，有超过半数以上的人是通过亲友介绍获得的，总共有 39 人，占 55.7%；自己创业有 10 人（包括自我雇佣），占 14.3%；事先没有明确目标，自己外出寻找这份工作的有 9 人，占 11.7%；有 5 人参加私人包工队的形式外出，另有 7 人选择“其他”（见表 5-5)。

表 5-5 获得最近一份工作的方式

		频数	总体比例/%	有效比例/%	累积比例/%
有效值	参加私人包工队	5	6.5	7.1	7.1
	自己外出找	9	11.7	12.9	30.0
	自己创业	10	13.0	14.3	44.3
	亲友介绍	39	50.6	55.7	100.0
	其他	7	9.1	10.0	17.1
	小计	70	90.9	100.0	
缺失值		7	9.1		
总计		77	100.0		

6. 务工收入状况

回答此问题的受访者有 71 人，其中：务工月收入低于 300 元的有 4 人，占有效问卷的 5.6%，占总问卷的 5.2%；务工月收入在 300～500 元的有 8 人；500～800 元的有 14 人；800～1200 元的有 15 人；1200～1500 元的有 11 人，1500～2000 元的有 6 人，2000 元以上的有 13 人(见表 5-6)。

表 5-6　务工月收入

		频数	总体比例/%	有效比例/%	累积比例/%
有效值	低于 300 元	4	5.2	5.6	5.6
	300～500	8	10.4	11.3	16.9
	500～800	14	18.2	19.7	36.6
	800～1200	15	19.5	21.1	57.7
	1200～1500	11	14.3	15.5	73.2
	1500～2000	6	7.8	8.5	81.7
	2000 以上	13	16.9	18.3	100.0
	小计	71	92.2	100.0	
缺失值		6	7.8		
总计		77	100.0		

5.1.1.3　农民工返乡原因及创业打算

1. 返乡原因

这是一道多选题，总共有 67 个受访者回答了其返乡的原因，其中：选择“企业倒闭”的有 17 人，选择“务农收入增加”的有 8 人，选择“气候原因导致企业停产”的有 6 人，选择“春节”原因的有 36 人，选择“年龄太大”的有 10 人，选择“打工工资低”的有 14 人，因家庭原因返乡的 22 人，主动回乡创业的 4 人(见表 5-7)。

表 5-7　2009 年农民工返乡原因

	选择次数	占总选择次数的比例/%	占选择人数的比例/%
所在企业倒闭	17	13.93	25.37
务农收入增加	8	6.56	11.94
气候原因导致企业停产	6	4.92	8.96
春节	32	26.23	47.76
年龄太大	10	8.20	14.93
打工工资低	14	11.48	20.90
家庭原因(有家人需要照顾)	22	18.03	32.84
回乡创业	4	3.28	5.97
其他	9	7.38	13.43

2. 2009 年的打算

在回答“今年的打算”这一问题时，选择自己创业的有 8 人，占有效人群的 11.4%；选择在家务农的有 12 人，占有效人群的 17.1%；准备先待一段时间，有机会再外出打工的有 19 人，占有效人群的 27.1%；而选择继续外出打工的有 31 人，占有效人群的 44.3%，另有 7 人没有回答该问题(见表 5-8)。

表 5-8 今年(2009 年)的打算

		频数	总体比例/%	有效比例/%	累积比例/%
有效值	自己创业	8	10.4	11.4	11.4
	在家务农	12	15.6	17.1	28.6
	先待一段时间，有机会再出去打工	19	24.7	27.1	55.7
	出去打工	31	40.3	44.3	100.0
	小计	70	90.9	100.0	
缺失值		7	9.1		
总计		77	100.0		

3. 务工收入的开支打算

这是一道多选题，共有 74 人作出了选择，从表 5-9 中可以看出，74 人总计作出了 101 项选择，选择支付子女教育的有 59 人，占有效人群的 79.7%，是外出务工人员的最大支出项；选择回家盖房的有 14 人，占有效人群的 18.9%；选择参加技能培训的人只有 5 人，仅占有效人群的 6.8%；而选择用于自己创业的只有 11 人，只占有效人群的 14.9%，其中有 3 位有创业意愿，但是这种意愿并不强烈，并未选择当年准备创业。

表 5-9 务工收入的开支打算

	选择次数	占总选择次数的比例/%	占选择人数的比例/%
回家盖房	14	13.9	18.9
在城里买房	2	2.0	2.7
支付子女教育	59	58.4	79.7
参加技能培训	5	5.0	6.8
自己创业	11	10.9	14.9
储蓄	10	9.9	13.5
总计	101	100.0	136.5

4. 不打工以后，靠什么维持生存

对于自己“不打工以后，靠什么维持生存”，有 27 人选择了“种地”，占有效人群的

35.5%，可见土地仍然承担着农民工最大的养老保险功能；选择子女赡养的人有 17 人，占有效人群的 22.4%；选择依靠储蓄的仅有 3 人；而选择自己创业的人达到了 21 人，占有效人群的 27.6%，这一比例远远高于当年准备创业的人，可见“创业”是很大一部分农民工的梦想，但是这种梦想离现实还很远(见表 5-10)。

表 5-10　不打工以后，准备靠什么维持生存

		频数	总体比例/%	有效比例/%	累积比例/%
有效值	依靠储蓄	3	3.9	3.9	3.9
	其他	8	10.4	10.5	14.5
	子女赡养	17	22.1	22.4	36.8
	自己创业	21	27.3	27.6	64.5
	种地	27	35.1	35.5	100.0
	小计	76	98.7	100.0	
缺失值		1	1.3		
总计		77	100.0		

5. **打算创业的行业**

这是一项限选题，限选 3 项，有 63 人对于“如果你创业，你打算在哪个行业里创业”作出了回答，总计 105 项选项。其中创业比例最大的行业是养殖业，占到总选项的 19%，其次是种植业，占总选项的 14.3%，另外，批发零售和服装纺织业分别占 11.4%和 10.5%。如果按照三次产业来划分，第一产业占 35.2%，第二产业占 27.6%，第三产业占 26.7%，另有 10.5%的其他选项。可见，农业仍然是返乡农民工创业的主要领域(见表 5-11)。

表 5-11　打算创业的行业

	选择次数	占总选择次数的比例/%	占选择人数的比例/%
种植业	15	14.3	23.8
养殖业	20	19.0	31.7
农产品深加工	2	1.9	3.2
制造业	8	7.6	12.7
建筑业	10	9.5	15.9
服装、纺织	11	10.5	17.5
批发零售	12	11.4	19.0
餐饮	7	6.7	11.1
其他社会和商业服务	5	4.8	7.9
交通通信	3	2.9	4.8
教育、文化、科研、卫生	1	1.0	1.6
其他	11	10.5	17.5
总计	105	100.0	166.7

6. 创业面临的困难

这是一项限选题，限选 4 项，有 61 人对此作出了回答，总计有 167 项选项。其中 53 人选择了“缺乏资金”，占有效人群的 86.9%，其次是“缺乏技术”，有 35 人，占 57.4%，有 32.8%的人选择缺少优惠政策，29.5%的人认为当地基础设施太差，还有 23%的人认为创业手续太复杂了(见表 5-12)。

表 5-12 创业面临的困难

	选择次数	占总选择次数的比例/%	占选择人数的比例/%
缺乏资金	53	31.7	86.9
缺乏技术	35	21.0	57.4
熟练工人难找	8	4.8	13.1
治安不好	9	5.4	14.8
缺少优惠政策	20	12.0	32.8
手续太复杂	14	8.4	23.0
缺乏中介	5	3.0	8.2
当地基础设施太差	18	10.8	29.5
其他	5	3.0	8.2
总计	167	100.0	273.8

5.1.2 后金融危机时期四川省农民工返乡状况(2010～2012 年)

国际金融危机爆发后，沿海地区大量农民工失业返乡，为了缓解不断增大的就业压力，从 2008 年下半年开始，国家陆续出台多项政策希望通过创业带动就业。2008 年 9 月 26 日，国务院办公厅转发《关于促进以创业带动就业工作指导意见的通知》(国办发［2008］111 号)。文件从完善扶持政策、强化创业培训、健全服务体系等三个大的方面提出对包含返乡农民工在内的创业者进行创业扶持。当年 12 月 20 日国务院办公厅下发《关于切实做好当前农民工工作的通知》(国办发［2008］130 号)，专门强调要“大力支持农民工返乡创业和投身新农村建设”。此后，财政部、中国人民银行等相关国家部委以及部分劳务输出大省陆续出台配套政策扶持农民工返乡创业。在这些鼓励农民工返乡创业的政策出台之后，农民工返乡创业的行为是否发生了变化是值得研究的地方，为此本研究于 2010 年、2011 年、2012 年春节前后连续在四川省的一些劳务输出大县发放调查问卷以采集数据进行分析和研究。其中，2010 年 2 月至 3 月在四川省遂宁市船山区、蓬溪县、射洪县共计发放 200 份问卷，回收有效问卷 177 份；2011 年 2 月在四川省成都市金堂县、德阳市中江县、泸州市叙永县发放 1000 份问卷，回收有效问卷 834 份；2012 年 2 月在金堂县、中江县发放 350 份问卷，回收有效问卷 302 份。

5.1.2.1 个人基本情况

1. 性别分布状况

从表5-13中可以看出，从2010年至2012年，返乡农民工中男性的占比在不断下降，而女性的比例则呈不断上升之势。其中，男性的占比由2010年的86.44%下降为68.32%。

表5-13 2010~2012年返乡农民工性别分布状况

	2010年		2011年		2012年	
	频数	比例/%	频数	比例/%	频数	比例/%
男	153	86.44	649	77.91	207	68.32
女	24	13.56	183	21.97	94	31.02

2. 年龄统计描述

2010年至2012年返乡农民工的平均年龄变化比较大，2011年为40.59岁、2011年为36.51岁，而2012年为39.54岁。但是，3组返乡农民工年龄的中位数变化不大，均在39±1岁之内。调查也显示，从2010年至2012年，返乡农民工的最年长者的年龄在不断增大，说明部分超过60岁的农民工仍在外务工(见表5-14)。

表5-14 2010~2012年返乡农民工年龄统计描述 (单位：岁)

	2010年	2011年	2012年
均值	40.59	36.51	39.54
中位数	40	38	39
最小值	22	16	16
最大值	63	64	65
样本数	176人	784人	286人

3. 文化程度分布状况

从表5-15中可以看出，2010~2012年文化程度在小学及小学文化程度以下的农民工返乡的比例在逐年增大，从2010年的18.08%上升为2012年的42.45%，已经超过2009年的31.51%的水平。而初中文化水平以上的返乡农民工的比例则持续缩小。这说明从2010年开始，中国的劳动力就业市场对初中文化水平以上的劳动力的需求量在逐年增加，劳动力市场结构升级已初现端倪。

表 5-15 2010~2012 年返乡农民工年文化程度分布状况

	2010 年		2011 年		2012 年	
	频数	比例/%	频数	比例/%	频数	比例/%
不识字或识字很少	4	2.26	24	3.04	16	5.61
小学	28	15.82	207	26.24	105	36.84
初中	118	66.67	433	54.88	138	48.42
高中	24	13.56	82	10.39	24	8.42
中专	2	1.13	19	2.41	2	0.70
大专	—	—	20	2.53	—	—
本科及以上	1	0.56	4	0.51	—	—

4. 家庭纯收入分布状况

表 5-16 显示，2010~2012 年返乡农民工家庭年均纯收入呈波动式增长，2010 年为 12397.47 元，2011 年为 22239.3 元，2012 年为 18917.82 元。与之类似，2010 年家庭年均纯收入中位数为 6500 元，2011 年为 12800 元，2012 年为 10000 万。只有最大收入值呈持续扩大的状态，由 2010 年的 45000 元，增加为 2012 年的 200000 元。

表 5-16 2010~2012 年返乡农民工家庭纯收入统计描述 （单位：元）

	2010 年	2011 年	2012 年
均值	12397.47	22239.3	18917.82
中位数	6500	12800	10000
最小值	500	0	0
最大值	45000	1000000	200000
样本数	174	647	205

5.1.2.2 返乡农民工就业状况

1. 就业状况

从表 5-17 中可以看出，从 2010 年到 2012 年，返乡农民工的就业状况一年比一年好，2010 年失业返乡的农民工比例为 22.70%，2011 年为 19.94%，2012 年为 19.06%。相比 2009 年的 37.66%的农民工因为失业返乡，情况有了很大程度的好转。

表 5-17　2010～2012 年返乡农民工就业状况

	2010 年		2011 年		2012 年	
	频数	比例/%	频数	比例/%	频数	比例/%
就业	109	77.30	534	80.06	225	80.94
失业	32	22.70	133	19.94	53	19.06

2. **工作单位性质**

表 5-18 显示，从 2010 年到 2012 年，在国有和集体所有制单位就业的农民工的比例逐年降低，与之类似在个体工商户就业的比例也呈递减的态势；在私营、三资企业就业和自我雇佣者的比例则并未呈现明显趋势。与 2009 年相比，2010 年在国有和集体所有制单位中就业的农民工比例明显增加，说明 2009 年 2 月至 2010 年 3 月在稳定就业的过程中，国有企业和集体所有制单位发挥了比较重要的作用。

表 5-18　2010～2012 年返乡农民工就业单位性质

	2010 年		2011 年		2012 年	
	频数	比例/%	频数	比例/%	频数	比例/%
国有	13	7.60	39	5.84	10	3.64
集体	25	14.62	72	10.78	30	10.91
私营	42	24.56	213	31.89	53	19.27
三资	4	2.34	17	2.54	4	1.45
个体户	59	34.50	86	12.87	35	12.73
自我雇佣	14	8.19	79	11.83	30	10.91
其他	14	8.18	162	14.25	113	41.09

3. **所处行业**

从行业领域看，2010～2012 年在农林牧渔、建筑行业就业的比例逐年降低，而在服装、纺织、其他社会和商业服务领域就业的比例呈小幅增长的趋势，而在制造业、批发零售等行业就业的比例波动较为剧烈。将 2010 年的数据与 2009 年的数据相比，农林牧渔、建筑业的就业比例大幅提升，而制造业和服装纺织业的就业比例大幅缩小，说明 2008 年金融危机对制造业和服装纺织业造成了很大影响，而 2009 年 2 月至 2010 年 3 月农林牧渔和建筑行业发挥了巨大作用，随着经济形势的变化，特别是国家对房地产业的调控，在农林牧渔行业和建筑业就业的比例明显减少(见表 5-19)。

表 5-19 2010～2012 年返乡农民工所处行业

	2010 年		2011 年		2012 年	
	频数	比例/%	频数	比例/%	频数	比例/%
农林牧渔	13	7.83	42	6.80	12	4.56
制造业	15	9.04	116	18.77	34	12.93
建筑业	94	56.63	157	25.40	53	20.15
服装、纺织	8	4.82	42	6.80	18	6.84
批发零售	11	6.63	23	3.72	14	5.32
餐饮	8	4.82	27	4.37	11	4.18
其他社会和商业服务	7	4.22	44	7.12	19	7.22
交通通信	6	3.61	17	2.75	8	3.04
机关、社会团体	2	1.20	10	1.62	2	0.76
教育、文化、科研、卫生	1	0.60	5	0.81		
其他	1	0.60	135	21.84	92	34.98

4. 职务状况

表 5-20 显示，在单位任负责人的农民工比例逐年增加，而任专业技术人员、办事人员、生产运输人员的比例逐年下降。与 2009 年相比，2010 年任单位负责人的比例下降，但是 2011 年、2012 年的比例却明显高于 2009 年。而生产、运输工人的比例在 2010 年要比 2009 年高，但是 2011 年、2012 年的比例比 2009 年低。

表 5-20 2010～2012 年返乡农民工职务分布状况

	2010 年		2011 年		2012 年	
	频数	比例/%	频数	比例/%	频数	比例/%
单位负责人	2	1.79	22	3.67	10	4.13
专业技术人员	25	22.32	110	18.33	23	9.50
办事人员及相关人员	13	11.61	55	9.17	14	5.79
商业服务人员	17	15.18	34	5.67	14	5.79
农林牧渔生产人员	10	8.93	30	5.00	10	4.13
生产、运输工人	24	21.43	116	19.33	37	15.29
其他	21	18.75	233	38.83	134	55.37

5. 获得最近一份工作的方式

2010～2012 年，通过亲友介绍是农民工获取工作的主要方式，但是这一方式的比例开始逐年减少，而自己外出寻找成为农民工获取工作的重要方式；通过职业介绍在 2010 年是农民工寻找工作的一项重要方式，但是 2011 年和 2012 年这种渠道的比例却快速减少；自己创业的比例波动比较剧烈。与 2009 年相比，变化比较明显的是危机前自己外出寻找工作的比例比较高，为 12.9%，但危机后的 2009 年 2 月至 2010 年 2 月则明显下降，为 8.7%(见表 5-21)。

表 5-21　2010～2012 年返乡农民工获取工作的方式

	2010 年		2011 年		2012 年	
	频数	比例/%	频数	比例/%	频数	比例/%
亲友介绍	83	51.55	271	45.02	101	37.97
职介所	19	11.80	10	1.66	5	1.88
看报纸等媒体上的招聘信息	1	0.62	16	2.66	6	2.26
自己外出找	14	8.70	159	26.41	75	28.20
政府统一组织	1	0.62	22	3.65	3	1.13
参加私人包工队	16	9.94	53	8.80	16	6.02
自己创业	26	16.15	40	6.64	33	12.41
其他	1	0.62	31	5.15	27	10.15

6. 务工收入状况

从表 5-22 中看，2010～2013 年，返乡农民工的务工月收入超过 2000 元的比例持续增加，从 2010 年的 14.04%，增长为 2012 年的 30.20%，而位于 1200～2000 年区间的比例则逐年减少，从 2010 年的 73.68%降低为 2012 年的 32.65%。从 2011 年与 2012 年的数据看，月收入低于 1200 元的比例仍然比较稳定，维持在 30%以上。说明劳动力市场价格正在发生分化，低端劳动力的占比和价格基本不变，但是高端劳动力的价格上升幅度却很快。与 2009 年相比，这种趋势也同样存在，2009 年月收入低于 1200 元的比例为 57.7%，超过 2000 元的比例为 18.3%，劳动力价格整体上涨趋势十分明显。

表 5-22　2010～2012 年返乡农民工务工收入状况

	2010 年		2011 年		2012 年	
	频数	比例/%	频数	比例/%	频数	比例/%
≤500 元	—	—	27	3.83	15	6.12
500～800 元	1	0.58	58	8.23	23	9.39
800～1200 元	20	11.70	148	20.99	53	21.63
1200～1500 元	57	33.33	151	21.42	49	20.00
1500～2000 元	69	40.35	131	18.58	31	12.65
>2000 元	24	14.04	190	26.95	74	30.20

5.1.2.3 农民工返乡原因及创业打算

1. 返乡原因

这是一道多选题。从表5-23中可以看出，2010～2012年，春节始终是农民工返乡的主要原因，稳定在50%以上。因为家庭原因返乡的农民工的比例在逐年增加，从2010年的27.78%，持续上升至2012年的44.26%。比例同样持续上升的还有因年龄因素和打工工资较低而返乡的人员。但是为了创业而返乡的比例却从2010年开始持续下降，从2010年的23.81%，下降至2012年的9.02%。

与2009年相比，春节是农民工返乡的主要原因并未发生变化，但是2009年春节期间因所在企业倒闭返乡的农民工比例高达25.37%，而2010年只有2.38%，说明2009年国家出台的刺激政策对于提高就业率的确起到了很重要的作用。2009年为创业而返乡的农民工只有5.97%，但是2010年却高达23.81%，说明2009年从中央到地方出台的就业扶持政策对农民工返乡创业具有很强的激励作用，但是随着时间的推移，农民工主动返乡创业的激情却持续降低。这既有经济形势好转的原因，同时也有政策缺乏连续性的原因。

表5-23 2010～2012年返乡农民工

	2010年		2011年		2012年	
	频数	比例/%	频数	比例/%	频数	比例/%
所在企业倒闭	3	2.38	59	8.44	19	7.79
务农收入增加	17	13.49	66	9.44	24	9.84
气候原因导致企业停产	7	5.56	45	6.44	18	7.38
春节	64	50.79	416	59.51	124	50.82
年龄太大	3	2.38	92	13.16	46	18.85
打工工资低	11	8.73	139	19.89	52	21.31
家庭原因(有家人需要照顾)	35	27.78	256	36.62	108	44.26
回乡创业	30	23.81	69	9.87	22	9.02
其他	2	1.59	55	7.87	23	9.43

2. 当年的打算

表5-24显示，2010～2012年，尽管比例不高但打算当年在家务农的人的比例仍逐年增多，选择观望一段时间的比例也同样逐年增多，是否决定当年外出打工或是否创业的比例则呈现波动态势。2010年为了创业返乡的30人最终只有28人决定当年创业。而2009年却相反，为了创业返乡的人数为4人，低于实际决定当年创业的8人。与2009年同样类似的是2011年和2012年，2011年为创业返乡的人数为69人，但当年实际决定创

业的人有 74 人；2012 年为返乡创业的人有 22 人，但实际决定当年创业的人有 36 人。这说明返乡的人员回乡后，往往根据实际的情况调整自己的创业打算。总的来看，返乡农民工是否决定当年创业的比例变化不大，在 12±3%范围内波动。

表 5-24　2010～2012 年返乡农民工当年打算

	2010 年		2011 年		2012 年	
	频数	比例/%	频数	比例/%	频数	比例/%
在家务农	17	9.60	81	9.72	35	11.55
出去打工	57	32.20	402	48.26	119	39.27
先待一段时间，有机会再出去打工	24	13.56	155	18.61	60	19.80
自己创业	28	15.82	74	8.88	36	11.88

3. 务工收入的开支打算

从表 5-25 中可以看出，在谈及如何开支自己务工收入的时候，将务工收入用于创业的比例逐年降低，从 2010 年的 18.33%下降为 2012 年的 10.36%。2009 年的比例为 14.9%，说明在 2009 年和 2010 年的政策刺激下，农民工返乡创业的热情较高，但是这种热情维持得并不长久。在农民工务工收入开支打算中多是支付子女教育，该选项的比例从 2010 年的 30.00%持续上升为 2012 年的 66.14%，这一比例在 2009 年甚至高达 79.9%；而将务工收入用于回家盖房，或者在城里买房的比例则持续下降，分别由 40.83%下降为 10.36%，以及由 17.59%下降为 5.58%(见表 5-25)。

表 5-25　2010～2012 年返乡农民工务工收入的开支打算

	2010 年		2011 年		2012 年	
	频数	比例/%	频数	比例/%	频数	比例/%
回家盖房	49	40.83	172	24.40	26	10.36
在城里买房	21	17.50	53	7.52	14	5.58
支付子女教育	36	30.00	382	54.18	166	66.14
参加技能培训	1	0.83	21	2.98	5	1.99
自己创业	22	18.33	84	11.91	26	10.36
储蓄	10	8.33	129	18.30	55	21.91

4. 不打工以后，靠什么维持生存

在被问及“不打工以后，靠什么维持生存”时，2010～2012 年，选择“种地、自己创业、依靠储蓄”三个选项的比例均持续下降。选择创业的比例从 2010 年的 30.40%下降为 2012 年的 14.29%，而 2009 年这一数据为 27.6%，可见在 2009 年与 2010 年的政策刺激下，将创业作为一种远景规划的人的比例较高，但是到了 2012 年，这种远景规划比例基本上下降到 12±3%这一当期规划比例的水平。选择“子女赡养”的比例则从 2010 年的 12.8%持续上升为 2012 年的 30.45%，说明农民工的养老保障仍处于家庭养老的阶段，且在农民工心中的地位逐渐加重(见表 5-26)。

表 5-26 2010～2012 年返乡农民工不打工后的计划维生方式

	2010 年		2011 年		2012 年	
	频数	比例/%	频数	比例/%	频数	比例/%
种地	53	42.40	293	40.69	88	33.08
自己创业	38	30.40	151	20.97	38	14.29
子女赡养	16	12.80	166	23.06	81	30.45
依靠储蓄	29	23.20	91	12.64	24	9.02
其他	15	12.00	105	14.58	60	22.56

5. 打算创业的行业

在被问及“如果打算创业，准备在哪些行业创业?”时，种植业、养殖业是返乡农民工首选的两个行业，2010～2012 年这两个行业的选择比例始终在 55%以上，与 2009 年时的情况基本持平。其次，选择建筑业创业的比例也比较高，在 2010 年高达 24.24%。批发零售和餐饮业的选择比例则波动比较大，没有相对稳定的趋势。与 2009 年相比，返乡农民工更愿意的创业领域仍然集中在第一产业(见表 5-27)。

表 5-27 2010～2012 年返乡农民工打算创业的行业

	2010 年		2011 年		2012 年	
	频数	比例/%	频数	比例/%	频数	比例/%
种植业	28	28.28	144	33.03	37	25.87
养殖业	31	31.31	150	34.40	45	31.47
农产品深加工	11	11.11	25	5.73	7	4.90
制造业	8	8.08	52	11.93	16	11.19
建筑业	24	24.24	65	14.91	23	16.08
服装、纺织	4	4.04	35	8.03	14	9.79
批发零售	8	8.08	68	15.60	16	11.19
餐饮	3	3.03	69	15.83	18	12.59
其他社会和商业服务	4	4.04	50	11.47	13	9.09
交通通信	4	4.04	28	6.42	4	2.80
机关、社会团体	1	1.01	9	2.06	4	2.80
教育、文化、科研、卫生	—	—	12	2.75	2	1.40
其他	6	6.06	36	8.26	20	13.99

6. 创业面临的困难

从表 5-28 中可以看出，2010～2012 年，缺乏资金和技术是农民工创业面临的最大两项困难，超过 50%的农民工反映他们缺乏创业所需的资金和技术；其次有超过 20%以上的人认为熟练工人难找；治安问题和基础设施问题则呈逐年加重的趋势。与 2009 年相比，资金和技术制约并未发生改变；2009 年反映比较严重的缺少优惠政策、手续复杂两个问题在 2010 年反映并不严重，说明 2009 年推出的扶持政策在宣传落实上起到了一定效果，但是从 2011 年到 2012 年，这两方面的问题又再次为创业者所提及，说明从 2010 年后部分扶持政策退出以后，扶持政策的效应开始减弱。

表 5-28 2010～2012 年返乡农民工创业面临的困难

	2010 年		2011 年		2012 年	
	频数	比例/%	频数	比例/%	频数	比例/%
缺乏资金	52	53.06	346	78.46	96	66.21
缺乏技术	59	60.20	249	56.46	77	53.10
熟练工人难找	26	26.53	95	21.54	34	23.45
治安不好	1	1.02	28	6.35	15	10.34
缺少优惠政策	4	4.08	121	27.44	35	24.14
手续太复杂	7	7.14	73	16.55	31	21.38
缺乏中介	3	3.06	39	8.84	18	12.41
当地基础设施太差	14	14.29	102	23.13	35	24.14
其他	10	10.20	15	3.40	16	11.03

5.2 四川省返乡农民工的创业态势

本部分主要考察四川省返乡创业农民工的人口学特征、创业的行业领域、企业规模、性质，经营状况等情况。数据来源于课题组 2011 年 11 月至 2012 年 3 月在四川省金堂县、泸县和岳池县这三个劳务输出基地县进行的问卷调查。问卷按照随机抽样的方式发放，共计发放 220 份，回收有效问卷 190 份。

5.2.1 创业者人口学特征

5.2.1.1 个人基本情况

1. 性别分布状况

在所调查的返乡创业者中，有 184 人作出了回答，其中男性 111 人，占有效比例的 60.33%；女性 73 人，占有效比例的 39.67%(见图 5-5)。

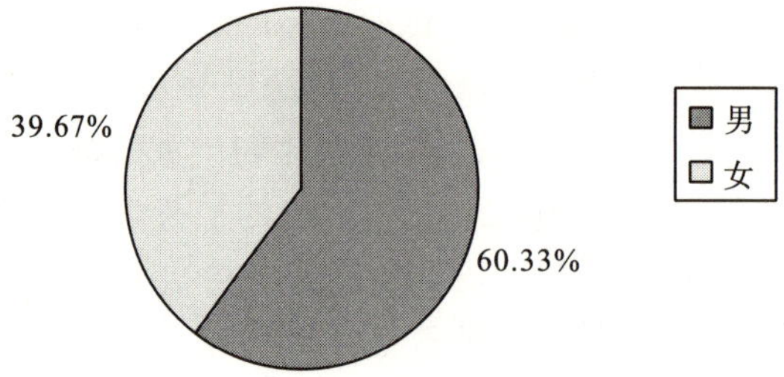

图 5-5　返乡创业者性别分布状况

2. **年龄统计描述**

表 5-29 显示，190 位返乡创业农民工有 189 位对年龄问题作出了回答，年龄最小的 20 岁，最大的 62 岁，平均年龄 38.86 岁，中位数 39 岁，众数 40 岁。其中，20～30 岁(不包含)的占 15.34%；30～40 岁的占 36.51%；40～50 岁的占 33.86%；50～60 岁的占 13.76%；60 岁以上的占 0.53%。

表 5-29　返乡创业者年龄统计描述

样本数	有效值	189
	缺失值	1
均值		38.86
中位数		39
众数		40
最小值		20
最大值		62

3. **文化程度分布状况**

图 5-6 显示，对文化程度作出回答的 182 位返乡创业者中，不识字或识字很少的仅 1 人，占 0.55%；小学文化程度的 19 人，占 10.44%；初中文化程度的 82 人，占 45.05%；高中文化程度的 51 人，占 28.02%；中专文化程度的 9 人，占 4.95%；大专文化程度的 15 人，占 8.24%；本科及以上文化程度的 5 人，占 2.74%。

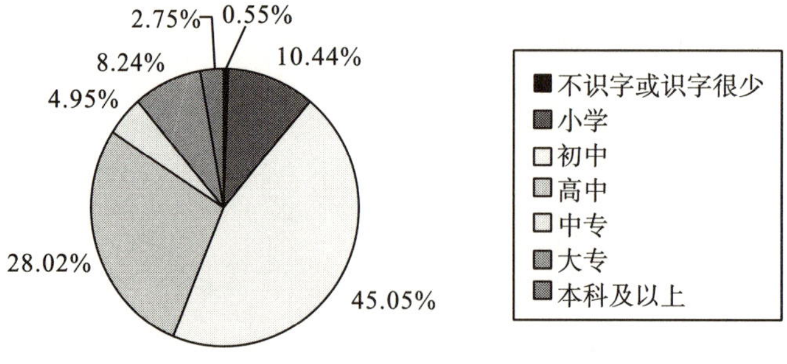

图 5-6　返乡创业者文化程度分布状况

4. **风险态度**

通过问题："假如您面临如下新的创业项目，您倾向于选择哪一类?"以及选项："①风险大，收益高的项目、②风险一般，收益一般的项目、③风险小，收益低的项目"考察创业者的风险态度。选择"风险大，收益高"的为风险偏好者，选择"风险一般，收益一般"的为风险中性，选择"风险小，收益低"的为风险厌恶者。问卷显示，创业者的风险态度分布如图 5-7 所示。

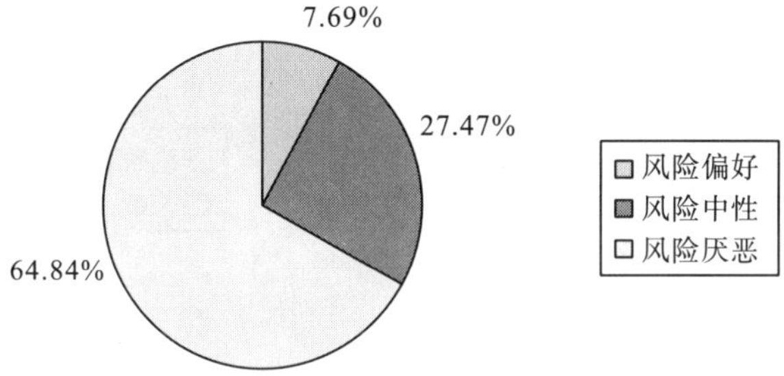

图 5-7　返乡创业者风险态度分布状况

在 182 位作出回答的创业者中，有 50 位创业者选择"风险大，收益高的项目"，占 27.47%；有 118 位创业者选择""风险一般，收益一般的项目"，占 64.84%；有 14 位创业者选择"风险小，收益低的项目"，占 7.69%。在创业者中，风险中性的创业者最多，风险偏好的创业者次之，而风险厌恶的创业者最少(见图 5-7)。

5. **技能状况**

图 5-8 显示，186 位作出回答的创业者中，拥有与当前创业有关的技能的创业者达到 142 位，占 78.34%；而没有相关技能的创业者为 44 位，占 23.66%，说明有一技之长对于农民工返乡创业是有一定帮助的。

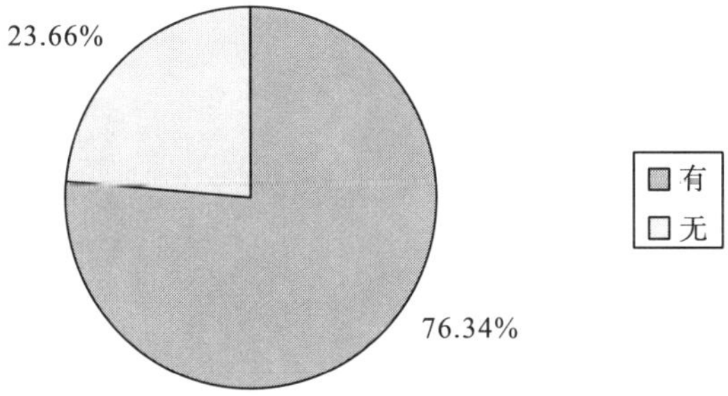

图 5-8　返乡创业者技能状况

5.2.1.2 社会关系情况

1. 婚姻状况

在179位对自身婚姻状况作出了回答的创业者中，已婚的创业者有165人，占92.18%；未婚的创业者有14人，占7.82%，就创业者群体而言，已婚者创业的占据了绝大多数(见图5-9)。

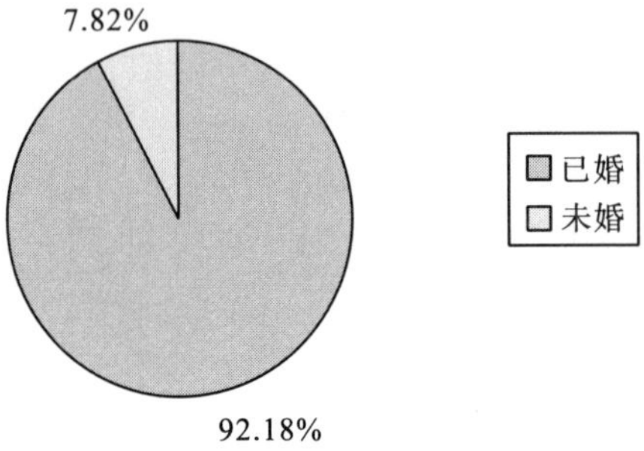

图5-9 创业者婚姻状况

2. 兄弟姐妹数

表5-30显示，大多数返乡创业者有2～3位兄弟姐妹，有2位兄弟姐妹的创业者达53人，占27.89%；有3位兄弟姐妹的创业者达43人，占22.63%。兄弟姐妹数最少的为0人，即独生子女，有3人，仅占1.58%；有1位受访者的兄弟姐妹数最多，达到9人。

表5-30 返乡创业者兄弟姐妹数

	频数	总体比例	有效比例	累积比例
0	3	1.58	1.58	1.58
1	13	6.84	6.84	8.42
2	53	27.89	27.89	36.32
3	43	22.63	22.63	58.95
4	32	16.84	16.84	75.79
5	23	12.11	12.11	87.89
6	9	4.74	4.74	92.63
7	7	3.68	3.68	96.32
8	6	3.16	3.16	99.47
9	1	0.53	0.53	100.00
合计	190	100.00	100.00	

3. 亲友中是否有干部

图5-10显示，在187位作出回答的创业者中，有104人表示亲友中有干部，占55.61%；83人表示亲友中没有干部，占44.39%，表明社会资本水平高的创业者超过了半数。

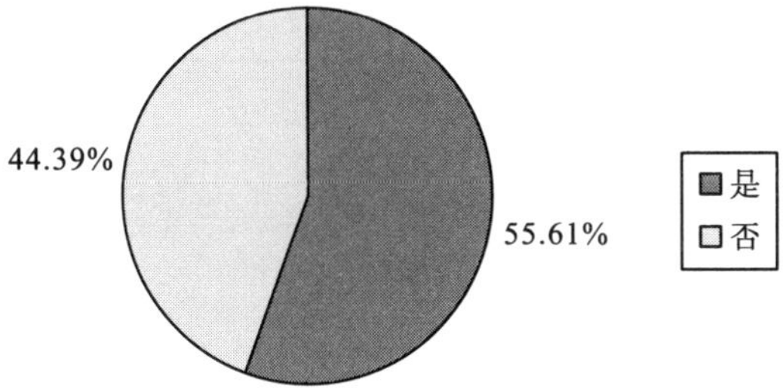

图5-10　返乡创业者亲友中是否有干部

5.2.2　创业企业经营现状

5.2.2.1　创业启动资金

1. 创业启动资金总体分布情况

有162位创业者回答了"您的创业启动资金是多少?"问题。其中，创业启动资金最少的"白手起家"，没有创业启动资金；创业启动资金最多的是3600万元；创业启动资金的样本均值为156.37万元，启动资金的中位数为6.80万元，众数为1万元①。将启动资金的分布用直方图表示，如图5.11所示。

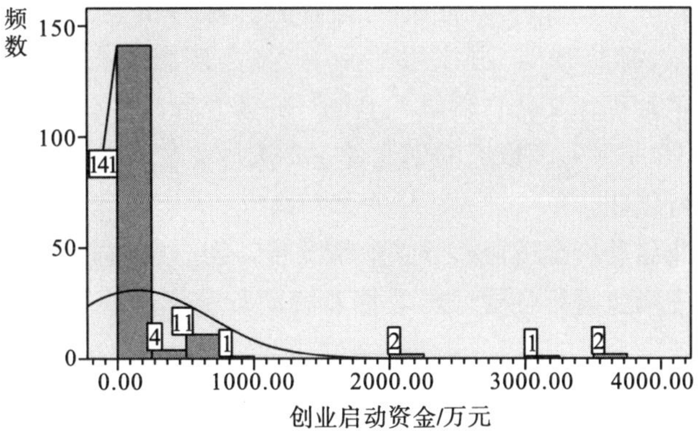

图5-11　返乡创业企业启动资金直方图

① 创业启动资金为1万元的有20位。

从图 5-11 中可以看出，样本群体农民工的创业启动资金呈现明显的正偏态(右偏态[①])分布，表明绝大部分的返乡创业者的创业启动资金金额较小，300 万元以下的创业者有 141 位。对创业资金规模按照 10 万元、100 万元、1000 万元划分为 4 个组，可以进一步观察到创业资金小于 10 万元的创业者有 85 位，占到 52.47%，介于 10 万和 100 万元组的有 51 位，占 31.48%，两组合计已经占到 83.95%(见表 5-31)。

表 5-31　创业启动资金按规模分组

资金规模/万元	频数	比例/%
<10.00	85	52.47
10.00～99.99	51	31.48
100.00～999.99	21	12.96
1000.00+	5	3.09
合计	162	100.00

2. 不同行业创业启动资金按规模分组情况

为进一步考察不同行业创业者的创业启动资金按规模进行分组的情况，建立“创业企业所在行业”与“创业启动资金按规模分组”两个变量的列联表(如表 5-32 所示)[②]。从表中可以看出：

启动资金在 10 万元以下的创业者多选择在“农林牧渔”行业中创业，占到“10 万元及以下组”的 26.25%，其次是“批发零售”行业，占到该组的 17.50%。而该组中没有“机关、社会团体”以及“旅游业”的创业者。

启动资金位于 10～99.99 万元间的创业者选择最多的行业仍然是“农林牧渔”，占 36.54%。但同时也可观察到，该组中选择“制造业”和“服装、纺织”业进行创业的活动也十分活跃，分别占到 15.38%和 13.46%。该组中没有“旅游业”的创业者。

启动资金位于 100～999.99 万元的创业者选择最多的行业是“制造业”，占该组 41.67%，其次是“农林牧渔”，占该组的 16.67%。该组中没有“其他社会和商业服务”、“交通通信”、“教育、文化、科研、卫生”的创业者。

启动资金位于 1000 万元及以上的创业者主要选择在“制造业”、“建筑业”和“交通通信”业等领域进行创业。

从不同行业创业启动资金按规模分组的情况看，创业启动资金量在 10 万元以下的创业者主要选择一、三产业进行创业。随着创业启动资金规模的增加，创业者主要集中在第二产业进行创业。

---

① 张文彤，闫洁. SPSS 统计分析基础教程 [M]. 北京：高等教育出版社，2004：167.

② 1. 由于两个变量之间存在交叉，同时对两个选项作出回答的样本数为 155 个，小于 162。2. “创业企业所在行业”是多选题，有的企业同时介入多个行业。

表 5-32　“创业企业所在行业”与“创业启动资金按规模分组”列联表

“创业企业所在行业”与“创业启动资金按规模分组”列联表

行业			创业启动资金/万元				合计
			<10.00	10.00～99.99	100.00～999.99	1000.00+	
创业企业所在行业	农林牧渔	数量/个	21	19	4	0	44
		占比/%	26.25	36.54	16.67	0.00	27.50
	制造业	数量/个	4	8	10	1	23
		占比/%	5.00	15.38	41.67	25.00	14.38
	建筑业	数量/个	1	2	1	1	5
		占比/%	1.25	3.85	4.17	25.00	3.13
	服装、纺织	数量/个	6	7	2	0	15
		占比/%	7.50	13.46	8.33	0.00	9.38
	批发零售	数量/个	14	3	1	0	18
		占比/%	17.50	5.77	4.17	0.00	11.25
	餐饮	数量/个	6	2	2	0	10
		占比/%	7.50	3.85	8.33	0.00	6.25
	其他社会和商业服务	数量/个	6	3	0	0	9
		占比/%	7.50	5.77	0.00	0.00	5.63
	交通通信	数量/个	2	3	0	1	6
		占比/%	2.50	5.77	0.00	25.00	3.75
	机关、社会团体	数量/个	0	1	1	0	2
		占比/%	0.00	1.92	4.17	0.00	1.25
	教育、文化、科研、卫生	数量/个	3	1	0	0	4
		占比/%	3.75	1.92	0.00	0.00	2.50
	旅游业	数量/个	0	0	1	0	1
		占比/%	0.00	0.00	4.17	0.00	0.63
	其他	数量/个	17	3	2	1	23
		占比/%	21.25	5.77	8.33	25.00	14.38
合计		数量/个	80	52	24	4	155
		比例/%	100.00	100.00	100.00	100.00	100.00

5.2.2.2　企业年营业收入状况

1. 创业企业年营业收入分布状况

有 141 位返乡创业者对企业年营业收入作出了回答。其中，年营业收入最小的为 0 元①，年营业收入最大的为 1.4 亿元。样本群体的平均年营业收入为 581.27 万元，中位数为 50 万元，众数为 300 万元。将创业企业的年营业收入用直方图表示(如图 5-12 所

① 刚刚创业，还没有营业收入。

示)。直方图显示，创业企业年营业收入呈右偏态分布，其中年营业收入 100 万元以下的有 79 户，超过半数。

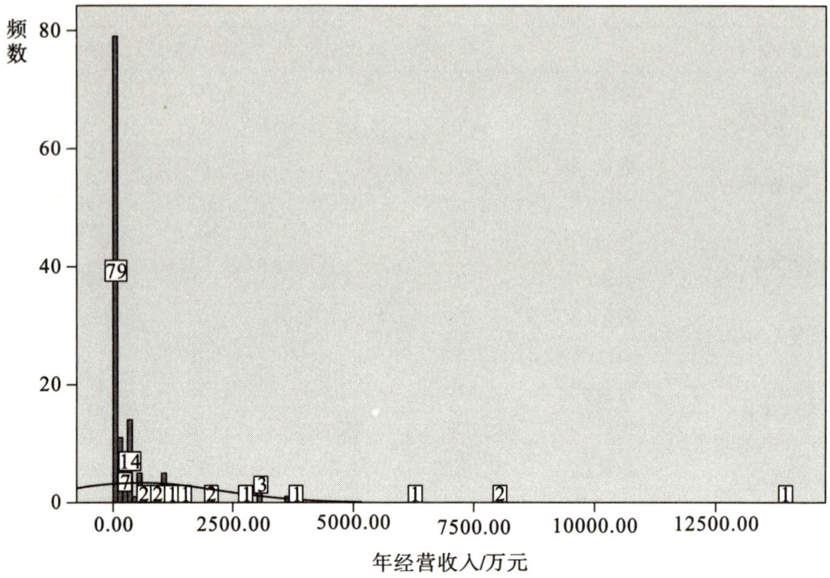

图 5-12 创业企业年营业收入直方图

为进一步考察创业企业的年营业收入分布状况，根据工信部等四部委发布的《中小企业划型标准规定》中的相关数据，按照 50 万元、100 万元、300 万元、500 万元、1000 万元、2000 万元、6000 万元、8000 万元等 8 个标准值，将样本群体划分为 9 个组(如表 5-33 所示)①。从表中可以看出，约有一半的企业年营业收入在 50 万元以下，其次是 100～299.99 万元组有 18 户企业，占到 12.77%，而年营业收入在 1000 万元以上的企业有 19 户，不到 10%。

表 5-33 企业年营业收入按规模分组

金额/万元	频数	比例/%
<50.00	70	49.65
50.00～99.99	9	6.38
100.00～299.99	18	12.77
300.00～499.99	15	10.64
500.00～999.99	10	7.09
1000.00～1999.99	7	4.96
2000.00～5999.99	8	5.67
6000.00～7999.99	1	0.71
8000.00+	3	2.13
合计	141	100.00

① 工信部等四部委. 中小企业划型标准规定 [Z]. 2011-7-4.

2. 不同行业企业年营业收入按规模分组情况

建立“创业企业所在行业”与“年营业收入按规模分组”两个变量的列联表(如表 5-34 所示)，从表中可以看出：在年营业收入 50 万元以下收入组中，“批发零售”行业的占比最大，为 19.05%；50～999.99 万元组中“农林牧渔”均是占比最大的行业，分别占到 37.50%、30.00%、40.00%和 40.00%；而 2000～5999.99 万元组以及 8000 万元及以上组中，“制造业”则成为占比最大的行业。说明在年营业收入 1000 万元以下的创业企业中，选择“农林牧渔”领域进行创业的最多，年营业收入超过 1000 万元的主要出现在“制造业”中。

表 5-34　不同行业企业年营业收入按规模分组

创业企业所在行业		年营业收入/万元									合计
		<50.00	50.00～99.99	100.00～299.99	300.00～499.99	500.00～999.99	1000.00～1999.99	2000.00～5999.99	6000.00～7999.99	8000.00+	
农林牧渔	数量/个	10	3	6	6	4	2	1	0	0	32
	占比/%	15.87	37.50	30.00	40.00	40.00	28.57	12.50	0.00	0.00	23.36
制造业	数量/个	3	2	2	4	1	2	3	0	3	20
	占比/%	4.76	25.00	10.00	26.67	10.00	28.57	37.50	0.00	60.00	14.60
建筑业	数量/个	1	0	1	1	0	0	1	0	1	5
	占比/%	1.59	0.00	5.00	6.67	0.00	0.00	12.50	0.00	20.00	3.65
服装、纺织	数量/个	7	0	2	1	2	0	1	0	0	13
	占比/%	11.11	0.00	10.00	6.67	20.00	0.00	12.50	0.00	0.00	9.49
批发零售	数量/个	12	1	2	2	0	0	0	0	0	17
	占比/%	19.05	12.50	10.00	13.33	0.00	0.00	0.00	0.00	0.00	12.41
餐饮	数量/个	7	1	2	0	1	1	0	0	0	12
	占比/%	11.11	12.50	10.00	0.00	10.00	14.29	0.00	0.00	0.00	8.76
其他社会商业服务	数量/个	5	1	1	0	0	0	0	0	0	7
	占比/%	7.94	12.50	5.00	0.00	0.00	0.00	0.00	0.00	0.00	5.11
交通通信	数量/个	3	0	1	0	0	2	1	0	0	7
	占比/%	4.76	0.00	5.00	0.00	0.00	28.57	12.50	0.00	0.00	5.11
机关、社会团体	数量/个	1	0	0	1	0	0	0	0	0	2
	占比/%	1.59	0.00	0.00	6.67	0.00	0.00	0.00	0.00	0.00	1.46
教育、文化、科研、卫生	数量/个	2	0	1	0	0	0	0	0	1	4
	占比/%	3.17	0.00	5.00	0.00	0.00	0.00	0.00	0.00	20.00	2.92
旅游业	数量/个	0	0	1	0	0	0	0	0	0	1
	占比/%	0.00	0.00	5.00	0.00	0.00	0.00	0.00	0.00	0.00	0.73
其他	数量/个	12	0	1	0	2	0	1	1	0	17
	占比/%	19.05	0.00	5.00	0.00	20.00	0.00	12.50	100.00	0.00	12.41
合计	数量/个	63	8	20	15	10	7	8	1	5	137
	占比/%	100	100	100	100	100	100	100	100	100	100

5.2.2.3 企业员工人数

1. 创业企业员工人数分布情况

有152位创业者回答了“您的企业目前有多少员工?”。其中，员工人数最少的为“0”，因为刚刚开始创业还没有员工，员工人数最多的一家企业拥有4500名员工。样本群体的员工人数均值为平均每户60.16人，中位数为4人，众数为2人。中位数和众数说明目前返乡农民工所创立的企业大部分仍然属于微型企业，而高达60.16的平均数同时又表明，尽管大部分返乡创业企业属于微型企业，但是已经有部分企业已经迈入了中型企业的行列。

根据工信部等四部委发布的《中小企业划型标准规定》中的相关数据，按照5人，20人，50人，100人，200人，300人，1000人等7个标准值对上述企业的员工人数分为8个组(如表5-35所示)。从表中可以看出：企业员工人数小于5人的企业有77户，占到了一半，约50.66%；企业员工人数5～19人组的企业有28户，占到18.42%；企业员工人数20～49人组的企业有20户，占到13.16%；企业员工人数50～99人组的企业有13户，占到8.55%；企业员工人数100～199人组的企业有8户，占到5.26%；企业员工人数200～299人组的企业有3户，占到1.97%；企业员工人数300～999人组的企业有2户，占到1.32%；员工人数超过1000人的仅有1户企业。

表5-35 创业企业员工人数按规模分组

人数/人	频数	比例/%	累积比例/%
<5.00	77	50.66	50.66
5.00～19.00	28	18.42	69.08
20.00～49.00	20	13.16	82.24
50.00～99.00	13	8.55	90.79
100.00～199.00	8	5.26	96.05
200.00～299.00	3	1.97	98.03
300.00～999.00	2	1.32	99.34
1000.00+	1	0.66	100.00
合计	152	100	

2. 不同行业企业员工人数按规模分组情况

建立“创业企业所在行业”与“企业员工人数按规模分组”两个变量的列联表(如表5-36所示)①。从表中可以看出，员工人数低于5人的企业中，“农林牧渔”行业的企业

① 由于两个变量之间存在交叉，同时对两个选项作出回答的样本数为150个。

有 21 户，占到该组的 28.77%，其次是批发零售业有 13 户，占到该组的 17.81%；5~19 人组中“农林牧渔”行业企业仍然最多，占到该组的 23.08%，其次是“餐饮业”企业，占 15.38%；20~199 人各组中，“制造业”企业均是占比最多的企业，分别占 33.33%、38.46%、44.44%；“服装、纺织”企业则是 200~299 人组的主要企业类型；“制造业”、“建筑业”、“教育、文化、科研、卫生”成为企业员工人数超过千人的三个行业。

表 5-36　不同行业企业员工人数按规模分组情况

			企业员工人数/人								合计
			<5	5~19	20~49	50~99	100~199	200~299	300~999	1000+	
创业企业所在行业	农林牧渔	数量/个	21	6	2	2	0	0	0	0	31
		占比/%	28.77	23.08	9.52	15.38	0.00	0.00	0.00	0.00	20.67
	制造业	数量/个	1	3	7	5	4	0	0	1	21
		占比/%	1.37	11.54	33.33	38.46	44.44	0.00	0.00	33.33	14.00
	建筑业	数量/个	1	3	0	0	2	0	0	1	7
		占比/%	1.37	11.54	0.00	0.00	22.22	0.00	0.00	33.33	4.67
	服装、纺织	数量/个	6	2	1	3	1	2	0	0	15
		占比/%	8.22	7.69	4.76	23.08	11.11	66.67	0.00	0.00	10.00
	批发零售	数量/个	13	2	3	0	1	0	0	0	19
		占比/%	17.81	7.69	14.29	0.00	11.11	0.00	0.00	0.00	12.67
	餐饮	数量/个	5	4	3	1	0	0	0	0	13
		占比/%	6.85	15.38	14.29	7.69	0.00	0.00	0.00	0.00	8.67
	其他社会和商业服务	数量/个	7	0	0	1	0	0	0	0	8
		占比/%	9.59	0.00	0.00	7.69	0.00	0.00	0.00	0.00	5.33
	交通通信	数量/个	3	2	1	0	0	0	0	0	6
		占比/%	4.11	7.69	4.76	0.00	0.00	0.00	0.00	0.00	4.00
	机关、社会团体	数量/个	0	1	0	0	1	0	0	0	2
		占比/%	0.00	3.85	0.00	0.00	11.11	0.00	0.00	0.00	1.33
	教育、文化、科研、卫生	数量/个	2	0	0	0	0	0	0	1	3
		占比/%	2.74	0.00	0.00	0.00	0.00	0.00	0.00	33.33	2.00
	旅游业	数量/个	0	0	1	0	0		0	0	1
		占比/%	0.00	0.00	4.76	0.00	0.00	0.00	0.00	0.00	0.67
	其他	数量/个	14	3	3	1	0	1	2	0	24
		占比/%	19.18	11.54	15.79	7.69	0.00	33.33	100.00	0.00	16.55
合计		数量/个	73	26	21	13	9	3	2	3	150
		占比/%	100	100	100	100	100	100	100	100	100

3. 不同行业吸纳就业人数情况

不同的行业吸纳的就业人数存在很大的不同，对样本群体企业员工人数所做的统计描述如表 5-37 所示，从表中可以看出：

“农林牧渔”企业平均就业人数 9.32 人，去掉双侧 5%的截尾均数为户均 7.2 人，中位数为 3 人，最少员工人数为 1 人，最大员工人数为 58 人。相比较而言，截尾均数因为去掉了双侧 5%的样本，受极端值的影响较小，因此本研究以截尾均数作为考察不同行业平均吸纳就业人数的参考值。

“制造业”企业平均就业人数为 58.87 人；“建筑业”企业平均就业人数为 45.5 人；“服装、纺织”企业平均就业人数为 46.61 人；“批发零售”企业平均就业人数为 8.07 人；“餐饮”企业平均就业人数为 10.22 人；“其他社会和商业服务”企业平均就业人数为 6.22 人；“交通通信”企业平均就业人数为 6.98 人。另外，“机关、社会团体”，“教育、文化、科研、卫生”，“旅游业”等行业由于样本数量太少，尚无法给出具有统计意义的指标。

从分析结果看，“制造业”、“建筑业”、“服装、纺织”企业吸纳就业的能力很强，三者的截尾均数都超过了 45 人；平均每户“餐饮”企业可吸纳约 10.22 人就业；而平均每户“农林牧渔”、“批发零售”、“其他社会和商业服务”、“交通通信”吸纳的就业人数均在 5 人以上(见表 5-37)。

表 5-37 不同行业企业员工人数统计描述 （单位：人）

行业	均值	截尾均数	中位数	最小值	最大值
农林牧渔	9.32	7.2	3	1	58
制造业	267.81	58.87	46	3	4500
建筑业	48.5	45.5	15	1	150
服装、纺织	52	46.61	5	1	200
批发零售	13.32	8.07	3	1	120
餐饮	11.75	10.22	5	1	50
其他社会和商业服务	8.25	6.22	2	1	52
交通通信	7.33	6.98	4	1	20
其他	66.12	29.02	3	0	900

5.2.2.4 创业企业员工月平均工资

1. 创业企业员工月平均工资分布状况

只有 113 位创业者回答了“您企业员工的月平均工资是多少”。其中，月平均工资最低的是 500 元，最高的是 10000 元，样本群体企业月平均工资的均值为 1666.90 元，中位数为 1500 元，众数也是 1500 元，说明 1500～1600 元的月平均工资是目前返乡创业企业提供给员工的平均薪酬水平。将创业企业员工平均月工资水平的分布情况用直方图表示(如图 5-13 所示)。直方图显示，样本群体企业员工的月平均工资略呈右偏态分布，主要集中在 500～3500 元的水平上。

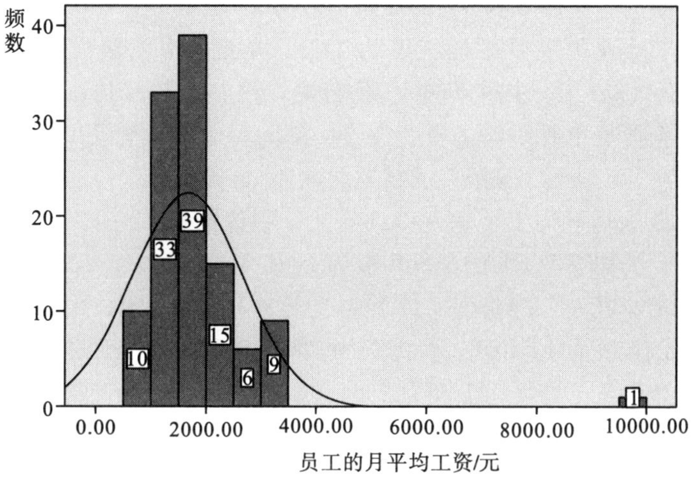

图 5-13　创业企业员工月平均工资直方图

将企业员工月平均工资按照 500 元、1000 元、1500 元、2000 元，2500 元，3000 元等标准进行分组，如表 5-38 所示。从表中可以看出，员工月平均工资在 1000 元以下的有 10 户，占 8.85%；1000～1499 元组有 33 户，占 29.20%；1500～1999 元组的企业最多，有 39 户，占 34.51%；2000～2499 元组的有 15 户，占 13.27%；2500～2499 元组有 6 户，占 5.31%；而 3000 元及以上组有 10 户，占 8.85%。

表 5-38　创业企业员工月平均工资分组情况

工资/元	频数	比例/%	累积比例/%
500.00～999.00	10	8.85	8.85
1000.00～1499.00	33	29.20	38.05
1500.00～1999.00	39	34.51	72.57
2000.00～2499.00	15	13.27	85.84
2500.00～2999.00	6	5.31	91.15
3000.00+	10	8.85	100.00
合计	113	100.00	

2. 不同行业企业员工月平均工资

为考察不同行业企业提供给员工的工资水平，对样本群体不同行业企业员工月平均工资所做的统计描述如表 5-39 所示，从表中可以看出：

“农林牧渔”企业员工月平均工资为 1448.15 元，中位数为 1500 元，最小值为 500 元，最大值为 2200 元，去掉双侧 5%的截尾均数为 1460.49 元。

“制造业”企业员工月平均工资为 1833.33 元，中位数为 1500 元，最小值为 1000

元，最大值为3000元，去掉双侧5%的截尾均数为1814.29元。

“建筑业”企业员工月平均工资为2175.00元，中位数为1900元，最小值为1800元，最大值为3100元，去掉双侧5%的截尾均数为2144.44元。

“服装、纺织”企业员工月平均工资为1710.00元，中位数为1600元，最小值为1000元，最大值为3000元，去掉双侧5%的截尾均数为1677.78元。

“批发零售”企业员工月平均工资为1420.00元，中位数为1100元，最小值为600元，最大值为3000元，去掉双侧5%的截尾均数为1377.78元。

“餐饮”企业员工月平均工资为1300.00元，中位数为1200元，最小值为800元，最大值为2500元，去掉双侧5%的截尾均数为1261.11元。

“其他社会和商业服务”企业员工月平均工资为1060.00元，中位数为1000元，最小值为1000元，最大值为1300元，去掉双侧5%的截尾均数为1050.00元。

“交通通信”企业员工月平均工资为2366.67元，中位数为2750元，最小值为1200元，最大值为3200元，去掉双侧5%的截尾均数为2385.19元。

另外，“机关、社会团体”，“教育、文化、科研、卫生”，“旅游业”等行业由于样本数量太少，尚无法给出具有统计意义的指标。

从分析结果看，以截尾均数作为行业平均月工资水平的参照值，“交通通信”和“建筑业”企业员工的月平均工资的截尾均数都超过了2000元，“交通通信”企业员工的月平均工资水平最高，达到了2385.19元；“建筑业”企业员工的月平均工资水平达到了2144.44元。处于第二梯队的是“制造业”、“服装纺织”企业，企业员工的月平均工资水平超过了1500元，“制造业”企业达到1814.29元，“服装、纺织”企业达到1677.78元。一些未明确归类的“其他类”企业的员工月平均工资也达到了1892.06元，但是该组的月平均工资分布的离散程度很高，最少的仅为800元，而最大的为10000元，这与“其他类”企业组主要由各种未明确分类的企业组成有关。位于第三梯队的是“农林牧渔”、“批发零售”、“餐饮”和“其他社会和商业服务”企业，均未超过1500元，分别是1460.49元、1377.78元、1261.11元、1050.00元。

表5-39 不同行业企业员工月平均工资统计描述 （单位：元）

	不同行业员工月平均工资				
	均值	截尾均数	中位数	最小值	最大值
农林牧渔	1448.15	1460.49	1500	500	2200
制造业	1833.33	1814.29	1500	1000	3000
建筑业	2175.00	2144.44	1900	1800	3100
服装、纺织	1710.00	1677.78	1600	1000	3000
批发零售	1420.00	1377.78	1100	600	3000
餐饮	1300.00	1261.11	1200	800	2500
其他社会和商业服务	1060.00	1050.00	1000	1000	1300
交通通信	2366.67	2385.19	2750	1200	3200
其他	2242.86	1892.06	1650	800	10000

5.2.2.5　企业经营周期

1. 第一次创业的时间

有 180 位创业者回答了“您第一次创业在哪一年?”。其中，最早的 1 位创业者的创业时间是 1973 年，最晚的 8 位创业者的创业时间是 2011 年以后创业的(如图 5-13 所示)。从图 5-13 中可以观察到，从 20 世纪 70 年代以来，尽管创业活跃程度在不同的时期存在波动，但是总体上看农民工返乡创业呈日趋活跃的态势。

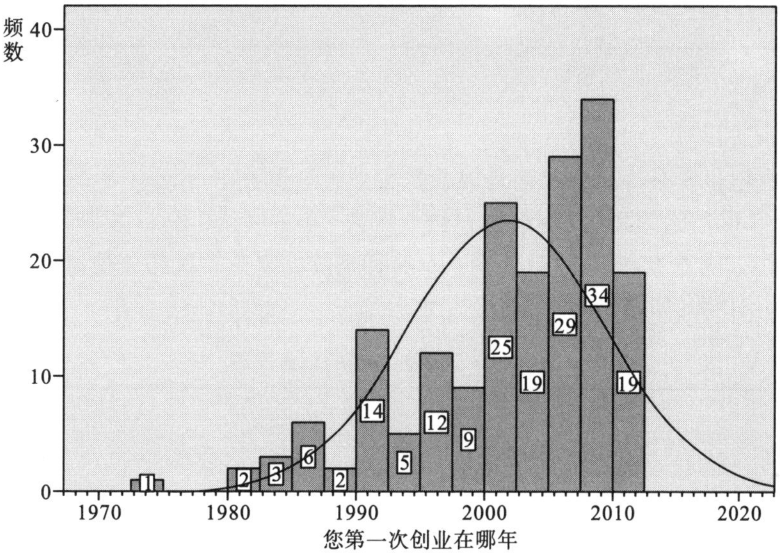

图 5-14　返乡创业者首次创业时间分布图

按照前文所界定的四个阶段，即“1978～1991 年、1992～2002 年、2003～2007 年、2008 年以后”，对样本群体的首次创业时间进行分组，并计算每个阶段的年均创业企业户数，可以看到样本群体的年平均创业户数为 4.37 户(如表 5-40 所示)。其中，1978～1991 年有 21 户，占 11.73%，年均创业 1.50 户；1992～2002 年有 57 户，占 31.84%，年均 5.18 户；2003～2007 年有 48 户，占 26.82%，年均创业户数已经上升为 9.60 户；2008 年至调查截止期 2012 年 2 月，短短 3 年时间就有 53 户创业企业，尽管只占 29.61%，但是年均创业户数已经跃升为 17.67 户。说明 2008 年以后，农民工返乡创业的活跃度相比以前已经发生了巨大的变化。

表 5-40 返乡创业者第一次创业时间按周期分组①

年份	频数	比例/%	年均创业户数/户
1978～1991	21	11.73	1.50
1992～2002	57	31.84	5.18
2003～2007	48	26.82	9.60
2008～2012.2	53	29.61	17.67
合计	179	100	4.37

2. 创业次数

有 167 位创业者回答了“现在是第几次创业?”。其中，超过一半的创业者属于首次创业，共有 93 位，比例高达 55.69%；创业次数 2 次的有 50 位，占 29.94%，创业次数 3 次的有 16 位，占 9.85%；创业次数 4 次的有 3 位，创业 5 次的 4 位，有 1 位创业者的创业次数高达 10 次(如表 5-41 所示)。

表 5-41 返乡创业者的创业次数

次数	频数	比例/%	累积比例/%
1	93	55.69	55.69
2	50	29.94	85.63
3	16	9.58	95.21
4	3	1.80	97.01
5	4	2.40	99.40
10	1	0.60	100.00
合计	167	100	

建立“创业企业所在行业”与“现在是第几次创业”两个变量的列联表(如表 5-42 所示)。可以观察到在创业者最为集中的 1 次和 2 次创业行业中，首次创业者主要选择“农林牧渔”和“制造业”进行创业；2 次创业者主要选择“农林牧渔”、“批发零售”以及“制造业”进行创业。

① 去除 1973 年创业者 1 人。

表 5-42　“创业企业所在行业”与“现在是第几次创业”列联表

			现在是第几次创业						合计
			1 次	2 次	3 次	4 次	5 次	10 次	
创业企业所在行业	农林牧渔	数量/个	32	9	1	0	1	0	43
		占比/%	35.16	20.93	6.67	0.00	33.33	0.00	27.56
	制造业	数量/个	11	8	3	0	0	0	22
		占比/%	12.09	18.60	20.00	0.00	0.00	0.00	14.10
	建筑业	数量/个	1	2	2	1	0	0	6
		占比/%	1.10	4.65	13.33	33.33	0.00	0.00	3.85
	服装、纺织	数量/个	6	5	0	0	0	0	11
		占比/%	6.59	11.63	0.00	0.00	0.00	0.00	7.05
	批发零售	数量/个	7	9	2	0	2	0	20
		占比/%	7.69	20.93	13.33	0.00	66.67	0.00	12.82
	餐饮	数量/个	7	2	3	0	1	0	13
		占比/%	7.69	4.65	20.00	0.00	33.33	0.00	8.33
	其他社会和商业服务	数量/个	4	1	2	1	0	0	8
		占比/%	4.40	2.33	13.33	33.33	0.00	0.00	5.13
	交通通信	数量/个	2	1	3	1	0	0	7
		占比/%	2.20	2.33	20.00	33.33	0.00	0.00	4.49
	机关、社会团体	数量/个	0	1	0	0	0	0	1
		占比/%	0.00	2.33	0.00	0.00	0.00	0.00	0.64
	教育、文化、科研、卫生	数量/个	3	0	1	0	0	0	4
		占比/%	3.30	0.00	6.67	0.00	0.00	0.00	2.56
	旅游业	数量/个	0	0	0	0	1	0	1
		占比/%	0.00	0.00	0.00	0.00	33.33	0.00	0.64
	其他	数量/个	18	6	0	0	0	1	25
		占比/%	19.78	13.95	0.00	0.00	0.00	100.00	16.03
合计		数量/个	91	43	15	3	3	1	156
		占比/%	100.00	100.00	100.00	100.00	100.00	100.00	100.00

3. **企业经营期限**

175位创业者回答了“您目前的企业经营了多少年?”。其中，时间最短的只有3个月，时间最长的企业经营时间为27年(如图5-14所示)。从图中看到，企业经营期限的分布呈现右偏态，样本群体的平均经营期限为6.28年，中位数为4年，众数为3年。众数表明2008年国际金融危机引发的返乡潮期间农民工返乡创业的活跃度大大提高(见图5-15)。

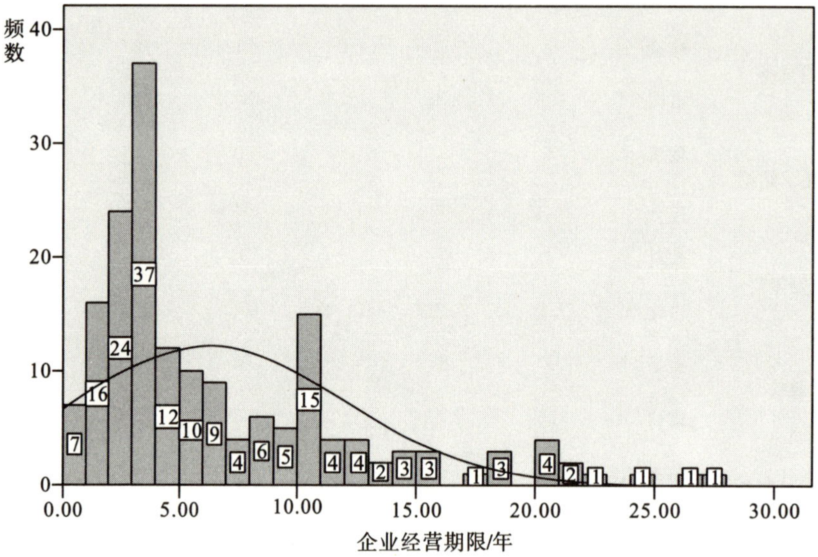

图5-15 创业企业经营期限分布图

按照1年、3年、5年、10年、15年、20年6个时点，将创业企业的经营期限进一步划分为7个组，考察所有创业企业的经营周期分布情况(如表5-43所示)。其中，经营期限1年及以下企业有22户，占12.57%，经营期限为1～3年的有62户①，占35.43%，二者合计达到48%。经营期限3～5年的有22户，占12.57%；经营期限5～10年的有39户，占到22.29%；经营10～15年的有16户，占9.14%；经营15～20年的有8户，占4.57%；经营时间超过20年的有6户，占3.43%。

表5-43 创业企业经营期限分组情况

期限/年	频数	比例/%	累积比例/%
≤1.00	22	12.57	12.57
1.01～3.00	62	35.43	48.00
3.01～5.00	22	12.57	60.57

① 该数据高于2008年后首次创业的53户企业，说明2008年以后有部分创业者进行了再次创业。

续表

期限/年	频数	比例/%	累积比例/%
5.01～10.00	39	22.29	82.86
10.01～15.00	16	9.14	92.00
15.01～20.00	8	4.57	96.57
20.01+	6	3.43	100.00
合计	175	100.00	

5.2.2.6　企业经营状况

1. 创业企业经营状况

为考察企业经营状况，调查问卷设置了“目前您的企业的经营状况如何?”这一问题，包括“①发展很好、②发展较好、③一般、④勉强维持　⑤难以维持”五个选项。共有 171 户返乡创业企业对该问题作出了回答，如图 5-16 所示。其中，表示“发展很好”的企业有 16 户，占 9%；表示“发展较好”的企业有 52 户，占 30%，二者合计占到 39%，约 4 成。表示“发展一般”的企业有 80 户，占 47%。表示“勉强维持”的有 13 户，占 8%；表示“难以维持”的有 10 户，占 6%，二者合计占到 14%。总体上看，返乡农民工创业的企业发展状况较健康。

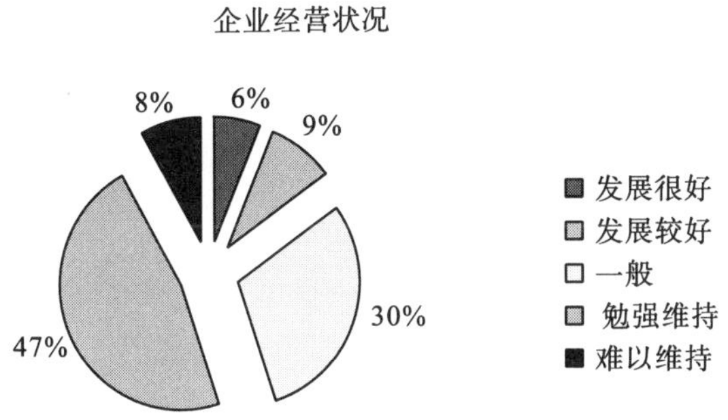

图 5-16　返乡创业企业经营状况分布图

2. 不同行业创业企业的经营状况

建立“创业企业所在行业”与“企业经营状况”两个变量的列联表，如表 5-44 所示。从表 5-44 中可以看出，“制造业”和“农林牧渔业”自我评价“发展很好”的企业的比例最高，分别占该组的 25%和 18.75%；而“发展较好”组同样是这两个行业的企业占比最高，其中“农林牧渔”占 36%，“制造业”占 18%；“发展一般”组中，“农林牧渔”、“服装、纺织”企业的占比最高，分别占 26.67%和 12%；“勉强维持“组中“制造业”企业的比例最高，占到 41.67%，而“难以维持”组中出现了“农林牧渔”、“批发零售”和“机关、社会团体”类的企业。

表 5-44 “创业企业所在行业”与“企业经营状况”列联表

			经营状况					合计
			发展很好	发展较好	一般	勉强维持	难以维持	
创业企业所在行业	农林牧渔	数量/个	3	18	20	0	2	43
		占比/%	18.75	36.00	26.67	0.00	28.57	
	制造业	数量/个	4	9	5	5	0	23
		占比/%	25.00	18.00	6.67	41.67	0.00	
	建筑业	数量/个	0	4	2	0	0	6
		占比/%	0.00	8.00	2.67	0.00	0.00	
	服装、纺织	数量/个	0	4	9	1	0	14
		占比/%	0.00	8.00	12.00	8.33	0.00	
	批发零售	数量/个	2	6	8	1	1	18
		占比/%	12.50	12.00	10.67	8.33	14.29	
	餐饮	数量/个	2	1	8	1	0	12
		占比/%	12.50	2.00	10.67	8.33	0.00	
	其他社会和商业服务	数量/个	0	1	4	2	0	7
		占比/%	0.00	2.00	5.33	16.67	0.00	
	交通通信	数量/个	2	2	4	0	0	8
		占比/%	12.50	4.00	5.33	0.00	0.00	
	机关、社会团体	数量/个	0	0	1	0	1	2
		占比/%	0.00	0.00	1.33	0.00	14.29	
	教育、文化、科研、卫生	数量/个	1	1	1	0	0	3
		占比/%	6.25	2.00	1.33	0.00	0.00	
	旅游业	数量/个	0	0	1	0	0	1
		占比/%	0.00	0.00	1.33	0.00	0.00	
	其他	数量/个	2	6	15	2	3	28
		占比/%	12.50	12.00	20.00	16.67	42.86	
	合计	数量/个	16	50	75	12	7	160

5.3 模型检验

2008 年国际金融危机爆发导致大量在外务工的农民工失业返乡，引起了全社会的重视，当年 12 月国务院办公厅下发《关于切实做好当前农民工工作的通知》（国办发[2008] 130 号），强调要“大力支持农民工返乡创业和投身新农村建设”。随着宏观经济形势的变化以及政策的推进，农民工返乡创业问题逐渐成为理论研究热点。其中，对农民工返乡创业影响因素的分析可分为对创业意愿影响因素的分析，以及对创业行为影响因素的分析。本节将根据前文构建的理论分析框架，合理筛选、确定自变量和因变量，运用四川的相关数据对影响返乡农民工创业意愿及创业行为的因素进行检验。

5.3.1 返乡农民工创业意愿影响因素分析

近年来，理论界对农民工返乡创业影响因素的研究主要从返乡创业者的微观特征和宏观环境两个方面展开。刘光明、宋洪远等通过案例归纳，认为个人和家庭因素对农民工返乡创业的影响最大①。朱红根等认为，农民工的个体特征、家庭特征、社会资本，以及政策支持力度都是影响农民工返乡创业意愿的重要因素②。石智雷等则认为个人特征因素和家庭资源禀赋因素是影响农民工返乡创业意愿的重要因素③。刘光明、宋洪远还认为，地方政府的支持和鼓励、宏观经济环境的变化也会对农民工返乡创业产生积极影响④。林斐也认为外部环境是打工农民创办企业在区位选择方面首先考虑的因素⑤。前文认为除了个人特征以外，基础设施、产业结构、经济发展水平、劳动力市场的发育程度等宏观因素也会对农民工返乡创业产生重要影响。这些研究成果从理论与实证两个方面揭示了可能影响农民工返乡创业意愿的因素，但是从既有文献的研究情况看，至少还可以在以下三个方面进一步深入：第一，既有文献关于农民工返乡前的职业经历对其返乡创业意愿影响的研究相对较少，无法明确回答农民工务工期间所在行业、务工单位类型及其本人的职务状况对其创业意愿是否会产生显著影响。第二，尽管很多文献都认为宏观环境是影响农民工返乡创业的重要因素，但是这一论断仍停留在理论分析层面，还只是一种理论假说，缺乏实证研究的检验。第三，既有的实证研究，数据结构为单一的横截面数据，相对缺乏“白南生式”的针对不同年份间农民工返乡创业意愿差异的比较研究。

鉴于此，本部分内容将检验务工行业、单位类型及职务状况等职业经历对农民工返乡创业意愿的影响；同时也将对“宏观环境是影响农民工返乡创业的重要因素”这一理论假说进行实证检验；本部分还将利用来自四川省2009～2012年连续四年的混合横截面数据，比较不同年份间农民工返乡创业意愿的差异并揭示这种变化与宏观经济政策支持力度的变化之间的对应关系。

---

① 刘光明，宋洪远. 外出劳动力回乡创业：特征、动因及其影响——对安徽、四川两省四县71位回乡创业者的案例分析 [J]. 中国农村经济，2002，3：65-71.

② 朱红根等. 劳动力输出大省农民工返乡创业意愿影响因素的实证分析——基于江西省1145个返乡农民工的调查数据 [J]. 中国农村观察，2010，5：38-47.

③ 石智雷等. 返乡农民工创业行为与创业意愿分析 [J]. 中国农村观察，2010，5：25-37.

④ 刘光明，宋洪远. 外出劳动力回乡创业：特征、动因及其影响——对安徽、四川两省四县71位回乡创业者的案例分析 [J]. 中国农村经济，2002，3：65-71.

⑤ 林斐. 对安徽省百名“打工”农民回乡创办企业的问卷调查及分析 [J]. 中国农村经济，2002，3：72-76.

5.3.1.1 研究方法

根据第 4 章，农民工返乡创业的净现值 NPV 为①

$$NPV = V(s) - V(w) = \sum_{j=0}^{n} \frac{pu(s_j) - u(w_j)}{(1+i)^j} \tag{5.1}$$

在投资尚未开始时 NPV 究竟是多少往往是不可观测的，这就给我们研究有哪些因素影响农民工创业投资决策带来了极大的困难。我们只能观测到返乡农民工是否决定创业，即“Y=1”代表返乡农民工自我评估创业会成功因而决定创业，“Y=0”代表返乡农民工自我评估创业不会成功因而决定不创业。由于在 NPV 与我们能够观测到的创业与否的决策之间存在这样一种联系——NPV 越大，那么农民工返乡创业的意愿会越强烈，因此我们不必通过分析影响 NPV 大小的变量来研究其影响因素，而只需要判断是哪些因素在影响农民工作出“创业或不创业”的选择即可。下面我们将从理论上证明这种替代是可行的。

人力资本理论在研究某个事件是否发生的影响因素时，常常使用 logistic 函数来表达，比如 Hall 和 Kansten 就利用 logistic 函数来描述个人特征与“是否发生职业流动”的概率之间的关系②。本文借鉴这一方法，用 logistic 函数来描述返乡农民工创业成功的概率与其影响因素之间的关系。

设：

$$p = \frac{e^{\beta' X}}{1+e^{\beta' X}} = \frac{e^{\beta_0+\beta_1 x_1+\beta_2 x_2+\cdots+\beta_m x_m}}{1+e^{\beta_0+\beta_1 x_1+\beta_2 x_2+\cdots+\beta_m x_m}} \tag{5.2}$$

式中，X 是影响农民工作出“创业或不创业”决策的各种因素。

将式(5.2)代入式(5.1)可得

$$NPV = \sum_{j=0}^{n} \frac{\frac{e^{\beta' X}}{1+e^{\beta' X}} u(s_j) - u(w_j)}{(1+i)^j} \tag{5.3}$$

为了考察第 $k(k=1, 2, \cdots, m)$ 项因素对 NPV 的影响，将式(5.3)两边对 x_k 求导，得

$$\frac{\partial NPV}{\partial x_k} = \frac{\beta_k e^{\beta' X}}{(1+e^{\beta' X})^2} \sum_{j=0}^{n} \frac{u(s_j)}{(1+i)^j} \tag{5.4}$$

因为

$$\frac{e^{\beta' X}}{(1+e^{\beta' X})^2} \sum_{j=0}^{n} \frac{u(s_j)}{(1+i)^j} > 0 \tag{5.5}$$

所以，$\frac{\partial NPV}{\partial x_k}$的符号完全取决于$\beta_k$。式(5.4)表明通过估计参数 β_k 的确可以判断究竟有

① 为了模型推导表述方便，此处的 s 代表第 4 章中假定的返乡创业纯收入；w 代表的是农民工务农的纯收入。

② Hall R E, Kasten R A. Occupational mobility and the distribution of occupational success among young men [J]. American Economic Review, 1976, 66(2), Papers and Proceedings of the Eighty-eighth Annual Meeting of the American Economic Association. (May.): 309-315.

哪些因素在边际上显著地影响着农民工的创业投资决策及影响方向。

农民工返乡后是否有进行创业的意愿？为什么有的农民工返乡后决定创业，而有的农民工却不愿意创业，究竟是什么因素在影响返乡农民工是否有意愿进行创业？从研究方法上看，返乡农民工是否愿意创业，意味着应变量是一个二元变量：有创业意愿，或者没有创业意愿。对于二元选择的应变量，一般采取 Logit 模型和 Probit 模型对此类问题进行回归。Logit 模型和 Probit 模型之间的差别不大，考虑到数学处理的方便，本文选择 Logit 模型对影响创业者是否利用创业扶持政策的因素进行分析。

首先建立如下的 Logit 计量模型：

$$p_i = E(Y_i = 1 | X_{1i}, X_{2i}, \cdots, X_{mi}) = \frac{1}{1+e^{-Z_i}} = \frac{1}{1+e^{-(\alpha+\beta_1 X_{1i}+\beta_2 X_{2i}+\ldots+\beta_m X_{mi})}} \tag{5.5}$$

则

$$\frac{p_i}{1-p_i} = \frac{1+e^{Z_i}}{1+e^{-Z_i}} = e^{Z_i} \tag{5.6}$$

两边取自然对数：

$$L_i = \ln\left(\frac{p_i}{1-p_i}\right) = Z_i = \alpha + \beta_1 X_{1i} + \beta_2 X_{2i} + \ldots + \beta_m X_{mi} \tag{5.7}$$

其中，Y 是应变量，表示返乡农民工是否愿意创业，是=1，否=0；X 为自变量。通过估计参数 β_1，β_2，…，β_m，可以知道在 m 个自变量中哪些自变量对应变量的影响在统计上是显著的。

5.3.1.2 研究假说

H1：农民工外出务工的职业经历会对其返乡创业意愿产生显著影响。

一名成功的创业者必须具备一些基本的要件：发现和评估新的创业机会，调集必要的创业资金，制定各种计划以及内部激励机制，及时作出管理决策，发现新的信息并把这些信息转化为新的技术、产品和市场，同时还需要带领整个团队①。这些要件与微观创业主体的禀赋特征变量有很大关系。比如，制定企业管理制度需要创业者有一定的文化知识，这可能会与创业者的受教育程度有关；针对企业经营过程中出现的问题及时作出有效的管理决策，则不仅要求创业者具有相应的管理知识，同时可能还需要创业者具备一定的管理经验。对外出务工的农民工而言，管理知识和经验的获取更多的是来自于“干中学”，通过在务工过程中的观察、学习、体会和实践锻炼，逐渐积累起创业所需的知识和能力，为返乡创业打下基础。因此，本文提出第一条研究假说：农民工外出务工的职业经历会对其返乡创业意愿产生显著影响。

H2：返乡农民工所在区域的宏观环境因素会对其创业意愿产生显著影响。

创业者在创业过程中需要通过要素市场组织劳动力、资本、技术等生产要素，并在

① Leibenstein H. Entrepreneurship and Development [J]. American Economic Review，1968，58(2)，Papers and Proceedings of the Eightieth Annual Meeting of the American Economic Association (May)：72-83.

某个具体的空间地理位置上进行组合，生产出各种产品和服务，并通过商品市场将产品和服务销售出去。可以说，农民工返乡创业成功与否除了受创业主体个人禀赋特征变量的影响之外，与创业主体所在区域的经济发展水平、产业结构、基础设施状况、市场发育状况等宏观环境因素之间也存在重要的联系。因此，本文提出第二条需要检验的假说：返乡农民工所在区域的宏观环境因素会对其创业意愿产生显著影响。

5.3.1.3 数据来源与样本基本情况

1. 数据来源

本部分的数据来源于2009～2012年，课题组在四川省金堂县、中江县、船山区(遂宁市)、蓬溪县、射洪县、叙永县等劳务输出大县连续四轮随机发放的1390份调查问卷。问卷发放的时间段主要集中在每年1～3月农历春节前后，利用在外务工人员集中返乡的时间展开调查。调查内容涉及受访者个人基本情况、就业情况、职业经历、家庭收支情况、返乡后的打算等方面。在调查返乡农民工是否打算创业这一问题时，并未采用“今年是否打算创业?”这样的简单提问方式，而是问及“今年的打算”并给出包括“①在家务农②出去打工③先待一段时间，有机会再出去打工④自己创业”等更多的选择。在此基础上，把选择“自己创业”的样本放进实验组，并将选择其他选项的样本放进参照组。在1390份问卷中，部分问卷在某些变量上存在数据缺失，为了充分利用问卷信息，在描述样本基本情况时课题组并未将其视为无效问卷。但是，在计量检验的时候，需要统一样本数，排除所有存在缺失值的问卷之后，共有662个样本满足条件。

2. 样本基本情况

1)不同职业经历农民工返乡创业意愿

在国有企业中务工的农民工返乡后有创业意愿的比例最高，达到25.86%。其次是受聘于个体经营户的农民工，以及在城市中没有固定就业单位而采取自我雇佣形式的农民工，两者的创业意愿比例分别达到18.11%和17.24%。已经返乡务农的农民工的创业意愿比例是比较低的，只有5.6%。问卷调查显示，在“三资”企业务工的农民工基本没有意愿返乡创业(见表5-45)。

表5-45 不同务工单位类型农民工返乡创业意愿

	务工单位类型								合计
	国有	集体	私营	三资	个体户	自我雇佣	务农	其他	
否/%	74.14	89.74	89.69	100.00	81.89	82.76	94.40	86.43	87.34
是/%	25.86	10.26	10.31	0.00	18.11	17.24	5.60	13.57	12.66
频数	58	117	291	21	127	116	125	140	995

在批发零售行业和机关社会团体务工的农民工中意愿创业者的比例最高，分别达到 37.50%和 30.00%，而在服装纺织行业和教育、文化、科研、卫生行业中务工的农民工的创业意愿最低(见表 5-46)。

表 5-46　不同行业农民工返乡创业意愿

	行业											合计
	农林牧渔	制造	建筑	服装纺织	批发零售	餐饮	其他社会和商业服务	交通通讯	机关社会团体	教育文化科研卫生	其他	
否/%	87.93	91.39	91.32	95.59	62.50	78.95	82.09	80.65	70.00	100.00	84.83	87.06
是/%	12.07	8.61	8.68	4.41	37.50	21.05	17.91	19.35	30.00	0.00	15.17	12.94
频数	58	151	265	68	40	38	67	31	10	4	211	943

已经成为务工单位负责人的农民工群体的意愿创业比例最高，达到了 33.33%，其次是商业服务人员的意愿创业比例达到 22.95%。农林牧渔生产人员和生产运输工人的意愿创业比例最低，分别只有 6.52%和 4.60%(见表 5-47)。

表 5-47　不同职务农民工返乡创业意愿

	职务							合计
	单位负责人	专业技术人员	办事人员及相关人员	商业服务人员	农林牧渔生产人员	生产运输工人	其他	
否/%	66.67	84.25	91.25	77.05	93.48	95.40	84.10	86.34
是/%	33.33	15.75	8.75	22.95	6.52	4.60	15.90	13.66
频数	30	146	80	61	46	174	371	908

2)不同县域返乡农民工的创业意愿

在所调查的不同区域中，蓬溪县返乡农民工的创业意愿最强烈，意愿创业者的比例占 60.53%，其次是中江县和金堂县，意愿创业者分别占 14.29%和 13.95%。射洪县返乡农民工的创业意愿最低，只有 5.26%(见表 5-48)。

表 5-48　不同县域农民工返乡创业意愿

	县域						合计
	金堂县	中江县	船山区	蓬溪县	射洪县	叙永县	
否/%	86.05	85.71	93.55	39.47	94.74	93.86	87.45
是/%	13.95	14.29	6.45	60.53	5.26	6.14	12.55
频数	638	49	31	38	57	342	1155

3)不同年份间返乡农民工的创业意愿

2009～2012年的四年时间里，农民工返乡创业的意愿并未呈现持续增长的态势。2010年返乡农民工的创业意愿最强烈，意愿创业者占到22.22%，比2009年高10.79个百分点。到了2011年农民工返乡创业的意愿却急剧下降，意愿创业者仅为10.39%，2012年有所恢复，意愿创业者的比例为14.40%(见表5-49)。

表5-49 不同年份农民工返乡创业意愿

	年份				合计
	2009年	2010年	2011年	2012年	
否/%	88.57	77.78	89.61	85.60	87.39
是/%	11.43	22.22	10.39	14.40	12.61
频数	70	126	712	250	1158

5.3.1.4 变量选择与描述性统计

1. 职业经历变量

Cooper和Dunkelberg认为①，一名潜在的创业者的职业经历和他所在的组织(企业)的状况会对他今后的创业行动产生重要影响。农民工外出务工能开阔眼界，会学到新的知识，因而务工期间的职业经历可能会对农民工返乡创业意愿产生影响。由于农民工在外务工时所处的“行业”、所在“务工单位的类型”，及其本人在务工单位的“职务”状况均存在差异，因而可能会对农民工返乡创业意愿产生出不同方向的影响。

2. 区域宏观环境变量

按照现行的行政管理体制，县属政府部门与上级政府部门之间存在着对口关系，乡(镇)政府则不具备这种对应关系，故县级政府是具有实施农民工返乡创业扶持政策综合协调能力的最低层级政府，本文将返乡农民工的“乡”界定在县这个行政级别上，并控制了以下变量：①“行政县”，由于宏观环境不同，因而不同县域经济体之间农民工返乡创业意愿也会存在差异。②“县域人均GDP”，人均GDP越高的经济体越有活力，预计该区域农民工返乡创业的意愿会更强烈。③“单位面积公路里程”，反映当地的基础设施状况，创业活动的扩张与基础设施的水平存在正向相关关系②。④“第二产业占比”，反

① Cooper A C, Dunkelberg William C. Entrepreneurship and Paths to Business Ownership [J]. Strategic Management Journal, 1986, 7 (1)(Jan. - Feb.): 53-68.

② Schmitz J A Jr. Imitation, Entrepreneurship, and Long-Run Growth [J]. Journal of Political Economy, 1989, 97(3)(Jun.): 721-739.

映当地工业化发展水平，预计第二产业占比高的地区农民工返乡创业的意愿会更强烈。⑤“从业人员占比”，反映当地劳动力市场发育状况，预计与农民工返乡创业的意愿存在正向相关关系。

3. 时间变量

2008 年 12 月国务院办公厅下发《关于切实做好当前农民工工作的通知》后，农民工返乡创业的意愿是否呈现稳定增长的态势，这是本文关心的内容，因此选择“年份”这个虚拟变量进入模型。

参照已有研究，本文还控制了以下变量：

4. 人口学特征变量

Praag 和 Cramer 认为个体的性别、受教育状况可能会对其是否成为一名创业者产生影响[①]，在他们看来女性成为创业者的可能性比男性低，受教育程度越高的个体成为创业者的可能性也会更高；年轻人的收入流期限更长，在控制了其他变量的情况下，年轻人更愿意创业[②]。这里选择返乡农民工的“性别、年龄以及文化程度”进入计量模型。

5. 家庭财富变量

一些文献认为，家庭财富与创业之间存在正向相关性[③④]，因此低财富家庭在创业时会受到约束。朱红根等考察过家庭人均纯收入对农民工返乡创业意愿的影响[⑤]，本书认为创业投资与收入总量的关系更大，故本书采用的变量是“家庭年纯收入”，该变量是一个连续变量，采用农民工上年家庭纯收入数据。为了避免因为物价波动造成名义收入与实际收入不一致，将所有收入数据按照国家统计局公布的居民消费价格指数折算至 2012 年。变量说明见表 5-50。

各变量的描述性统计见表 5-51。男性农民工的比例占 80%；样本平均年龄 38.06 岁；平均文化程度接近初中水平；上年家庭年纯收入平均为 2.01 万元；县域人均 GDP 的均值为 1.67 万元；每平方千米公路里程均值为 1.41 km；第二产业占比平均达到 41.69%；从业人员占比平均为 54.91%。

---

① Praag C M V, Cramer J S. The roots of entrepreneurship and labour demand: individual ability and low risk aversion [J]. Economica, New Series, 2001, 68(269)(Feb.): 45-62.

② Lazear E P. Entrepreneurship [J]. Journal of Labor Economics, 2005, 23(4)(Oct.): 649-680.

③ Evans D S, Boyan Jovanovic. An estimated model of entrepreneurial choice under liquidity constraints [J]. Journal of Political Economy, 1989, 97 (Aug.): 808-827.

④ Fairlie, Robert W. The absence of the African-American owned business: an analysis of the dynamics of self-employment [J]. Journal of Labor Economics, 1999, 17 (Jan.): 80-108.

⑤ 朱红根，等. 劳动力输出大省农民工返乡创业意愿影响因素的实证分析——基于江西省 1145 个返乡农民工的调查数据 [J]. 中国农村观察，2010，5：38-47.

表 5-50 变量说明

变量名	变量说明	预期方向
性别	男=1，女=0(参照组)	+
年龄	周岁	−
文化程度	不识字或识字很少=1，小学=2，初中=3，高中=4，中专=5，大专=6，本科及以上=7(参照组)	−
家庭年纯收入	采用农民工上年家庭纯收入数据，按居民消费价格指数折算至2012年。单位：万元	+
务工单位类型	国有企业=1，集体企业=2，私营企业=3，“三资”企业=4，个体户=5，自我雇佣=6，其他=7(参照组)	+/−
行业	农林牧渔=1，制造业=2，建筑业=3，服装、纺织=4，批发零售=5，餐饮=6，其他社会和商业服务=7，交通通信=8，机关、社会团体=9，教育、文化、科研卫生=10，其他=11(参照组)	+/−
职务	单位负责人=1，专业技术人员=2，办事人员及相关人员=3，商业服务人员=4，农林牧渔生产人员=5，生产、运输工人=6，其他=7(参照组)	+/−
行政县	金堂县=1，中江县=2，船山区=3，蓬溪县=4，射洪县=5，叙永县=6(参照组)	+/−
县域人均GDP	采用返乡农民工所在县的人均GDP数据，按居民消费价格指数折算至2012年。单位：万元	+
单位面积公路里程	采用返乡农民工所在县每平方千米行政区域内的公路里程数来表示。单位：公里	+
第二产业占比	采用返乡农民工所在县的第二产业增加值占比数据。单位：%	+
从业人员占比	采用返乡农民工所在县的从业人员数量与该县户籍人口的比例。单位：%	+
年份	2009=1(参照组)，2010=2，2011=3，2012=4	?

表 5-51 变量的描述性统计

变量名	最小值	最大值	均值	标准差
是否打算创业	0	1	0.14	0.34
性别	0	1	0.80	0.40
年龄	16	65	38.06	8.10
文化程度	1	7	2.83	0.86
家庭年纯收入	0	61.56	2.01	3.20
务工单位类型	1	8	4.40	2.13
行业	1	11	5.28	3.50
职务	1	7	5.11	2.01
行政县	1	6	2.99	2.25

续表

变量名	最小值	最大值	均值	标准差
县域人均 GDP	0.84	2.81	1.67	0.69
单位面积公里路程	0.95	1.76	1.41	0.31
第二产业占比	34.65	56.20	41.69	4.74
从业人员占比	48.06	62.75	54.91	4.99
年份	2009	2012	2010.95	0.77

5.3.1.5　主要变量间的相关性检验

表 5-52 是对所有变量进行相关性检验后，将部分存在显著高度相关性的变量列表的结果。行政县与县域人均 GDP、单位面积公路里程、从业人员占比存在显著的高度相关性；县域人均 GDP 与单位面积公路里程、从业人员占比也显著地存在高度相关性，说明县域经济体的发展水平越高，当地的基础设施条件会越好，劳动力市场发育也会更完善；单位面积公路里程与从业人员占比之间相关性也很显著，说明劳动力市场的发育与当地基础设施条件的好坏有关。而第二产业占比与从业人员占比存在显著的负相关性，表明第二产业的发展并未对当地就业增加带来积极影响。

表 5-52　主要变量间相关系数

	行政县	县域人均 GDP	单位面积公路里程	第二产业占比	从业人员占比
行政县	1				
县域人均 GDP	−0.79**	1			
单位面积公里路程	−0.81**	0.75**	1		
第二产业占比	0.37**	0.08*	0.14**	1	
从业人员占比	−0.91**	0.71**	0.53**	−0.48**	1

注：** 表示相关性在 1%的水平上显著，* 表示在 5%的水平上显著。

5.3.1.6　实证结果及分析

1. 估计结果

表 5-53 是将所有变量同时纳入模型的回归结果，可以看出性别、年龄、文化程度、家庭年纯收入对返乡农民工创业意愿的影响方向与预期基本相同。务工单位类型、行业、职务等多元无序变量的不同组别对创业意愿的影响呈现出不同方向的影响，这也与预期吻合。由于行政县与县域人均 GDP、单位面积公路里程、从业人员占比之间存在显著的高度相关性，为此需要对这四个变量分别进行控制并采取前向及后向逐步回归法，以消

除多重共线性对模型估计结果的影响。

表 5-53 全变量模型回归结果

	系数	P 值		系数	P 值
性别(男)	0.336	0.366	其他社会和商业服务	0.158	0.761
年龄	−0.015	0.443	交通通信	0.381	0.602
文化程度		0.478	机关、社会团体	−0.854	0.579
不识字或识字很少	−4.402	0.028	教育、文化、科研、卫生	−21.669	0.999
小学	−3.737	0.057	职务		0.001
初中	−3.656	0.063	单位负责人	1.903	0.004
高中	−3.639	0.065	专业技术人员	0.777	0.063
中专	−5.215	0.074	办事人员及相关人员	−0.145	0.803
大专	−23.217	0.999	商业服务人员	0.082	0.875
家庭年纯收入	0.015	0.627	农林牧渔生产人员	−2.103	0.157
务工单位类型		0.499	生产、运输工人	−1.171	0.035
国有	0.168	0.801	行政县		0.216
集体	−0.447	0.466	金堂县	−381.565	1.000
私营	0.261	0.588	中江县	−322.711	1.000
三资	−18.087	0.998	船山区	−274.413	1.000
个体户	0.149	0.776	蓬溪县	−151.364	1.000
自我雇佣	0.589	0.258	射洪县	−242.554	1.000
务农	−0.856	0.225	县域人均 GDP	−1.758	1.000
行业		0.030	单位面积公路里程	386.667	1.000
农林牧渔	0.261	0.811	第二产业占比	−1.849	1.000
制造业	−0.677	0.222	从业人员占比	14.715	1.000
建筑业	−1.038	0.014	年份		0.999
服装、纺织	−1.461	0.095	2010 年	18.063	0.999
批发零售	0.930	0.084	常数项	−1038.376	1.000
餐饮	0.578	0.402			
−2 倍似然对数值	−2 Log likelihood =378.891				
伪决定系数	Cox&Snell R^2=0.200，Nagelkerke R^2=0.364				

由于“县域人均 GDP、单位面积公路里程、从业人员占比”三个变量只是区域宏观经济环境的一个方面，“行政县”所包含的信息更广泛，因此本文按照两个阶段选择具体的控制变量。首先，在不控制“行政县”的情况下，分别控制这三个变量，并同时采取前向回归和后向回归的办法剔除其余并不显著的变量，结果见表 5-54 的模型Ⅰ、Ⅱ、Ⅲ。其次，在仅仅控制“行政县”的情况下，采取前向回归和后向回归的办法剔除其余不显著的变量，结果见表 5-54 的模型Ⅳ、Ⅴ。

表 5-54　逐步回归结果

变量	模型Ⅰ	模型Ⅱ	模型Ⅲ	变量	模型Ⅳ	模型Ⅴ
行业				行业		
农林牧渔	−0.400	−0.400	−0.400	农林牧渔	−0.352	−0.369
制造业	−0.670	−0.670	−0.670	制造业	−0.582	−0.587
建筑业	−0.788*	−0.788*	−0.788*	建筑业	−0.700*	−0.704*
服装、纺织	−1.441*	−1.441*	−1.441*	服装、纺织	−1.416*	−1.421*
批发零售	1.175**	1.175**	1.175**	批发零售	1.218**	1.197**
餐饮	1.002*	1.002*	1.002*	餐饮	1.080*	1.056*
其他社会和商业服务	0.235	0.235	0.235	其他社会和商业服务	0.284	0.292
交通通信	0.418	0.418	0.418	交通通信	0.508	0.525
机关、社会团体	0.676	0.676	0.676	机关、社会团体	0.834	0.831
教育、文化、科研、卫生	−21.138	−21.138	−21.138	教育、文化、科研、卫生	−20.652	−20.637
职务				职务		
单位负责人	1.972***	1.972***	1.972***	单位负责人	1.980***	1.964***
专业技术人员	0.826**	0.826**	0.826**	专业技术人员	0.883**	0.889**
办事人员及相关人员	−0.169	−0.169	−0.169	办事人员及相关人员	−0.168	−0.182
商业服务人员	0.181	0.181	0.181	商业服务人员	0.220	0.218
农林牧渔生产人员	−1.689	−1.689	−1.689	农林牧渔生产人员	−1.677	−1.668
生产、运输工人	−1.033*	−1.033*	−1.033*	生产、运输工人	−1.011*	−1.015*
第二产业占比	−0.218***	−0.218***	−0.218***	行政县		
年份				金堂县	1.066***	1.112***
2011 年	2.034***	2.034***	2.034***	中江县	0.408	0.459
2012 年	−0.017	−0.017	−0.017	船山区	0.067	0.116
2013 年	0.775	0.775	0.775	蓬溪县	3.839***	3.883***
				射洪县	−0.290	—
常数项	6.685***	6.685***	6.685***	常数项	−2.752***	−2.793***
未控制行政县	控制县域人均 GDP	控制单位面积公路里程	控制从业人员占比	控制行政县	前向回归	后向回归
−2 Log likelihood		406.922			405.819	405.944
Cox&Snell R^2		0.165			0.166	0.166
Nagelkerke R^2		0.301			0.304	0.303

注：***表示在 1%的水平上显著，**表示在 5%的水平上显著，*表示在 10%的水平上显著。

表 5-54 显示，无论是采取前向回归还是后向回归，模型都非常稳定，特别是模型Ⅰ、Ⅱ、Ⅲ的结果更是完全一致。模型Ⅳ、Ⅴ的结果尽管在估计系数上略微存在差别，

但不管是模型结构、参数显著性水平，还是整体似然比检验结果、拟合优度均基本相同。回归结果表明，农民工务工期间所在行业、务工时的职务、所在县域、当地的产业结构，以及返乡的年份等因素都显著影响着农民工创业的意愿。

2. **结果分析**

(1)职业经历显著影响着农民工的返乡创业意愿。尽管务工单位的类型并不会对农民工返乡创业意愿产生影响，但是在什么样的行业里务工却会对其创业意愿产生重要影响。在建筑业和服装、纺织业务工的返乡农民工的创业意愿显著低于参照组，而在批发零售和餐饮行业务工的返乡农民工的创业意愿则显著高于参照组。这可能与批发零售、餐饮行业的进入门槛较低，而建筑业和服装纺织行业的创业进入门槛相对较高有关，以致熟悉这些行业的农民工呈现出不同程度的创业意愿差异。另外，从务工期间的职务因素来看，处于单位负责人岗位和专业技术人员岗位上的返乡农民工的创业意愿显著强于参照组，而生产、运输工人的创业意愿则显著低于参照组。究其原因，单位负责人熟悉企业的运作流程，拥有相当程度的管理知识与能力，专业技术人员则掌握了企业发展的关键要素，这些务工期间积累起来的人力资本对他们自主创业具有很重要的帮助。与之相对应的是，生产运输工人因所处的岗位较低，难以积累起足够的创业所需的知识与经验，因而创业意愿相对更低。

(2)区域宏观环境是影响返乡农民工创业意愿的重要因素。不同县域的返乡农民工在是否愿意创业的问题上存在显著差异，金堂县和蓬溪县的返乡农民工的创业意愿发生率显著高于叙永县的返乡农民工。另外，县域经济体的第二产业占比也是显著影响农民工创业意愿的因素之一，但其影响方向与预期方向并不相同，系数估计结果为−0.218，表明第二产业增加值占比越大的县的返乡农民工其创业意愿更低。这可能是工业化程度越高的地区，返乡农民工越容易在当地第二产业就业，以至于无形中提高了返乡农民工创业的机会成本，降低了其创业收益，从而削弱了返乡农民工的创业意愿。

(3)农民工返乡创业的意愿并未呈现稳定增长的态势。无论是描述性分析还是计量检验都表明，2009～2012 年的 4 年时间里，农民工返乡创业的积极性并未持续增长，而是波动变化。计量检验显示，仅有 2010 年春节返乡农民工的创业意愿比 2009 年发生了显著的积极变化，这与 2009 年国际金融危机影响最深重的时期，各级政府都非常重视扶持农民工返乡创业问题并密集出台了众多时效性的政策有关。随着金融危机造成的短期强冲击的消退，时效性政策也逐渐退出①，由危机触发的创业支持热潮有所衰减，以致

① 比如 2008 年 12 月 20 日人力资源和社会保障部、财政部、国家税务总局联合下发《关于采取积极措施减轻企业负担稳定就业局势有关问题的通知(人社部发〔2008〕117 号)》，提出“允许困难企业在一定期限内缓缴社会保险费”、“阶段性降低四项社会保险费率”、“使用失业保险基金帮助困难企业稳定就业岗位”和“鼓励困难企业通过开展职工在岗培训等方式稳定职工队伍”等 4 项政策，并规定政策执行期为 2009 年之内。到 2009 年 12 月，由于金融危机的持续影响，三部门又再次联合下发《关于进一步做好减轻企业负担稳定就业局势有关工作的通知(人社部发〔2009〕175 号)》，上述四项政策再次延长至 2010 年年底并最终退出。

2011 年返乡农民工创业的热情有所减退。

5.3.1.7　主要结论及政策启示

1. 主要结论

通过以上的分析，得到以下主要结论：①农民工外出务工的职业经历会对其返乡创业意愿产生显著影响。农民工务工期间所处的行业，以及务工期间的职务状况是影响农民工作出创业决定的重要因素。那些在进入门槛相对较低的行业里务工的，以及处于负责人和专业技术人员等有利于积累创业知识与能力的岗位上的农民工的创业意愿最为强烈。②返乡农民工所在区域的宏观环境因素会对其创业意愿产生显著影响。本文验证了理论界以及本书第 4 章关于宏观环境会对农民工返乡创业产生重要影响的观点，发现不同县域农民工的返乡创业意愿存在显著差异。③返乡农民工的创业意愿并未随时间的变化呈现出一致增强的趋势，而是表现为波动发展的态势，仅仅在部分年份受时效政策的强刺激显著增强。

2. 政策启示

第一，创业扶持政策应保持连续性。2009 年初为应对国际金融危机的影响，各级政府出台了系列创业扶持政策，在稳定了经济形势的同时也大力促进了返乡创业经济的发展。但是，随着经济形势好转，部分扶持政策开始逐渐退出或到期，返乡农民工的意愿创业率也随之发生波动。这种政策的变化，不仅影响了返乡农民工的创业意愿，对那些已经开始创业的返乡农民工，也会产生严重影响。为了促进返乡创业经济健康稳定地发展，应该保持创业扶持政策的一致性和连贯性。

第二，在提升创业“硬”环境的时候，要更加注重“软”环境的改善。回归结果显示，尽管“行政县”这一变量代表的宏观环境因素对农民工返乡创业产生着重要影响，但是这种影响并不主要来自于诸如“单位面积公路里程”所代表的“硬”环境，这样的实证结果表明为促进返乡创业经济的发展，今后各地应该在提升道路、交通、通信等“硬”环境的同时，更加注重改善各地的创业“软”环境。比如，加大对政策和创业典型人物的宣传力度，营造良好的创业氛围；改进政府部门的业务水平，提高政府部门的办事效率；加强对创业者的人文关怀，改善政务服务的质量。

第三，应高度重视农民工的再培训。个人文化程度的高低并不对其创业意愿产生显著影响，但是务工期间的职务水平却有显著影响，这样的实证结果表明，管理知识、专业技能等非学历教育人力资本的积累对于提高返乡农民工的创业意愿有重要意义。因此，政府部门在改善创业扶持政策的同时，还应该加大对务工人员开展职业技能培训和创业培训的力度，培育更多的创业人才后备军。

5.3.2 返乡农民工创业行为影响因素分析

对农民工返乡创业影响因素的分析可分为对创业意愿影响因素的分析①②③，以及对创业行为影响因素的分析④。之所以对这二者作出划分是因为有创业意愿并不意味着一定会付诸实践成为一名真正的创业者，二者之间存在着很大程度的区别。目前学界对农民工返乡创业意愿及行为影响因素的研究包括了农民工的人口学特征、家庭状况、社会资本以及政策支持等多个方面的因素分析。从既有文献的研究情况看，还可以在以下两个方面进一步深入：第一，既有文献关于农民工返乡前的职业经历对其后创业行为的影响研究较少，尚不能明确回答农民工务工期间所在行业、务工单位类型及其本人的职务状况对其创业行为是否会产生显著影响。第二，缺乏对不同年份间农民工返乡创业行为差异的比较研究，因而不能判断农民工返乡创业是否呈现稳定增长的态势。

本部分内容将在借鉴已有文献研究成果的基础上，除了分析农民工的人口学特征对其创业行为选择的影响之外，还将着重分析返乡农民工的职业经历，以及不同年份间由于宏观经济政策支持力度的变化对返乡农民工群体创业行为选择所带来的影响。

5.3.2.1 研究方法与变量选择

1. 研究方法

从研究方法上看，返乡农民工是否创业的命题意味着应变量是一个二元变量：创业，或者不创业。本文选择 Logit 模型对影响农民工返乡创业行为的因素进行分析。

首先建立如下的 Logit 计量模型：

$$p_i = E(Y_i = 1 | X_{1i}, X_{2i}, \cdots, X_{mi}) = \frac{1}{1+\mathrm{e}^{-Z_i}} = \frac{1}{1+\mathrm{e}^{-(\alpha+\beta_1 X_{1i}+\beta_2 X_{2i}+\ldots+\beta_m X_{mi})}} \quad (5.8)$$

则

$$\frac{p_i}{1-p_i} = \frac{1+\mathrm{e}^{Z_i}}{1+\mathrm{e}^{-Z_i}} = \mathrm{e}^{Z_i} \quad (5.9)$$

两边取自然对数：

$$L_i = \ln(\frac{p_i}{1-p_i}) = Z_i = \alpha + \beta_1 X_{1i} + \beta_2 X_{2i} + \ldots + \beta_m X_{mi} \quad (5.10)$$

---

① 朱红根，等. 劳动力输出大省农民工返乡创业意愿影响因素的实证分析——基于江西省 1145 个返乡农民工的调查数据 [J]. 中国农村观察，2010，5：38-47.

② 熊智伟，王征兵. 农民工返乡创业意愿影响因素实证研究———基于江西省 262 名返乡创业农民工的调查数据 [J]. 统计与信息论坛，2011，(11)：103-108.

③ 王爱民，赵浩兴. 后危机时代农民工返乡创业的影响因素研究———基于问卷调查数据的实证分析 [J]. 湖南农业科学，2011，(19)：151-154.

④ 石智雷，谭宇，吴海涛. 返乡农民工创业行为与创业意愿分析 [J]. 中国农村观察，2010，(5)：26-37.

其中，Y 是应变量，表示返乡农民工是否已经创业，是=1，否=0；X 为自变量。通过估计参数 β_1，β_2，…，β_m，可以知道在 m 个自变量中哪些自变量对应变量的影响在统计上是显著的。

2. 变量选择

1)人口学特征变量

Praag 和 Cramer 认为个体的性别、受教育状况可能会对其是否成为一名创业者产生影响，在他们看来女性成为创业者的可能性比男性低，受教育程度越高的个体成为创业者的可能性也会更高[①]；人力资本理论认为，年龄是影响投资收益的重要因素，在控制了其他变量的情况下，年轻人的收入流期限更长，因而年轻人更愿意投资。本研究将选择返乡农民工的性别、年龄以及文化程度进入计量模型。

2)家庭财富变量

一些文献认为，家庭财富与创业之间存在正向相关性[②③]，因此低财富家庭在创业时会受到约束。但是，Hurst 和 Lusardi 却认为这个结论过于草率，他们的研究表明在所有家庭财富的分布范围内，95%的美国家庭是否创业与其家庭财富水平的高低没有多大关系，原因就在于小微企业的创业资金门槛很低[④]。究竟家庭财富的多少对农民工返乡创业行为有没有正向影响，这是本书需要检验的。朱红根等考察过家庭人均纯收入对农民工返乡创业意愿的影响[⑤]，本书认为创业投资与收入总量的关系更大，故本文采用的变量是“家庭年纯收入”，该变量是一个连续变量，对未创业的农民工而言来自其上年家庭纯收入，对已经创业的农民工而言来自其创业前一年的家庭纯收入。为了避免因为物价波动造成名义收入与实际收入不一致，将所有收入数据按照国家统计局公布的居民消费价格指数折算至 2011 年末这个时点。

3)职业经历变量

外出务工能开阔眼界，会学到新的知识，因而务工期间的职业经历可能会对农民工返乡创业行为产生影响。由于农民工在外务工时所处的行业、所在务工单位的类型，及

---

① Praag C M V，Cramer J S. The roots of entrepreneurship and labour demand: individual ability and low risk aversion [J]. Economica，New Series，2001，68(269)(Feb.)：45-62.

② Evans D S，Boyan Jovanovic. An estimated model of entrepreneurial choice under liquidity constraints [J]. Journal of Political Economy，1989，97 (Aug.)：808-827.

③ Fairlie Robert W. The absence of the African-American owned business: an analysis of the dynamics of self-employment [J]. Journal of Labor Economics，1999，17 (Jan.)：80-108.

④ Hurst Erik，Annamaria Lusardi. Liquidity constraints，household wealth，and entrepreneurship [J]. Journal of Political Economy，112(2)(April 2004)：319-347.

⑤ 朱红根，等. 劳动力输出大省农民工返乡创业意愿影响因素的实证分析——基于江西省 1145 个返乡农民工的调查数据 [J]. 中国农村观察. 2010，5：38-47.

其本人在务工单位的职务状况均存在差异，因而对农民工返乡创业行为的选择可能会呈现出不同方向的影响。

4)时间变量

2008年12月国务院办公厅下发《关于切实做好当前农民工工作的通知》后，农民工返乡创业是否呈现稳定增长的态势，这是本书关心的内容，因此选择“年份”这个虚拟变量进入模型。

对于作为实验组的返乡创业者而言，上述人口学变量、家庭财富变量，以及职业经历变量取值均来源于其创业前一年的数据。变量说明见表5-55。

表5-55 变量说明

变量名	变量赋值或单位	预期方向
性别	女=0(参照组)，男=1	+
年龄	周岁	−
文化程度	不识字或识字很少=1，小学=2，初中=3，高中=4，中专=5，大专=6，本科及以上=7(参照组)	−
家庭年纯收入	万元	?
务工单位类型	国有企业=1，集体企业=2，私营企业=3，三资企业=4，个体户=5，自我雇佣=6，其他=7(参照组)	+/−
行业	农林牧渔=1，制造业=2，建筑业=3，服装、纺织=4，批发零售=5，餐饮=6，其他社会和商业服务=7，交通通讯=8，机关、社会团体=9，教育、文化、科研卫生=10，其他=11(参照组)	+/−
职务	单位负责人=1，专业技术人员=2，办事人员及相关人员=3，商业服务人员=4，农林牧渔生产人员=5，生产、运输工人=6，其他=7(参照组)	+/−
年份	2009=1，2010=2，2011=3(参照组)	?

5.3.2.2 数据来源与变量描述

1. 数据来源

这部份的数据通过2009～2011年在四川省的劳务输出基地县采取随机发放调查问卷的方式获得，调查地涉及四川省金堂县、中江县、遂宁市船山区、蓬溪县、射洪县、叙永县、泸县和岳池县。剔除存在缺失值的问卷后，在此期间返乡但未创业的农民工522位，返乡创业的农民工39位。从人群分类来看，返乡但尚未创业的农民工可以分为3类：①返乡但没有创业意愿，②返乡且有创业意愿，但是今后并不会实施，③返乡且有创业意愿，今后会实施创业。如果把有创业意愿且今后会实施创业的样本放进对照组中，就会导致本应为“1”的Yi误读为“0”，这必然会影响Logit模型估计结果的有效性，因此必须将今后会实施创业的“意愿创业者”挑选出来并将其放进实验组中。然而，“今后会实施创业”是不可观测的，理论上的解决办法是持续跟踪调查每一个样本，直到将这些“潜在的创业者”标示为“真正的创业者”。但这也仅仅是理论上可行的办法，因为意愿创业者可能在几年或十几年，甚至几十年后才实施创业，因此现阶段无法把那些今后会成为真实创业者的“意愿创业者”筛选出来。为了避免将真实值为“1”的 Yi 误读为“0”，本书只选择明确表示没有创业意愿的样本进入对照组。另外，还有部分农民工是二次创业，为了更准确反映影响返乡农民工创业行为的因素，仅选择第一次创业的农民工样本进入实验组。满足上述条件的样本共有 480 个。

2. **变量的描述性统计**

采用 SPSS 软件分析，各变量的描述性统计见表 5-56。男性农民工的比例很大，达 82%，女性农民工占 18%；受访者的最小年龄为 17 岁，最大年龄为 64 岁，平均年龄为 37.37 岁；平均文化程度接近初中水平；家庭年纯收入的两极分化情况比较严重，但是平均水平仅为 1.97 万元。

表 5-56　变量的描述性统计

变量名	最小值	最大值	均值	标准差
是否已经创业	0	1	0.06	0.23
性别	0	1	0.82	0.39
年龄	17	64	37.37	8.42
文化程度	1	7	2.94	0.94
家庭年纯收入	0	61.56	1.97	3.43
务工单位类型	1	8	4.25	2.01
行业	1	11	4.73	3.33
职务	1	7	4.96	2.01
年份	2009	2011	2010.64	0.65

5.3.2.3　实证结果及分析

1. **估计结果**

表 5-57 是 Logit 模型回归结果。模型Ⅰ是将所有变量代入模型的全变量回归结果，从中可以看出部分变量如年龄并未呈现统计意义上的显著性。故采用后向逐步回归的方法对模型再次回归(显著性水平变化情况见表 5-58)，最终得到模型Ⅱ。结果表明，性别、

文化程度、务工单位类型、行业、职务和年份等 6 个变量是显著影响返乡农民工创业行为选择的重要因素。其中，文化程度、职务和年份变量不仅对于整个模型而言是显著的，同时其内部各分组之间也存在统计意义上的显著差异。

表 5-57 模型回归结果

变量	模型Ⅰ		模型Ⅱ	
	系数	P 值	系数	P 值
性别(男)	−1.931	0.094	−2.139	0.039
年龄	−0.057	0.345	—	—
文化程度		0.094		0.026
不识字或识字很少	−25.743	0.997	−26.214	0.997
小学	−4.274	0.514	−4.424	0.321
初中	−3.971	0.543	−3.756	0.391
高中	−1.575	0.810	−1.301	0.769
中专	3.004	0.653	2.294	0.621
大专	1.089	0.865	1.569	0.716
家庭年纯收入	−0.509	0.276	—	—
务工单位类型		0.868		0.881
国有	22.398	0.996	21.575	0.996
集体	1.050	1.000	0.438	1.000
私营	21.684	0.996	21.371	0.996
三资	24.160	0.995	23.280	0.996
个体户	21.280	0.996	20.957	0.996
自我雇佣	19.869	0.996	19.076	0.996
务农	−1.877	1.000	−1.622	1.000
行业		0.340		0.225
农林牧渔	6.375	0.026	5.892	0.018
制造业	−2.423	0.180	−1.882	0.253
建筑业	−3.698	0.106	−4.030	0.105
服装、纺织	−2.766	0.145	−2.850	0.117
批发零售	−1.151	0.605	−1.773	0.376
餐饮	0.220	0.930	−0.434	0.834
其他社会和商业服务	−0.236	0.916	−0.895	0.641
交通通信	−18.678	0.998	−18.255	0.998
机关、社会团体	1.463	0.647	2.124	0.477
教育、文化、科研、卫生	−28.202	0.999	−26.486	0.999
职务		0.050		0.019

续表

变量	模型Ⅰ		模型Ⅱ	
	系数	*P* 值	系数	*P* 值
单位负责人	6.638	0.010	5.714	0.003
专业技术人员	−0.346	0.843	−0.349	0.819
办事人员及相关人员	−3.020	0.165	−2.958	0.145
商业服务人员	−0.103	0.939	0.476	0.703
农林牧渔生产人员	−3.822	0.179	−4.074	0.110
生产、运输工人	0.364	0.831	0.084	0.954
年份		0.000		0.000
2009 年	7.592	0.000	6.852	0.000
2010 年	4.600	0.004	3.939	0.003
常数项	−22.186	0.996	−24.099	0.995
−2 倍似然对数值	58.797		61.265	

表 5-58 后向逐步回归过程中剔除变量后的显著性水平

变量	*P* 值	变量	*P* 值
性别	0.026	务工单位类型	0.002
年龄	0.290	行业	0.011
文化程度	0.000	职务	0.000
家庭年纯收入	0.478	年份	0.000

2. 结果分析

(1)性别对返乡农民工是否选择创业具有显著影响。性别的参数估计结果显示为负，且在 5%的水平上对返乡农民工的创业行为产生影响，说明在将创业意愿转化为创业行动方面，女性返乡农民工选择创业的可能性显著大于男性返乡农民工。这一点与预期方向相反，可能与男性农民工在就业市场上容易获得更高报酬的工作有关。有研究显示，近年女性农民工的务工工资水平不到男性的 80%①，由于务工收入相对更高，这样男性创业的机会成本就更高，进而导致男性返乡农民工选择创业的可能性相对更小。

(2)文化程度对农民工返乡创业的影响呈现非对称的倒 U 形分布。在所有学历层次里面，中专学历者选择创业的可能性最大；中专学历以下，随着受教育程度的减少，学历越低者选择创业的可能性越低；中专学历以上，随着受教育程度的增加，学历越高者选择创业的可能性也同样逐渐降低。从整体上看，高学历者比低学历者更加容易选择创

① 罗忠勇. 农民工及其各职业群体工资性别差异之比较分析——基于珠三角农民工的追踪数据：2006～2008 年 [J]. 中国农村经济，2010(9)：59～67

业。这说明受教育程度的高低对创业者来说很重要，因为创业需要相应的企业管理、市场营销等多方面的知识和能力，而这些知识的积累是建立在一定的受教育水平之上的。中专学历以上人群的创业发生比下降的原因可能是因为他们更容易在就业市场上获得更高报酬工作，使得创业的机会成本更高所致。

(3)务工单位类型是影响农民工返乡创业行为的重要因素。模型的回归结果显示，不能排除农民工所在务工单位类型对其创业行为的影响。其中，那些在接受问卷调查时已经回家务农的农民工选择创业的可能性最低。一方面可能是这部分农民工的人力资本水平过低，比如因为年龄、技能等原因已经在外很难就业，不得不返乡务农；另一方面可能是因为某些特殊原因无法创业，比如因为家人需要照顾而返乡务农。相对而言，在“三资”企业务工的农民工选择返乡创业的发生比是最高的，这可能与“三资”企业的资方背景对于开阔农民工的眼界、提升其创业意识和能力有很大关系。

(4)在何种行业务工对农民工返乡创业具有显著影响。在农林牧渔行业务工的农民工返乡后选择自主创业的可能性显著地高于参照组，这可能与这些农民工出生在农村本就对农业生产比较熟悉，然后又继续在农业领域务工并掌握了其中的一些关键种养殖技术有关。

(5)务工期间的职务状况显著影响着返乡农民工的创业行为。在务工单位已经是负责人的农民工返乡后选择自主创业的可能性显著高于参照组，同时也是所有组别中选择创业的发生比最高的，这主要是因为单位负责人熟悉企业的运作流程，拥有相当程度的管理知识与能力，对其自主创业具有很重要的帮助。与之相对应的是，办事人员、农林牧渔生产人员选择自主创业的可能性则低于参照组，这也主要是因为所处岗位对其积累创业所需的各种知识作用不大的缘故。结合上文可进一步发现，在农林牧渔行业务工的单位负责人返乡后选择创业的可能性会比较高，但如果仅仅是从事生产则刚好相反。

(6)2009～2011 年农民工返乡创业活跃程度呈现逐年降低的态势。胡雯等认为，金融危机爆发后，从中央到地方密集出台了众多返乡创业扶持政策，在此影响下农民工返乡创业加速发展，但随着时间的推移，时效性扶持政策逐渐退出，对农民工群体的创业热情形成了一定程度的遏制[①]，模型Ⅱ的结果证实了这一点。另外，从一些宏观经济政策的实际执行情况来看，时效性政策逐渐退出也是明显的。比如 2008 年 12 月 20 日人力资源和社会保障部、财政部、国家税务总局联合下发《关于采取积极措施减轻企业负担稳定就业局势有关问题的通知(人社部发［2008］117 号)》，提出“允许困难企业在一定期限内缓缴社会保险费”、“阶段性降低四项社会保险费率”、“使用失业保险基金帮助困难企业稳定就业岗位”和“鼓励困难企业通过开展职工在岗培训等方式稳定职工队伍”等 4 项政策，并规定政策执行期为 2009 年之内。到 2009 年 12 月，由于金融危机的持续影响，三部门又再次联合下发《关于进一步做好减轻企业负担稳定就业局势有关工作的通

① 胡雯，胡俊波，张毓峰. 农民工返乡创业历史流变：阶段演进及内在逻辑［J］. 农村经济，2013(8)：97-101.

知(人社部发［2009］175 号)》，上述四项政策再次延长至 2010 年年底并最终退出。通过三部门两次发布的文件，我们可以明确感知政策的扶持力度在逐渐减弱并退出，与回归结果揭示的农民工返乡创业活跃度逐年降低趋势高度吻合。

另外，尽管回归结果显示年龄对创业行为的影响方向与预期方向一致，但是却并未通过显著性检验。家庭年纯收入同样也没能通过显著性检验，说明对于农民工创业行为的选择而言，家庭年纯收入的高低并不是重要因素。究其原因，本书认为这可能与 Hurst 和 Lusardi 阐述的一样，由于返乡农民工所创企业大多是小微企业，而小微企业的创业资金门槛不高，对创业者的流动性约束不强。

5.3.2.4　主要结论及政策启示

1. 主要结论

通过以上的分析，本书得到以下主要结论：①农民工返乡创业行为受宏观环境的深刻影响。尽管创业与否是微观经济主体作出的选择，但是农民工返乡创业行为的选择并不仅仅受创业主体的微观变量决定，它同时还受到宏观政策环境的深刻影响。②个人禀赋特征对返乡农民工是否实施创业行为产生着显著影响。政策制定者不能忽视女性农民工的创业需求，在其他条件相同的情况下，女性将创业意愿付诸实践的可能性更大。文化程度对返乡创业行为的影响呈现非对称倒 U 形分布，其中中专学历者是实施创业行为最为活跃的人群。③务工期间的职业经历显著影响返乡农民工的创业行为，农民工务工期间所在的工作单位类型、行业及职务对其是否选择返乡创业都具有显著影响。那些有利于积累技术、企业经营管理知识、市场营销能力等人力资本的务工经历对农民工返乡创业有很大帮助。

2. 政策启示

第一，保障返乡创业扶持政策的持续性和稳定性。应该看到，国际金融危机之后，世界经济格局正在加速调整，中国经济正处于转型升级的关键时期。大量小微企业的诞生和成长不仅能为加快淘汰落后产能提供吸纳就业的“蓄水池”，同时也是劳务输出大省顺应产业转移新趋势、发展新型产业的重要支撑。因此，创业扶持不应成为权宜之计，而应该保持创业扶持政策的稳定性，并通过政府及社会的不断变革持续改善农民工返乡创业环境，形成党的十八届三中全会提出的“政府激励创业、社会支持创业、劳动者勇于创业新机制”。

第二，大力培育和壮大返乡创业农民工群体。文化程度、务工经历等微观主体特征变量的显著性其实同样有着深刻的政策含义，因为这些变量对返乡农民工创业行为产生显著影响的事实表明，人力资本水平的高低对农民工创业行为的选择具有重要作用。返乡农民工对创业机会的识别、把握和决策能力决定着创业者是否能够成功创业；创业者的经营管理能力、市场开拓能力则决定着创业企业是否能够可持续发展，因此促进农民工返乡创业经济的发展必须大力培育和壮大农民工创业主体的范围和能力。这就需要通过进一步加强返乡农民工的创业培训，强化他们的创业意识和创新意识，提升其对经营管理、财务管理、市场营销和风险规避等方面的知识和能力，使其克服创业心理障碍，明确创业方向和路径，化解创业过程中面临的困难和问题，从而提高创业成功率。

第6章　农民工返乡创业扶持政策绩效评估

从20世纪七八十年代开始就已经出现了农民工返乡创业的现象，但是这种返乡创业仅仅是农民工个体自发的行为，地方政府并未将扶持农民工返乡创业提上议事日程。2008年国际金融危机爆发后，从上到下推动农民工返乡创业的时机都已经成熟。2008年9月国务院办公厅转发《关于促进以创业带动就业工作指导意见的通知》（国办发［2008］111号），并于当年12月下发《关于切实做好当前农民工工作的通知》（国办发［2008］130号），此后，财政部、中国人民银行等相关国家部委以及部分劳务输出大省陆续出台配套政策扶持农民工返乡创业。政策出台以后，返乡创业的农民工是否知道相关政策？他们能够利用上这些政策吗？利用政策的难度大吗？用过政策以后感觉满意吗？还有哪些政策需要改进？对这些问题的回答实际就是对返乡创业扶持政策的绩效进行评估。这种评估不仅有利于政策的制定和实施者了解政策的宣传、推广、执行情况，掌握目前政策实施过程中存在的不足，同时还可以为政策的下一步改进提供方向参考和决策依据，因而具有十分重要的意义。

6.1　农民工返乡创业扶持政策评估的理论基础

对农民工返乡创业扶持政策进行评估属于政策分析的一个重要环节——政策评估环节。通过收集各种相关信息，进行综合的分析和研究，检验政策的效能、效果、效益和价值，是合理配置政策资源的基础，也是决定政策取向的依据，因而具有十分重要的作用。为提高农民工返乡创业扶持政策评估环节的科学性和有效性，有必要对政策评估的理念、标准、内容和方法等理论基础进行简单梳理。

6.1.1　政策评估的理念和标准

政策评估是政策分析的一个具体环节，目前理论界对政策评估并没有一个统一的定义，国内外学者对于政策评估的界定尚存在诸多分歧。美国的威廉·N. 邓恩认为政策评估就是“设法发现预想和实际执行情况之间的差异，由此提供政策的相关知识，从而在政策制定过程的评估阶段为政策制定者提供帮助。”① 同样是美国的弗兰克·费希尔则将政策评估定义为“一种社会科学主要是‘政策分析’或‘政策科学’的应用活动。”② 国内学者张金马将政策评估定义为“对政策效果进行的研究。”③ 张国庆将政策评估定义为“根据某些公认的标准去判断某一项公共政策是否是有价值或有什么价值。”④ 陈振明则将政策评估界定为“依据一定的标准和程序，对政策的效益、效率、效果及价值进行判断的一种政治行为，目的在于取得有关这些方面的信息，作为决定政策变化、政策改进和制定新政策的依据。”⑤ 政策评估概念的分歧源于现代政策科学本身的发展历程较短，人们对政策科学的客观规律的把握还在不断深化的过程中，即便是政策评估的理念也仍然处于不断调整的过程之中。

6.1.1.1 政策评估的理念：从“价值中立”到“价值涉入”

现代政策科学产生于美国，1951 年美国政治学家哈罗德·拉斯韦尔(Harold Lesswell)与丹尼尔·勒纳(Daniel Lerner)合编的《政策科学：近来在范畴与方法上的发展》标志着现代政策科学的发端⑥。政策科学诞生的时代背景和理论基础决定了早期的政策评估坚持以“价值中立”为理念。第二次世界大战以后发展起来的运筹学、系统分析等理论成为早期政策科学的主要理论基石，爱德华·S. 奎德认为“政策分析在很大程度上是作为系统分析的扩充而发展起来的，而系统分析又是运筹学的扩展。”⑦ 受科学主义的影响，早期的政策科学“以坚定的信念和热情效仿自然科学的方法”⑧，认为政策科学的使命是描述或解释事实而不是做出价值判断，并且主张采取事实与价值的两分法。戴维·那赫米阿斯(David Nachmias)对政策评估的定义就是这种理性主义政策评估的代表，他认为政策评估是指“根据政策和计划所要实现的目标，对于正在推行的政策和公共计划对其目标的效果做出一个客观的、系统的、经验性的研究”⑨。

根据埃贡·G. 古贝等的研究，政策评估发展至今已经经历了四个阶段(四代)，分别是测量阶段、描述阶段、判断阶段和响应式建构主义阶段。第一代评估发掘了用于评估的合适的分类工具使收集的数据得以系统化；第二代评估则推动了评估客体的发展，是一种以描述规定目标优劣模式的评估；第三代评估在保持了早期技术性和描述性功能的基础上，以得出判断为基本特征。第一至第三代评估均属于实证主义评估，存在三个重大缺陷，即：管理主义倾向、忽略价值的多元性、过分强调调查的科学范式。为此，

① (美)邓恩. 公共政策分析导论(第二版)[M]. 谢明等译. 北京：中国人民大学出版社，2010：13.

② (美)弗兰克·费希尔. 公共政策评估 [M]. 吴爱明等译. 北京：中国人民大学出版社，2003：2.

③ 张金马. 政策科学导论 [M]. 北京：中国人民大学出版社，1992：240.

④ 张国庆. 现代公共政策导论 [M]. 北京：北京大学出版社，1997，9：186.

⑤ 陈振明. 政策科学 [M]. 北京：中国人民大学出版社，1998：478.

⑥ 张金马. 政策科学导论 [M]. 北京：中国人民大学出版社，1992：1.

⑦ 爱德华·S. 奎德. 公共决策分析 [M]. 兰德公司，1982：24.

⑧ 埃贡·G. 古贝，伊冯娜·G. 林肯. 第四代评估 [M]. 北京：中国人民大学出版社，2008：12.

⑨ David Nachmias. Public Policy Evaluation：Approaches and Methods [M]. New York，St. Martin Press，1979.

埃贡·G. 古贝提出构建以谈判协调为核心动力，涵盖人性、政治、社会、文化以及其他相关因素的第四代评估——建构主义的评估。第四代评估重视价值涉入，关心与评估有关的利益相关者的利益，强调评估的结果不应该是一种价值中立的终极意义上的“事实”，而应该是评估者以及涉及评估的利益相关者互动的结果。

从“价值中立”到“价值涉入”的政策评估理念的变化，折射出了历史上各个阶段当时的政治、经济、社会、文化等时代背景。正是在政治、经济、社会等环境变化的作用下，在各种思潮的推动下，政策评估理念逐渐实现了从“价值中立”立场向“价值涉入”立场的转变。

20 世纪 30 年代以前，在亚当·斯密等古典经济学家的影响下，西方国家认为政府应该只是充当“守夜人”的角色，在市场“看不见的手”的作用下，经济社会能够自然地处于协调状态。政府的职能是极其有限的，主要体现在“战争、警察和司法”上，政府只需要负责对外安全以及对内秩序与稳定。受此理念的影响，政府在公共服务领域承担的责任不多，现代政策科学这种以政府行为作为主要研究对象的学科还缺乏其生长的土壤。

但是，20 世纪 30 年代爆发的资本主义经济大危机，突显出市场经济的固有缺陷——在公共产品领域内的市场失灵问题。1936 年凯恩斯出版了《就业、利息和货币通论》，标志着主张政府干预的凯恩斯主义开始进入西方国家政治决策的理念范畴。凯恩斯主义认为在市场的自发调节下，必然会产生社会有效需求不足，从而导致社会生产供大于求，最终引发经济危机，主张采用政府干预经济的财政金融政策来实现充分就业和经济增长。凯恩斯主义在西方国家产生了极大的社会影响，20 世纪 30 年代以后，欧美国家普遍开始出台各种政策以经济干预经济和社会发展，如欧洲国家大量推行的福利计划、美国实施的“罗斯福新政”。通过实施新的教育制度、医疗制度、社会保障制度等公共产品供给制度，西方国家改善了社会有效需求不足的问题，大大缓解了经济危机导致的各种社会矛盾，也大大提高了政府在公共产品领域的作用。第二次世界大战后，西方许多国家开始推行国有化、经济计划化以及政府管制等，政府干预经济和社会的措施此起彼伏，政府的职能始终保持着极度扩张的趋势①。正因为政府干预主义的盛行，使得政府购买成为经济社会发展过程中的一支主要力量，民众对政府相关政策的关注度日益提高。政府的政策合理吗，是否达到了其预期的目标，出台的政策还有哪些需要修改完善等问题的提出产生了对相关政策进行评估的强大社会需求。

可以说是资本主义世界 20 世纪 20～30 年代的经济危机和美国罗斯福政府根据经济学家凯恩斯的政策主张采取的对策的有效性，使人们广泛地认识到“政治求助于科学，官员求助于学者”的重要性②。1951 年，由纽约卡内基财团赞助，在美国斯坦福大学召开了“关于国际关系论的革命性、发展性学术讨论会”（MDIR），这次会议的主要成果便

① 曹现强. 当代英国公共服务改革［D］. 山东大学，2007：8.

② 贺恒信. 政策科学原理［M］. 兰州：兰州大学出版社，2009：18.

是由斯坦福大学出版社出版，哈罗德·拉斯韦尔和丹尼尔·勒纳主编的论文集《政策科学：范围与方法的近期进展》。

20世纪60年代，各国政府面对大量新的现实政策问题，如国防、经济计划、技术开发、空间探索、城市社区发展规划、教育、环境污染、贫困、种族关系、精神心理等，出于政府决策的需要，各国政府建立起许多以解决具体政策问题为目标的专业研究中心。这些组织不仅积累了大量的案例，也探索了不少有用的社会分析方法。但是，研究者发现与现代科学技术的成就相比，人类解决社会问题的能力显得十分软弱无力。由于缺乏理论与实践的沟通机制，社会科学的已有成果也无法应用到政策制定系统与政府决策系统中去①。而与此同时，自然科学的理论工具则得以迅猛发展，特别是20世纪50年代电子计算机的发明，推动了运筹学在工业、商业、政府和防务中对人、机器、物资和资金的大系统进行指导和管理中的运用。运筹学主要通过开发科学的系统模型，结合对诸如机会和风险等系统要素的计量，从而对可供选择的各种决策、战略或控制的结果作出预测和比较，达到帮助管理者科学地确定其政策和行动的目的。运筹学这种功能和作用，无疑非常契合解决社会领域现实政策问题的需求，经过英美等国家的实践，政策科学从诞生之初就呈现典型的实证主义色彩。如政策科学的创始人哈罗德·拉斯韦尔就认为，政策科学的哲学基础是理论实证主义，为了追求政策的“合理性”，有必要使用数学公式和实证性数据，坚持使用科学方法进行分析②。

1968～1971年，叶海卡·德洛尔出版了政策科学“三部曲”，即《公共政策制定检讨》(1968年)、《政策科学构想》(1971年)、《政策科学进展》(1971年)，继承和发展了拉斯韦尔的政策科学思想，并对政策科学的理论作出进一步的论证。20世纪70年代政策科学的发展，一方面延续了20世纪60年代中期以来运用各种科学方法研究起草政策方案，进行政策咨询，在对策决策力面发挥作用的趋势(称为“趋前倾向”)；另一方面则从20世纪70年代中期以后把政策科学研灾的重点，从原先的着重于具体对策的研究转向政策制定过程本身的研究(“趋后研究”)，从对个别政策的研究转向了对政策制定与执行的一般规律的研究，形成了一整套建立在理性基础上的规范。

但是，受时代背景的限制，早期的政策科学理论过分看重自然科学的方法，单一地追求对行为进行量化处理，而不考虑伦理价值在政策研究中的作用。同时，正如埃贡·G. 古贝所认为的那样，早期的评估过分强调调查的科学范式，导致评估结果产生“脱节”现象。由于追求评估结果的“普遍真理化”而在研究过程中采用了一些精心控制的设定条件将某些局部因素排除在外，使得这些局部因素难以得到检验，最终表现出普遍真理化的评估结果与某些局部因素之间的脱节，从而使得政策科学成为“一门‘冰冷’、‘生硬’的学科”③。由于早期政策科学存在的这些缺陷，人们开始反思这种陷入科学主义色彩包围的政策科学的合理性。甚至德洛尔也认为，片面强调所谓均衡的概念，回避了

① 张金马. 政策科学导论［M］. 北京：中国人民大学出版社，1992：2.
② 梁平. 政策科学与中国公共政策［M］. 重庆：重庆大学出版社，2009：8.
③ 梁平. 政策科学与中国公共政策［M］. 重庆：重庆大学出版社. 2009：9.

复杂而有意义的伦理道德问题，这非但不能使政策科学健康发展，反而使之陷入几乎崩溃的境地。

而 20 世纪 70 年代末、80 年代初开始的新公共管理运动则为政策科学的发展提供了新的理论与实践源泉。在主张政府干预的凯恩斯主义盛行约 40 年以后，西方国家再次陷入了一场新的危机之中。由于政府过度干预经济，政府的规模空前膨胀；公共服务领域在大规模的国有化之后开始爆发“国企病”，由于缺乏激励与监管，国有企业的效率低下；政府出台的许多管制制度与政策也严重地限制了市场主体的活力。20 世纪六七十年代西方国家经济进入严重的滞涨阶段，凯恩斯主义陷入危机，人们重拾古典经济学家的自由主义思想。1979 年英国在撒切尔夫人执政以后，开始对政府部门及国有经济采取大刀阔斧的改革，随后澳大利亚、新西兰、美国等国家也对政府部门实施了大量的改革。这场新公共管理运动促使了人们对价值、道德和组织成员的个人发展等问题的重新思考。在这种思潮的引领下，以改进政策制定系统为核心任务的政策科学也开始重新审视“价值中立”理念，意识到“价值”在政策科学体系中所具备的特殊价值，并对其展开了深入研究。从 20 世纪 80 年代开始，政策评估进入了关注价值涉入的响应式建构主义评估时代。

到 20 世纪 90 年代以后，第四代评估已经发展出了多种评估模式和方法，建立起了多种评估框架。比如美国的弗兰克·费希尔(Frank Fischer)认为“在公共政策的实证评估内容之外，……更注重评估决策中的价值评判问题的分析框架”①，明确提出要把“政策目标的规范评估与政策评估的典型的经验主义的工作结合起来”②，并从“技术-分析论点、相关论点、系统论点和意识形态论点”四个方面建立了同时验证经验主义与规范政策判断的政策辩论逻辑框架。另外，美国的威廉·N. 邓恩在他的《公共政策分析导论》中也提出政策分析的目标之一就是要对过去、现在和未来的价值观进行分析，并直指政策分析应用中所提出的政治、意识形态和伦理道德方面的问题。为此，邓恩提出了若干批判性复合主义的政策分析原则，即：多元操作主义、多重方法研究、多重分析综合、多变量分析、利益相关者的多重分析、多角度分析和多媒介交流③。

通过对政策评估理念历史演变历程的大致回顾可以看出，理论界对于政策评估究竟应该采取什么立场——是“价值中立”还是“价值涉入”这一哲学层面的问题存在比较严重的分歧。传统的实证主义认为应该采取价值中立，如果不采取价值中立的话，在数据采集和研究过程中会导致主观的偏见，另外不同人的价值选择建立在不同的社会条件、信仰和兴趣之上，由于其难以验证因而被排除在理性的科学方法论之外。而反对价值中立的学者则认为，价值中立本身就是一种价值取向，同时每一个政策行为均有其目的性，对政策行为的评估则不可避免的建立在某种价值取向上。反对意见最为强烈的是埃贡·G. 古贝等，他们甚至认为，实证主义评估和建构主义的第四代评估“两种信仰体系之

① (美)弗兰克·费希尔. 公共政策评估 [M]. 吴爱明等译. 北京：中国人民大学出版社，2003：2

② 同上，第 6 页。

③ (美)邓恩. 公共政策分析导论(第二版) [M]. 谢明等译. 北京：中国人民大学出版社，2010：3-6.

间无法协调；……看不到二者互相适应的任何可能”①。而弗兰克·费希尔则认为要在实证主义的基础上结合价值判断来进行政策评估。我国的许多学者也基本上持与弗兰克·费希尔基本相同的观点，如陈振明认为“政策分析不仅是描述性的，也是规范性的……政策价值观构成公共决策的一个重要基础”②；张国庆认为“价值标准的确认和选择是公共政策的决定性的因素之一”③。

本书赞同弗兰克·费希尔等关于政策评估应该是实证方法与价值判断相结合的观点，对农民工返乡创业扶持政策进行评估，不仅要对目前农民工返乡创业的现状、态势、存在的问题等进行客观描述，还更应该在此基础上对这些客观现象进行分析和研究，对是否应该出台农民工返乡创业扶持政策作出价值判断，如果答案是肯定的，那么还应指出下一步政策调整的目的和方向是什么？

6.1.1.2 政策评估的标准

政策评估是判断一项政策优劣的活动，从第四代评估的理念看，政策评估活动本质上说是一种价值判断，而要进行价值判断就必须有价值尺度作为参考。评估标准就是政策评估得以实现的价值尺度，评估标准是政策评估者对政策方案与效果进行比较、分析判断的准则。

在关于政策评估标准的确立上，美国学者威廉·N. 邓恩认为政策评估应该包括“效益、效率、充分性、公平性、回应标和适当性”等六项标准④。国内学者陈振明认为政策评估应该包括“生产力、效益、效率、公正、政策回应度”等五项标准。比较两种标准体系，差别不大，均包含“效益、效率、公平性、回应度”等标准。

1. 效益

效益是指某一特定方案能否实现所期望的行动的结果，即目标。可以用该项政策所服务的单位数或者行动结果的货币价值来表示。

2. 效率

效率标准是指政策效益与政策投入之间的比率。可以用单位成本，净利润或者成本一收益比来表示。

---

① 埃贡·G. 古贝，伊冯娜·G. 林肯. 第四代评估［M］. 北京：中国人民大学出版社，2008：9.

② 陈振明. 政策科学［M］. 北京：中国人民大学出版社，1998：478.

③ 张国庆. 现代公共政策导论［M］. 北京：北京大学出版社，1997：49.

④ 中文版的《公共政策分析导论》(邓恩)在第 9 章提出政策评价标准的时候，特别强调“这类标准已经在政策建议(第 7 章)中讨论过了”，说明第 9 章与第 7 章的两组标准应该是指的相同的内容，本书采用了第 7 章中的相关标准的中文表述。

3. **公平性**①

公平性标准是指在政策执行后导致与该政策有关的社会资源、利益及成本公平分配的程度，可以采用帕累托准则、卡尔多－希克斯准则或者罗尔斯准则来衡量。

4. **回应度**

政策回应度是指政策实施后满足特定社会团体需求的程度，即一项政策是否真的反映了特定群体的需要、偏好和价值观。

另外，两种标准体系也存在一定程度的差异。陈振明根据中国的实际国情，提出了“生产力标准”，而邓恩则在上述标准之外还提出了“充分性”和“适当性”两个标准。

5. **生产力**

“生产力标准既是评价一个党、国家战略方针的根本标准，也是评估每一项政策的根本标准。一项政策的正确与错误，好与坏，进步与落后，归根结底取决于它有无或在多大程度上解放生产力，促进生产力的发展。”②

6. **充分性**

充分性是指特定的效益满足引起问题的需要、价值或机会的程度。充分性标准建立在“效益”与成本这两个指标的基础之上，并且会因为效益与成本是否变动而呈现四种状态。一是固定成本和变动效益，这种情况下评估一项政策的标准主要是看在相同的成本下，是否实现了效益的最大化；二是固定效益和变动成本，主要评估政策方案是否以最低成本实现固定收益；三是变动成本和变动收益，这种情况主要评估政策方案是否实现了效益与成本之比最大；四是固定成本和固定收益，这种情况主要考察政策方案在实现了固定效益的情况下成本是否被控制在固定成本之下。

7. **适当性**

适当性是指一个政策方案所确定目标的价值和支持这些目标的前提是否站得住脚，即政策方案是否真正值得去做?

6.1.2 政策评估的内容和方法

6.1.2.1 政策评估的内容

从一项政策的生命周期看，政策评估的内容包括政策的制定、执行、评估、监督和

① 尽管陈振明与邓恩在“公平”、“公正”之间的表述不同，但根据二者的解释，其内涵应该是一致的。

② 陈振明. 政策科学 [M]. 北京：中国人民大学出版社，1998：347.

终结等环节，政策评估不仅仅是评估具体政策实现其预定目标的程度，而且是对具体政策产生的各种效果进行的全面评估。从政策周期的角度看，国内外学者对政策评估的内容持基本相同的意见。

费希尔认为可以从决策过程的各个阶段对公共政策进行评估，包括侧重于对政策预期效果的“事前”评估、政策项目的形成与实施的“过程”评估、政策项目的“结果”评估或“影响”评估。① 国内学者如贺恒信认为政策评估包括对各政策备选方案可能产生的效果进行的预测分析(预评估)，政策执行过程中对具体过程和有关机构与个人在此过程中的行为进行的描述分析(执行评估)，以及政策执行后，对它所产生的影响进行的评估(执行后评估)；② 陈振明认为政策评估包括“事前评估、执行评估和事后评估”；③ 钟甫宁在研究农业政策的评估内容时也持同样观点，他认为政策评估包括对某项具体政策的事先或预测性评估(政策方案评估)，对政策执行过程进行检查、分析的执行评估(政策执行评估)，以及对政策实施效果进行的评估(政策效果评估)。④

1. **政策方案评估(事前评估)**

政策方案评估是指在政策制定过程中，对不同的政策方案进行比较、评价，从中选出较好的方案，或者对某一政策方案进行可行性论证，主要任务是为政策的选择、修正及决策提供科学依据。政策方案评估主要包含三方面的内容：一是对政策实施对象的发展趋势进行预测；二是对政策可行性进行评估；三是对政策效果进行预先评估。

2. **政策执行评估**

政策执行评估是对政策的执行过程进行检查、分析与评价，一方面是要搞清楚政策是否得到了贯彻执行，是否已经落实到位；另一方面也是要分析政策执行过程的行为与措施是否符合政策设计的要求。

3. **政策效果评估(事后评估)**

政策效果评估是政策执行完成后对政策效果的评估，目的在于评价政策实施后对需要解决的问题所达到的解决程度和影响程度。政策在执行后会对社会、政治系统、自然环境、某些团体和个人带来各种影响，综合分析这些影响，就是事后评估的主要任务。

6.1.2.2 政策评估的方法

自从政策评估进入第四代评估以来，各种新的评估方法不断涌现，不同的政策评估体系提出了许多不同的评估方法。

---

① (美)弗兰克·费希尔. 公共政策评估 [M]. 吴爱明，李平等译. 北京：中国人民大学出版社，2003：2.

② 贺恒信. 政策科学原理 [M]. 兰州：兰州大学出版社，2009：201.

③ 陈振明. 政策科学 [M]. 北京：中国人民大学出版社，1998：337.

④ 钟甫宁. 农业政策学 [M]. 北京：中国农业出版社，2003：76.

邓恩提出的政策评估方法包括“伪评估、正式评估和决策理论评估”[①]。伪评估是采用描述性方法来获取关于政策运行结果方面可靠而有效的信息的一种评价方法，它不去怀疑这些运行结果对个人、团体或整个社会的价值。正式评估是采用描述性方法来获取关于政策运行结果方面可靠而有效的信息的一种评价方式，但是它对运行结果的评价是建立在政策计划目标已经被政策制定者和计划管理人员正式宣布的基础上的。决策理论评估是采用描述性方法来获取关于政策运行结果方面可靠而有效的信息的一种评价方法，对于这些结果各种利益群体明确地认为其有价值。

安德森在将政策评估划分为“直觉型的价值与影响评估”、“过程评估”以及“系统评估”三种模式的基础上，提出了三种评估方法：实验设计、准实验设计和前后对照设计[②]。实验设计是从目标人群中随机抽取两个可比较的群体——一个实验群体和一个控制群体。实验群体接受政策的处理，控制群体不接受影响。通过对两个群体在实验前后两种状态下的测评，来评估政策的效果。实验设计的应用由于受成本、时间、伦理或其他方面的影响，缺乏可行性。而准实验设计则不需要随机抽样程序，直接把实验群体同另一个与之在许多方面相似的群体(比较群体)进行比较。前后对照研究则是将计划被执行一段时间以后的结果与计划起初存在的条件进行对比，以考察政策效果。

韦唐(Vedung)[③]从政府干预的实质结果入手，将政策评估分为三类：效果模式、经济模式、专业模式，并进一步细分出十种模式，即目标达成模式、附带效果模式、自由目标评估模式、综合评估模式、顾客向导评估模式、利益相关者模式；生产率模式、效率模式(包括成本—效果模式和成本—收益模式)；同行评议模式。

陈振明提出了四种常见的评估方法，即前后对比法、对象评定法、专家判断法和自我评定法。前后对比法是将政策执行前后的有关情况进行对比，从中测度出政策效果及价值。对象评定法是由政策对象通过亲身感受和了解对政策及其效果予以评定的方法。专家判断法是通过组织专家审定各项关于政策的记录以及对政策实施的观察，并与执行人员交换意见，最后撰写评估报告，鉴定政策成效的一种方法。自我评定法是政策执行人员对政策的影响和实现预期目标的进展情况进行评估的方法。[④]

尽管理论界不同的研究者根据自己的研究框架和体系，按照不同的分类标准提出了不同的政策评估方法，但正如贺恒信所说的那样，政策评估“可以按不同的标准进行分类，如分为经验分析方法和演绎推理法、定性分析方法和定量分析方法，传统的方法和现代的方法”。[⑤] 对政策评估方法的划分和界定存在如此大的差异，一方面反映出政策科学这门“年轻”的学科仍然处于不断发展之中，新的思想、技术和方法不断地影响着这

---

① (美)邓恩．公共政策分析导论(第二版)［M］．谢明等译．北京：中国人民大学出版社，2010：335-338.

② (美)詹姆斯·E．安德森．公共政策制定(第五版)［M］．谢明等译．北京：中国人民大学出版社，2009：246-248.

③ Vedung E．Public Policy and Program Evaluation ［M］．New Brunswick(U．S．A) and London(U．K)：Transaction Publishers，1997.

④ 陈振明．政策科学［M］．北京：中国人民大学出版社，1998：356-360.

⑤ 贺恒信．政策科学原理［M］．兰州：兰州大学出版社，2009：209.

门学科，使得这门学科在方法论上还没有形成“一以贯之”的方法论体系；另一方面也说明政策评估是如此的重要和复杂，它涉及的利益对象是如此之众，必须要根据实际的情况，采用多元化的分析手段和评估方法，才能得出比较合理的政策评估结论。

6.1.3 返乡创业扶持政策评估的困境、思路、逻辑框架与方法

自 20 世纪 90 年代初我国实行行风评议以来，政策绩效评估已经涉及经济社会发展的方方面面，对“三农”政策绩效的评估更是其中的热点之一。许均平建立了一个双层分类评估体系，并采用数据包络分析(DEA)方法评估了农村信贷投入对农村经济社会发展、不同类型的利益主体所产生的效应[①]。何树全运用局部均衡政策评估模型(PEM)对农业生产投入补贴政策与直接补贴政策的效应进行了比较研究[②]。朱红根等运用顾客满意度理论调查了返乡农民工关于创业扶持政策的满意度，并采用多元回归方法对影响满意度的因素进行了研究[③]。已有文献从不同角度对“三农”政策绩效评估展开了研究，并对本书起到了重要的启示和借鉴。但是，如果采用现有文献的研究方法则难以完整、有效地回答篇首所提出的几个问题。难点主要在于：第一，既有文献方法属于静态政策评估，只能对创业扶持政策过程中的某个环节进行评估，无法同时对政策“宣传—推广—落实—客体反应”等各个环节的绩效进行评估。第二，农民工返乡创业扶持政策的出台时间相当短，目前仍处于政策调校期，缺乏系统有效的官方统计数据支撑，无法采用 DEA、PEM 等方法进行精确的效应评估。为此，本书针对农民工返乡创业扶持政策评估的实际需要，首次从政策的“知晓度、利用度、难易度、满意度、重要度”等五个方面构建了一个能对政策宣传、推广到落实各环节的绩效进行评估且相对简单可行的框架，以回答前述相关问题。

6.1.3.1 返乡创业扶持政策评估的现实困境

1. 无法实施事前评估

从前文所述，理论上政策评估包括事前的政策方案评估、执行评估与事后的政策效果评估，理想的返乡创业扶持政策评估也应该从政策方案的制定、政策实施以及实施效果的考察三个方面进行。然而，现实与理想之间总是存在一定的差距，农民工返乡创业在一个比较长的时期内并未进入中央政府的政策议程，而进入中央政府的政策议程到出台扶持政策的时间又相对比较仓促，以至要完全按照理论程序完整实施事前、执行以及事后的政策评估存在很大困难。

自 1978 年改革开放至 2007 年，农民工返乡创业经历了创业孕育期、萌芽期和发展

---

① 许均平. 基于 DEA 方法的农村信贷政策效应评估研究 [J]. 金融与经济，2010，(5)：60-64.

② 何树全. 中国农业支持政策效应分析 [J]. 统计研究，2012，(1)：43-48.

③ 朱红根，等. 农民工返乡创业政策满意度影响因素分析 [J]. 商业研究，2011，(2)：143-148.

期。1978～1991 年，基本上是乡镇企业大力发展的时期，这一时期受计划经济以及“离土不离乡”指导思想的影响，当时乡镇企业的发展基本上都是在政府的主导之下，以集体经济组织的形式来发展非农产业，个体经济和私营经济难以以合法身份存活和发展。1992～2002 年，随着中国经济对外开放程度的提高，以及市场经济的逐步建立，劳务经济成为劳务输出大省的重要经济形态。在此期间部分农民工已不再满足于一般层次的“打工”，并萌生出干出一番事业的念头，开始回乡创业。与第一阶段的政府主导不同的是第二阶段的创业行为是这些农民工的主动选择，但是第二阶段的创业仍然只是一种生存型的创业，并且数量很少。白南生更是通过从 1997 开始连续四年的跟踪研究提出“虽然不乏回乡创业的生动案例，但调查结果并不支持‘创业神话’”。[①] 2003～2007 年，受国际宏观经济形势的变化以及国际产业转移不断加快的影响，沿海地区出口导向的劳动密集型产业的发展空间不断被压缩，国内产业由东向西的梯度转移也呈加速发展之势，部分传统劳务输出地的地方政府开始有意识地吸引外出务工的农民工回乡创业。这一阶段的农民工返乡创业仍然以生存型为主，同时出现部分发展型创业，地方政府的主动作为，意味着扶持农民工返乡创业已经开始进入地方政府的政策议程，但是从中央政府层面看，促进农民工返乡创业仍未进入其政策议程。尽管如此，这一时期的经济社会发展以及地方政府所进行的探索却为中央政策提出支持农民工返乡创业创造了一些基础条件。

如果说 2007 年以前的经济社会发展态势加速了扶持农民工返乡创业进入中央政府决策视野的速度的话，那么 2008 年国际金融危机的爆发以及大量农民工被迫返乡所引发的社会压力则成为出台扶持农民工返乡创业政策的“触发因素”。但是，由于事发突然，突然降临的危机并没有为政府、理论界、企业界以及返乡创业者等相关利益群体提供足够充裕的时间来对扶持政策方案进行充分的论证、预测和比较。从美国雷曼兄弟公司倒闭引发美国次债危机全面爆发到 2008 年 12 月 20 日《国务院办公厅关于切实做好当前农民工工作的通知(国办发［2008］130 号)》文件的下发，再到地方政府出台相关政策也就仅仅几个月的时间。因此，要想实现对农民工返乡创业扶持政策的事前政策方案评估已然不可能。

目前，扶持农民工返乡创业的政策仍然在实施之中，并且经过几年时间的探索，也已经初步产生了一些政策效果，为本书实施执行评估以及政策效果评估提供了可能。但是，为应对国际金融危机，农民工返乡创业扶持政策早在 2008 年和 2009 年就已经制定，政策一旦发布就不可能再次进行事前评估。因此，针对政策已经制定无法再次进行事前评估的现实，本书将研究内容主要集中在政策的执行评估和事后评估上，去发现和“还原”一些政策方案本身存在的不足，并结合政策对象的反应，为下一步政策改进提出参考性的建议。

2. 政策资源分散导致评估结果“碎片化”

经过多次行政管理体制改革，计划经济时期出现的行政管理部门之间严重的“条块

① 白南生，何宇鹏. 回乡，还是外出？[J]. 社会学研究，2002，3：64-78.

分割”现象已经得到了很大程度的改善，但是这种传统的计划经济管理体制由于其巨大的制度惯性，仍然在政策资源的配置上存在着明显的影响。

从已经发布的各种返乡创业扶持政策看，包含了财政、金融、产业、基础设施等多个方面的内容，涉及对口的农业、财政、税收、金融、建设等多个政府部门。政策资源分散在这些不同的部门之间，既有来自于“条条”的政策，也有来自于“块块”的政策，“条条”政策资源需要通过“块块”来实行；而“块块”内部的政策资源也进一步划分为“条条”，由更低层级的“条条”来执行。

由于各个政府部门之间的业务范围不同，因此各个部门之间的考核标准也各不相同，即使各个部门内部对于政策实施有一些定量化的评估数据，但由于考核标准的不同，采集数据的统计口径无法统一，导致各部门之间的统计数据“碎片化”现象严重，难以整合，无法从整体上把握创业扶持政策的效果。

3. **缺乏有效的官方统计数据**

“政策评估虽意义殊深，但也困难重重，……无论用什么名称来表述政策评估的行为，它归根到底都涉及对政策供给的评判。这种评判可能有利于与政策制定和执行相关的人，也有可能产生不利影响，从而危及他们的工作生活或社会评价。因此，……有关人员每每想支配评估，如果不成功，就阻止评估，如拒绝提供经费和资料”①。本书在调研的过程中发现，对返乡创业扶持政策进行评估同样也面临难以获取相关评估资料的问题，特别是政策制定和执行环节的资料获取其难度更大。这是因为，一方面政策的出台时间非常短，另外尽管现在政策仍在执行过程之中，但是由于由劳务经济向返乡创业经济的转变才刚刚开始，很多地方对返乡创业的人数统计都难以实现，遑论系统的分析数据。在对地方工作部门调研时，即使能获取一些信息，也大多是一些工作总结类的文本资料，无法按照诸如政策效益、政策回应度等标准进行翔实的实证数据分析。

政策评估所面临的上述困境在西方国家的政策实践过程中同样明显。20 世纪 70 年代后期，面对国家干预主义的失败，新自由主义登上历史舞台，人们对政府的边界开始重新审视，社会各阶层开始对政府的能力提出质疑，民众普遍关心政府的绩效究竟如何?信息经济学的发展揭示，在利益相关方的博弈过程中，信息不对称问题对博弈各方的行为产生着重要影响。拥有信息的一方出于自我利益的最大化目的，本能地想隐藏信息，使博弈对手难以计算真实的收益与成本，从而达到使博弈结果处于对自己最有利的状态。因而，西方国家的民众总是抱怨政府花费很多所做的各种绩效评估意义不大，他们甚至认为政策的制定者主要用政策分析家提供的科学和技术的理由来反驳分歧、使政策决定合法化而已②。在民众看来，脱离了民众参与的政策评估只是一种高高在上的官僚机构用于自我服务的一种手段。

---

① 陈振明. 政策科学［M］. 北京：中国人民大学出版社，1998：362.

② （美）邓恩. 公共政策分析导论(第二版)［M］. 谢明等译. 北京：中国人民大学出版社，2010：53.

6.1.3.2　返乡创业扶持政策评估的评估思路

首先，针对政策已经制定无法再次进行事前评估的现实，本章将研究视角主要集中在政策的执行评估和事后评估上。从逻辑上看，二者处于同一个逻辑链条上，执行评估是要考察政策是否落实到位，事后评估是要考察政策运用之后的实际结果。换言之，就是要回答“政策落实到位了吗?”和“政策的收效如何?”两个问题。另外，农民工返乡创业扶持政策目前仍处于政策的调校期，因此也必须回答另一个问题——“哪些政策是重要的?”，以便为今后政策的改进提供依据。对这三个问题的回答便形成了本章构建农民工返乡创业扶持政策绩效评估框架的逻辑主线。相对于注意力集中在政策实施效果上、采取事后评估的既有文献而言，本章将执行评估和事后评估整合在一起，可以更为全面地反映政策“宣传—推广—落实—客体反应”等各个环节的情况。

其次，针对政策资源分散导致评估结果“碎片化”的困境，本章将建立一系列的政策评估子单元，对分散在各个部门中的具体政策进行评估。因为“就政策评估的目的而言，从总量上或整体上把握政策的效果无疑是最重要的，是最终的目的。但科学的总量的把握必须经由若干分量的分析才能完成，可靠的整体的评价必须建立在若干单元评价的基础之上”①。政策评估子单元同样按照逻辑主线展开，以使各类政策在“宣传—推广—落实—客体反应”等各个环节的情况得以在同一个框架里面同时展现。

另外，针对缺乏官方统计数据的困境，本文将采取问卷调查的方式从返乡创业者处直接获取所需数据。尽管创业扶持政策包含的内容广泛，但是所有政策最终都作用于政策客体。因此，通过问卷调查不仅可以考察政策客体的反应，还可以折射出政策制定和执行环节所存在的问题。这种通过政策客体的反应来评估政策绩效的方式主要采取“顾客导向”的绩效评估模式来完成。“顾客导向”的政府绩效评估源于 20 世纪 70 年代西方国家兴起的新公共管理运动，它将公民视为政府服务的“顾客”，以公民满意为政府绩效的终极标准②。其中，“美国顾客满意度指数(ACSI)”是“顾客导向”绩效评估模式的典型代表，它通过满意度量表来调查公民对政策的满意程度。在方法上，ACSI 首先将公民对政策的满意程度(比如由“很不满意”到“很满意”)按 1～10 分的等级量表分类，进而用于计算最终的“顾客满意度”指数值，以评估政府公共政策绩效的高低③。本章借鉴顾客满意度调查方法来收集返乡农民工对创业扶持政策的满意度，为了更为全面地实现政策出台以后从“政策的宣传到执行部门的政策推广、落实，再到政策作用于客体后的具体反映”这样一个全流程的绩效评估，本章还需要借鉴顾客满意度调查方法调查创业者对政策宣传、推广、落实等环节的认知和态度。

---

① 张国庆. 现代公共政策导论［M］. 北京：北京大学出版社，1997：194.

② 包国宪，等. 政府绩效评价中的“顾客导向”探析［J］. 中国行政管理，2006，(1)：29-32.

③ Claes Fornell，Michael D Johnson，Eugene W Anderson，Jaesung Cha，Barbara Everitt Bryant. The American Customer Satisfaction Index：Nature，Purpose，and Findings［J］. Journal of Marketing，1996，60：7-18.

6.1.3.3 返乡创业扶持政策评估的逻辑框架

1. 逻辑主线

对于一项仍然处于调校期的政策而言，从其实际运行的过程看，当政策制定以后，需要经过宣传、推广然后落实到政策客体，并根据政策客体的反应进一步调整和改进政策。因而如前文所述，本章对返乡创业扶持政策进行评估的逻辑主线由三个问题构成，“政策落实到位了吗?”、“政策收效如何?”、“哪些政策是重要的?”本章对返乡创业扶持政策进行评估的逻辑主线如图 6-1 所示。

图 6-1 返乡创业扶持政策评估的逻辑主线

1)政策是否落实到位

判断创业扶持政策是否落实到位，首先必须调查创业者是否知道、是否熟悉这些创业政策——政策的知晓度。如果创业者知道相关政策，那么接下来就必须调查创业者是否利用了这些政策——政策的利用度。更进一步的，如果创业者利用过相关扶持政策，还需要了解这些政策利用起来是否容易——政策的难易度。如果创业者对政策的知晓度比较高，那么就说明政策的执行部门大力宣传了这些政策；如果政策的利用度比较高，说明相关政策在执行过程中的推广程度很广；如果政策的利用难度较低，则说明政策执行部门积极地将政策落实到了创业者身上。

2)政策的收效情况

在现有的政策评估理论中，对政策收效的评估标准包括：效益、效率、公平性、回应度、生产力、充分性以及适当性等标准。由于标准的内涵以及评估内容的不同，这些标准对用以评估的相关信息的要求也各不相同。本章的评估思路是通过考察返乡创业者的反应来对创业扶持政策进行评估，所有的信息均来自于创业者，评估资料无法满足所有的标准。

本章将按照“顾客导向的绩效评估”理念，以创业者对创业政策的满意度为指标来考察政策的收效情况。因为，通过创业扶持政策的对象——创业者的切身感受和满意度作为考察创业扶持政策实施收效的标准，符合我国建设服务型政府的行政管理体制改革的方向；同时以创业者的满意度作为考察创业扶持政策实施收效的价值尺度也符合政策评估强调“价值涉入”的基本理念。

3)政策的重要性

创业者在创业过程中感受到了政策对他的重要性吗？政策的重要度不仅是考察创业政策是否落实到位的重要指标，同时也是揭示下一步政策改进方向的重要指标。因为返乡创业扶持政策包含很多方面的内容，比如财政政策、金融政策、产业政策等，这些政策相对于创业者来说，哪些是重要的？哪些是次重要的？创业者的选择将为下一步政策调整提供很好的参考依据。

2. **基本逻辑框架**

返乡创业扶持政策评估的基本逻辑框架由三个部分组成(见图 6-2)。一是逻辑主线，按“政策落实到位了吗？政策收效如何？哪些政策是重要的?”这三个问题次第展开。二是评估指标，评估指标由政策的“知晓度、利用度、难易度、满意度和重要度”五个指标构成。三是指标设置目的，“知晓度”反映政策的宣传效果，“利用度”反映政策的推广情况，“难易度”反映政策的落实情况，“满意度”反映政策实施的效果，“重要度”反映下一步政策调整的方向。

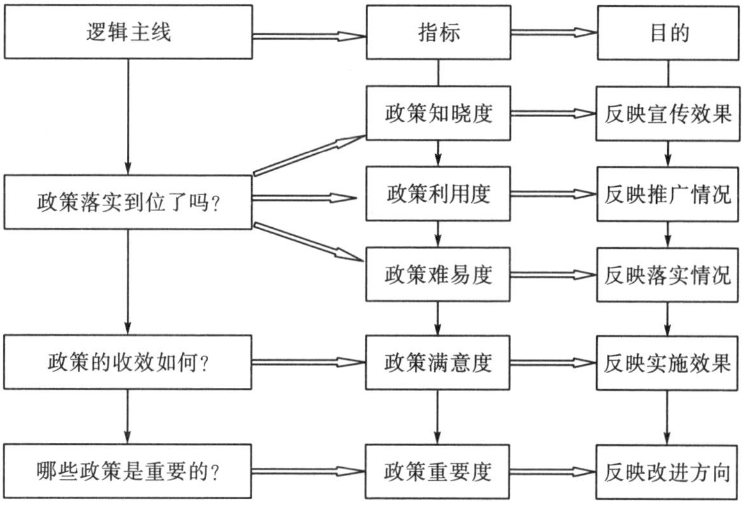

图 6-2　返乡创业扶持政策评估的基本逻辑框架

3. **扩展逻辑框架**

正如张国庆所言，“科学的总量的把握必须经由若干分量的分析才能完成，可靠的整体的评价必须建立在若干单元评价的基础之上。”① 同样的，对于农民工返乡创业扶持政策的评估也不应该仅仅建立在扶持政策的整体效果的评估之上，还应该选择若干子单元做更加细致的分析和评估。

本章的子单元(或者结构)评估将从政策子单元评估和人群子单元评估两个方向展开(如图 6-3 所示)。政策子单元主要考察具体的扶持政策，如财税政策、金融政策等细分政策在“知晓度、利用度、满意度、重要度”等方面的分布情况。人群子单元考察不同

① 张国庆. 现代公共政策导论 [M]. 北京. 北京大学出版社，1997：194.

的创业者群体，如不同学历、不同企业性质的创业者对政策的“知晓度、利用度、满意度、重要度”的认识。

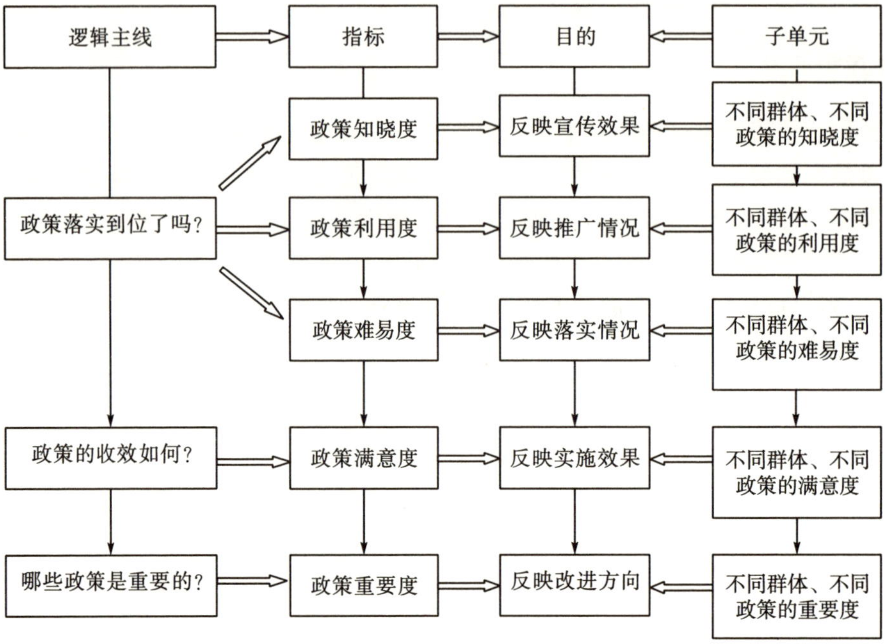

图 6-3 返乡创业扶持政策评估的扩展逻辑框架

6.1.3.4 返乡创业扶持政策评估的方法

为了使评估相对简单可行，在数据采集上本章借鉴“美国顾客满意度指数”的方法，对政策知晓度、难易度、满意度和重要度四个指标采取 5 分等级来收集创业者对相关问题的认知与态度。比如，为考察返乡创业者对创业扶持政策的熟悉程度，调查问卷设置了单选题“您知道有关农民工返乡扶持创业政策吗？”以及“①不知道、②听说但不了解、③了解一些、④知道大部分、⑤很熟悉”五个选项。而政策利用度则是一个二分类变量，通过问卷调查创业者是否利用过创业扶持政策。

在指标值的计算上，通过对每个等级赋值的形式，将 5 分制的数据转换为百分制，在此基础上计算出某个指标项下所有样本的平均值，即为该指标的评估值。比如，要评估政策知晓度，首先将五个选项进行赋值：“不知道”，赋值 0；“听说但不了解”，赋值 25；“了解一些”，赋值 50；“知道大部分”，赋值 75；很熟悉”，赋值 100。这种赋值方式的测算结果将位于 0 到 100 之间，如果所有创业者都很熟悉创业扶持政策，那么创业扶持政策的知晓度的平均值将是 100，说明政策的宣传力度相当大，政策宣传效果相当好；但如果另一个极端情况出现，政策知晓度的平均值为 0，那说明该项政策完全没有对外公布。也就是说，评估结果越靠近 100，那么政策的宣传效果就越好。至于政策利用度这个二分类变量，则采用利用过政策的创业者数量占样本总数的比例来表示。

本章的子单元评估将从政策子单元评估和人群子单元评估两个方向展开。国办发[2008] 111 号文件指出要从税收优惠、小额担保贷款、资金补贴、场地安排等多个方面对创业者进行扶持，朱红根等则将扶持政策归为 8 种类型①。本章将扶持政策进一步划分为 10 类，即“财税优惠政策、金融政策、用工政策、技术政策、用地优惠政策、基础设施政策、产业政策、绿色通道政策、创业培训政策、信息咨询服务政策”。政策子单元主要考察这 10 类细分政策在“知晓度、利用度、难易度、满意度、重要度”等方面的分布情况。而人群子单元则主要考察不同的创业者群体，如不同学历、不同企业性质的创业者对政策的“知晓度、利用度、难易度、满意度、重要度”的认知和态度，特别是要识别在这些指标项下，哪些人群具有统计意义上的显著性。一旦某些人群表现出显著性，那么今后无论是在政策制定还是实施过程中都可以做到“有的放矢”，针对特定的人群实施特定的政策，以提高政策的效率。其中，10 类细分政策的评估按照基本逻辑框架中所提及的方法进行测算；对人群子单元的政策利用度评估采用二分类 Logistic 模型进行回归，以创业者个人禀赋变量、社会资本变量及创业企业特征变量为自变量进行估计；对人群子单元的政策“知晓度、难易度、满意度、重要度”评估则采用累加 Logit 模型进行回归。

6.2 对返乡创业扶持政策绩效的实证分析

6.2.1 对返乡创业扶持政策知晓度的评估

6.2.1.1 返乡创业扶持政策知晓度的统计描述

1. 创业者对创业扶持政策总体知晓度的频率分析

为考察返乡创业者对创业扶持政策的熟悉程度，调查问卷设置了单选题“您知道有关农民工返乡创业政策吗?”以及“①不知道、②听说但不了解、③了解一些、④知道大部分、⑤很熟悉”五个选项。

在 190 份问卷中，有 154 位创业者对总体知晓度进行了回答(如表 6-1 所示)。从表中可以看出，不知道相关创业政策的有 32 位，占总体比例的 16.84%，占有效比例的 20.78%；听说但不了解相关政策的有 74 位，占总体比例的 38.95%，占有效比例的 48.05%；了解一些政策的有 38 位，占总体比例的 20.00%，占有效比例的 24.68%；知道大部分政策的有 6 位，占总体比例的 3.16%，占有效比例的 3.90%；对政策很熟悉的

① 朱红根，等. 农民工返乡创业政策满意度影响因素分析 [J]. 商业研究，2011，(2)：143-148.

仅有 4 位，占总体比例的 2.11%，占有效比例的 2.60%。

一方面选择“不知道”扶持政策的 32 位创业者占有效比例的 20.78%，但另一方面选择“知道大部分”和“很熟悉”的 10 位创业者合计仅占总体比例的 5.26%，以及有效比例的 6.50%，说明大部分返乡创业者仅仅听说和了解一些政策，对政策的具体内容是非常陌生的。

表 6-1 创业扶持政策总体知晓度频率表

		频数	总体比例/%	有效比例/%	累积比例/%
有效值	不知道	32	16.84	20.78	20.78
	听说但不了解	74	38.95	48.05	68.83
	了解一些	38	20.00	24.68	93.51
	知道大部分	6	3.16	3.90	97.40
	很熟悉	4	2.11	2.60	100.00
	小计	154	81.05	100.00	
缺失值		36	18.95		
合计		190	100.00		

2. **创业者对具体创业政策知晓度的频率分析**

为进一步考察创业者对具体的创业政策的熟悉程度，在梳理与创业有关的扶持政策的基础上，调查问卷对“财税优惠政策、金融政策、用工政策、技术政策、用地优惠政策、基础设施政策、产业政策、绿色通道政策、创业培训政策、信息咨询服务政策”等十大政策进行了调查(见表 6-2)①。调查问卷请创业者对有关具体政策的熟悉程度进行选择，选项仍然是“①不知道、②听说但不了解、③了解一些、④知道大部分、⑤很熟悉”。

表 6-2 创业扶持政策及相关内容说明

政策名称	内容说明
财税优惠政策	如回乡创办企业 3～5 年免交相应税额、个体经营者减免工商管理费等
金融政策	如小额信用贷款、担保贷款、财政贴息等
用工政策	如政府帮助创业者发布招聘信息等
技术政策	如请专家为创业者提供技术辅导、咨询等

① 问卷设计参考了笔者 2011 年 4 月所指导的西南财经大学经济学院课题《金堂农民工回乡创业调研报告》。

续表

政策名称	内容说明
用地优惠政策	如政府设立创业园区、基地、商业街等并优惠提供给创业者，帮助从事农业开发的创业者协调土地流转等
基础设施政策	如政府改善交通、通信、电力等基础设施条件等
产业政策	如帮助进行创业项目包装、策划，发布产品信息等
绿色通道政策	如为创业者提供工商登记等手续办理的“绿色通道”
创业培训政策	政府依托学校开设创业辅导课程，进行创业及经营等方面的培训；组织专家对创业者进行辅导等
信息咨询服务政策	政府搭建创业信息服务平台，为创业者提供政策法规、投资信息、创业项目、市场信息等资讯服务。

1)财税政策知晓度的频率分析

有 176 位创业者对财税政策知晓度进行了回答(见表 6-3)。与对创业扶持政策总体知晓度回答的比较而言，创业者对财税政策的态度更加明确，因为有 22 位未对总体知晓度作出回答的创业者明确回答“不知道”。

从表中看出，不知道财税政策的有 73 位，占有效比例的 41.48%；听说但不了解财税政策的有 74 位，占有效比例的 25.00%；了解一些财税政策的有 38 位，占有效比例的 17.05%；知道大部分财税政策的有 6 位，占有效比例的 7.39%；对财税政策很熟悉的仅有 4 位，占有效比例的 9.09%。选择“知道大部分”和“很熟悉”财税政策的创业者合计仅占有效比例的 16.39%。

表 6-3 财税政策知晓度频率表

		频数	总体比例/%	有效比例/%	累积比例/%
有效值	不知道	73	38.42	41.48	41.48
	听说但不了解	44	23.16	25.00	66.48
	了解一些	30	15.79	17.05	83.52
	知道大部分	13	6.84	7.39	90.91
	很熟悉	16	8.42	9.09	100.00
	小计	176	92.63	100.00	
缺失值		36	7.37		
合计		190	100.00		

2)金融政策知晓度的频率分析

有173位创业者对金融政策知晓度进行了回答(见表6-4)。从表中看出，不知道金融政策的有65位，占有效比例的37.57%；听说但不了解金融政策的有55位，占有效比例的31.79%；了解一些金融政策的有35位，占有效比例的20.23%；知道大部分金融政策的有6位，占有效比例的3.47%；对金融政策很熟悉的有12位，占有效比例的6.94%。选择“知道大部分”和“很熟悉”金融政策的创业者合计仅占有效比例的10.41%。

表6-4 金融政策知晓度频率表

		频数	总体比例/%	有效比例/%	累积比例/%
有效值	不知道	65	34.21	37.57	37.57
	听说但不了解	55	28.95	31.79	69.36
	了解一些	35	18.42	20.23	89.60
	知道大部分	6	3.16	3.47	93.06
	很熟悉	12	6.32	6.94	100.00
	小计	173	91.05	100.00	
缺失值		17	8.95		
合计		190	100.00		

3)用工政策知晓度的频率分析

有171位创业者对用工政策知晓度进行了回答(见表6-5)。从表中看出，不知道用工政策的有81位，占有效比例的47.37%；听说但不了解用工政策的有40位，占有效比例的23.39%；了解一些用工政策的有30位，占有效比例的17.54%；知道大部分用工政策的有6位，占有效比例的3.51%；对用工政策很熟悉的有14位，占有效比例的8.19%。选择“知道大部分”和“很熟悉”用工政策的创业者合计仅占有效比例的11.7%。

表6-5 用工政策知晓度频率表

		频数	总体比例/%	有效比例/%	累积比例/%
有效值	不知道	81	42.63	47.37	47.37
	听说但不了解	40	21.05	23.39	70.76
	了解一些	30	15.79	17.54	88.30
	知道大部分	6	3.16	3.51	91.81
	很熟悉	14	7.37	8.19	100.00
	小计	171	90.00	100.00	
缺失值		19	10.00		
合计		190	100		

4)技术政策知晓度的频率分析

有 167 位创业者对技术政策知晓度进行了回答(见表 6-6)。从表中看出，不知道技术政策的有 86 位，占有效比例的 51.50%；听说但不了解技术政策的有 37 位，占有效比例的 22.16%；了解一些技术政策的有 24 位，占有效比例的 14.37%；知道大部分技术政策的有 8 位，占有效比例的 4.79%；对技术政策很熟悉的有 12 位，占有效比例的 7.19%。选择“知道大部分”和“很熟悉”技术政策的创业者合计仅占有效比例的 11.98%。

表 6-6　技术政策知晓度频率表

		频数	总体比例/%	有效比例/%	累积比例/%
有效值	不知道	86	45.26	51.50	51.50
	听说但不了解	37	19.47	22.16	73.65
	了解一些	24	12.63	14.37	88.02
	知道大部分	8	4.21	4.79	92.81
	很熟悉	12	6.32	7.19	100.00
	小计	167	87.89	100.00	
缺失值		23	12.11		
合计		190	100.00		

5)用地政策知晓度的频率分析

有 172 位创业者对用地政策知晓度进行了回答(见表 6-7)。从表中看出，不知道用地政策的有 61 位，占有效比例的 35.47%；听说但不了解用地政策的有 51 位，占有效比例的 29.65%；了解一些用地政策的有 38 位，占有效比例的 22.09%；知道大部分用地政策的有 7 位，占有效比例的 4.07%；对用地政策很熟悉的有 15 位，占有效比例的 8.72%。选择“知道大部分”和“很熟悉”金融政策的创业者合计仅占有效比例的 12.79%。

表 6-7　用地政策知晓度频率表

		频数	总体比例/%	有效比例/%	累积比例/%
有效值	不知道	61	32.11	35.47	35.47
	听说但不了解	51	26.84	29.65	65.12
	了解一些	38	20.00	22.09	87.21
	知道大部分	7	3.68	4.07	91.28
	很熟悉	15	7.89	8.72	100.00
	小计	172	90.53	100.00	
缺失值		18	9.47		
合计		190	100.00		

6)基础设施政策知晓度的频率分析

有 173 位创业者对基础设施政策知晓度进行了回答(见表 6-8)。从表中看出，不知道基础设施政策的有 46 位，占有效比例的 26.59%；听说但不了解基础设施政策的有 50 位，占有效比例的 28.90%；了解一些基础设施政策的有 42 位，占有效比例的 24.28%；知道大部分基础设施政策的有 18 位，占有效比例的 10.40%；对基础设施政策很熟悉的有 17 位，占有效比例的 9.83%。选择“知道大部分”和“很熟悉”基础设施政策的创业者合计占有效比例的 20.23%。

表 6-8　基础设施政策知晓度频率表

		频数	总体比例/%	有效比例/%	累积比例/%
有效值	不知道	46	24.21	26.59	26.59
	听说但不了解	50	26.32	28.90	55.49
	了解一些	42	22.11	24.28	79.77
	知道大部分	18	9.47	10.40	90.17
	很熟悉	17	8.95	9.83	100.00
	小计	173	91.05	100.00	
缺失值		17	8.95		
合计		190	100.00		

7)产业政策知晓度的频率分析

有 170 位创业者对产业政策知晓度进行了回答(见表 6-9)。从表中看出，不知道产业政策的有 81 位，占有效比例的 47.65%；听说但不了解产业政策的有 36 位，占有效比例的 21.18%；了解一些产业政策的有 39 位，占有效比例的 22.94%；知道大部分产业政策的有 8 位，占有效比例的 4.71%；对产业政策很熟悉的有 6 位，占有效比例的 3.53%。选择“知道大部分”和“很熟悉”产业政策的创业者合计仅占有效比例的 8.24%。

表 6-9　产业政策知晓度频率表

		频数	总体比例/%	有效比例/%	累积比例/%
有效值	不知道	81	42.63	47.65	47.65
	听说但不了解	36	18.95	21.18	68.82
	了解一些	39	20.53	22.94	91.76
	知道大部分	8	4.21	4.71	96.47
	很熟悉	6	3.16	3.53	100.00
	小计	170	89.47	100.00	
缺失值		20	10.53		
合计		190	100.00		

8)绿色通道政策知晓度的频率分析

有 170 位创业者对绿色通道政策知晓度进行了回答(见表 6-10)。从表中看出，不知道绿色通道政策的有 66 位，占有效比例的 38.82%；听说但不了解绿色通道政策的有 35 位，占有效比例的 20.59%；了解一些绿色通道政策的有 41 位，占有效比例的 24.12%；知道大部分绿色通道政策的有 16 位，占有效比例的 9.41%；对绿色通道政策很熟悉的有 12 位，占有效比例的 7.06%。选择“知道大部分”和“很熟悉”绿色通道政策的创业者合计仅占有效比例的 16.47%。

表 6-10　绿色通道政策知晓度频率表

		频数	总体比例/%	有效比例/%	累积比例/%
有效值	不知道	66	34.74	38.82	38.82
	听说但不了解	35	18.42	20.59	59.41
	了解一些	41	21.58	24.12	83.53
	知道大部分	16	8.42	9.41	92.94
	很熟悉	12	6.32	7.06	100.00
	小计	170	89.47	100.00	
缺失值		20	10.53		
合计		190	100.00		

9)创业培训政策知晓度的频率分析

有 171 位创业者对创业培训政策知晓度进行了回答(见表 6-11)。从表中看出，不知道创业培训政策的有 71 位，占有效比例的 41.52%；听说但不了解创业培训政策的有 39 位，占有效比例的 22.81%；了解一些创业培训政策的有 36 位，占有效比例的 21.05%；知道大部分创业培训政策的有 12 位，占有效比例的 7.02%；对创业培训政策很熟悉的有 13 位，占有效比例的 7.60%。选择“知道大部分”和“很熟悉”创业培训政策的创业者合计仅占有效比例的 14.62%。

表 6-11　创业培训政策知晓度频率表

		频数	总体比例/%	有效比例/%	累积比例/%
有效值	不知道	71	37.37	41.52	41.52
	听说但不了解	39	20.53	22.81	64.33
	了解一些	36	18.95	21.05	85.38
	知道大部分	12	6.32	7.02	92.40
	很熟悉	13	6.84	7.60	100.00
	小计	171	90.00	100.00	
缺失值		19	10.00		
合计		190	100.00		

10)信息咨询服务政策知晓度的频率分析

有171位创业者对信息咨询服务政策知晓度进行了回答(见表6-12)。从表中看出，不知道信息咨询服务政策的有63位，占有效比例的36.84%；听说但不了解信息咨询服务政策的有47位，占有效比例的27.49%；了解一些信息咨询服务政策的有36位，占有效比例的21.05%；知道大部分信息咨询服务政策的有11位，占有效比例的6.43%；对信息咨询服务政策很熟悉的有14位，占有效比例的8.19%。选择“知道大部分”和“很熟悉”信息咨询服务政策的创业者合计仅占有效比例的14.62%。

表6-12 信息咨询服务政策知晓度频率表

		频数	总体比例/%	有效比例/%	累积比例/%
有效值	不知道	63	33.16	36.84	36.84
	听说但不了解	47	24.74	27.49	64.33
	了解一些	36	18.95	21.05	85.38
	知道大部分	11	5.79	6.43	91.81
	很熟悉	14	7.37	8.19	100.00
	小计	171	90.00	100.00	
缺失值		19	10.00		
合计		190	100.00		

6.2.1.2 返乡创业扶持政策知晓度评估

如前所述，为了衡量返乡创业者对扶持政策的知晓度，需要将其量化并加以比较分析。为此将五个选项进行赋值：选择“不知道”，赋值0；选择“听说但不了解”，赋值25；选择“了解一些”，赋值50；选择“知道大部分”，赋值75；选择“很熟悉”，赋值100。

从表6-13中可以看出，从整体上看，目前的政策宣传力度是严重不够的。返乡创业扶持政策的总体知晓度并不高，平均只有29.87。众数为“25”，表明很多人只是听说有创业扶持政策，但并不了解扶持政策的具体内容。

另外，从具体政策上看，所有10类政策的知晓度都很低，均未超过40。知晓度最高的为基础设施政策，知晓度36.99，知晓度最低的为技术政策，知晓度为23.50。创业者对全部10类政策的熟悉程度由高到低依次是：基础设施政策、绿色通道政策、信息咨询服务政策、用地政策、财税政策、创业培训政策、金融政策、用工政策、产业政策和技术政策。相比较而言，目前关于基础设施政策、绿色通道政策、信息咨询服务政策、用地政策等4项政策的宣传力度要大些，而其他6项政策的宣传力度则不足，特别是产业政策和技术政策的知晓度低于25，说明很多创业者根本没有听说这方面的政策。

表 6-13　返乡创业扶持政策知晓度评估结果

		政策内容	频数	均值	中位数	众数
		政策总体知晓度	154	29.87	25	25
10类政策知晓度排序	1	基础设施政策知晓度	173	36.99	25	25
	2	绿色通道政策知晓度	170	31.32	25	0
	3	信息咨询服务政策知晓度	171	30.41	25	0
	4	用地政策知晓度	172	30.23	25	0
	5	财税政策知晓度	176	29.40	25	0
	6	创业培训政策知晓度	171	29.09	25	0
	7	金融政策知晓度	173	27.60	25	0
	8	用工政策知晓度	171	25.44	25	0
	9	产业政策知晓度	170	23.82	25	0
	10	技术政策知晓度	167	23.50	0	0

6.2.1.3　返乡创业扶持政策知晓度影响因素研究

1. 返乡创业扶持政策知晓度影响因素的理论分析

通过考察创业者对创业政策的熟悉程度，即可考察创业政策的宣传效果。政策知晓度的高低反映了政策信息在政府部门与创业者之间的传递是否顺畅。创业者是政策信息的需求方，而政府部门是政策信息的供给方。因而分析政策知晓度的影响因素也应该从政策信息的需求方和供给方同时入手。

从作为政策需求方的创业者来看，创业者是否熟悉创业政策，取决于当政策信息出现时创业者是否具有收集信息的能力和渠道。创业者收集信息的能力越高，那么其对政策的熟悉程度将越高；同理，如果创业者接收信息的渠道越广，那么创业者对政策的熟悉度也会越高。从政策信息供给方来看，面对同样的政策受众，如果创业者收集信息的能力不高、渠道不广，那么政策知晓度的提高则主要依靠政策信息供给方——政府服务的主动性。因此对政策知晓度影响因素的分析又进一步转化为对影响创业者收集信息的能力与渠道的相关因素的分析，以及对影响政府服务主动性的因素的分析。

第一，影响创业者收集信息的能力与渠道的因素。首先创业者自身禀赋决定着创业者收集信息能力的高低。比如创业者的受教育程度高低是一个重要因素，文化水平高的创业者收集、处理和加工信息的能力相对更高，那么他对创业扶持政策的熟悉度有可能会更高。但是，这种可能性也仅仅只是一种逻辑上的推断，究竟受教育程度等因素是否会对创业者的政策知晓度产生显著影响，还需要经过计量检验加以验证。本章将首先检验创业者自身禀赋因素，如年龄、性别、学历、风险态度、技能状态等因素对创业政策知晓度的影响水平。其次，除了创业者自身禀赋因素以外，创业者的社会资本也是影响创业者收集信息能力的关键因素。比如“人脉”更广的创业者，得到政策信息的可能性将会更高。本章将从创业者的婚姻状况、家庭直系亲属的多少以及创业者直系亲属之外的社会关系对创业者收集信息的渠道进行检验。

第二，影响政府部门为创业者提供政策信息的因素。从前面章节的分析知道，政府部门的目标函数与创业者的目标函数并不相同，另外把政策信息传递给创业者是有成本的。在成本约束的情况下，政府部门对待不同企业的态度是不同的。那些规模更大、营业收入更高的企业有可能更加容易得到政府的“青睐”，比其他企业掌握更多的政策信息。因此，本文除了对创业者个人禀赋、社会资本进行检验以外，还将对创业企业的员工数、企业年营业收入、员工月平均工资、企业类型、经营年限、地理位置、经营状态，以及企业选择创业场所是否得到政府帮助等因素进行检验。

2. 研究方法与变量选择

1)研究方法

创业政策知晓度的选项设置意味着该变量是一个有序分类变量，从“不知道”到“听说但不了解、了解一些、知道大部分、很熟悉”，五个选项呈现出受访者对政策知晓度等级递增的关系。对于这种应变量为有序分类变量问题的研究，通常采用有序 Logit 模型或者有序 Probit 模型对应变量和影响因素之间的关系进行拟合。如果因变量分为 u 个等级，则需要拟合 $u-1$ 个模型。在统计分析软件 SPSS 中，用于分析此类问题的模块为累加 Logit 模型(cumulative logits model)[①]：

创业政策知晓度是一个五个等级的应变量，因此需要拟合四个模型：

$$\text{logit}_1 = \log(\frac{\pi_1}{1-\pi_1}) = \alpha_1 + \beta' X \tag{6.1}$$

$$\text{logit}_2 = \log(\frac{\pi_1+\pi_2}{1-\pi_1-\pi_2}) = \alpha_2 + \beta' X \tag{6.2}$$

$$\text{logit}_3 = \log(\frac{\pi_1+\pi_2+\pi_3}{1-\pi_1-\pi_2-\pi_3}) = \alpha_3 + \beta' X \tag{6.3}$$

$$\text{logit}_4 = \log(\frac{\pi_1+\pi_2+\pi_3+\pi_4}{1-\pi_1-\pi_2-\pi_3-\pi_4}) = \alpha_4 + \beta' X \tag{6.4}$$

其中，π_1、π_2、π_3、π_4 分别为应变量取第一、二、三、四个等级时的概率，第五个等级则作为对比的基础水平。

2)变量选择

政策知晓度是一个有序多分类变量应变量，不知道=1，听说但不了解=2，了解一

---

① 张文彤．世界优秀统计工具 SPSS11.0 统计分析教程(高级篇)［M］．北京．北京希望电子出版社，2002：115.

些=3，知道大部分=4，很熟悉=5，以“很熟悉”作为参照类别，等级越高表明政策知晓度越高。

“年龄”是一个连续变量。创业者掌握政策信息需要时间，政策信息本身也具有时效性和累积性，年龄越大的创业者接触到各类政策信息的时间会相对更长，其掌握的历史政策信息也更多，因而年龄越大的创业者对政策信息的熟悉度可能会更高。

“性别”是一个二分类变量，男=1，女=2。“男主外、女主内”的传统可能导致男性比女性更关注外部信息的收集，但是也正因为如此，如果一名女性决定选择创业，她对各种政策信息进行充分了解以降低创业失败的可能性反而有可能更高。

“文化程度”是一个有序多分类变量，不识字或识字很少=1，小学=2，初中=3，高中=4，中专=5，大专=6，本科及以上=7。正如前文所述，文化程度越高的创业者，其对创业政策的熟悉程度可能会更高。

“风险态度”是一个有序多分类变量，风险偏好=1，风险中性=2，风险厌恶=3。为了衡量创业者的风险态度，调查问卷设置了“假使您面临如下新的创业项目，您倾向于选择哪一项?”问题，选项有“风险大，收益高的项目；风险一般，收益一般的项目；风险小，收益低的项目”。如果受访者选择“风险大，收益高的项目”说明该受访者的风险态度就是风险偏好型的，如果选择“风险一般，收益一般的项目”说明受访者的风险态度就是风险中性的，如果受访者选择“风险小，收益低的项目”说明该受访者的风险态度就是风险厌恶型的。作为风险厌恶型的创业者，为了降低创业失败的可能性他可能会更加倾向于对各种政策信息进行充分了解。

“是否具有与创业有关的技能”是一个二分类变量，是=1，否=2。拥有与创业有关技能的创业者会更清楚创业项目的各项具体实施环节，其对创业过程中需要经过哪些政策程序也会更清楚，因而其在创业过程中对于寻求哪些政策扶持可能会更明确。

“婚姻状况”是一个二分类变量，已婚=1，未婚=2。婚姻不仅是当事双方的结合，同时也是婚姻双方家庭和社会关系的结合，因而已婚创业者相对于未婚创业者而言，其收集政策信息的来源和渠道将会更广，其对政策的知晓度可能会更高。

“兄弟姐妹数”是一个连续变量。作为直系亲属的兄弟姐妹数量越多，创业者收集信息的渠道会更广，因而兄弟姐妹数量多的创业者对政策的知晓度可能会更高。

“社会关系”是一个二分类变量。在研究社会关系的文献中通常用“受访者的亲友是否有干部”或者“受访者是否是党员”来替代，本章采用“受访者的亲友是否有干部”来替代，是=1，否=2。创业者的社会关系越广，其收集信息的渠道会越多，如果亲友当中有干部，那么政策信息传递到创业者处的可能性将会更大。

“企业员工数”是一个连续变量。企业员工人数越多，为当地提供的就业岗位就越多，政府部门对这类企业的关注度可能会相应提高，因此员工人数越多的企业获得政策信息的可能性会更高。

“企业年经营收入”是一个连续变量。企业年经营收入越高，为当地经济增长所作的贡献相对更多，政府部门对这类企业的关注度可能会相应提高，因此企业年经营收入越高的企业获得政策信息的可能性会更高。

“员工月平均工资”是一个连续变量。员工月平均工资高的企业为提高当地居民的生活水平所起的作用相对更大，政府部门对这类企业的关注度可能会相应提高，因此员工月平均工资高的企业获得政策信息的可能性会更高。

“企业经营年限”是一个连续变量。初创期的企业面对各种困难，对政策扶持的需求非常迫切。而经营年限越长说明企业的发展越稳定，企业依靠自身实力走内生式发展道路的可能性越大，对政策扶持的需求将不如初创期的企业那么迫切。因而初创期的企业迫于生存压力可能会更加关注各类政策信息。

“企业类型”是一个有序多分类变量。个体工商户=1，私营企业=2，合伙企业=3、有限责任公司=4、股份有限公司=5。通常的，企业类型从个体工商户到股份有限公司，企业投资者的数量将逐渐增多，比如股份有限公司的股东人数上限是200人，而有限责任公司的股东人数上限是50人。投资者人数越多的企业，其收集政策信息的渠道将更广，因而企业类型等级越高，对政策信息的知晓度可能会越高。

“企业选择创业场所是否得到政府帮助”是一个二分类变量。是=1，否=2。如果企业在选择创业场所的时候得到过政府帮助，说明企业与政府的关系比较密切，这类企业对政策信息的知晓度应该高于那些未获得政府帮助的企业。

“企业地理位置”是一个有序多分类变量。村=1，镇=2，县城=3，大城市郊区=4，大城市市区=5。大城市市区的资讯手段和内容都比乡村丰富得多，因而越靠近大城市市区的地方，企业对政策信息的知晓度可能会更高。

“企业经营状态”是一个有序多分类变量。发展很好=1，发展较好=2，发展一般=3，勉强维持=4，难以维持=5。经营得好的企业可能因为企业的经营管理水平高而主要走内生式的发展道路，从而相对忽视对政策信息的收集和掌握。但是，经营得好的企业也有可能因为其经营管理水平高，而格外注重利用包括政策扶持在内的各种机会，因而其对政策信息的收集也十分注重，以至经营状态好的企业对政策的知晓度可能会更高。由于两方面的原因，所以经营收入对政策知晓度的影响方向事先难以确定。

3. 计量检验

1)相关性检验

为了避免自变量之间的多重共线性导致部分自变量的显著性降低，先对自变量之间进行相关性检验。由于自变量包括连续变量和分类变量两类，因此采用多种方法对自变量间的相关性进行分别检验。

A. 连续变量之间的相关性检验

连续变量之间通常使用积差相关系数(Pearson 相关系数)来表示相关性的大小。但是积差相关系数分析有一定的适用条件，比如样本中的极端值对相关系数的计算影响极大，必要时需要剔除，以及要求相应的变量服从联合的双变量正态分布。本章的数据无法满足这样的条件，因此采用秩相关系数(Spearman 相关系数)来表示连续变量间相关性的大小，该系数介于−1 和+1 之间，符号表明变量之间相关性的方向，数值表明变量间相关性的大小，数值越大相关程度越高。

从表 6-14 中可以看出，具有统计学意义相关性的变量包括："兄弟姐妹数"与"年龄"相关，年龄越大的创业者其兄弟姐妹数越多，相关系数为 0.516；"企业经营年限"与"年龄"相关，年龄越大的创业者其企业的经营年限越长，相关系数为 0.422；企业"年经营收入"与"年龄"相关，年龄越大的创业者，其经营的企业年经营收入越高，相关系数为 0.378；"企业年经营收入"与"企业员工人数"相关，企业员工人数越多的企业，年经营收入越高，相关系数为 0.566；"企业员工月平均工资"与"企业年经营收入"相关，年经营收入越高的企业，员工的平均工资越高，相关系数为 0.290。尽管存在具有统计学意义相关性的连续变量组，但是这几组变量间的相关系数均未超过 0.7，并不属于高度相关的变量。

表 6-14　连续变量间相关性检验

	年龄	兄弟姐妹数	企业经营年限	企业员工人数	年经营收入	员工平均工资
年龄	1.000	0.516**	0.422**	0.060	0.378**	0.188
兄弟姐妹数	0.516**	1.000	0.119	0.174	0.240	−0.046
企业经营年限	0.422**	0.119	1.000	−0.040	0.155	0.151
企业员工人数	0.060	0.174	−0.040	1.000	0.566**	0.221
年经营收入	0.378**	0.240	0.155	0.566**	1.000	0.290*
员工月平均工资	0.188	−0.046	0.151	0.221	0.290*	1.000

注：**表示相关性在 1%的水平上显著，*表示在 5%的水平上显著。

B. 无序分类变量之间的相关性检验

采用列联系数(contingency coefficient)来评价无序分类变量之间的相关性大小。列联系数基于卡方检验中的 χ^2 值得出，其值为 0～1，值越大表明变量之间的相关性越大。

从表 6-15 中可以看出，在"性别、婚姻状况、有创业技能否、亲友有干部否、创业场所政府提供帮助否"等无序变量之间，只有性别与婚姻状况之间的相关性具有统计学意义，在 5%的水平上显著，相关系数为 0.262，二者之间的相关性较弱。其余变量间均不存在统计学意义上的相关性。

表 6-15　无序变量之间的相关性检验

	性别	婚姻状况	有创业技能否	亲友有干部否	创业场所政府提供帮助否
性别	1.000	0.262*	0.059	0.228	0.104
婚姻状况	0.262*	1.000	0.103	0.119	0.057
有创业技能否	0.059	0.103	1.000	0.05	0.223
亲友有干部否	0.228	0.119	0.05	1.000	0.038
创业场所政府提供帮助否	0.104	0.057	0.223	0.038	1.000

注：*表示在 5%的水平上显著。

C. 有序分类变量之间的相关性检验

采用等级相关系数(kendall's)来评价有序分类变量之间的相关性大小。该系数介于−1和+1之间，符号表明变量之间相关性的方向，数值表明变量间相关性的大小，数值越大相关程度越高。

从表6-16中可以看出，“文化程度、风险态度、创业企业类型、创业场所的地理位置、经营状态”等变量之间，只有“创业场所的地理位置”与“创业者风险态度”、“创业企业类型”之间存在具有统计学意义上的相关性。前者相关系数为0.27，表明越是风险厌恶的创业者越倾向于在大城市市区创业，但是二者的相关程度并不高，属于弱相关。后者表明随着创业企业类型由个体工商户向股份有限公司发展，企业越倾向于在大城市市区创业，但是二者之间仍然仅仅是弱相关，相关系数只有0.238。

表6-16 有序分类变量之间的相关性检验

	文化程度	风险态度	创业企业类型	创业场所的地理位置	经营状况
文化程度	1.000	0.056	0.094	0.182	−0.132
风险态度	0.056	1.000	0.066	0.270*	−0.003
创业企业类型	0.094	0.066	1.000	0.238*	−0.036
创业场所的地理位置	0.182	0.270*	0.238*	1.000	−0.134
经营状况	−0.132	−0.003	−0.036	−0.134	1.000

D. 连续变量与无序分类变量之间的相关性检验

采用Eta相关系数来评价连续变量与无序分类变量之间的相关性大小。该系数介于0和1之间，系数越大，表明变量之间的相关程度越高。为了明确变量间的相关性是否具有统计学意义，同时对变量进行Fisher精确概率检验。

从表6-17中可以看出，在所有的连续变量与无序分类变量之间，只有“年龄”与“婚姻状况”、“企业经营年限”与“创业场所政府提供帮助否”，以及“员工月平均工资”与“性别”之间存在具有统计学意义的相关性。其中，“年龄”与“婚姻状况”的相关性在1%的水平上显著，相关系数为0.589，并非高度相关；“企业经营年限”与“创业场所政府提供帮助否”在5%的水平上显著，相关系数为0.191，属于弱相关；“员工月平均工资”与“性别”的相关性在1%的水平上显著，相关系数为0.099，属于弱相关。

表6-17 连续变量与无序分类变量之间的相关性检验

	性别	婚姻状况	有创业技能否	亲友有干部否	创业场所政府提供帮助否
年龄	0.456	0.589**	0.026	0.158	0.013
兄弟姐妹数	0.282	0.309	0.117	0.183	0.074
企业经营年限	0.073	0.254	0.192	0.017	0.191*
企业员工人数	0.187	0.086	0.097	0.092	0.118
年经营收入	0.149	0.153	0.131	0.203	0.315
员工月均工资	0.064**	0.099	0.074	0.116	0.114

注：**表示相关性在1%的水平上显著，*表示在5%的水平上显著。

E. 连续变量与有序分类变量之间的相关性检验

采用秩相关系数(Spearman 相关系数)来评价连续变量与有序分类变量之间的相关性大小。从表 6-18 中可以看出，在“年龄、兄弟姐妹数、企业经营年限、企业员工人数、年经营收入、员工月平均工资”等连续变量与“文化程度、风险态度、创业企业类型、创业场所的地理位置、经营状况”等有序分类变量之间，具有统计学意义相关性的变量有 7 组，分别是：

“年龄”与“文化程度”，二者在 1%的水平上显著，相关系数为−0.341，说明年龄越大的创业者，其文化程度越低，但是二者并不属于高度相关；“企业员工人数”与“创业企业类型”在 1%的水平上显著，相关系数为 0.652，说明随着企业类型由个体工商户向股份有限公司转变，企业的员工人数也不断增加，但二者仍未达到高度相关的水平；“年经营收入”与“创业企业类型”在 1%的水平上显著，相关系数为 0.552，说明随着企业类型由个体工商户向股份有限公司转变，企业的年经营收入也不断增加，但二者仍未达到高度相关的水平；“员工月平均工资”与“创业企业类型”在 5%的水平上显著，相关系数为 0.310，说明随着企业类型由个体工商户向股份有限公司转变，企业员工的平均工资也不断增加，二者同样未达到高度相关的水平；“企业员工人数”与“创业场所的地理位置”在 1%的水平上显著，相关系数为 0.420，说明随着创业场所由农村向城市转变，企业的员工人数也不断增加，但二者未达到高度相关的水平；“年经营收入”与“创业场所的地理位置”在 5%的水平上显著，相关系数为 0.316，说明随着创业场所由农村向城市转变，企业的年经营收入也不断增加，但二者未达到高度相关的水平；“员工月平均工资”与“创业场所的地理位置”在 1%的水平上显著，相关系数为 0.343，说明随着创业场所由农村向城市转变，企业员工的平均工资也不断增加，二者同样未达到高度相关的水平。

表 6-18　连续变量与有序分类变量之间的相关性检验

	文化程度	风险态度	创业企业类型	创业场所的地理位置	经营状况
年龄	−0.341**	0.169	0.019	−0.013	0.011
兄弟姐妹数	−0.238	0.166	0.166	−0.022	0.060
企业经营年限	−0.173	−0.083	−0.245	0.213	−0.170
企业员工人数	0.126	0.042	0.652**	0.420**	−0.130
年经营收入	0.010	−0.040	0.552**	0.316*	−0.085
员工月均工资	−0.055	−0.015	0.310*	0.343**	−0.160

注：**表示相关性在 1%的水平上显著，*表示在 5%的水平上显著。

F. 无序分类变量与有序分类变量之间的相关性检验

由于等级相关系数(kendall's)主要用于评价有序分类变量之间的相关性大小，因此采用列联系数(contingency coefficient)来评价有序分类变量与无序分类变量之间相关性的检验，尽管这种做法可能会损失有序分类变量的等级信息，导致相关系数降低，但是也能在一定程度上对判断变量间相关性的大小提供参考。

从表 6-19 中可以看出，具有统计学意义相关性的变量组有 7 组，其中：“性别”与“文化程度”在 5%的水平上显著，相关系数为 0.431；“婚姻状况”与“文化程度”在 1%的水平上相关，相关系数为 0.493；“创业场所政府提供帮助否”与“风险态度”在 1%的水平上相关，相关系数为 0.385；“创业场所政府提供帮助否”与“创业企业类型”在 5%的水平上相关，相关系数为 0.391；“婚姻状况”、“有创业技能否”、“创业场所政府提供帮助否”与“创业场所的地理位置”的相关系数分别为 0.376、0.417 和 0.594。相关变量组均未达到高度相关的水平。

表 6-19 无序分类变量与有序分类变量之间的相关性检验

	文化程度	风险态度	创业企业类型	创业场所的地理位置	经营状况
性别	0.431*	0.242	0.318	0.31	0.218
婚姻状况	0.493**	0.11	0.225	0.376*	0.214
有创业技能否	0.332	0.252	0.24	0.417*	0.18
亲友有干部否	0.374	0.248	0.25	0.297	0.294
创业场所政府提供帮助否	0.294	0.385**	0.391*	0.594**	0.262

注：**表示在 1%的水平上显著，*表示在 5%的水平上显著。

2)模型检验

相关性检验表明并不存在高度相关的自变量，因此将所有自变量纳入模型之中进行分析，结果如表 6-20 所示。从表中可以看出：

创业者的风险态度、创业者的亲友是否有干部、企业经营年限、员工月平均工资、创业企业类型等五项因素对创业政策的知晓度有着显著影响。创业者的亲友中是否有干部、企业经营年限、员工月平均工资三个变量在 1%的水平上对政策知晓度有显著影响。其中，亲友有干部的创业者对政策的知晓度高于亲友没有干部的创业者；经营年限短的企业对政策的知晓度高于经营年限长的企业；员工月平均工资高的企业对政策的知晓度高于员工月平均工资低的企业。而创业者的风险态度、创业企业类型两个变量则在 5%的水平上对政策知晓度有显著影响，其中，风险偏好型的创业者的确不如风险厌恶型的创业者那样对政策信息进行充分了解和把握；而私营企业、合伙企业、有限责任公司均显著的不如股份有限公司对政策的知晓度高。

如果放宽显著性水平至 10%，则年龄、兄弟姐妹数、有创业技能否、创业场所政府提供帮助否等四个变量也对政策的知晓度产生显著影响。其中，年龄越大的创业者对政策的知晓度越高；兄弟姐妹多的创业者比兄弟姐妹少的创业者更加熟悉政策；有与创业有关技能的创业者比没有相关技能的创业更熟悉政策；在选择创业场所过程中得到过政府的帮助的创业者比没有得到帮助的创业者更熟悉政策。

上述九个变量经过验证对政策知晓度存在显著影响，而其余七个变量，如创业者的性别、文化程度、婚姻状况、企业员工人数、企业年经营收入、创业场所的地理位置、企业经营状况等均未能通过显著性检验，表明这七个因素对政策知晓度的影响并不显著。

表 6-20　整体政策知晓度累积 Logit 模型估计结果

变量		系数	Wald 值	*P* 值
政策知晓度	不知道=1	87.113	0.003	0.958
	听说但不了解=2	92.799	0.003	0.956
	了解一些=3	101.129	0.004	0.952
	知道大部分=4	103.787	0.004	0.950
年龄		0.193	3.418	0.064
兄弟姐妹数		0.516	3.548	0.060
企业经营年限		−0.360	8.399	0.004
企业员工人数		−0.005	0.902	0.342
年经营收入		−0.001	2.284	0.131
员工月平均工资		0.004	10.534	0.001
性别	男=1	−0.439	0.094	0.759
	女=2	0.000	.	.
文化程度	小学=2	30.683	0.001	0.972
	初中=3	26.429	0.001	0.976
	高中=4	26.850	0.001	0.975
	中专=5	36.786	0.002	0.966
	大专=6	25.677	0.001	0.976
	本科及以上=7	0.000	.	.
婚姻状况	已婚=1	0.913	0.110	0.740
	未婚=2	0.000	.	.
风险态度	风险偏好=1	−4.226	4.309	0.038
	风险中性=2	−2.050	1.267	0.260
	风险厌恶=3	0.000	.	.
有创业技能否	是=1	4.044	2.904	0.088
	否=2	0.000	.	.
亲友有干部否	是=1	4.439	10.844	0.001
	否=2	0.000	.	.

续表

变量		系数	Wald值	*P*值
创业企业类型	个体工商户=1	−1.586	0.773	0.379
	私营企业=2	−5.066	5.703	0.017
	合伙企业=3	−3.895	3.515	0.061
	有限责任公司=4	−6.441	5.197	0.023
	股份有限公司=5	0.000	.	.
创业场所政府提供帮助否	是=1	2.895	3.687	0.055
	否=2	0.000	.	.
创业场所的地理位置	村=1	52.418	0.001	0.971
	镇=2	51.921	0.001	0.971
	县城=3	55.346	0.001	0.969
	大城市郊区=4	62.164	0.002	0.965
	大城市市区=5	0.000	.	.
企业经营状况	发展很好=1	3.200	0.247	0.619
	发展较好=2	−0.380	0.004	0.953
	发展一般=3	−4.264	0.423	0.515
	勉强维持=4	−2.059	0.096	0.756
	难以维持=5	0.000	.	.
LR(30)=159.569				

4. 结论——政策信息的获取主要取决于需求方的努力

从变量的显著性中可以看出，在显著影响创业政策知晓度的九个变量中，年龄、风险态度、技能状态等三个变量属于创业者自身禀赋变量；兄弟姐妹数、亲友有干部否等两个变量属于创业者收集信息的渠道变量。这五个变量与创业政策信息的供给方——政府部门的努力关系不大，主要属于创业者的个人禀赋与社会资本。

而在理论分析过程被“寄予厚望”的企业员工人数、企业年经营收入并未表现出显著性，而与之存在一定相关性的创业企业类型却又表现出显著性，这种看似矛盾的现象背后恰恰说明了创业扶持政策信息的获取主要取决于创业者的个人禀赋与社会资本①。企业员工人数和企业年经营收入不显著，但是企业类型显著的现象，可能由于政府部门在政策宣传上并未下功夫，以至于即便是本应该得到青睐的员工人数多、年经营收入高的企业在政策的熟悉程度上也不显著。而同时企业类型等级越高，企业对政策越熟悉，则表明等级高的企业并非是因为规模大而获得政策信息②，而更可能是因为企业投资人增

① 将创业企业类型从模型中剔除构建新的模型，企业员工人数、企业年经营收入的影响并未达到5%的显著性水平，排除了由于模型设定导致企业员工人数、企业年经营收入不显著的原因。

② 将企业员工人数按规模分组转变为分类变量后重新纳入模型，并将其与创业企业类型的交互项纳入模型，回归结果显示模型拟合优度未得到明显改善，且两个变量不显著。由于将连续变量转变为分类变量后会损失信息，本章不采纳转变后的模型，仅仅辅助性地用于考察二者的显著性。

加，使得企业获得政策信息的渠道增加所致，说明政策信息主要来源于创业者社会资本的多寡，而非主要来源于政府服务的主动性。

同样的，企业年经营收入不显著但员工平均工资显著的现象也说明了创业政策信息的获取主要取决于政策的需求方而非供给方。员工月平均工资是引起政府部门关注的原因之一，如果该变量呈现显著性是由于政府部门青睐所致，那么相比月平均工资这种平均数值的变量而言，企业年经营收入这种总量变量将会更加引起政府部门的关注而更应该呈现出高显著性。但是企业年经营收入并不显著，说明员工平均工资高的企业对政策的熟悉并非主要来源于政府部门的宣传，而是由于其他原因所致。员工平均工资高低反映出企业经营管理水平的高低，经营管理水平高的企业可能会格外注重利用包括政策扶持在内的各种机会，因而其对政策信息的收集也十分注重，以至经营状态好的企业对政策的知晓度可能会更高。

可见，在企业经营年限、企业员工月平均工资、企业类型、创业场所政府是否提供帮助等四个呈现显著性的企业变量中，只有企业选择创业场所政府是否提供帮助的显著性由政策信息的供给方决定。

因此，从模型回归结果中我们可以得知，影响农民工返乡创业扶持政策知晓度的因素主要来源于政策信息需求方的努力，而政府部门在政策信息的宣传上，还存在很大的不足，应该大力提高政府部门对政策信息的宣传力度。这个结论从受访者对问卷所设置的另一问题“您了解和熟悉上述创业政策的主要途径有哪些?”的回答中也可以得到进一步的印证(如表 6-21 所示)。从表 6-21 中可以看出，在所有信息来源中，“干部宣传，参加培训，乡镇、村里的板报、广播”等直接从政府部门获取信息的比例仅有 27.3%，而通过政策需求方自身的努力获得政策信息的比例高达 72.7%，约为前者的 3 倍。

表 6-21　创业者了解政策的途径

	回答项		占样本的比例/%
	频数	比例/%	
电视报道	36	24.0	58.1
上网了解	27	18.0	43.5
从亲友那里听说	28	18.7	45.2
阅读报刊	18	12.0	29.0
干部宣传	23	15.3	37.1
参加培训	11	7.3	17.7
乡镇、村里的板报	4	2.7	6.5
乡镇、村里广播	3	2.0	4.8
合计	150	100.0	241.9

6.2.1.4 分项政策知晓度影响因素分析

为了考察10类分项政策的知晓度影响因素，采用上述累加Logit模型进行回归，结果如表6-22所示。

表6-22 分项政策知晓度影响因素回归结果

变量		财税	金融	用工	技术	用地
政策知晓度	不知道=1	33.805	45.295	9.061	−16.893	27.819
	听说但不了解=2	35.679	48.220	11.008	−15.062	29.670
	了解一些=3	37.541	50.965	13.072	−12.495	33.510
	知道大部分=4	39.097	52.403	13.589	−11.101	34.427
年龄		0.126	0.384***	0.198**	0.125	−0.017
兄弟姐妹数		0.298	−0.437	−0.123	−1.428***	−0.353
企业经营年限		−0.069	−0.468***	−0.109	0.126	0.123
企业员工人数		−0.006	−0.014***	−0.005	0.004	0.003
年经营收入		0.000	0.001	0.000	0.000	−0.001
员工月均工资		0.001	0.003***	0.001	0.001	0.001
性别	男=1	−1.071	−6.006***	0.411	1.508	−0.107
	女=2	0.000	0.000	0.000	0.000	0.000
文化程度	小学=2	−2.169	−3.375	1.797	−27.325	3.805
	初中=3	−1.749	1.587	0.959	−9.628**	4.517
	高中=4	−3.003	−1.670	2.878	−10.415***	3.869
	中专=5	3.874	1.486	3.973	−8.986**	5.240
	大专=6	−2.320	−2.200	4.369	−6.902	3.296
	本科及以上=7	0.000	0.000	0.000	0.000	0.000
婚姻状况	已婚=1	2.078	−1.745	−0.812	5.057	1.517
	未婚=2	0.000	0.000	0.000	0.000	0.000
风险态度	风险偏好=1	−2.935	−0.913	−2.752	−4.235**	−3.890**
	风险中性=2	−1.063	3.647	−0.715	−0.396	−1.465
	风险厌恶=3	0.000	0.000	0.000	0.000	0.000
有创业技能否	是=1	3.075	8.187***	1.670	0.655	4.822**
	否=2	0.000	0.000	0.000	0.000	0.000
亲友有干部否	是=1	0.619	5.565***	2.418***	0.664	1.257
	否=2	0.000	0.000	0.000	0.000	0.000

续表

变量		财税	金融	用工	技术	用地
创业企业类型	个体工商户=1	−2.659	−3.862	−4.883＊＊＊	−9.581＊＊＊	−4.259＊＊＊
	私营企业=2	−1.497	0.560	−4.993＊＊＊	−4.669	−3.450＊＊
	合伙企业=3	2.187	0.593	−3.599＊＊＊	−5.557	−4.199＊＊
	有限责任公司=4	−4.244＊＊	−1.539	−8.240＊＊＊	−12.854＊＊＊	−0.283
	股份有限公司=5	0.000	0.000	0.000	0.000	0.000
创业场所政府提供帮助否	是=1	2.525＊＊	3.078＊＊	1.714	6.362＊＊＊	−0.226
	否=2	0.000	0.000	0.000	0.000	0.000
创业场所的地理位置	村=1	29.275＊＊＊	24.027＊＊	−1.686	−34.441	7.236
	镇=2	32.019＊＊＊	25.478＊＊＊	−0.970	−33.537	3.083
	县城=3	28.299＊＊＊	22.101＊＊＊	0.688	−34.540	7.719
	大城市郊区=4	39.121	38.963＊＊＊	−1.176	−33.005	11.019
	大城市市区=5	0.000	0.000	0.000	0.000	0.000
企业经营状况	发展很好=1	1.028	4.661	4.859	20.069＊＊＊	20.264＊＊＊
	发展较好=2	−0.319	0.839	4.230	26.247＊＊＊	19.965
	发展一般=3	−3.924	−0.903	3.337	19.551＊＊＊	17.937
	勉强维持=4	−1.144	2.188	5.625	24.169	19.727
	难以维持=5	0.000	0.000	0.000	0.000	0.000

注：＊＊＊表示 1%的显著性水平，＊＊表示 5%的显著性水平。

续表 6-22　分项政策知晓度影响因素回归结果

变量		基础设施	产业政策	绿通政策	创业培训	信息咨询
政策知晓度	不知道=1	33.804	−15.760	−4.731	6.524	7.685
	听说但不了解=2	36.132	−13.984	−3.143	7.960	9.695
	了解一些=3	38.139	−10.417	−0.537	10.270	13.260
	知道大部分=4	39.828	−7.566	1.500	11.946	16.024
年龄		0.054	0.007	0.101	0.249＊＊＊	0.152
兄弟姐妹数		0.095	−0.418	−0.448	−0.044	0.248
企业经营年限		0.148	0.191	0.099	0.129	0.155
企业员工人数		0.001	−0.008＊＊	−0.013＊＊＊	0.001	0.000
年经营收入		0.000	0.000	0.000	0.000	0.000
员工月均工资		0.001	0.002＊＊	0.000	0.002＊＊	0.002＊＊
性别	男=1	0.523	−0.185	−1.456	0.190	2.076
	女=2	0.000	0.000	0.000	0.000	0.000

续表

变量		基础设施	产业政策	绿通政策	创业培训	信息咨询
文化程度	小学=2	6.763**	−24.905***	−0.331	−13.249	11.256***
	初中=3	2.251	−3.341	0.920	0.815	0.597
	高中=4	3.484	−2.171	1.901	3.082	2.237
	中专=5	2.593	−1.420	2.177	4.751	3.449
	大专=6	3.826	−3.048	−0.511	3.122	2.787
	本科及以上=7	0.000	0.000	0.000	0.000	0.000
婚姻状况	已婚=1	−0.414	2.642	1.009	−1.601	−0.907
	未婚=2	0.000	0.000	0.000	0.000	0.000
风险态度	风险偏好=1	−3.501**	−5.416***	−3.748**	−0.061	−1.102
	风险中性=2	−2.658**	−2.852**	−1.195	0.193	0.499
	风险厌恶=3	0.000	0.000	0.000	0.000	0.000
有创业技能否	是=1	1.894	0.682	3.242	−0.022	1.262
	否=2	0.000	0.000	0.000	0.000	0.000
亲友有干部否	是=1	1.226	2.613***	1.740**	2.750***	3.838***
	否=2	0.000	0.000	0.000	0.000	0.000
创业企业类型	个体工商户=1	−3.666**	−5.764***	−6.540***	−2.372	−3.113
	私营企业=2	−2.546	−7.390***	−5.200***	−2.168	−0.584
	合伙企业=3	−0.974	−5.797***	−3.613**	−1.307	−4.326**
	有限责任公司=4	−3.278	−12.266***	−9.012***	−3.218	−9.324***
	股份有限公司=5	0.000	0.000	0.000	0.000	0.000
创业场所政府提供帮助否	是=1	0.949**	4.008***	0.593	5.968***	8.206***
	否=2	0.000	0.000	0.000	0.000	0.000
创业场所的地理位置	村=1	33.730***	−8.807***	1.913	−11.611***	−16.525***
	镇=2	34.289***	−10.497***	0.788	−9.811***	−12.872***
	县城=3	32.858***	−7.199	3.055	−12.130***	−16.252***
	大城市郊区=4	36.411	−5.738	5.036	−5.079	−6.355
	大城市市区=5	0.000	0.000	0.000	0.000	0.000
企业经营状况	发展很好=1	−0.987	−1.757	−1.524	0.001	3.473
	发展较好=2	−1.757	−1.726	−3.616	2.938	7.463
	发展一般=3	−3.551	−2.954	−6.271	1.460	5.674
	勉强维持=4	−1.693	−2.547	−4.192	1.417	5.886
	难以维持=5	0.000	0.000	0.000	0.000	0.000

注：***表示1%的显著性水平，**表示5%的显著性水平。

1. **影响财税政策知晓度的因素**

显著影响财税政策知晓度的因素包括：创业企业类型、创业场所政府提供帮助否，创业场所的地理位置等三个变量。其中，有限责任公司对财税政策的知晓度显著低于股份有限公司；在选择创业场所时，政府提供了帮助的企业对财税政策的知晓度明显高于未获得帮助的公司；创业场所在村、镇、县城的企业对财税政策的知晓度显著高于大城市的企业。

从变量的显著性中可以看出，对财税政策信息的熟悉度主要取决于企业变量，创业者的个人禀赋变量和信息渠道变量对财税政策的知晓度的影响并不显著。而企业变量是政府宣传政策信息的主要参考对象，企业变量的显著性，说明政府部门对财税政策信息的宣传力度较大。特别是创业场所在村、镇、县城的企业对政策的知晓度显著高于在大城市的创业企业，说明县及以下政府部门在宣传扶持农民工返乡创业的财税政策方面的力度要明显大于县及以上政府部门。

2. **影响金融政策知晓度的因素**

显著影响金融政策知晓度的因素包括：年龄、性别、有创业技能否、亲友有干部否、企业经营年限、企业员工人数、员工的月平均工资、创业场所政府提供帮助否、创业场所的地理位置等九个变量。其中，年龄越大的创业者对金融政策的知晓度越高；女性比男性对金融政策的知晓度高；有与创业相关技能的创业者比没有相关技能的创业对金融政策更加熟悉；亲友有干部的创业者对金融政策的熟悉程度更高；企业经营年限越短的企业对金融政策的知晓度更高；员工人数越少的企业对金融政策的熟悉度越高；员工月平均工资高的企业对金融政策的熟悉度高于员工月平均工资低的企业；在选择创业场所时获得政策帮助的企业对金融政策的熟悉度高于未获得帮助的企业；村、镇、县城、大城市郊区的企业比大城市内的企业对金融政策的熟悉度更高。

从变量的显著性中可以看出，个人禀赋、社会资本以及企业特征都对金融政策的知晓度产生着显著影响。其中，员工人数少的企业对金融政策的熟悉度比员工人数多的企业要高，这一点与理论分析的预期方向相反，这也意味着政府部门对金融政策的宣传并未如预料的那样以员工人数多的企业为主，但是人数少的企业对金融政策的熟悉度要更高又似乎打破了政府部门在宣传政策时面临的“成本约束”。这种现象只能表明，人数少的企业更加关注相关金融支持政策，而对金融政策更加敏感。说明在金融政策的宣传上，政府部门的宣传力度是不够的，政策的获取主要依靠信息需求方的努力。创业场所在村、镇、县城的企业对政策的知晓度显著高于在大城市的创业企业，说明县及以下政府部门在宣传扶持农民工返乡创业的金融政策方面的力度要明显大于县及以上政府部门。

3. **影响用工政策知晓度的因素**

显著影响用工政策知晓度的因素有：年龄、亲友有干部否、创业企业类型等三个变量。其中，年龄越大的创业者对用工政策越熟悉；亲友有干部的创业者比没有干部的创业者更熟悉用工政策；而个体工商户、私营企业、合伙企业、有限责任公司对用工政策的熟悉度都比股份有限公司低。

从变量的显著性中可以看出，个人禀赋与社会资本是影响用工政策知晓度的主要因素，尽管创业企业类型属于企业变量，但是“企业员工人数、企业年经营收入”两个观察变量并未呈现显著性，说明创业企业类型显著仍然来源于企业投资者增加扩大了企业收集政策信息的渠道所致。因而政府部门在用工政策方面的宣传力度尚存在很大的不足。

4. 影响技术政策知晓度的因素

从回归结果中可以看出，显著影响技术政策知晓度的因素有：文化程度、风险态度、创业企业类型、创业场所政府提供帮助否、企业经营状态等五个变量。其中，文化程度低的创业者对技术政策的熟悉度较低；对待风险保守的创业者对技术政策的熟悉程度更高；个体工商户、私营企业、合伙企业、有限责任公司对技术政策的熟悉度都比股份有限公司低；选择创业场所时获得政府帮助的企业对技术政策的熟悉度更高；企业发展态势越好的企业对技术政府的知晓度越高。

从变量的显著性中可以看出，亲友是否有干部并未显著影响创业者对技术政策的知晓度，说明个人禀赋与企业特征变量是影响技术政策知晓度的主要因素，而社会资本的多寡不是创业者掌握技术政策信息的重要因素。选择创业场所时获得政府帮助的显著性，表明政府部门在技术政策的宣传上发挥了作用，但是“企业员工人数、企业年经营收入”两个关键观察变量不显著说明政府部门的宣传力度仍然不足。

5. 影响用地政策知晓度的因素

从表 6-22 中可以看出，显著影响用地政策知晓度的因素有：风险态度、有创业技能否、创业企业类型、经营状况等四个变量。其中，对待风险保守的创业者比风险偏好的创业者更熟悉用地政策；有创业技能的创业者比没有创业技能的创业者更熟悉用地政策；个体工商户、私营企业、合伙企业对用地政策的熟悉程度远低于股份有限公司，而经营状况很好的企业明显比难以维持的企业更加了解用地政策。

从变量的显著性中可以看出，个人禀赋是影响用地政策知晓度的主要因素，尽管创业企业类型属于企业变量，但是“企业员工人数、企业年经营收入”两个观察变量并未呈现显著性，说明创业企业类型显著仍然来源于企业投资者增加扩大了企业收集政策信息的渠道所致。因而政府部门在用工政策方面的宣传力度尚存在很大的不足。

6. 影响基础设施政策知晓度的因素

从回归结果看，显著影响基础设施政策知晓度的因素包括：文化程度、风险态度、创业企业类型、创业场所的地理位置等四个变量。其中，小学文化程度的创业者对基础设施政策的知晓度显著高于大学本科及以上学历的创业者；越是风险厌恶的创业者对基础设施政策的知晓度越高；个体工商户对基础设施政策的熟悉度显著地低于股份有限公司；村、镇、县城的企业对基础设施政策的熟悉度显著高于大城市市区的创业者。

从变量的显著性中可以看出，影响基础设施政策知晓度的因素主要来源于创业者的个人禀赋以及企业特征变量，创业者的社会资本变量起的作用较小。村、镇、县城的企业对基础设施政策的熟悉度显著高于大城市市区的企业，说明县及以下政府部门在宣传扶持农民工返乡创业的基础设施政策方面的力度要明显大于县及以上政府部门。

7. 影响产业政策知晓度的因素

从回归结果看，显著影响产业政策知晓度的因素有：文化程度、风险态度、亲友有干部否、企业员工人数、员工月平均工资、创业企业类型、创业场所政府提供帮助否、创业场所的地理位置等八个变量。其中，企业员工人数越少的企业对产业政策知晓度越高；员工月平均工资水平越高的企业对产业政策的知晓度越高；小学文化程度的创业者对产业政策的知晓度明显低于本科及以上学历的创业者；越是风险厌恶的创业者，对产业政策的知晓度越高；亲友有干部的创业者对产业政策的熟悉度明显高于亲友没有干部的创业者；个体工商户、私营企业、合伙企业、有限责任公司对产业政策的熟悉度都比股份有限公司低；在选择创业场所时获得政府帮助的企业对产业政策的熟悉度明显比未获得帮助的企业高；在村、镇落户的企业对产业政策的熟悉度比大城市里的企业要低。

从变量的显著性中可以看出，创业者的个人禀赋、社会资本和企业变量均对产业政策的知晓度产生着显著影响。但是，企业员工人数的负显著性和创业企业类型的正显著性同时存在，表明政府部门对产业政策的宣传力度仍存在很大的不足，创业者获取产业政策的渠道仍然来源于社会资本。而在在村、镇落户的企业对产业政策的熟悉度比大城市里的企业要低的现象表明县及以下政府部门对产业政策的宣传力度太弱。

8. 影响绿色通道政策知晓度的因素

从回归结果看，显著影响绿色通道政策知晓度的因素有：风险态度、亲友有干部否、企业员工人数、创业企业类型等四个变量。其中，风险厌恶的创业者对绿色通道政策的知晓度要高于风险偏好者；亲友有干部的创业者对绿色通道政策的熟悉度明显高于亲友没有干部的创业者；员工人数越少的企业对绿色通道政策的知晓度越高；个体工商户、私营企业、合伙企业、有限责任公司对绿色通道政策的熟悉度都比股份有限公司低。

从变量的显著性中可以看出，影响绿色通道政策知晓度的因素主要来源于创业者个人禀赋与社会资本。企业员工人数的负显著性与创业企业类型的正显著性同时存在，表明政府部门对产业政策的宣传力度仍存在很大的不足。

9. 影响创业培训政策知晓度的因素

从回归结果看，显著影响创业培训政策知晓度的因素有：年龄、亲友有干部否、员工的月平均工资、创业场所政府提供帮助否，以及创业场所的地理位置等四个变量。其中，年龄越大的创业者对创业培训政策的知晓度越高；亲友有干部的创业者比没有干部的创业者更熟悉创业培训政策；员工的月平均工资越高的企业越熟悉创业培训政策；在选择创业场所时获得政府帮助的企业对创业培训政策的知晓度更高；村、镇、县城的企业比大城市的企业对创业培训政策的知晓度低。

从变量的显著性中可以看出，创业者的个人禀赋、社会资本和企业变量均对产业政策的知晓度产生着显著影响。但是，村、镇、县城的企业比大城市的企业对创业培训政策的知晓度低，揭示出创业培训政策在农村的宣传力度不如在城市的宣传力度大。

10. **影响信息咨询服务政策知晓度的因素**

从回归结果看，显著影响信息咨询服务政策知晓度的因素有：文化程度、亲友有干部否、员工的月平均工资、创业企业类型、创业场所政府提供帮助否、创业场所的地理位置等六个变量。其中，小学文化程度的创业者对信息咨询服务政策的知晓度明显高于大学本科及以上学历的创业者，这主要是因为小学文化程度的创业受知识水平所限，亟须外界为其提供各种信息咨询服务，因而对信息咨询服务政策更加敏感；亲友有干部的创业者比没有干部的创业者对信息咨询服务政策的知晓度高；员工月平均工资越高的企业对信息咨询服务政策的熟悉度越高；合伙企业、有限责任公司对信息咨询服务政策的熟悉度明显低于股份有限公司；在选择创业场所时获得政府帮助的企业对信息咨询服务政策的熟悉度明显高于未获得帮助的企业；村、镇、县城的企业比大城市的企业对信息咨询服务政策的熟悉度明显偏低。

从变量的显著性中可以看出，创业者的个人禀赋、社会资本和企业变量均对产业政策的知晓度产生着显著影响。但是，村、镇、县城的企业比大城市的企业对信息咨询服务政策的熟悉度明显偏低，说明信息咨询服务政策在农村的宣传力度不如在城市的宣传力度大。

6.2.2 对返乡创业扶持政策利用度与难易度的评估

6.2.2.1 返乡创业扶持政策利用度的统计描述

1. **创业者对创业扶持政策总体利用度的频率分析**

采用利用过政策的创业者占样本总数的比例来表示创业扶持政策的利用度。为考察返乡创业扶持政策的利用度，调查问卷针对返乡创业者对创业扶持政策的利用情况进行了调查，结果如表 6-23 所示。从表中可以看出，在 190 名创业者中，有 112 位创业者表示利用过返乡创业政策，占到 58.95％；78 位创业者没有利用过返乡创业政策，约占41％。如果按百分制来计算的话，政策总体利用度达到58.95，相比 29.87 的总体政策知晓度而言，创业政策的利用度有较大幅度的上升。

表 6-23　创业扶持政策利用度频率表

	频数	比例/%	有效比例/%	累积比例/%
是	112	58.95	58.95	58.95
否	78	41.05	41.05	100.00
合计	190	100.00	100.00	

在回答具体使用过几类政策时，表示使用过1类扶持政策的有48人，占35.26%；使用过2类的有28人，占14.74%；使用过3类的有13人，占6.84%；使用过4类的9人，占4.74%；使用过5类的4人，占2.11%；使用过6类的6人，占3.16%；使用过7类的2人，占1.05%。表示10类政策全都利用过的仅有2人，占1.05%(见表6-24)。在使用过扶持政策的人群中，大部分人仅仅使用过1～2类政策。

表 6-24　创业者使用过的扶持政策的类型数

类型数	频数	比例/%	有效比例/%	累积比例/%
0	78	41.05	41.05	41.05
1	48	25.26	25.26	66.32
2	28	14.74	14.74	81.05
3	13	6.84	6.84	87.89
4	9	4.74	4.74	92.63
5	4	2.11	2.11	94.74
6	6	3.16	3.16	97.89
7	2	1.05	1.05	98.95
10	2	1.05	1.05	100.00
合计	190	100.00	100.00	

2. 分项创业政策利用度的频率分析

针对具体的每一类创业扶持政策，创业者的回答如表6-25所示。财税优惠政策的利用度最高，占到190名创业者中的31.58%；用地优惠政策占19.47%。其次是技术政策，占16.84%。然后依次是创业培训政策、基础设施政策、绿色通道政策、信息咨询服务政策、产业政策、用工政策和金融政策，利用度逐渐下降。其中，产业政策、用工政策和金融政策的利用度最低，分别只有8.42%、6.32%和6.32%。

表 6-25　分项创业政策利用度

政策类型	财税优惠政策	用地优惠政策	技术政策	创业培训政策	基础设施政策
利用度(%)	31.58	19.47	16.84	15.79	13.16

政策类型	绿色通道政策	信息咨询服务政策	产业政策	用工政策	金融政策
利用度(%)	12.63	11.05	8.42	6.32	6.32

6.2.2.2 政策利用度影响因素分析

1. 研究方法

通过考察究竟是什么因素在影响着创业者是否利用过创业扶持政策，来分析政策利用度的影响因素。创业者是否利用过创业扶持政策，意味着应变量是一个二元变量，因此可以选择 Logit 模型和 Probit 模型对此类问题进行回归。Logit 模型和 Probit 模型之间的差别不大，考虑到数学处理的方便，本章选择 Logit 模型对影响创业者是否利用创业扶持政策的因素进行分析。

首先建立如下的 Logit 计量模型：

$$p_i = E(Y_i = 1 | X_{1i}, X_{2i}, \cdots, X_{mi}) = \frac{1}{1+e^{-Z_i}} = \frac{1}{1+e^{-(\alpha+\beta_1 X_{1i}+\beta_2 X_{2i}+\cdots+\beta_m X_{mi})}} \tag{6.5}$$

则

$$\frac{p_i}{1-p_i} = \frac{1+e^{Z_i}}{1+e^{-Z_i}} = e^{Z_i} \tag{6.6}$$

两边取自然对数：

$$L_i = \ln(\frac{p_i}{1-p_i}) = Z_i = \alpha + \beta_1 X_{1i} + \beta_2 X_{2i} + \cdots + \beta_m X_{mi} \tag{6.7}$$

以上各式中，因变量 Y_i ——创业者是否利用过创业扶持政策，是=1，否=0。

自变量的选取与分析影响政策知晓度时的自变量基本相同，包括：年龄、性别、学历、风险态度、技能状态；婚姻状况、婚姻状况、兄弟姐妹数量、亲友是否有干部；创业企业的员工数、企业年营业收入、员工月平均工资、企业类型、经营年限、地理位置、经营状态，以及企业选择创业场所是否得到政府帮助等变量。

另外，为了考察创业者对政策的熟悉程度是否会影响到其对创业政策的利用，将上文提到的政策知晓度变量纳入自变量进行分析。

2. 计量检验

回归结果如表 6-26 所示。模型 1 是将所有自变量全部纳入模型进行分析的回归结果，似然比 LR(34)=72.84，表明模型通过了似然比检验，但是并没有变量呈现显著性，有可能是因为变量之间的共线性所致。为此，采取逐步向前法对自变量进行筛选，结果如模型 2 所示，创业者选择创业场所时是否得到政府的帮助对创业者的政策利用度有显著影响，显著性水平为 1%。其余变量未能通过显著性检验。

考虑到创业者在选择创业场所时如果得到政府的帮助，本身就意味着创业者利用了创业扶持政策。为避免模型的内生性影响回归结果，在不纳入“创业场所政府提供帮助否”的情况下，对其他影响因素再次进行 Logistic 回归分析。模型 3 是控制了除“创业场所政府提供帮助否”之外所有变量的回归结果，结果显示没有变量通过显著性检验。而模型 4 是采取逐步向前法对自变量进行筛选后的回归结果，似然比检验提示，如果剔除“创业场所的地理位置”将会显著影响模型的拟合优度，但是“创业场所的地理位置”却未能通过显著性检验。

表 6-26　创业者政策利用度影响因素 Logistic 回归分析

变量		模型 1	模型 2	模型 3	模型 4
年龄		0.71		0.82	
兄弟姐妹数		−10.17		−8.69	
企业经营年限		1.51		1.27	
企业员工人数		−0.01		−0.02	
年经营收入		0.00		0.00	
员工月平均工资		−0.03		−0.03	
性别	男=1	−3.11		−13.48	
	女=2	0.00			
文化程度	小学=2	−55.40		−71.79	
	初中=3	−30.76		−30.44	
	高中=4	−55.83		−53.00	
	中专=5	−94.56		−84.79	
	大专=6	−31.00		−29.10	
	本科及以上=7	0.00			
婚姻状况	已婚=1	−49.45		−56.90	
	未婚=2	0.00			
风险态度	风险偏好=1	−12.37		−17.83	
	风险中性=2	−55.16		−63.45	
	风险厌恶=3	0.00			
有创业技能否	是=1	−14.63		−1.94	
	否=2				
亲友有干部否	是=1	−45.83		−53.82	
	否=2	0.00			
创业企业类型	个体工商户=1	−104.27		−95.35	
	私营企业=2	−60.70		−52.52	
	合伙企业=3	−56.88		−44.60	
	有限责任公司=4	−54.90		−43.01	
	股份有限公司=5	0.00			

续表

变量		模型 1	模型 2	模型 3	模型 4
创业场所政府提供帮助否	是=1	20.07	2.08***	不纳入	不纳入
	否=2			不纳入	不纳入
创业场所的地理位置	村=1	−309.42		−268.36	24.20
	镇=2	−280.49		−258.18	21.39
	县城=3	−313.61		−278.10	22.38
	大城市郊区=4	−504.60		−462.45	0.00
	大城市市区=5	0.00			
企业经营状况	发展很好=1	1.07		5.09	
	发展较好=2	39.79		31.09	
	发展一般=3	39.80		35.82	
	勉强维持=4	1.63		−5.37	
	难以维持=5	0.00			
创业者政策知晓度	不知道=1	−105.09		−109.41	
	听说但不了解=2	−70.36		−76.14	
	了解一些=3	−22.16		−23.82	
	知道大部分=4	42.35		47.00	
	很熟悉	0.00		0.00	
常数项		616.95	0.00	595.89	−21.20
似然比		LR(34)=72.84	LR(1)=11.68	LR(33)=72.84	LR(4)=15.93

注：***表示在1%的水平上显著。

3. 结论

从模型分析的结果看，无论是创业者的个人禀赋变量，如年龄、性别、学历、风险态度、技能状态等因素，还是创业者的婚姻状况、家庭直系亲属的多少以及创业者直系亲属之外的社会关系，抑或创业企业的员工数、企业年营业收入、员工月平均工资、企业类型、经营年限、地理位置、经营状态等特征变量均未能通过显著性检验，而唯一通过显著性检验的“创业场所政府提供帮助否”却与政策利用度存在内生关系。

前文理论分析表明，在成本约束下，创业企业的员工人数和企业年营业收入是考察政府执行创业扶持政策的观察变量。这两个观察变量未能通过显著性检验，有两种可能。一种可能是政府没有执行创业扶持政策，但是这种推论与58.95%的创业者反映他们利用过创业扶持政策的回答相矛盾，显然不对。还有一种可能是政府相关部门并未主动提供服务，因为如果政府相关部门主动提供服务，在成本约束下政府相关部门必然会选择规模大的企业加以扶持。因而，政府相关部门可能更多的是采取相对消极的服务方式，随机等待企业上门寻求政策扶持。

但是，对创业者获取政策的方式的调查显示，创业者获得政府部门主动提供政策帮助的比例在所有获取政策优惠的方式中高达 46.1%（见表 6-27）。因而，这种“结论”——政府相关部门可能更多地采取相对消极的服务方式，这样的结论是不正确的。因此，一个合理的解释是：目前政府部门在政策的推广环节上并没有显著的歧视，对所有人和所有类型的企业的态度是一致的。

表 6-27　返乡创业者获取政策的方式

获取政策的方式	频数	比例/%
政府部门提供的	65	46.10
中介公司免费提供的	2	1.42
付费请中介公司帮助的	2	1.42
亲友帮忙办的	13	9.22
自己申请的	37	26.24
其他	22	15.60
合计	141	100.00

6.2.2.3　各类扶持政策利用过程中的难易度分析

1. 各类扶持政策难易度的频率分析

调查问卷对“财税优惠政策、金融政策、用工政策、技术政策、用地优惠政策、基础设施政策、产业政策、绿色通道政策、创业培训政策、信息咨询服务政策”等十类政策利用的难易度进行了调查。调查问卷请创业者根据自己的感受对各类政策的难易度进行选择，选项依次是“①容易②比较容易③一般④比较难⑤很难”。问卷反映的各类政策难易度的频率分析如下。

1）财税政策难易度的频率分析

有 165 位创业者对财税政策难易度进行了回答（见表 6-28）。从表中看出，认为财税政策容易利用的有 50 位，占有效比例的 30.30%；认为财税政策比较容易利用的有 28 位，占有效比例的 16.97%；认为财税政策利用难度一般的有 49 位，占有效比例的 29.70%；认为财税政策比较难以利用的有 20 位，占有效比例的 12.12%；认为财税政策很难利用的有 18 位，占有效比例的 10.91%。选择“容易”和“比较容易”的创业者合计占有效比例的 47.27%。

表 6-28　财税政策难易度频率表

		频数	总体比例/%	有效比例/%	累积比例/%
有效值	容易	50	26.32	30.30	30.30
	比较容易	28	14.74	16.97	47.27
	一般	49	25.79	29.70	76.97
	比较难	20	10.53	12.12	89.09
	很难	18	9.47	10.91	100.00
	小计	165	86.84	100.00	
缺失值		25	13.16		
合计		190	100.00		

2)金融政策难易度的频率分析

有 163 位创业者对金融政策难易度进行了回答(见表 6-29)。从表中看出，认为金融政策容易利用的有 15 位，占有效比例的 9.20%；认为金融政策比较容易利用的有 22 位，占有效比例的 13.50%；认为金融政策利用难度一般的有 47 位，占有效比例的 28.83%；认为金融政策比较难以利用的有 43 位，占有效比例的 26.38%；认为金融政策很难利用的有 36 位，占有效比例的 22.09%。选择“容易”和“比较容易”的创业者合计仅占有效比例的 22.70%。

表 6-29　金融政策难易度频率表

		频数	总体比例/%	有效比例/%	累积比例/%
有效值	容易	15	7.89	9.20	9.20
	比较容易	22	11.58	13.50	22.70
	一般	47	24.74	28.83	51.53
	比较难	43	22.63	26.38	77.91
	很难	36	18.95	22.09	100.00
	小计	163	85.79	100.00	
缺失值		27	14.21		
合计		190	100.00		

3)用工政策难易度的频率分析

有 154 位创业者对用工政策难易度进行了回答(见表 6-30)。从表中看出，认为用工政策容易利用的有 20 位，占有效比例的 12.99%；认为用工政策比较容易利用的有 27 位，占有效比例的 17.53%；认为用工政策利用难度一般的有 66 位，占有效比例的 42.86%；认为用工政策比较难以利用的有 30 位，占有效比例的 19.48%；认为用工政策很难利用的有 11 位，占有效比例的 7.14%。选择“容易”和“比较容易”的创业者合计占有效比例的 30.52%。

表 6-30　用工政策难易度频率表

		频数	总体比例/%	有效比例/%	累积比例/%
有效值	容易	20	10.53	12.99	12.99
	比较容易	27	14.21	17.53	30.52
	一般	66	34.74	42.86	73.38
	比较难	30	15.79	19.48	92.86
	很难	11	5.79	7.14	100.00
	小计	154	81.05	100.00	
缺失值		36	18.95		
合计		190	100.00		

4)技术政策难易度的频率分析

有 152 位创业者对技术政策难易度进行了回答(见表 6-31)。从表中看出，认为技术政策容易利用的有 19 位，占有效比例的 12.50%；认为技术政策比较容易利用的有 23 位，占有效比例的 15.13%；认为技术政策利用难度一般的有 47 位，占有效比例的 30.92%；认为技术政策比较难以利用的有 45 位，占有效比例的 29.61%；认为技术政策很难利用的有 18 位，占有效比例的 11.84%。选择“容易”和“比较容易”的创业者合计占有效比例的 27.63%。

表 6-31　技术政策难易度频率表

		频数	总体比例/%	有效比例/%	累积比例/%
有效值	容易	19	10.00	12.50	12.50
	比较容易	23	12.11	15.13	27.63
	一般	47	24.74	30.92	58.55
	比较难	45	23.68	29.61	88.16
	很难	18	9.47	11.84	100.00
	小计	152	80.00	100.00	
缺失值		38	20.00		
合计		190	100.00		

5)用地优惠政策难易度的频率分析

有 167 位创业者对用地优惠政策难易度进行了回答(见表 6-32)。从表中看出，认为用地优惠政策容易利用的有 21 位，占有效比例的 12.57%；认为用地优惠政策比较容易利用的有 35 位，占有效比例的 20.96%；认为用地优惠政策利用难度一般的有 51 位，占有效比例的 30.54%；认为用地优惠政策比较难以利用的有 25 位，占有效比例的 14.97%；认为用地优惠政策很难利用的有 35 位，占有效比例的 20.96%。选择“容易”和“比较容易”的创业者合计占有效比例的 33.53%。

表 6-32　用地优惠政策难易度频率表

		频数	总体比例/%	有效比例/%	累积比例/%
有效值	容易	21	11.05	12.57	12.57
	比较容易	35	18.42	20.96	33.53
	一般	51	26.84	30.54	64.07
	比较难	25	13.16	14.97	79.04
	很难	35	18.42	20.96	100.00
	小计	167	87.89	100.00	
缺失值		23	12.11		
合计		190	100.00		

6)基础设施政策难易度的频率分析

有 163 位创业者对基础设施政策难易度进行了回答(表 6-33)。从表中看出，认为基础设施政策容易利用的有 20 位，占有效比例的 12.27%；认为基础设施政策比较容易利用的有 38 位，占有效比例的 23.31%；认为基础设施政策利用难度一般的有 67 位，占有效比例的 41.10%；认为基础设施政策比较难以利用的有 23 位，占有效比例的 14.11%；认为基础设施政策很难利用的有 15 位，占有效比例的 9.20%。选择“容易”和“比较容易”的创业者合计占有效比例的 35.58%。

表 6-33　基础设施政策难易度频率表

		频数	总体比例/%	有效比例/%	累积比例/%
有效值	容易	20	10.53	12.27	12.27
	比较容易	38	20.00	23.31	35.58
	一般	67	35.26	41.10	76.69
	比较难	23	12.11	14.11	90.80
	很难	15	7.89	9.20	100.00
	小计	163	85.79	100.00	
缺失值		27	14.21		
合计		190	100.00		

7)产业政策难易度的频率分析

有 161 位创业者对产业政策难易度进行了回答(见表 6-34)。从表中看出，认为产业政策容易利用的有 18 位，占有效比例的 11.18%；认为产业政策比较容易利用的有 26 位，占有效比例的 16.15%；认为产业政策利用难度一般的有 69 位，占有效比例的 42.86%；认为产业政策比较难以利用的有 26 位，占有效比例的 16.15%；认为产业政策很难利用的有 22 位，占有效比例的 13.66%。选择“容易”和“比较容易”的创业者合计占有效比例的 27.33%。

表 6-34　产业政策难易度频率表

		频数	总体比例/%	有效比例/%	累积比例/%
有效值	容易	18	9.47	11.18	11.18
	比较容易	26	13.68	16.15	27.33
	一般	69	36.32	42.86	70.19
	比较难	26	13.68	16.15	86.34
	很难	22	11.58	13.66	100.00
	小计	161	84.74	100.00	
缺失值		29	15.26		
合计		190	100.00		

8)绿色通道政策难易度的频率分析

有 163 位创业者对绿色通道政策难易度进行了回答(见表 6-35)。从表中看出，认为绿色通道政策容易利用的有 28 位，占有效比例的 17.18%；认为绿色通道政策比较容易利用的有 38 位，占有效比例的 23.31%；认为绿色通道政策利用难度一般的有 56 位，占有效比例的 34.36%；认为绿色通道政策比较难以利用的有 25 位，占有效比例的 15.34%；认为绿色通道政策很难利用的有 16 位，占有效比例的 9.82%。选择“容易”和“比较容易”的创业者合计占有效比例的 40.49%。

表 6-35　绿色通道政策难易度频率表

		频数	总体比例/%	有效比例/%	累积比例/%
有效值	容易	28	14.74	17.18	17.18
	比较容易	38	20.00	23.31	40.49
	一般	56	29.47	34.36	74.85
	比较难	25	13.16	15.34	90.18
	很难	16	8.42	9.82	100.00
	小计	163	85.79	100.00	
缺失值		27	14.21		
合计		190	100.00		

9)创业培训政策难易度的频率分析

有164位创业者对创业培训政策难易度进行了回答(见表6-36)。从表中看出，认为创业培训政策容易利用的有27位，占有效比例的16.46%；认为创业培训政策比较容易利用的有22位，占有效比例的13.41%；认为创业培训政策利用难度一般的有52位，占有效比例的31.71%；认为创业培训政策比较难以利用的有37位，占有效比例的22.56%；认为创业培训政策很难利用的有26位，占有效比例的15.85%。选择“容易”和“比较容易”的创业者合计占有效比例的29.88%。

表6-36 创业培训政策难易度频率表

		频数	总体比例/%	有效比例/%	累积比例/%
有效值	容易	27	14.21	16.46	16.46
	比较容易	22	11.58	13.41	29.88
	一般	52	27.37	31.71	61.59
	比较难	37	19.47	22.56	84.15
	很难	26	13.68	15.85	100.00
	小计	164	86.32	100.00	
缺失值		26	13.68		
合计		190	100.00		

10)信息咨询服务政策难易度的频率分析

有138位创业者对信息咨询服务政策难易度进行了回答(见表6-37)。从表中看出，认为信息咨询服务政策容易利用的有27位，占有效比例的19.57%；认为信息咨询服务政策比较容易利用的有27位，占有效比例的19.577%；认为信息咨询服务政策利用难度一般的有39位，占有效比例的28.26%；认为信息咨询服务政策比较难以利用的有26位，占有效比例的18.84%；认为信息咨询服务政策很难利用的有19位，占有效比例的13.77%。选择“容易”和“比较容易”的创业者合计占有效比例的39.13%。

表6-37 信息咨询服务政策难易度频率表

		频数	总体比例/%	有效比例/%	累积比例/%
有效值	容易	27	14.21	19.57	19.57
	比较容易	27	14.21	19.57	39.13
	一般	39	20.53	28.26	67.39
	比较难	26	13.68	18.84	86.23
	很难	19	10.00	13.77	100.00
	小计	138	72.63	100.00	
缺失值		52	27.37		
合计		190	100.00		

2. **返乡创业扶持政策难易度评估**

为了进一步衡量返乡扶持政策的难易度，将其量化并加以比较分析。为此将五个选项进行赋值：选择“容易”，赋值 0；选择“比较容易”，赋值 25；选择“一般”，赋值 50；选择“比较难”，赋值 75；选择“很难”，赋值 100。这种赋值方式的测算结果将位于 0 和 100 之间，如果所有创业者都能很容易地利用到创业扶持政策，那么创业扶持政策难易度的平均值将是 0；但如果另一个极端情况出现，政策难易度的平均值为 100，那说明创业扶持政策对所有创业者而言，要利用都很难。评估结果越靠近 0，那么政策的难易度就越低。。

从表 6-38 中可以看出，10 类返乡创业扶持政策中，财税政策的难易度最低，平均难度只有 39.09；众数为 0 反映出大部分创业者认为很容易就可以利用财税扶持政策，说明目前财税扶持政策的落实力度是所有 10 类政策中最大的。评估结果反映难度相对较低的政策有绿色通道政策、基础设施政策、信息咨询服务政策、用工政策，平均难度分别为 44.33、46.17、46.92、47.56。难度相对较高的政策有产业政策、创业培训政策、用地政策、技术政策和金融政策，平均难度分别为 51.24、51.98、52.69、53.29 和 59.66，评估结果反映出金融政策是目前落实力度最差的扶持政策。

表 6-38　返乡创业扶持政策难易度评估结果

排序	政策类别	频数	均值	中位数	众数
1	财税政策难易度	165	39.09	50	0
2	绿色通道政策难易度	163	44.33	50	50
3	基础设施政策难易度	163	46.17	50	50
4	信息咨询服务政策难易度	138	46.92	50	50
5	用工政策难易度	154	47.56	50	50
6	产业政策难易度	161	51.24	50	50
7	创业培训政策难易度	164	51.98	50	50
8	用地政策难易度	167	52.69	50	50
9	技术政策难易度	152	53.29	50	50
10	金融政策难易度	163	59.66	50	50

6.2.3　对返乡创业扶持政策满意度的评估

6.2.3.1　返乡创业扶持政策满意度的统计描述

1. **创业者对创业扶持政策总体满意度的频率分析**

为考察返乡创业者对创业扶持政策的满意程度，调查问卷设置了单选题“您对目前的创业扶持政策满意吗?”以及“①满意②满意度较低③一般④比较满意⑤很满意”五个选项。

在112位利用过创业扶持政策的返乡创业者中，有83位创业者对总体满意度进行了回答(如表6-39所示)。从表中可以看出，表示不满意的有1位，占有效比例的1.20%；满意度较低的有3位，占有效比例的3.61%；满意度一般的有29位，占有效比例的34.94%；比较满意的有26位，占有效比例的31.33%；对政策很满意的有24位，占有效比例的28.92%。选择“比较满意”和“很满意”的创业者合计占有效比例的60.52%，说明创业者对创业扶持政策总体满意度是比较高的。

表6-39 创业扶持政策总体满意度频率表

		频数	总体比例/%	有效比例/%	累积比例/%
有效值	不满意	1	0.89	1.20	1.20
	满意度较低	3	2.68	3.61	4.82
	一般	29	25.89	34.94	39.76
	比较满意	26	23.21	31.33	71.08
	很满意	24	21.43	28.92	100.00
	小计	83	74.11	100.00	
缺失值		29	25.89		
合计		112	100.00		

2. 创业者对具体创业政策满意度的频率分析

为进一步考察创业者对具体的创业政策的满意程度，调查问卷对“财税优惠政策、金融政策、用工政策、技术政策、用地优惠政策、基础设施政策、产业政策、绿色通道政策、创业培训政策、信息咨询服务政策”等十类政策也进行了满意度调查。调查问卷请创业者对有关具体政策的熟悉程度进行选择，选项仍然是“①满意②满意度较低③一般④比较满意⑤很满意”。

1)财税政策满意度的频率分析

60位利用过财税政策的创业者中有54位对财税政策满意度进行了回答(见表6-40)。没有创业者表示不满；满意度较低的有1位，占有效比例的1.85%；满意度一般的有14位，占有效比例的25.93%；比较满意的有10位，占有效比例的18.52%；对政策很满意的有29位，占有效比例的53.70%。选择“比较满意”和“很满意”的创业者合计占有效比例的72.22%。

表 6-40　财税政策满意度频率表

		频数	总体比例/%	有效比例/%	累积比例/%
有效值	不满意				
	满意度较低	1	1.67	1.85	1.85
	一般	14	23.33	25.93	27.78
	比较满意	10	16.67	18.52	46.30
	很满意	29	48.33	53.70	100.00
	小计	54	90.00	100.00	
缺失值		6	10.00		
合计		60	100.00		

2)金融政策满意度的频率分析

有 12 位创业者对金融政策满意度进行了回答(见表 6-41)。从表中看出，表示不满意的有 1 位，占有效比例的 8.33%；没有创业者选择“满意度较低”；满意度一般的有 3 位，占有效比例的 25.00%；比较满意的有 4 位，占有效比例的 33.33%；对政策很满意的有 4 位，占有效比例的 33.33%。选择“比较满意”和“很满意”的创业者合计占有效比例的 66.66%。

表 6-41　金融政策满意度频率表

		频数	总体比例/%	有效比例/%	累积比例/%
有效值	不满意	1	8.33	8.33	8.33
	满意度较低				
	一般	3	25.00	25.00	33.33
	比较满意	4	33.33	33.33	66.67
	很满意	4	33.33	33.33	100.00
合计		12	100.00	100.00	

3)用工政策满意度的频率分析

12 位利用过用工政策的创业者中的 10 人对用工政策满意度进行了回答(见表 6-42)。从表中看出，没有创业者选择“不满意”和“满意度较低”；满意度一般的有 2 位，占有效比例的 20.00%；比较满意的有 5 位，占有效比例的 50.00%；对政策很满意的有 3 位，占有效比例的 30.00%。选择“比较满意”和“很满意”的创业者合计占有效比例的 80%。

表 6-42　用工政策满意度频率表

		频数	总体比例/%	有效比例/%	累积比例/%
有效值	不满意				
	满意度较低				
	一般	2	16.67	20.00	20.00
	比较满意	5	41.67	50.00	70.00
	很满意	3	25.00	30.00	100.00
	小计	10	83.33	100.00	
缺失值		2	16.67		
合计		12	100.00		

4)技术政策满意度的频率分析

32 位利用过技术政策的创业者中的 30 人对技术政策满意度进行了回答(见表 6-43)。从表中看出，没有创业者选择“不满意”和“满意度较低”；满意度一般的有 3 位，占有效比例的 10.00%；比较满意的有 6 位，占有效比例的 20.00%；对政策很满意的有 21 位，占有效比例的 70.00%。选择“比较满意”和“很满意”的创业者合计占有效比例的 90%。

表 6-43　技术政策满意度频率表

		频数	总体比例/%	有效比例/%	累积比例/%
有效值	不满意				
	满意度较低				
	一般	3	9.38	10.00	10.00
	比较满意	6	18.75	20.00	30.00
	很满意	21	65.63	70.00	100.00
	小计	30	93.75	100.00	
缺失值		2	6.25		
合计		32	100.00		

5)用地政策满意度的频率分析

37 位利用过用地政策的创业者中的 35 人对用地政策满意度进行了回答(见表 6-44)。从表中看出，表示“不满意”的有 5 人，占有效比例的 14.29；满意度较低的有 2 人，占有效比例的 5.71%；满意度一般的有 3 位，占有效比例的 8.57%；比较满意的有 9 位，占有效比例的 25.71%；对政策很满意的有 16 位，占有效比例的 45.71%。选择“比较满意”和“很满意”的创业者合计占有效比例的 71.42%。

表 6-44　用地政策满意度频率表

		频数	总体比例/%	有效比例/%	累积比例/%
有效值	不满意	5	13.51	14.29	14.29
	满意度较低	2	5.41	5.71	20.00
	一般	3	8.11	8.57	28.57
	比较满意	9	24.32	25.71	54.29
	很满意	16	43.24	45.71	100.00
	小计	35	94.59	100.00	
缺失值		2	5.41		
合计		37	100.00		

6)基础设施政策满意度的频率分析

25 位利用过基础设施政策的创业者中的 23 人对基础设施政策满意度进行了回答(见表 6-45)。从表中看出，没有表示“不满意”的；满意度较低的有 1 人，占有效比例的 4.35%；满意度一般的有 2 位，占有效比例的 8.70%；比较满意的有 14 位，占有效比例的 60.87%；对政策很满意的有 6 位，占有效比例的 26.09%。选择“比较满意”和“很满意”的创业者合计占有效比例的 86.96%。

表 6-45　基础设施政策满意度频率表

		频数	总体比例/%	有效比例/%	累积比例/%
有效值	不满意				
	满意度较低	1	4.00	4.35	4.35
	一般	2	8.00	8.70	13.04
	比较满意	14	56.00	60.87	73.91
	很满意	6	24.00	26.09	100.00
	小计	23	92.00	100.00	
缺失值		2	8.00		
合计		25	100.00		

7)产业政策满意度的频率分析

16 位利用过产业政策的创业者中的 15 人对产业政策满意度进行了回答(见表 6-46)。从表中看出，表示“不满意”的有 1 人，占有效比例的 6.67%；没有人选择“满意度较低”和“一般”；比较满意的有 9 位，占有效比例的 60.00%；对政策很满意的有 5 位，占有效比例的 33.33%。选择“比较满意”和“很满意”的创业者合计占有效比例的 93.33%。

表 6-46 产业政策满意度频率表

		频数	总体比例/%	有效比例/%	累积比例/%
有效值	不满意	1	6.25	6.67	6.67
	满意度较低				
	一般				
	比较满意	9	56.25	60.00	66.67
	很满意	5	31.25	33.33	100.00
	小计	15	93.75	100.00	
缺失值		1	6.25		
合计		16	100.00		

8)绿色通道政策满意度的频率分析

24 位利用过绿色通道政策的创业者对绿色通道政策满意度进行了回答(见表 6-47)。从表中看出，没有人选择“不满意”和“满意度较低”；满意程度一般的有 1 位，占有效比例的 4.17%；比较满意的有 7 位，占有效比例的 29.17%；对政策很满意的有 16 位，占有效比例的 66.67%。选择“比较满意”和“很满意”的创业者合计占有效比例的 95.84%。

表 6-47 绿色通道政策满意度频率表

		频数	总体比例/%	有效比例/%	累积比例/%
有效值	不满意				
	满意度较低				
	一般	1	4.17	4.17	4.17
	比较满意	7	29.17	29.17	33.33
	很满意	16	66.67	66.67	100.00
合计		24	100.00		

9)创业培训政策满意度的频率分析

30 位利用过创业培训政策的创业者中的 28 人对创业培训政策满意度进行了回答(见表 6-48)。从表中看出，不满意的有 1 人，占有效比例的 3.57；没有人选择“满意度较低”；满意程度一般的有 3 位，占有效比例的 10.71%；比较满意的有 6 位，占有效比例的 21.43%；对政策很满意的有 18 位，占有效比例的 64.29%。选择“比较满意”和“很满意”的创业者合计占有效比例的 85.72%。

表 6-48 创业培训政策满意度频率表

		频数	总体比例/%	有效比例/%	累积比例/%
有效值	不满意	1	3.33	3.57	3.57
	满意度较低				
	一般	3	10.00	10.71	14.29
	比较满意	6	20.00	21.43	35.71
	很满意	18	60.00	64.29	100.00
	小计	28	93.33	100.00	
缺失值		2	6.67		
合计		30	100.00		

10)信息咨询服务政策满意度的频率分析

21位利用过信息咨询服务政策的创业者中的19人对创业培训政策满意度进行了回答(见表6-49)。从表中看出，没有人表示不满意；满意度较低的有1人，占有效比例的5.26；满意程度一般的有1位，占有效比例的5.26%；比较满意的有6位，占有效比例的31.58%；对政策很满意的有11位，占有效比例的57.89%。选择“比较满意”和“很满意”的创业者合计占有效比例的89.47%。

表 6-49 信息咨询服务政策满意度频率表

		频数	总体比例/%	有效比例/%	累积比例/%
有效值	不满意				
	满意度较低	1	4.76	5.26	5.26
	一般	1	4.76	5.26	10.53
	比较满意	6	28.57	31.58	42.11
	很满意	11	52.38	57.89	100.00
	小计	19	90.48	100.00	
缺失值		2	9.52		
合计		21	100.00		

6.2.3.2 返乡创业扶持政策满意度评估

为了进一步衡量返乡创业者对扶持政策的满意度，将其选项量化并加以比较分析。为此对五个选项进行赋值：选择“不满意”，赋值0；选择“满意度较低”，赋值25；选择“一般”，赋值50；选择“比较满意”，赋值75；选择“很满意”，赋值100。这种赋值方式的测算结果将位于0和100之间，如果所有创业者都很满意创业扶持政策，那么创业扶持政策的满意度的平均值将是100，说明政策的实施效果相当好；但如果另一个极端情况出现，政策满意度的平均值为 0，那说明该项政策在实施过程中非常糟糕。也就是说，评估结果越靠近 100，那么政策的实施效果就越好。

从表 6-50 中可以看出，从整体上看，83 位创业者的政策满意度测量均值为 70.78，中位数为“75”，表明大部分人对目前创业扶持政策的满意度评价属于中等偏上水平。

另外，从具体政策上看，所有 10 类政策的满意度均超过了 70 的水平。其中，满意度最高的是绿色通道政策，满意度为 90.63，满意度最低的为用地政策，满意度为 70.71。创业者对全部 10 类政策的满意程度由高到低依次是：绿色通道政策、技术政策、创业培训政策、信息咨询服务政策、财税政策、产业政策、用工政策、基础设施政策、金融政策和用地政策。

与政策的知晓度和政策的利用度相比较，创业者对政策的满意度大为提高。政策的总体知晓度只有 29.87，政策的总体利用度只有 58.95，而政策的总体满意度达到了 70.78。说明政策的宣传力度和执行力度都比较差，影响了创业扶持政策作用的发挥，而只要创业者享受到相关扶持政策，创业者就会比较满意。

表 6-50 返乡创业扶持政策满意度评估结果

		政策内容	频数	均值	中位数	众数
		政策总体满意度	83	70.78	75	50
10类政策满意度排序	1	绿色通道政策满意度	24	90.63	100	100
	2	技术政策满意度	30	90.00	100	100
	3	创业培训政策满意度	28	85.71	100	100
	4	信息咨询服务政策满意度	19	85.53	100	100
	5	财税政策满意度	54	81.02	100	100
	6	产业政策满意度	15	78.33	75	75
	7	用工政策满意度	10	77.50	75	75
	8	基础设施政策满意度	23	77.17	75	75
	9	金融政策满意度	12	70.83	75	75
	10	用地政策满意度	35	70.71	75	100

6.2.3.3 返乡创业扶持政策满意度影响因素研究

1. 计量检验

研究方法仍然采用累积 Logit 模型对影响政策满意度的相关因素进行回归检验。应变量为“政策满意度”，自变量的选择与分析影响政策知晓度时的自变量基本相同，包括：年龄、性别、学历、风险态度、技能状态；婚姻状况、兄弟姐妹数量、亲友是否有干部；创业企业的员工数、企业年营业收入、员工月平均工资、企业类型、经营年限、地理位置、经营状态，以及企业选择创业场所是否得到政府帮助等变量。样本选择 112

位利用过扶持政策的创业者。回归结果如表 6-51 所示。

从表中可以看出，年龄、企业经营年限、企业员工人数、企业年经营收入、员工月平均工资、性别、文化程度、风险态度、有创业技能否、创业企业类型和创业场所的地理位置等 11 个变量均显著影响着创业者对创业扶持政策的满意程度。其中，年龄越大的创业者对政策的满意度越低；企业经营年限越长的企业对政策的满意度越高；企业员工人数越多的企业对政策的满意度越高；企业年经营收入越高的企业对政策的满意度越低；企业员工平均工资越高的企业对政策的满意度越低；男性比女性对政策的满意度高；文化程度低的创业者比文化程度高的创业者对政策的满意度高；风险态度越保守的创业者其对政策的满意度更高；有创业技能的创业者比没有创业技能的创业者的满意度更低；个体工商户、私营企业、合伙企业和有限责任公司对政策的满意度都比股份有限公司低；在村、镇创业的创业者比在县城创业的创业者满意度要低。

表 6-51　政策满意度累积 Logit 回归结果

变量		系数	Wald 值	*P* 值
政策满意度	满意度较低=2	−223.205	0.020	0.887
	一般=3	−191.511	0.015	0.903
	比较满意=4	−183.929	0.014	0.907
年龄		−2.365	6.860	0.009
兄弟姐妹数		−1.056	3.536	0.060
企业经营年限		2.564	7.026	0.008
企业员工人数		0.130	4.255	0.039
年经营收入		−0.018	7.386	0.007
员工月平均工资		−0.016	5.321	0.021
性别	男=1	42.638	7.650	0.006
	女=2	0.000	.	.
文化程度	小学=2	—	—	—
	初中=3	50.244	5.230	0.022
	高中=4	18.437	1.516	0.218
	中专=5	71.387	5.508	0.019
	大专=6	69.642	6.554	0.010
	本科及以上=7	0.000	.	.
婚姻状况	已婚=1	32.548	3.767	0.052
	未婚=2	0.000	.	.
风险态度	风险偏好=1	−65.487	7.827	0.005
	风险中性=2	−55.956	7.882	0.005
	风险厌恶=3	0.000	.	.

续表

变量		系数	Wald 值	*P* 值
有创业技能否	是=1	−74.400	7.540	0.006
	否=2	0.000	.	.
亲友有干部否	是=1	−6.719	1.890	0.169
	否=2	0.000	.	.
创业企业类型	个体工商户=1	−13.413	3.645	0.056
	私营企业=2	−25.419	4.976	0.026
	合伙企业=3	−23.781	6.463	0.011
	有限责任公司=4	−17.240	2.673	0.102
	股份有限公司=5	0.000	.	.
创业场所政府提供帮助否	是=1	13.045	3.659	0.056
	否=2	0.000	.	.
创业场所的地理位置	村=1	−61.325	8.410	0.004
	镇=2	−35.131	8.101	0.004
	县城=3	0.000	.	.
	大城市郊区=4	—	—	—
	大城市市区=5	—	—	—
企业经营状况	发展很好=1	0.951	0.000	1.000
	发展较好=2	3.398	0.000	0.998
	发展一般=3	−12.044	0.000	0.994
	勉强维持=4	0.000	.	.
	难以维持=5	—	—	—
LR(26)=81.349				

2. 结论

1)政策满意度与创业者社会资本无关

从回归结果看，在对政策满意度有显著影响的 11 个变量中，年龄、性别、文化程度、风险态度和技能状况等 5 个变量属于创业者个人禀赋变量；企业经营年限、企业员工人数、企业年经营收入、员工月平均工资、创业企业类型和创业场所的地理位置等 6 个变量则属于创业企业特征变量；而意味着创业者社会资本变量的婚姻状况、兄弟姐妹数、亲友是否有干部等三个变量则未能通过显著性检验。这说明，影响创业者对扶持政策满意度水平的因素主要由创业者个人因素以及创业企业因素决定，创业者社会资本的多寡对创业者的满意度水平的高低并不产生决定性的作用。

2)扶持政策的实施过程仍然存在歧视

从享受过扶持政策的创业者群体的反映来看，目前创业扶持政策的实施过程中仍然存在着“重大轻小、重城轻乡”的倾向。比如个体工商户、私营企业、合伙企业、有限责任公司等类型的企业主对政策的满意程度均比股份有限公司的企业主的满意程度低，以及员工人数少的企业主对政策的满意程度比员工人数多的企业主的满意程度低，说明政府相关部门在落实创业扶持政策的时候，往往对规模大的企业格外关注，而对规模小的企业则关注程度不够。再比如，在村、镇创业的企业主的满意程度明显的低于在县城创业的企业主，说明政府相关部门在落实创业扶持政策的时候，对于处于农村的创业者关注度不够。

6.2.4　对返乡创业扶持政策重要度的评估

6.2.4.1　返乡创业扶持政策重要度的统计描述

1. 创业扶持政策对创业者总体重要度的频率分析

为考察创业扶持政策对返乡创业者的重要程度，调查问卷设置了单选题“创业扶持政策对您创业重要吗?”以及“①不重要②重要性较低③一般④比较重要⑤很重要”五个选项。

在 190 位返乡创业者中，有 144 人对返乡创业政策的重要程度进行了回答(如表 6-52 所示)。从表中可以看出，表示政策对其创业不重要的有 2 位，占有效比例的 1.39%；表示政策对其创业重要性较低的有 2 位，占有效比例的 1.39%；表示对其创业重要性一般的创业者有 33 位，占有效比例的 22.92%；表示政策对其创业比较重要的有 23 位，占有效比例的 15.97%；表示政策对其创业很重要的有 84 位，占有效比例的 58.33%。选择“比较重要”和“很重要”的创业者共计 107 位，占有效比例的 74.30%，说明创业扶持政策对绝大部分创业者来说，具有很重要的作用。

表 6-52　创业扶持政策总体重要度频率表

		频数	总体比例/%	有效比例/%	累积比例/%
有效值	不重要	2	1.05	1.39	1.39
	重要性较低	2	1.05	1.39	2.78
	一般	33	17.37	22.92	25.69
	比较重要	23	12.11	15.97	41.67
	很重要	84	44.21	58.33	100.00
	小计	144	75.79	100.00	
缺失值		46	24.21		
合计		190	100.00		

2. 具体创业政策对创业者重要度的频率分析

为进一步考察具体的创业政策对创业者的重要程度，调查问卷对“财税优惠政策、金融政策、用工政策、技术政策、用地优惠政策、基础设施政策、产业政策、绿色通道政策、创业培训政策、信息咨询服务政策”等十类政策也进行了重要度调查。调查问卷请创业者对有关具体政策的熟悉程度进行选择，选项仍然是“①不重要②重要性较低③一般④比较重要⑤很重要”。

1)财税政策重要度的频率分析

有 165 位创业者对财税政策的重要程度进行了回答(见表 6-53)。认为财税政策不重要的有 1 位，占有效比例的 0.61%；认为财税政策重要度较低的有 3 位，占有效比例的 1.82%；认为财税政策重要度一般的有 23 位，占有效比例的 13.94%；认为财税政策比较重要的有 33 位，占有效比例的 20.00%；认为财税政策很重要的有 105 位，占有效比例的 63.64%。选择“比较重要”和“很重要”的创业者合计占有效比例的 83.64%。

表 6-53 财税政策重要度频率表

		频数	总体比例/%	有效比例/%	累积比例/%
有效值	不重要	1	0.53	0.61	0.61
	重要性较低	3	1.58	1.82	2.42
	一般	23	12.11	13.94	16.36
	比较重要	33	17.37	20.00	36.36
	很重要	105	55.26	63.64	100.00
	小计	165	86.84	100.00	
缺失值		25	13.16		
合计		190	100.00		

2)金融政策重要度的频率分析

有 166 位创业者对金融政策的重要程度进行了回答(见表 6-54)。认为金融政策不重要的有 4 位，占有效比例的 2.41%；认为金融政策重要度较低的有 3 位，占有效比例的 1.81%；认为金融政策重要度一般的有 26 位，占有效比例的 15.66%；认为金融政策比较重要的有 40 位，占有效比例的 24.10%；认为金融政策很重要的有 93 位，占有效比例的 56.02%。选择“比较重要”和“很重要”的创业者合计占有效比例的 80.12%。

表 6-54　金融政策重要度频率表

		频数	总体比例/%	有效比例/%	累积比例/%
有效值	不重要	4	2.11	2.41	2.41
	重要性较低	3	1.58	1.81	4.22
	一般	26	13.68	15.66	19.88
	比较重要	40	21.05	24.10	43.98
	很重要	93	48.95	56.02	100.00
	小计	166	87.37	100.00	
缺失值		24	12.63		
合计		190	100.00		

3)用工政策重要度的频率分析

有 160 位创业者对用工政策的重要程度进行了回答(见表 6-55)。认为用工政策不重要的有 10 位，占有效比例的 6.25%；认为用工政策重要度较低的有 9 位，占有效比例的 5.63%；认为用工政策重要度一般的有 46 位，占有效比例的 28.75%；认为用工政策比较重要的有 29 位，占有效比例的 18.13%；认为用工政策很重要的有 66 位，占有效比例的 41.25%。选择“比较重要”和“很重要”的创业者合计占有效比例的 59.38%。

表 6-55　用工政策重要度频率表

		频数	总体比例/%	有效比例/%	累积比例/%
有效值	不重要	10	5.26	6.25	6.25
	重要性较低	9	4.74	5.63	11.88
	一般	46	24.21	28.75	40.63
	比较重要	29	15.26	18.13	58.75
	很重要	66	34.74	41.25	100.00
	小计	160	84.21	100.00	
缺失值		30	15.79		
合计		190	100.00		

4)技术政策重要度的频率分析

有 161 位创业者对技术政策的重要程度进行了回答(见表 6-56)。认为技术政策不重要的有 11 位，占有效比例的 6.83%；认为技术政策重要度较低的有 8 位，占有效比例的 4.97%；认为技术政策重要度一般的有 41 位，占有效比例的 25.47%；认为技术政策比较重要的有 30 位，占有效比例的 18.63%；认为技术政策很重要的有 71 位，占有效比例的 44.10%。选择“比较重要”和“很重要”的创业者合计占有效比例的 62.73%。

表 6-56 技术政策重要度频率表

		频数	总体比例/%	有效比例/%	累积比例/%
有效值	不重要	11	5.79	6.83	6.83
	重要性较低	8	4.21	4.97	11.80
	一般	41	21.58	25.47	37.27
	比较重要	30	15.79	18.63	55.90
	很重要	71	37.37	44.10	100.00
	小计	161	84.74	100.00	
缺失值		29	15.26		
合计		190	100.00		

5)用地政策重要度的频率分析

有 162 位创业者对用地政策的重要程度进行了回答(见表 6-57)。认为用地政策不重要的有 3 位，占有效比例的 1.85%；认为用地政策重要度较低的有 3 位，占有效比例的 1.85%；认为用地政策重要度一般的有 37 位，占有效比例的 22.84%；认为用地政策比较重要的有 34 位，占有效比例的 20.99%；认为用地政策很重要的有 85 位，占有效比例的 52.47%。选择“比较重要”和“很重要”的创业者合计占有效比例的 73.46%。

表 6-57 用地政策重要度频率表

		频数	总体比例/%	有效比例/%	累积比例/%
有效值	不重要	3	1.58	1.85	1.85
	重要性较低	3	1.58	1.85	3.70
	一般	37	19.47	22.84	26.54
	比较重要	34	17.89	20.99	47.53
	很重要	85	44.74	52.47	100.00
	小计	162	85.26	100.00	
缺失值		28	14.74		
合计		190	100.00		

6)基础设施政策重要度的频率分析

有 161 位创业者对基础设施政策的重要程度进行了回答(见表 6-58)。认为基础设施政策不重要的有 3 位，占有效比例的 1.86%；没有创业者认为基础设施政策重要度较低；认为基础设施政策重要度一般的有 35 位，占有效比例的 21.74%；认为基础设施政策比较重要的有 39 位，占有效比例的 24.22%；认为基础设施政策很重要的有 84 位，占有效比例的 52.17%。选择“比较重要”和“很重要”的创业者合计占有效比例的 76.39%。

表 6-58　基础设施政策重要度频率表

		频数	总体比例/%	有效比例/%	累积比例/%
有效值	不重要	3	1.58	1.86	1.86
	重要性较低				
	一般	35	18.42	21.74	23.60
	比较重要	39	20.53	24.22	47.83
	很重要	84	44.21	52.17	100.00
	小计	161	84.74	100.00	
缺失值		29	15.26		
合计		190	100.00		

7)产业政策重要度的频率分析

有 159 位创业者对产业政策的重要程度进行了回答(见表 6-59)。认为产业政策不重要的有 9 位，占有效比例的 5.66%；认为产业政策重要度较低的有 4 位，占有效比例的 2.52%；认为产业政策重要度一般的有 42 位，占有效比例的 26.42%；认为产业政策比较重要的有 29 位，占有效比例的 18.24%；认为产业政策很重要的有 75 位，占有效比例的 47.17%。选择“比较重要”和“很重要”的创业者合计占有效比例的 65.41%。

表 6-59　产业政策重要度频率表

		频数	总体比例/%	有效比例/%	累积比例/%
有效值	不重要	9	4.74	5.66	5.66
	重要性较低	4	2.11	2.52	8.18
	一般	42	22.11	26.42	34.59
	比较重要	29	15.26	18.24	52.83
	很重要	75	39.47	47.17	100.00
	小计	159	83.68	100.00	
缺失值		31	16.32		
合计		190	100.00		

8)绿色通道政策重要度的频率分析

有 158 位创业者对绿色通道政策的重要程度进行了回答(见表 6-60)。认为绿色通道政策不重要的有 5 位，占有效比例的 3.16%；认为绿色通道政策重要度较低的有 4 位，占有效比例的 2.53%；认为绿色通道政策重要度一般的有 20 位，占有效比例的 12.66%；认为绿色通道政策比较重要的有 44 位，占有效比例的 27.85%；认为绿色通道政策很重要的有 85 位，占有效比例的 53.80%。选择“比较重要”和“很重要”的创业者合计占有效比例的 81.65%。

表 6-60 绿色通道政策重要度频率表

		频数	总体比例/%	有效比例/%	累积比例/%
有效值	不重要	5	2.63	3.16	3.16
	重要性较低	4	2.11	2.53	5.70
	一般	20	10.53	12.66	18.35
	比较重要	44	23.16	27.85	46.20
	很重要	85	44.74	53.80	100.00
	小计	158	83.16	100.00	
缺失值		32	16.84		
合计		190	100.00		

9)创业培训政策重要度的频率分析

有 163 位创业者对创业培训政策的重要程度进行了回答(见表 6-61)。认为创业培训政策不重要的有 8 位，占有效比例的 4.91%；认为创业培训政策重要度较低的有 6 位，占有效比例的 3.68%；认为创业培训政策重要度一般的有 45 位，占有效比例的 27.61%；认为创业培训政策比较重要的有 37 位，占有效比例的 22.70%；认为创业培训政策很重要的有 67 位，占有效比例的 41.10%。选择“比较重要”和“很重要”的创业者合计占有效比例的 63.80%。

表 6-61 创业培训政策重要度频率表

		频数	总体比例/%	有效比例/%	累积比例/%
有效值	不重要	8	4.21	4.91	4.91
	重要性较低	6	3.16	3.68	8.59
	一般	45	23.68	27.61	36.20
	比较重要	37	19.47	22.70	58.90
	很重要	67	35.26	41.10	100.00
	小计	163	85.79	100.00	
缺失值		27	14.21		
合计		190	100.00		

10)信息咨询服务政策重要度的频率分析

有 161 位创业者对信息咨询服务政策的重要程度进行了回答(见表 6-62)。认为信息咨询服务政策不重要的有 5 位，占有效比例的 3.11%；认为信息咨询服务政策重要度较低的有 5 位，占有效比例的 3.11%；认为信息咨询服务政策重要度一般的有 39 位，占有效比例的 24.22%；认为信息咨询服务政策比较重要的有 37 位，占有效比例的 22.98%；认为信息咨询服务政策很重要的有 75 位，占有效比例的 46.58%。选择“比较重要”和“很重要”的创业者合计占有效比例的 69.56%。

表 6-62　信息咨询服务政策重要度频率表

		频数	总体比例/%	有效比例/%	累积比例/%
有效值	不重要	5	2.63	3.11	3.11
	重要性较低	5	2.63	3.11	6.21
	一般	39	20.53	24.22	30.43
	比较重要	37	19.47	22.98	53.42
	很重要	75	39.47	46.58	100.00
	小计	161	84.74	100.00	
缺失值		29	15.26		
合计		190	100.00		

6.2.4.2　返乡创业扶持政策重要度评估

为了进一步衡量扶持政策对返乡创业者的重要程度，将其选项量化并加以比较分析。为此对五个选项进行赋值：选择“不重要”，赋值 0；选择“重要性较低”，赋值 25；选择“一般”，赋值 50；选择“比较重要”，赋值 75；选择“很重要”，赋值 100。这种赋值方式的测算结果将位于 0 和 100 之间，如果所有创业者都认为某项创业扶持政策很重要，那么创业扶持政策重要度的平均值将是 100；但如果另一个极端情况出现，政策重要度的平均值为 0，那说明该项政策完全没有实施的必要。也就是说，评估结果越靠近 100，那么某项政策对创业者来说其重要性就越高。

从表 6-63 中可以看出，从整体上看，创业扶持政策重要度的测量均值为 82.12，众数为“100”，表明大部分人认为创业政策对其创业具有非常重要的作用。

另外，从具体政策上看，所有 10 类政策的重要度均超过了 70 的水平。其中，对于创业者而言，最为重要的政策是财税政策，其重要度均值为 86.06；相对而言，创业者认为重要性最低的政策是用工政策，其重要度均值为 70.63。全部 10 类政策的重要程度由高到低依次是：财税政策、金融政策、绿色通道政策、基础设施政策、用地政策、信息咨询服务政策、产业政策、创业培训政策、技术政策和用工政策。其中，重要程度超过 80 的政策分别是财税政策、金融政策、绿色通道政策、基础设施和用地政策。

总的来看，82.12 的重要度水平表明大部分创业者认为创业政策对其创业是很重要的。但是，创业者对创业政策的知晓度水平仅仅只有 29.87，说明尽管有相关政策，但是创业者对政策的具体内容是相当陌生的。幸运的是，尽管创业者对创业政策的熟悉程度不高，但是约 6 成的创业者表示利用过 1 项或 1 项以上的政策。同时政策的总体满意度达到了70.78，说明只要创业者利用过相关扶持政策，他们还是比较满意的。

表6-63 返乡创业扶持政策重要度评估结果

		政策内容	均值	中位数	众数	频数
		政策总体重要度	82.12	100	100	144
10类政策满意度排序	1	财税政策重要度	86.06	100	100	165
	2	金融政策重要度	82.38	100	100	166
	3	绿色通道政策重要度	81.65	100	100	158
	4	基础设施政策重要度	81.21	100	100	161
	5	用地政策重要度	80.09	100	100	162
	6	信息咨询服务政策重要度	76.71	75	100	161
	7	产业政策重要度	74.69	75	100	159
	8	创业培训政策重要度	72.85	75	100	163
	9	技术政策重要度	72.05	75	100	161
	10	用工政策重要度	70.63	75	100	160

6.2.4.3 返乡创业扶持政策重要度影响因素研究

仍然采用累积Logit模型对影响政策重要度评价的相关因素进行回归检验。应变量为“政策重要度”，自变量的选择与分析影响政策知晓度时的自变量基本相同，包括：年龄、性别、学历、风险态度、技能状态；婚姻状况、兄弟姐妹数量、亲友是否有干部；创业企业的员工数、企业年营业收入、员工月平均工资、企业类型、经营年限、地理位置、经营状态，以及企业选择创业场所是否得到政府帮助等变量。回归结果如表6-64所示。

从表中可以看出，企业员工月平均工资、性别、婚姻状况、企业创业场所的地理位置、企业经营状况等5个变量在创业者评估扶持政策的过程中起着显著作用。除了婚姻状况在5%的水平上显著以外，其余4个变量均在1%的水平上显著。其中，女性对政策的重要度评价比男性高，这可能在于与男性相比女性创业成功的难度更大，所以女性创业者更加看重政策资源对创业的扶持作用。未婚创业者对政策的重要度评价比已婚者更高，其中很重要的一个原因就在于未婚者的创业资源（如创业启动资金）比已婚者的创业资源更少，因而未婚者更加希望能够得到政策的扶持。员工月平均工资越高的企业对政策重要度的评价越高，正如前文所说，员工月平均工资水平越高的企业，其经营管理能力越高，越愿意利用包括政策资源在内的各种资源，因而其对政策重要度的评价越高。在村、镇以及县城创业的创业者对政策重要度的评价比大城市的创业者的评价高，其原因在于大城市的创业环境更好、创业机会更多，因而大城市的创业者对政策的重要度评价相对要低一些。经营情况良好的企业对政策重要度的评价不如经营情况差的企业，说明经营发生困难的企业更加希望能够得到政策的扶持和帮助。

表 6-64　政策总体重要度累积 Logit 回归结果

变量		系数	Wald 值	P 值
政策重要度	不重要=1	−9.716	3.411	0.065
	重要性较低=2	−8.151	2.599	0.107
	一般=3	−4.694	0.966	0.326
	比较重要=4	−2.601	0.298	0.585
年龄		0.103	0.847	0.357
兄弟姐妹数		0.712	3.605	0.058
企业经营年限		0.022	0.032	0.858
企业员工人数		0.000	0.002	0.967
年经营收入		0.001	1.615	0.204
员工月平均工资		0.004	9.344	0.002
性别	男=1	−7.431	10.771	0.001
	女=2	0.000	.	.
文化程度	小学=2	2.425	0.305	0.581
	初中=3	5.566	2.326	0.127
	高中=4	6.213	2.584	0.108
	中专=5	28.312	.	.
	大专=6	−4.072	2.289	0.130
	本科及以上=7	0.000	.	.
婚姻状况	已婚=1	−7.849	4.131	0.042
	未婚=2	0.000	.	.
风险态度	风险偏好=1	3.082	1.994	0.158
	风险中性=2	−1.961	0.816	0.366
	风险厌恶=3	0.000	.	.
有创业技能否	是=1	−2.571	1.897	0.168
	否=2	0.000	.	.
亲友有干部否	是=1	−0.074	0.005	0.945
	否=2	0.000	.	.
创业企业类型	个体工商户=1	4.463	3.505	0.061
	私营企业=2	2.803	1.955	0.162
	合伙企业=3	2.707	1.908	0.167
	有限责任公司=4	5.454	2.030	0.154
	股份有限公司=5	0.000	.	.

续表

变量		系数	Wald 值	*P* 值
创业场所政府提供帮助否	是=1	1.632	1.483	0.223
	否=2	0.000	.	.
创业场所的地理位置	村=1	13.842	9.080	0.003
	镇=2	13.874	7.982	0.005
	县城=3	13.869	5.862	0.015
	大城市郊区=4	23.743	.	.
	大城市市区=5	0.000	.	.
企业经营状况	发展很好=1	−24.266	161.298	0.000
	发展较好=2	−25.026	333.713	0.000
	发展一般=3	−22.142	240.096	0.000
	勉强维持=4	−25.767	.	.
	难以维持=5	0.000	.	.
LR(30)=159.569				

6.2.4.4 分项政策重要度影响因素分析

为了考察 10 类分项政策的重要度影响因素，采用上述累加 Logit 模型进行回归，结果如表 6-65 所示。

表 6-65 分项政策重要度累积 Logit 回归结果

变量		财税	金融	用工	技术	用地
政策重要度	不重要=1	−75.916	9.335	−3.422	−24.894	—
	重要性较低=2	−75.127	9.876	−1.780	−23.382	—
	一般=3	−72.526	11.761	1.582	−20.486	−29.507
	比较重要=4	−70.137	14.456	3.789	−18.604	−26.665
年龄		−0.038	−0.006	0.177	−0.012	0.000
兄弟姐妹数		−0.114	−0.138	−0.034	−0.292	0.240
企业经营年限		−0.094	−0.281**	−0.155	−0.009	−0.120
企业员工人数		0.008	−0.012**	0.008	0.003	−0.005
年经营收入		−0.001	0.001	0.002	−0.001	0.000
员工月平均工资		0.001	0.002**	0.000	0.001	0.000
性别	男=1	−4.137**	−3.140	−1.643	−0.643	−1.968
	女=2	0.000	0.000	0.000	0.000	0.000

续表

变量		财税	金融	用工	技术	用地
文化程度	小学=2	−30.443	−9.181	−1.204	−4.599	−10.603
	初中=3	−23.704	−4.455	0.163	−0.569	−6.562
	高中=4	−21.013	−1.659	1.879	0.780	−4.296
	中专=5	−25.491	16.768	−2.001	17.439	14.216
	大专=6	−23.379	2.679	9.730 * * *	0.510	1.020
	本科及以上=7	0.000	0.000	0.000	0.000	0.000
婚姻状况	已婚=1	6.037	7.188 * *	2.549	1.527	4.595
	未婚=2	0.000	0.000	0.000	0.000	0.000
风险态度	风险偏好=1	−14.987 * * *	5.012 * *	−3.210	0.200	3.541
	风险中性=2	−15.314	3.636	−4.608	0.625	1.293
	风险厌恶=3	0.000	0.000	0.000	0.000	0.000
有创业技能否	是=1	−2.562	0.660	−1.861	−1.419	−0.691
	否=2	0.000	0.000	0.000	0.000	0.000
亲友有干部否	是=1	0.252	0.571	0.109	−0.375	−1.612
	否=2	0.000	0.000	0.000	0.000	0.000
创业企业类型	个体工商户=1	1.207	1.923	2.873	−0.756	1.588
	私营企业=2	0.694	1.888	3.154	−2.011	2.072
	合伙企业=3	2.970	2.968	2.209	−0.514	3.138
	有限责任公司=4	16.331	27.399	−4.855	0.544	1.280
	股份有限公司=5	0.000	0.000	0.000	0.000	0.000
创业场所政府提供帮助否	是=1	1.002	0.180	4.451 * * *	1.400	−1.401
	否=2	0.000	0.000	0.000	0.000	0.000
创业场所的地理位置	村=1	−14.909	−4.693	−26.491 * * *	−17.561 * * *	−17.935 * * *
	镇=2	−14.883	−4.291	−21.813 * * *	−19.199 * * *	−18.871 * * *
	县城=3	−11.816	−6.392	−24.317	−17.160	−14.459
	大城市郊区=4	−11.748	−2.093	—	—	—
	大城市市区−5	0.000	0.000	0.000	0.000	0.000
企业经营状况	发展很好=1	−18.153 * * *	9.404 * *	18.314 * * *	−0.823	−6.331
	发展较好=2	−19.822 * * *	8.976 * *	16.032 * * *	−0.349	−9.169
	发展一般=3	−16.508 * * *	9.948 * *	19.211 * * *	0.662	−8.460
	勉强维持=4	−16.274	8.215	18.586 * * *	−1.690	−9.436
	难以维持=5	0.000	0.000	0.000	0.000	0.000

注：* * *表示 1%的显著性水平，* *表示 5%的显著性水平。

续表

变量		基础	产业	绿通	创业培训	信息咨询
政策重要度	不重要=1	−71.671	−31.597	−40.231	−38.827	−66.196
	重要性较低=2	—	—	—	−37.346	−63.680
	一般=3	−66.639	−26.639	−38.037	−34.322	−61.507
	比较重要=4	−63.336	−24.548	−31.552	−32.124	−57.542
年龄		−0.178	0.093	−0.008	0.144	0.218
兄弟姐妹数		−1.091	−0.377	−0.388	−0.198	−0.394
企业经营年限		−0.178	−0.040	0.157	0.060	−0.176
企业员工人数		0.006	−0.020**	0.062***	−0.009	−0.011**
年经营收入		0.003	0.005**	0.002	0.002	0.002
员工月平均工资		−0.003	0.000	0.001	0.000	−0.002
性别	男=1	−1.031	−1.932	−5.313	−2.175	−1.715
	女=2	0.000	0.000	0.000	0.000	0.000
文化程度	小学=2	−31.408***	−6.244	−3.843	−25.414	−17.265
	初中=3	−19.405***	−3.352	1.901	−28.056	−23.077
	高中=4	−15.811**	−0.846	6.644	−24.661	−17.772
	中专=5	−25.335***	−2.891	—	−30.917	−26.067
	大专=6	−10.217***	18.256	21.801	−2.064	2.243
	本科及以上=7	0.000	0.000	0.000	0.000	0.000
婚姻状况	已婚=1	16.233***	−2.082	−6.004	3.640	−14.648
	未婚=2	0.000	0.000	0.000	0.000	0.000
风险态度	风险偏好=1	9.509	2.332	−25.074***	1.278	5.927**
	风险中性=2	7.481	−0.209	−25.922	0.334	4.695
	风险厌恶=3	0.000	0.000	0.000	0.000	0.000
有创业技能否	是=1	−0.492	−2.864	−1.548	−2.417	−2.429
	否=2	0.000	0.000	0.000	0.000	0.000
亲友有干部否	是=1	−4.014**	−2.156**	−2.766	−1.379	0.369
	否=2	0.000	0.000	0.000	0.000	0.000
创业企业类型	个体工商户=1	−1.424	−3.210	7.294***	−0.001	4.572**
	私营企业=2	2.273	−0.782	10.076***	1.515	5.080**
	合伙企业=3	8.308	−0.533	8.362***	−0.459	2.299
	有限责任公司=4	9.599	−7.513	3.885	−3.360	−0.340
	股份有限公司=5	0.000	0.000	0.000	0.000	0.000

续表

变量		基础	产业	绿通	创业培训	信息咨询
创业场所政府提供帮助否	是=1	1.218	1.509	2.452	2.200**	0.885
	否=2	0.000	0.000	0.000	0.000	0.000
创业场所的地理位置	村=1	−46.694***	−31.059***	−12.450***	−22.736	−42.699
	镇=2	−47.274***	−27.393***	−11.298***	−20.958	−44.339
	县城=3	−46.131	−28.743	−13.320	−23.280	−41.158
	大城市郊区=4	—	—	—	−41.700	−80.703
	大城市市区=5	0.000	0.000	0.000	0.000	0.000
企业经营状况	发展很好=1	−4.854	9.498	−1.779	5.856***	7.846***
	发展较好=2	−0.758	10.513	2.366	8.149***	10.031***
	发展一般=3	−3.103	11.061	4.476**	8.001***	12.853***
	勉强维持=4	−4.563	11.223	0.478	5.504	9.264
	难以维持=5	0.000	0.000	0.000	0.000	0.000

注：***表示1%的显著性水平，**表示5%的显著性水平。

1. 影响创业者评价财税政策重要度的因素

对创业者评价财税政策重要度起到显著影响的因素包括性别、风险态度和企业经营状况等3个变量。其中，女性创业者比男性创业者更加看重财税扶持政策的作用，说明女性创业者对财税政策的需求更强烈；风险厌恶型的创业者比风险偏好型的创业者更看重财税政策的扶持作用，说明风险厌恶型的创业者对财税政策的需求更强烈；而企业经营状况一般、较好以及很好的创业者对财税政策的扶持需求显著低于那些经营上难以维持的企业，说明经营状况越差的创业者对财税政策的需求越大。

2. 影响创业者评价金融政策重要度的因素

对创业者评价金融政策重要度起到显著影响的因素包括创业者婚姻状况、风险态度、企业经营年限、企业员工人数、企业员工月平均工资、企业经营状况等6个变量。其中，已婚创业者比未婚创业者更看重金融扶持政策，说明已婚创业者对金融政策的需求更强烈；风险偏好型的创业者比风险厌恶型的创业者更看重金融扶持政策，说明风险偏好型的创业者对金融政策的需求更强烈；经营年限越长的企业对金融政策重要度的评价越低，说明那些经营年限短的企业更希望得到金融政策的扶持；员工人数越多的企业对金融政策重要度的评价越低，说明那些员工人数少的小规模的企业更加希望得到金融政策的扶持；员工月平均工资越高的企业对金融政策作用的评价比员工月平均工资低的企业要高，说明前者对金融政策的需求更加强烈；企业经营状况越好的企业对金融政策的作用评价越高，说明越是经营状况好的企业对金融政策的需求越大。

3. **影响创业者评价用工政策重要度的因素**

显著影响创业者评价用工政策重要度的因素主要包括文化程度、企业选择创业场所时政府是否提供帮助、企业创业场所的地理位置以及企业的经营状况等 4 个变量。其中，大专文化程度的创业者对用工政策的需求显著高于本科及以上学历的创业者的需求；在选择创业场所时获得政府帮助的创业者对用工政策的需求显著高于那些在选择创业场所时未获得政府帮助的创业者，说明创业者不仅仅希望获得有关创业场所的帮助，同时还希望获得用工政策的帮助。这从另一个层面也说明政府在修建创业园区吸引创业者创业的时候，还需要对创业者进入以后导致的用工相对紧张问题采取配套的用工扶持政策；在村、镇创业的返乡农民工对用工政策重要度的评价显著低于在大城市创业的返乡农民工的评价，说明在大城市里创业的返乡农民工对用工扶持政策的需求更为迫切；经营状况越好的企业对用工政策重要度的评价越高，这与经营状态好的企业其扩大再生产的愿望更强、对企业员工的需求更多有关，这些企业更加希望得到政府通过就业平台帮助企业招聘人才等政策的扶持。

4. **影响创业者评价技术政策重要度的因素**

显著影响创业者评价技术政策重要度的因素只有一个，即企业创业场所的地理位置。回归结果显示，在村、镇创业的返乡农民工对技术政策重要度的评价，显著低于在大城市创业的农民工，这与在村镇创业的农民工大多在低技术领域创业而在城市等其他地理位置创业的农民工大多在技术含量相对较高的领域创业有关，说明在城市创业的返乡创业农民工对技术政策的需求更加强烈。

5. **影响创业者评价用地政策重要度的因素**

显著影响创业者评价用地政策总要度的因素仍然只有一个，即企业创业场所的地理位置。回归结果显示，在村、镇创业的返乡农民工对用地政策重要度的评价，显著低于在大城市创业的农民工。课题组对返乡创业者的访谈中发现，目前在乡村进行创业的返乡农民工的用地需求主要是农业用地需求，这些农业创业企业的用地大多有当地政府部门帮助协调土地流转，比较容易解决。相比而言，城市等其他地理位置的创业企业的用地需求主要为工业用地，创业者的用地需求难以得到有效满足，非常期待政府提供工业用地优惠政策。

6. **影响创业者评价基础设施政策重要度的因素**

显著影响创业者评价基础设施政策重要度的因素包括文化程度、婚姻状况、亲友是否有干部、企业创业场所的地理位置等 4 个变量。其中，本科以下学历的创业者对基础设施政策重要度的评价显著低于本科及以上学历的创业者，说明本科及以上学历的创业者对基础设施政策的需求更强烈；已婚创业者对基础实施政策重要度的评价高于未婚创业者；亲友有干部的创业者对基础设施政策重要度的评价显著低于亲友没有干部的创业者，说明社会资本对于创业者获得基础设施政策的扶持存在显著影响，那些社会资本匮乏的创业者对于基础设施政策的需求更为迫切。

7. 影响创业者评价产业政策重要度的因素

对创业者评价产业政策重要度起到显著影响的因素包括企业员工人数、企业年经营收入、亲友是否有干部以及创业场所的地理位置等 4 个变量。其中，企业员工人数越多的企业对产业政策重要度的评价显著低于企业员工人数少的企业，说明那些员工人数少的小规模的企业更加希望得到产业政策的扶持；企业年经营收入越高的企业对产业政策重要度的评价越高；亲友中有干部的创业者对产业政策重要度的评价比亲友没干部的创业者低，说明社会资本比较匮乏的创业者更加希望得到产业政策的扶持；在村镇创业的返乡农民工对产业政策重要度的评价低于城市等其他地理位置创业的人员，说明在城市创业的返乡创业农民工对产业政策的需求更加强烈。

8. 影响创业者评价绿色通道政策重要度的因素

对创业者评价绿色通道政策重要度起到显著影响的因素包括企业员工人数、风险态度、企业类型、企业创业场所的地理位置以及企业的经营状况等 5 个变量。其中，员工人数越多的企业对绿色通道政策重要度的评价越高，这与员工人数多的企业规模更大、需要办理的各类手续更多有关，回归结果说明员工人数越多的企业对绿色通道政策的需求更强烈；风险偏好型的创业者对绿色通道政策重要度的评价显著低于风险厌恶型的创业者，说明风险厌恶型的创业者对绿色通道政策的需求更为强烈；个体工商户、私营企业、合伙企业对绿色通道政策重要度的评价显著高于股份有限公司；在村镇创业的返乡农民工对绿色通道政策重要度的评价显著低于在县城等地理位置创业的返乡农民工；只有企业经营状况一般的创业者对绿色通道政策重要度的评价表现出正的显著性，说明这类企业对绿色通道政策的需求相对更为强烈。

9. 影响创业者评价创业培训政策重要度的因素

对创业者评价创业培训政策重要度起到显著影响的因素包括企业选择创业场所时政府是否提供帮助和企业经营状况两个变量。与用工政策类似，在选择创业场所时获得政府帮助的创业者对创业培训政策的需求显著高于那些在选择创业场所时未获得政府帮助的创业者，说明创业者不仅仅希望获得有关创业场所的帮助，同时还希望获得创业培训政策的帮助。这从另一个层面也说明政府在修建创业园区吸引创业者创业的时候，不仅需要对创业者进入以后导致的用工相对紧张问题采取配套的用工扶持政策，还需要加大对这些创业者自身的创业培训，以及帮助创业者对所招收的企业员工进行技能培训；回归结果也显示，经营状况越好的企业对创业培训政策重要度的评价越高，这与经营状况越好的企业其扩大再生产的动力越足有关，因此对经营状况良好的企业主实施有利于其未来加快发展的创业培训则愈发重要。

10. **影响创业者评价信息咨询服务政策重要度的因素**

对创业者评价信息咨询服务重要度起到显著影响的因素包括企业员工人数、风险态度、创业企业类型以及企业经营状况等4个变量。其中，员工人数越多的企业对信息咨询服务政策重要度的评价越低，说明员工人数少的小规模企业对信息咨询服务政策的需求更强烈；风险偏好型的创业对信息咨询服务政策重要度的评价高于风险厌恶型的创业者，说明前者对信息咨询服务政策的需求比后者更强烈；个体工商户、私营企业对信息咨询服务政策重要度的评价高于股份有限公司，这与前两者的投资者相对单一、信息渠道狭窄有关，因而前两者对信息咨询服务政策的需求显著强于后者；经营状况越好的企业对信息咨询服务政策重要度的评价越高，这同样与经营状况越好的企业其扩大再生产的动力越足有关，因而经营状况良好的企业主对信息咨询服务政策的需求更为强烈。

6.3 总结性评价：返乡创业扶持政策的形成、发展、成效与不足

6.3.1 返乡创业扶持政策的形成

6.3.1.1 创业扶持政策的形成背景

我国最早的创业扶持政策是在20世纪90年代末期针对国有企业下岗职工推出的再就业扶持政策。20世纪90年代，我国的经济体制由计划经济向市场经济转变，计划经济条件下实行的就业体制和就业政策无法适应整体经济体制的转变，再加上长期重复建设、盲目建设以及企业经营机制深层次矛盾多年积累的矛盾同时爆发，导致计划经济时期企业大量的隐形冗员在经济转轨过程中显性化。为了提高国有企业经营效率，提升国有企业在市场经济大潮中的竞争力，国有企业改革实行了“鼓励兼并，规范破产，减员增效，下岗分流，实施再就业工程”的方针。改革过程中，出现了大量的企业职工下岗。为了妥善解决国有企业下岗职工基本生活保障和再就业问题，1998年6月9日党中央、国务院颁布实施了《关于切实做好国有企业下岗职工基本生活保障和再就业工作的通知》（中发〔1998〕10号）。

中发〔1998〕10号文件提出要从税收、工商手续、金融、创业场所等方面为下岗职工创业提供政策扶持。比如“对下岗职工从事社区居民服务业的，要简化工商登记手续，3年内可免征营业税、个人所得税以及行政性收费”、“对下岗职工申请从事个体工商经营、家庭手工业或开办私营企业的，工商、城建等部门要及时办理有关手续，开业一年

内减免工商管理等行政性收费”、“对符合产业政策、产品适销对路的，金融机构应给予贷款”、“对企业利用现有场地、设施和技术发展多种经营，多渠道分流本企业富余人员和安置下岗职工的，要给予必要的政策扶持”。作为配套政策，1999 年 3 月 15 日国家税务总局颁布实施了《国家税务总局关于下岗职工从事社区居民服务业享受有关税收优惠政策问题的通知》(国税发〔1999〕43 号)，从营业税、个人所得税、城市维护建设税和教育费附加等方面对下岗职工创业能够享受的税收优惠政策作出了具体规定。

到了 2002 年，党中央、国务院再次颁布《关于进一步做好下岗失业人员再就业工作的通知》(中发〔2002〕12 号)明确提出“鼓励下岗失业人员自谋职业和自主创业”，并对财税政策、金融政策、行政审批、经营场地、社会保险补贴等创业扶持政策作出了明确规定。同年及次年财政部、国家税务总局、中国人民银行、国家经贸委、劳动和社会保障部、国家工商行政管理局等部门相继出台了财政、税收、金融、社会保障以及工商行政等方面的配套政策及相关管理办法，初步形成了鼓励下岗职工创业的扶持政策体系。

6.3.1.2　第一次明确提出促进返乡农民工创业

2008 年国际金融危机爆发，到 2009 年 2 月初全国约有 2000 万农民工返乡①，加上新增的未就业农民工，总计达到 2500 万左右，当时就业形势相当严峻。为了缓解不断增大的就业压力，从 2008 年下半年开始，中央陆续出台多项政策以扩大就业。2008 年 9 月 26 日，国务院办公厅转发人力资源社会保障部等部门《关于促进以创业带动就业工作指导意见的通知》(国办发［2008］111 号)指出要“重点指导和促进高校毕业生、失业人员和返乡农民工创业。”这是中央文件第一次明确提出要扶持返乡农民工创业。文件从三个大的方面提出对包含返乡农民工在内的创业者进行扶持。

一是完善扶持政策，改善创业环境。文件从放宽市场准入、改善行政管理、强化政策扶持、拓宽融资渠道等方面提出进一步完善政策、改善创业环境的相关举措。内容涉及消除创业者进入壁垒、合理设置准入条件，以及经营场所、行政审批、创业绿色通道、行政事业收费、税收优惠、资金补贴、场地安排、小额担保贷款、金融产品和金融服务创新等方面的一系列扶持政策。

二是强化创业培训，提高创业者的创业能力。文件提出要通过建立创业培训体系、不断扩大创业培训范围、落实职业培训补贴等措施加大培训力度；从规范培训标准、提高师资水平、完善培训模式等方面入手，不断提高创业培训的质量。要求各级地方人民政府要统筹安排劳动者创业所需的生产经营场地，建立孵化基地，搞好基础设施及配套建设，优先保障创业场地。

三是健全服务体系，提供优质服务。文件要求依托公共就业服务体系，健全创业指导服务组织，开发创业指导技术，完善创业服务功能，提高创业服务效率，承担创业带动就业工作的组织、服务和实施责任。根据城乡创业者的需求，组织开展项目开发、方

① 宋振远. 2000 万失业农民工返乡之后［N］. 中国青年报. 2009—2—11.

案设计、风险评估、开业指导、融资服务、跟踪扶持等“一条龙”创业服务。为创业者、新创办企业及其所吸纳的员工提供公共就业服务。

6.3.2 返乡创业扶持政策的发展

6.3.2.1 中央发布针对农民工工作的文件

2008 年 9 月 15 日美国第四大投资银行——雷曼兄弟进入破产保护程序，标志着美国次贷危机演化为金融危机并迅速向全球扩散，不仅全球虚拟经济遭受打击，实体经济也受到严重冲击。受此影响，沿海出口导向型企业纷纷出现关闭、破产、减员，大量农民工失业返乡，面对日益紧张的就业局面，2008 年 12 月 20 日国务院办公厅下发《关于切实做好当前农民工工作的通知》(国办发［2008］130 号)，专门针对农民工集中返乡的问题进行工作部署。要求各地各部门必须高度重视，切实把劳务开发和农民工工作作为抓好民生工程的一项紧迫而十分重要的任务，妥善解决失业返乡农民工遇到的一系列问题。

除了采取多种措施促进农民工就业、加强农民工技能培训和职业教育、确保农民工工资按时足额发放、做好农民工社会保障和公共服务，以及切实保障返乡农民工土地承包权益等项应对措施以外，国办发［2008］130 号文件还专门强调要“大力支持农民工返乡创业和投身新农村建设”。文件要求各地“要在用地、收费、信息、工商登记、纳税服务等方面，降低创业门槛，给予农民工返乡创业更大的支持。推行联合审批、‘一站式’服务、限时办结和承诺服务等，开辟农民工创业‘绿色通道’。鼓励农民工发展农产品加工业，农村二、三产业，生态农业和县域中小企业。做好农民工返乡创业的金融服务工作，鼓励和引导金融机构加大信贷产品支持力度，提供符合农民工返乡创业特点的金融产品，继续加大农民工银行卡特色服务推广力度。农民工返乡创业属于政府贴息的项目要按照规定给予财政贴息，帮助其解决创业资金困难。”

2008 年 12 月 31 日，中共中央、国务院制定《关于 2009 年促进农业稳定发展农民持续增收的若干意见》指出要“落实农民工返乡创业扶持政策，在贷款发放、税费减免、工商登记、信息咨询等方面提供支持。”2009 年 2 月 3 号，国务院下发《关于做好当前经济形势下就业工作的通知》(国发〔2009〕4 号)，强调要“强化政策扶持和引导，支持一批农民工返乡创业和投身新农村建设。”

6.3.2.2 相关国家部委发布的配套政策

为进一步做好减轻企业负担、稳定就业局势有关工作，2008 年 12 月 20 日人社部、财政部和国家税务总局联合下发《关于采取积极措施减轻企业负担稳定就业局势有关问题的通知》(人社部发［2008］117 号)，提出“允许困难企业在一定期限内缓缴社会保险费”、“阶段性降低四项社会保险费率”、“使用失业保险基金帮助困难企业稳定就业岗位”和“鼓励困难企业通过开展职工在岗培训等方式稳定职工队伍”等 4 项政策。2009

年 12 月 16 日三部门再次发出《关于进一步做好减轻企业负担稳定就业局势有关工作的通知》（人社部发［2009］175 号）将上述 4 项政策执行期限延长至 2010 年年底。2010 年 3 月 18 日，人社部下发《关于做好当前失业保险工作稳定就业岗位有关问题的通知》（人社厅函〔2010〕35 号），要求各地要尽快研究制定贯彻落实 175 号文件的实施办法，细化政策措施。对支持企业的数量和类型，稳定岗位的数量等，要明确工作目标和任务。对稳定岗位所需资金数量，要做出合理的预算安排。

2009 年 3 月 3 日，财政部和国家税务总局下发《关于延长下岗失业人员再就业有关税收政策的通知(财税［2009］23 号)》对下岗失业人员从事个体经营或者吸纳下岗失业人员的企业的税收优惠政策进行说明。但是，财税［2009］23 号文件并未明确对农民工返乡创业的税收优惠政策。2010 年 3 月 4 号两部门发文(财税［2010］10 号)将财税［2009］23 号文的执行期限延长至 2010 年 12 月 31 日，但是仍然未明确对农民工返乡创业的税收优惠政策。2010 年 11 月 2 日，财政部和国家税务总局发布《关于支持和促进就业有关税收政策的通知》（财税［2010］84 号），明确规定农村进城务工人员在常住地稳定就业满 6 个月并在常住地登记失业的，在从事个体经营(除建筑业、娱乐业以及销售不动产、转让土地使用权、广告业、房屋中介、桑拿、按摩、网吧、氧吧外)的时候，在 2011 年 1 月 1 日至 2013 年 12 月 31 日期间，可以持《就业失业登记证》（注明“自主创业税收政策”），在 3 年内按每户每年 8000 元为限额依次扣减其当年实际应缴纳的营业税、城市维护建设税、教育费附加和个人所得税。尽管国办发［2008］111 号文件早就提出要促进返乡农民工创业，但财税［2010］84 号文件可以说是国家相关部门第一次明文规定将返乡农民工纳入税收优惠政策体系之内。

6.3.2.3　劳务输出大省(直辖市)实施的政策

国办发［2008］130 号文件下发以后，一些劳务输出大省(直辖市)和相关国家部委相继发布了实施政策与配套政策。

四川省于 2008 年 12 月 29 日下发《四川省人民政府关于促进农民工稳定就业切实解决失业返乡农民工有关问题的意见》（川府发［2008］43 号），文件提出从创业服务、工商、税收、信贷以及土地等方面积极扶持失业返乡农民工创业。

重庆市则要求全市按照重庆市市政府办公厅《关于引导和鼓励农民工返乡创业的意见》（渝办发〔2008〕296 号)精神，在创业场地、税收优惠、金融信贷、就业扶持政策、创业服务等方面鼓励、扶持有创业愿望和创业条件的农民工返乡创业。

河南省于 2009 年 1 月 23 日下发《河南省人民政府关于切实做好当前农民工工作的通知》（豫政明电［2009］1 号），提出从工商、信贷、创业基地、创业信息咨询等方面大力扶持农民工返乡创业。

江西省于 2009 年 2 月 20 日由江西省人力资源和社会保障厅等 6 家省级部门和中国人民银行南昌中心支行联合制定《关于扶持返乡农民工就业创业的若干意见(试行)》（赣劳社就［2009］14 号），提出从信贷、税收、行政事业收费、中介机构收费、社保补贴等方面鼓励返乡农民工创业。

安徽省于2009年2月3号发布《中共安徽省委安徽省人民政府关于切实做好当前就业工作的意见》(皖发［2009］7号)，提出从财政补贴、行政事业收费、市场准入、信贷，以及建设农民工返乡创业园等方面对农民工返乡创业加以扶持。

6.3.2.4 扶持小微企业的政策

2011年6月18日，工业和信息化部、国家统计局、国家发展和改革委员会、财政部等4部委联合下发《关于印发中小企业划型标准规定的通知》(工信部联企业〔2011〕300号)重新界定了中型、小型、微型三种类型的企业划型标准，为出台后续小微企业扶持政策奠定了基础。这种针对企业类型而非特定人群出台的政策，实际上放宽了对返乡农民工创业享受相关政策的准入条件，只要创办的企业符合划型标准都可以享受到相应的扶持政策。

2011年11月14日，财政部和国家发展改革委联合下发《关于免征小型微型企业部分行政事业性收费的通知》(财综［2011］104号)，自2012年1月1日起至2014年12月31日期间免征认定的小型和微型企业管理类、登记类和证照类等有关行政事业性收费。

2011年10月28日，财政部下发《关于修改〈中华人民共和国增值税暂行条例实施细则〉和〈中华人民共和国营业税暂行条例实施细则〉的决定》，从2011年11月1日起，调高增值税和营业税的起征点。其中，增值税起征点的幅度规定为：①销售货物的，为月销售额5000～20000元；②销售应税劳务的，为月销售额5000～20000元；③按次纳税的，为每次(日)销售额300～500元。营业税起征点的幅度规定为：①按期纳税的，为月营业额5000～20000元；②按次纳税的，为每次(日)营业额300～500元。

2011年11月29日，财政部和国家税务总局联合下发《关于小型微利企业所得税优惠政策有关问题的通知》(财税〔2011〕117号)，自2012年1月1日至2015年12月31日，对年应纳税所得额低于6万元(含6万元)的小型微利企业，其所得减按50%计入应纳税所得额，按20%的税率缴纳企业所得税。

2012年4月19日，国务院下发《关于进一步支持小型微型企业健康发展的意见》(国发〔2012〕14号)，从财税支持、缓解融资困难、推动创新发展和结构调整、开拓市场、提高经营管理水平、搭建企业发展载体与平台、完善公共服务等七个方面提出进一步支持小型微型企业发展的举措。

6.3.3 返乡创业扶持政策的成效

从2008年9月第一次明确提出促进返乡农民工创业以来，中央和地方出台了一系列的相关政策，对于推动农民工返乡创业健康发展起到了重要的作用，并取得了显著成效。

从2011年11月至2012年10月，课题组先后调研了四川省金堂县、泸县、岳池县、富顺县、邻水县等五个县农民工返乡创业的情况。这几个县均是四川省劳务输出基地县，同时也是扶持农民工返乡创业工作比较突出的地区，分别是“全国农民工创业就业示范县”和“四川省中小企业创业基地”。近年来各地返乡农民工创业经济的快速发展推动县域经济社会取得了明显成效。通过调研发现四川省农民工返乡创业呈以下态势：

6.3.3.1 返乡创业进程逐渐加快

2008 年至 2011 年年底岳池县返乡创业的农民工总数达 3160 人，其中年产值规模在 100 万元以上的 363 人，在 1000 万元以上的有 18 人。2011 年，泸县返乡创业人员达 1100 人。金堂县的返乡创业人数则早在 2010 年年底就已经达到 7591 人。

6.3.3.2 创业企业规模显著扩大

2009 年 4 月，泸县回引投资 200 万元以上的返乡农民工创业项目 86 个，投资总额 21.6 亿元。到了 2011 年年底，回引项目已达 367 个，投资总额 130 亿元。不到 3 年的时间，项目数增长 327%，投资总额增长 502%。其中泸州名豪酒业有限公司、陈年窖酒厂和泸州天子骄子实业有限公司 3 家企业为省级龙头企业；泸州齐名农业发展有限公司、泸州蜀南农副产品有限公司等 30 户企业为市级龙头企业。

富顺县代寺服装产业园 2010 年 9 月开工建设以来，截至 2012 年 9 月已累计投资 6.37 亿元，完成厂房建设 10 万 m^2，在建厂房 3.1 万 m^2；已有 826 户商家、176 户厂家正式签订了入驻协议，协议投资额 15 亿元，建成后年产值将达到 60 亿元。

6.3.3.3 创业涉及领域不断拓宽

随着农民工返乡创业进程不断加快，农民工返乡创业所涉及的领域也在不断拓宽。从调研结果看，由农民工返乡创建的企业已经从农林牧渔、制衣制鞋、食品加工等传统的劳动密集型产业开始向医药卫生、机械、电子、文化旅游等高端产业领域拓展。比如泸县农民工返乡创业行业涉及农产品加工、纺织服装、能源、电子、医药、化工、包装玻璃、建筑、建材等十多个行业，其中某动物药业有限公司就是由返乡农民工创立的一家集研发、生产于一体的动物药品生产企业，其设计年产值可达 1 亿元。而金堂县返乡农民企业家唐××创立的企业业务范围已经由建筑建材拓展至民营医院、社区养老等多元领域。

6.3.3.4 创业带动作用日益突出

大批农民工带着在外打拼多年积累的资金、技术回到家乡创业，不仅创造了大量的就业岗位，带动了当地的经济发展和产业结构升级，同时也缓解了农村青壮年劳动力大量外出务工后产生的留守难题。泸县农民工返乡创业企业 2011 年实现销售收入 46.3 亿元，利润 3.2 亿元，税金 1.3 亿元，带动 2.5 万余人就业。截至 2012 年 10 月，邻水县新发展返乡农民工创立的小型微型企业超过 200 家，解决就业 4312 人。金堂县返乡人员创业带动农村劳动力就业4.5万人，占全县县内转移劳动力就业总数的40%以上；创办各类实体639家，年产值5.3亿元，上缴利税1000多万元；累计解决近2万个家庭的留守难题。

6.3.4 存在的问题

由于劳务经济向返乡创业经济的转变是近年来农村经济社会发展出现的新鲜事物，在扶持政策制定与实施的过程中不可避免地会出现各种问题。结合课题组对创业代表的访谈以及问卷调查的结果，存在的问题来源于两方面，一方面是政策供给层面的问题，另一方面是政策需求方的感受。

6.3.4.1 政策制定与实施环节存在的问题

1. 政策制定环节存在的问题

一是既有政策其内容的靶向性偏弱。调查显示，不同行业、不同投资规模、不同企业性质的创业者对目前出台的创业扶持政策的满意度有很大的差异。在对政策完全满意的人群中，从其企业性质看，个体工商户和私营企业主占68%；有限责任及股份有限公司仅占26%。从投资规模看，投资额在20万元以下的占65%，30万元至100万元的占19%，100万元以上的仅占16%。究其原因，在于目前出台的创业扶持政策还比较笼统，缺乏实施细则和分类指导标准，对于不同行业、投资规模以及性质的企业的政策需求，没有针对性的政策措施，无法满足创业者的多元化需求。

二是各级政府出台的文件并未有效对接。国务院办公厅《关于切实做好当前农民工工作的通知》(国办发［2008］130号)要求在用地、收费、信息、工商登记、纳税服务、审批、金融、财政贴息等方面帮助解决农民工创业面临的困难。国办发［2008］130号文下发以后，一些部门制定了与之相对应的政策，如人社部、财政部和国税总局就先后出台了社保、财税等方面的系列政策。另外，在工商登记、行政收费等方面的问题也得到了很好的解决。但是，对农民工返乡创业的金融扶持政策迟迟未有对接。在2008年12月国办发［2008］130号文下发前4个月的2008年8月，中国人民银行、财政部和人社部联合发布了《关于进一步改进小额担保贷款管理积极推动创业促就业的通知》，提出扩大小额担保贷款借款人范围，但是该通知并未明确将返乡农民工纳入借款人范围，只是要求“小额担保贷款借款人的具体条件由各省(自治区、直辖市)制定”，当时国际金融危机尚未爆发，没有对接尚属情有可原。然而国办发［2008］130号文下发以后，相关部门一直没有明确将返乡农民工纳入借款人范围，由于主管部门没有明确，有些地方政府出台的文件也就同样没有明确将返乡农民工纳入借款人范围。

三是部分地区农民工创业仍然面临政策待遇不公。同样以小额担保贷款政策为例，有的劳务输出大省就明确规定将返乡创业的农民工纳入小额担保贷款借款人范围，如江西省提出“对自谋职业和自主创业的返乡农民工可由各级劳动保障部门所属的小额贷款担保机构提供 5 万元以内的贷款担保。”① 河南省在 2008 年 1 月就已经提出“对农民工回乡创业，在登记注册后给予 3 年扶持期，扶持期内参照就业再就业政策的规定实行税费和小额担保贷款优惠”②，而有的劳务输出大省的农民工返乡创业则没有享受到如此待遇，如四川省提出“将失业返乡农民工在城镇创业就业人员纳入小额担保贷款政策扶持范围”③，将享受政策的返乡农民工仅仅界定在“在城镇创业”的人员，湖南省只是提出“要结合本地实际，将返乡农民工纳入本地创业政策扶持范围，在贷款发放、税费减免、工商登记、信息咨询等方面提供支持，促进其自主创”④，至于纳入哪些政策扶持范围、如何提供支持则并未加以明确表述。

四是部分地区扶持农民工返乡创业的政策体系并不完整。比较各主要劳务输出大省(直辖市)2014 年以前出台的农民工返乡创业扶持政策，重庆、江西和河南制定的扶持政策体系相对较为完善。重庆市制定的《关于引导和鼓励农民工返乡创业的意见》(渝办发〔2008〕296 号)则包含了准入条件、创业用地、工商注册、行政事业收费、创业基地、招商引资和产业发展优惠政策、税收、金融服务、财政贴息、创业培训补贴、行政审批、信息引导、创业指导、信息咨询、公共服务、组织保障等十九条意见。江西省制定的《关于扶持返乡农民工就业创业的若干意见(试行)》(赣劳社就［2009］14 号)相对最为完整，包含了创业培训、信贷、税收、企业用工、行政事业收费、中介收费、社会保障、信息、技术、产品认证、展会等十三条意见，并且对每一类政策实施都规定了具体的省级负责部门。而四川省并未针对返乡农民工创业制定专门的政策，出台的《关于促进农民工稳定就业切实解决失业返乡农民工有关问题的意见》(川府发［2009］13)中也仅仅提出了创业服务、工商扶持、税收扶持、信贷扶持、土地扶持等五个方面的扶持政策，提出的扶持政策体系并不完整，政策内容也比较简单。湖南省出台的政策则更为简单，无论是《关于切实做好当前农民工工作的通知》(湘政办发〔2009〕1 号)，还是《关于做好春节后农民工就业工作有关问题的通知》(湘劳社工字〔2009〕21 号)并没有成体系的政策措施出台，只是非常笼统地强调“各级政府要在用地、收费、信息、工商登记、纳税服务等方面，降低创业门槛，给予农民工返乡创业更大的支持。”

2. 政策实施环节存在的问题

一是政策的宣传极不到位严重影响了扶持政策的知晓度。从课题组的访谈以及上文

① 江西省人社厅. 关于扶持返乡农民工就业创业的若干意见(试行)(赣劳社就［2009］14 号)［Z］. 2009-2-20.

② 河南省人民政府办公厅. 关于认真做好农民工回乡创业工作的通知(豫政办［2008］10 号)［Z］. 2008-1-18.

③ 四川省人民政府. 关于促进农民工稳定就业切实解决失业返乡农民工有关问题的意见(川府发［2009］13)［Z］. 2009-5-8.

④ 湖南省劳动保障厅. 关于做好春节后农民工就业工作有关问题的通知(湘劳社工字〔2009〕21 号)［Z］. 2009-4-8.

的问卷分析结果看，在扶持政策的知晓度、利用度、满意度、重要度等指标中，返乡创业者对政策的知晓度是最低的，平均只有29.87。表示“不知道”扶持政策的创业者占有效比例的20.78%，而表示“知道大部分”和“很熟悉”政策的创业者合计仅占有效比例的6.50%，说明大部分返乡创业者仅仅听说和了解一些政策，对政策的具体内容是非常陌生的。特别是技术政策、产业政策和用工政策的知晓度最低，很多创业者根本没有听说这方面的政策。对影响扶持政策知晓度的因素分析结果表明，创业者对政策的熟悉程度主要由创业者的个人禀赋和社会资本的多寡决定，政府部门对政策知晓度的影响并不显著。另外，创业者了解政策的途径的调查结果也证实创业者是否了解政策信息主要取决于自身努力。调查显示创业者通过“干部宣传，参加培训，乡镇、村里的板报、广播”等直接从政府部门获取信息的比例仅有27.3%，远远低于从亲友处、电视及网络上了解政策的比例。政策宣传主要通过电视、网络这种大众媒体进行，但是大众媒体宣传往往只是在某个时间点上进行，如果创业者没有在这个时点上接收到信息就会对信息“失盲”。这表明政府部门的宣传推广力度不够，缺乏将信息直接送达创业者手中的有效手段，这是导致目前政策知晓度过低的主要原因。

二是政策的推广过程没有歧视但是政策覆盖率仍然较低。从政策利用度影响因素的分析结果看，没有变量显著影响政策的利用度，表明目前政府部门在推广创业扶持政策的过程中，对返乡创业群体没有区别对待，无论创业者是男性还是女性，无论创业者的年龄大小、文化水平高低，也无论创业企业规模大小，在是否可以享受创业政策上对所有创业者是一视同仁的。调查问卷反映创业政策的利用度要优于创业政策的知晓度，有约59%的创业者表示至少利用过一项创业政策，但是仍然有约41%的创业者从未利用过任何创业扶持政策，表明尽管在政策推广过程中，政府部门不存在歧视，但是政策的覆盖率仍然较低。另外，相对于整体利用度而言，所有单项扶持政策的利用情况还要差些。在所有创业者中，财税优惠政策的惠及面最广，但也只有32%，而用工政策和金融政策的惠及面最窄，仅6%左右。

三是政策的落实力度分布不均且部分政策利用难度很大。创业者对“财税优惠政策、金融政策、用工政策、技术政策、用地优惠政策、基础设施政策、产业政策、绿色通道政策、创业培训政策、信息咨询服务政策”等十大类政策的利用难易度评估结果显示，十类政策的利用难度最低的是39.09，最高的是59.66，难度分布差距较大，表明不同类型的创业扶持政策在实际推广过程中，创业者利用起来的难易程度存在较大的差别，也表明不同政策的落实力度存在较大差别。其中，落实力度最大的是财税政策，选择“容易”和“比较容易”的创业者合计占有效比例的47.27%，最难利用的是金融政策，认为利用金融政策“容易”和“比较容易”的创业者合计仅占有效比例的22.70%，而选择“较难”和“很难”利用的创业者占有效比例的48.47%。

四是政策总体满意度较高但在具体落实过程中存在歧视。调查问卷显示政策总体满意度为70.78，与29.87的政策知晓度和58.95的政策利用度相比较，创业者对政策的满意度大为提高。说明目前政策的宣传力度和推广力度都比较差，影响了创业扶持政策作用的发挥，而只要创业者享受到相关扶持政策，创业者就会比较满意。从具体政策上看，所有 10 类政策的满意度均超过了 70 的水平。其中，满意度最高的是绿色通道政策，满意度为 90.63，满意度最低的为用地政策，满意度为 70.71。但是，与政策推广过程中创业者没有受到歧视性待遇的现象不同，在政策的具体实施过程中仍然存在着“重大轻小、重城轻乡”区别对待的倾向。个体工商户、私营企业、合伙企业、有限责任公司等类型的企业主对政策的满意程度均比股份有限公司的企业主的满意程度低，以及员工人数少的企业主对政策的满意程度比员工人数多的企业主的满意程度低，说明政府相关部门在落实创业扶持政策的时候，往往对规模大的企业格外关注，而对规模小的企业则关注程度不够。在村、镇创业的企业主的满意程度明显低于在县城创业的企业主，说明政府相关部门在落实创业扶持政策的时候，对于处于农村的创业者关注度不够。

6.3.4.2　农民工返乡创业面临的主要问题

第一，“融资难”问题仍然十分突出。与既有文献结论类似，本书问卷调查和访谈都反映出“融资难”是矛盾最突出的问题，47.1%的创业者反映很难从银行等金融机构获得贷款。从行业角度看，农业领域“融资难”的呼声最高，主要问题是投资修建的圈舍、鱼塘等固定资产以及产出物难以充当抵押物，导致创业者自有资金不断消耗却又无法通过贷款弥补现金流，最终影响企业经营。从企业规模看，投资额在 30 至 100 万元之间的企业“融资难”问题最突出，这部分创业者主要反映 5 万元的担保贷款额度太小，满足不了企业扩大再生产的需要。

第二，工业创业企业“用地难”问题比较明显。在用地问题上，农业创业企业的用地大多有当地政府部门帮助协调土地流转，服务业一般采取租用或购买商铺，两者都比较容易解决。相比而言，工业领域的返乡创业者用地则非常困难。大多数返乡者创业初期没有足够的资金购买土地使用权建厂，而进入现有的工业园区又面临着较高的投资门槛(一些地方设定的门槛在 2000 万元以上)，所以不得不租用民房。但租用民房租期又很不稳定，经常被迫搬迁，另外设施也不配套，企业难以持续正常经营。

第三，基础设施落后制约了创业企业的发展。比如四川省农村基础设施仍然比较薄弱，相当一部分地区的乡村公路等级低、路面窄、路况差，大部分农田水利设施功能退化、超期使用、带病使用，农村电网容量小、供电不稳、电价高。由于底子薄、欠账多，农村基础设施建设进度落后于县域经济社会的发展，无法为农民工返乡创业提供可靠的保障和支撑。

第四，部分行业存在较为严重的市场准入歧视。尽管早在 2005 年国务院就已经提出“支持、引导和规范非公有资本投资教育、科研、卫生、文化、体育等社会事业的非营利性和营利性领域”(国发〔2005〕3 号)，但是在调查中我们发现，创业企业要进入这些领域仍然存在很多障碍和歧视。比如，一些民营医院筹建手续相当繁琐，在购买设备时受到限制，营运过程中行业主管部门检查过于频繁，与公立医院之间的正常业务交流受到限制。

第五，创业软环境建设不足导致返乡创业人员心理落差大。这主要体现在三个方面。一是政府部门业务水平亟待提升。随着“产业西进”，一些外贸企业采取“返乡农民工＋沿海老板”合资入股的形式落户，由于县级税务部门以前办理出口退税的业务相对较少，对相关业务重视程度不够，工作流程的熟悉度与沿海地方税务系统相比存在较大差距导致企业满意度不高。二是政务服务缺乏人文关怀。一些部门在行政检查、执法过程中，方式过于简单，人性化程度不高，打击了创业者回乡创业的热情。三是中介机构相当匮乏。返乡创业企业在筹建过程中面临安全评价、环境影响评价等前置程序，由于县域经济体缺乏相应的中介机构，导致中介价格畸高，另外，企业还面临指定安全设施产品和施工队伍等问题。

第六，创业者整体素质不高阻碍了企业的健康成长。大多返乡农民工文化程度虽比一般农民高，但多数为低学历人才，没有受过高规格的创业技能培训，整体素质偏低。办企业存在一些盲目性，不懂得如何进行市场分析和产品定位，或者偏听偏信，为创业失败埋下了隐患，错过了最佳投资时机。在管理上，没有科学合理的管理制度，生产销售没有科学的流程指导等，极大影响了企业生存发展。

第 7 章　扶持农民工返乡创业的政策选择

7.1　扶持农民工返乡创业的基本思路

返乡农民工作为农村劳动力流动的一种常态，随着国家统筹城乡战略的推进，农民工返乡后的流向日渐呈现多元化态势。返乡创业对于带动本地农民就业、促进农民增收、给农民提供社会流动上升通道以及促进县域经济发展和社会和谐稳定等方面的正效应已然彰显，但农民工返乡创业整体弱势的现状也同样显著。这种弱势，归根结底在于中国特定的城乡二元分割的经济社会结构和体制机制。

城乡二元结构并非中国所独有，而是一个国家现代化进程中的必经阶段和必然现象。对于城乡不平衡发展，“城市偏向”的观点强调工业化和城市经济发展的极化和扩散效应，但由于增长极的极化周期较长，众所期望的“涓滴效应”往往被强化集中的“极化效应”所取代，城乡差距因而保持甚至扩大。[①] 政府干预由此得以进入，以缩短市场作用的自发式的漫长扩散周期，政府诱导式的政策和区际人口迁移影响着创新扩散和资源配置格局，最终使城乡趋向一体化。“乡村偏向”思想则提倡以农村为中心的“自下而上”的“选择性空间封闭”发展模式，[②] 强调在政治权力、价格体系、市场贸易、基础设施建设等领域保持城乡平衡关系。显然，无论是“城市偏向”抑或“乡村偏向”的思想，最终都将走向城乡统筹协调发展。

然而，各国的城乡二元结构形成机理各不相同，由制度演进的高度路径依赖可以推断，各国破解二元结构的路径选择也各不相同。中国特定历史条件下形成和延续的制度安排与制度变迁，决定了其城乡发展严重失衡并非市场自发形成，而更多的是政府“城乡差别”、“城乡分治、重城轻乡”的制度安排和政策效应所致，是政府通过超经济力量构建起的一种城乡之间不公平、不平等、不对等的经济社会关系、市场经济改革在城乡间非均衡推进的必然结果。[③] 因而，扭转中国城乡发展失衡的局面，首先在于扭转长期以

---

① 阎小培，林初升，许学强. 地理·区域·城市：永无止境的探索 [M]. 广州：广东高等教育出版社，1994.

② Friedmann，John，Mike，Douglass. Agropolitan Development：Towards a New Strategy for Regional Planning in Asia [M]. University ofCalifornia，LosAngeles，1975.

③ 李萍，等. 统筹城乡发展中的政府与市场关系研究 [M]. 北京：经济科学出版社，2011：3-4.

来“自上而下”的人为的城乡分割体制机制，这需要由政府作为第一推动力予以主导；但是，政府作为外力启动城乡走向协调发展轨道后，市场在其自然发育、成长以及政府培育、加快其发育的过程中，将逐渐成长为城乡统筹协调发展的内生持续力量；最终，城乡发展将形成政府作为公共物品供给的最基本渠道与市场作为资源配置的最有效机制叠加重合、互补交融的“双轮驱动”发展格局。①

政府对农民工返乡创业的扶持是一个阶段性推进的动态过程。在这一进程中，并不是单纯的政府大包大揽即可获得成功，而是须由政府以及直接受益的农民工创业者主体共同参与、共同推进，“自上而下”与“自下而上”的制度演进相互契合、互动互促。只不过，政府力量与以农民工创业者为主体的市场力量，其作用时序、边界、转换衔接，将在一个自在的互动博弈和自觉的相互协调的过程中得以实现。② 总体而言，农民工返乡创业扶持的政策设计和制度变革应基于以下思路展开：

一是短期政策选择与长效机制构建相结合。短期看，农民工返乡创业受制于诸多现实困难，亟须消除。根据第 6 章对返乡创业 10 项扶持政策的重要度及其利用过程的难易度测评结果，对于创业者而言最为重要的 5 项扶持政策依次是：财税政策、金融政策、绿色通道政策、基础设施政策、用地政策；而其中最难以利用和落实力度最差的 5 项则是金融政策、技术政策、用地政策、创业培训政策、产业政策。显然，重要程度越高而利用和落实力度越差的政策，正是当前返乡创业者最为需求但最为受制并亟须突破的政策瓶颈。但是，从长期来看，造成这些现实困难的本质性的制度根源在于城乡二元分割的体制机制，并且，专门针对现实困难的个别领域孤立的制度改革，在作为具有互补共生、内在一致和刚性特征的城乡二元分割的制度系统中，很难取得显著的改革成效，反而容易出现所谓的政策制度“碎片化”问题。因此，对农民工返乡创业的扶持，既需要着力破解当前的迫切困难，及时建立和完善具有时效性和操作性的短期政策体系，更需要通过基础或核心领域的制度变革并引发一系列综合配套改革，从而实现城乡二元制度体系的系统性变革，最终实现城乡一体的政策、制度体系，以此构建促进农民工返乡创业的长效机制。这并不能在短期内一蹴而就，而是一个更为长期的过程。

二是政府政策扶持与创业者自我发展相结合。中国现行城乡二元分割的体制机制下，由政府强力推动的工业化和城市化快速发展进入缪尔达尔“循环累积因果”原理所谓的“循环向上的累积”通道，而主要依靠自我积累的农民工返乡创业则可能“低水平均衡循环累积”甚至“循环下降累积”。完全依赖于市场的力量，返乡农民工创业很难改变当前发展缓慢、创业艰难的局面，政府理应予以鼓励和扶持。在农民工返乡创业发展初期，更多地表现出一种政府力量强势主导的“自上而下”的特征，政府扶持的重点在于构建城乡对等和一体的政策体系和制度体系，通过创新制度环境和优化基础环境，为返乡农民工扫清“软”、“硬”环境障碍，创造良好的创业条件。同时，我们必须清楚地认识到，

① 李萍，等．统筹城乡发展中的政府与市场关系研究［M］．北京：经济科学出版社，2011：73-76.

② 李萍，等．统筹城乡发展中的政府与市场关系研究［M］．北京：经济科学出版社，2011：182.

返乡创业的核心主体是农民工，作为市场主体的农民工本身的创业能力、经营管理水平、市场敏感度、市场耐受力、市场竞争力和市场谈判力等，是关乎创业成功率和可持续能力的内生性决定力量，当农民工单纯依靠自我积累难以摆脱“低水平均衡循环”的“宿命”时，政府应承担起主体培育壮大的职责。随着前期制度创新和基础环境优化形成有利条件，以及市场微观基础、市场主体力量得以构建、发育，以返乡农民工为主体的市场创业力量将充分释放并发挥作用，政府扶持应逐渐从微观领域退出而重点在于制度环境和公共服务优化。

三是改善创业环境与提升创业素质相结合。当前，中国农民工返乡创业尚处于起步阶段，“城市偏向”的城乡二元分割体制对农民工返乡创业造成严重束缚，而农民工群体的整体弱质进一步削弱其创业率和成功率。因此，现阶段的政府扶持，应着力于两个方面：一是优化农民工创业环境，既包括制度“软”环境，也包括基础设施“硬”环境，其核心是构建城乡一体的政策体系和制度体系；二是培育壮大农民工创业市场主体，通过提高农民工创业素质，使其有能力抓住契机、用好政策、适应市场、立稳“脚跟”，真正成长为具有独立自主权力和能力的市场竞争主体。创业环境改善是返乡创业的基础条件构建，而返乡创业主体的创业素质提升，则是返乡创业可持续发展的内生动力所在。

四是改革全面推进与政策重点突破相结合。前文已反复提及，制度具有历时关联和共时关联特性，制度演进有与历史相关的路径依赖性，而有生命力的制度系统是一整套制度安排的相互契合。针对当前返乡创业者反映最激烈、需求最强烈的关键政策环节进行突破性改革，有助于为返乡创业者快速扫除创业进程的重大阻碍，突破资金、技术、用地、用工等现实瓶颈，对短期内提高返乡创业比率、降低企业开办难度以及维持企业常规生产经营具有立竿见影的效果。但同时，创业扶持又是一项复杂的系统工程，短期针对性政策要获得长期持续效益，需要一系列综合配套改革予以支持。只有全面推进统筹城乡综合配套改革、不断缩小城乡差距、逐渐实现城乡机制体制一体化，各种针对返乡创业的“特殊”性扶持最终成为经济社会发展的“常规”，返乡创业的农民工才可能真正成为市场经济中具有平等起点、公平交易、同等竞争的独立市场主体，农民工返乡创业才可能长久可持续发展壮大。

7.2　扶持农民工返乡创业的短期政策选择

根据前面章节的实证数据分析，地方政府业已推行的返乡创业扶持政策，其实施效果的优劣来自两个方面影响：一是受政策知晓度影响的政策实施满意度，即返乡创业扶持政策总体知晓度偏低，而但凡享受过创业扶持政策的返乡创业者对政策实施的满意度都较高，说明现有返乡创业扶持政策的宣传和推广力度均较弱，需要强化；二是受政策实施难易度影响的政策满意度，即返乡创业者需求最强烈、对返乡创业最为重要的部分政策具有“瓶颈”效应，现有政策往往流于形式、难以落实，需要予以重点突破和完善，降低政策执行成本，提高政策执行绩效。因此，针对返乡农民工当前面临的创业困境，加大政策扶持可以从两个层面着力：一是对目前已有的合理且有效的政策切实加大宣传和推广力度，引导返乡创业者用好用活政策；二是对返乡创业者需求最为迫切的“瓶颈”性政策重点突破，以点带面推动返乡创业扶持政策体系的优化完善。

7.2.1 优化返乡创业扶持政策体系

短期内，政府扶持需针对农民工返乡创业迫切需要解决的困难，有的放矢。优化农民工返乡创业政策扶持体系既要练好“外功”，也要练好“内功”，对应于前述章节的10类创业扶持政策，可以从两个方面予以政策设计和完善：一是改善返乡创业外部环境，即通过政府自身的变革与社会其他力量的引导和变革，加大对返乡创业的直接资源偏向和投入，涵盖政府公共服务优化、财税优惠、金融支持、土地政策优先、产业政策支持和创业基础设施完善等方面；二是通过培育和发展壮大农民工返乡创业主体，不断提升返乡创业内生持续动力，涵盖创业培训支持、用工支持和返乡创业组织培育等方面。

7.2.1.1 改善返乡创业环境

政府通过制度创新和政策激励对返乡农民工创业予以外部激励，实施“诱导性回引”，尽可能减少阻碍返乡农民工创业的制度性和非制度性因素，并调动一切有利于返乡农民工创业行为的可利用资源，降低农民工返乡创业成本，刺激农民工返乡创业行为朝向更高效率发展。

1. 优化政府公共服务，营造优质服务环境

一是进一步提高返乡创业“绿色通道”效率。对返乡创业绿色通道政策调研结果显示，其重要程度居于第3位，在各项政策中知晓度较高(第2位)，并且，落实难度小(第9位)，满意度高(第1位)，说明目前地方政府为农民工返乡创业提供的“绿色通道”总体绩效良好，今后应进一步理顺各部门交叉职责、联合审批，通过服务站直达基层村的“一站式”服务，简化返乡农民工创业审批程序和办事流程，真正做到便捷高效服务。

二是强化农民工返乡创业信息咨询服务。总体来看，信息咨询服务政策目前并未引起返乡创业农民工主体的特别关注(排位第7)，但其政策知晓度较高(第3位)，政策满意度也相对较高(第4位)。从返乡创业的整体培育和企业长期成长来看，由政府搭建返乡创业综合信息服务平台加强返乡创业支持性公共服务十分重要。及时发布创业相关法律法规、政策信息和市场信息；整合政府各职能部门服务为返乡创业者提供财税、工商、劳动人事、融资、征地、住房、户籍、子女教育、社会保障等方面政策咨询，协调政策落实并提供便利；为返乡创业者提供市场供需双方沟通、交易平台，在面向返乡农民工创办的中小企业提供免费或低收费公益性服务的同时，引导社会服务组织开办相关业务、

提供规范服务，完善农民工返乡创业中介服务体系；实时发布创业项目引导信息，加强返乡农民工投资策划与评估服务，为返乡农民工创业提供有效的咨询、策划、评估等服务，尽可能规避返乡农民工投资创业的盲目性，降低和规避创业风险；建立返乡农民工创业投资保险体系，规避、控制、分散和转移农民工创业投资的市场风险、技术风险、资源风险、政策风险、经营管理风险、农业灾害风险等多种风险。

三是加强返乡创业产业支持和引导。放宽准入条件，提供创业指导，拓展农民工返乡创业领域。遵照中央新的非公“36 条”，只要国家法律法规没有明令禁止和限制的领域，均应向返乡创业农民工开放并鼓励支持其积极进入，不应设置地方歧视性限制条件。结合本地资源实际和产业发展方向，针对返乡农民工分年度制定创业指导手册，提供引导性创业领域目录，鼓励返乡农民工立足农业创业，培养与扶持种养殖大户，推进农业结构战略性调整和农业现代化，并通过规模化种养殖，带动发展农产品深加工和农村现代物流，积极引导发展农村现代服务业，促进一、二、三产业融合发展，也以此促进新农村建设；抓住沿海产业内迁的契机，从区域经济协作互动和创业管理的“区域双赢互动”视角，加强与沿海地区政府的双边合作关系，构建沿海地区“反哺”内地农民工返乡创业的“整合—互动”机制，引导返乡农民工充分利用外出务工期间的技术和社会资本积累，创办或与沿海企业联姻开办劳动密集型制造加工企业；对进入本地重点发展产业或领域的返乡创业农民工，采取降低注册资本最低限额、允许注册资本分期到位等优惠政策。

四是加大返乡创业技术服务与支持力度。创新农业科技推广创新体制，加快推进标准化基层农业综合服务站和村级农业科技推广、动植物疫病防控、农产品质量监管等公共服务站点建设，引导各类龙头企业、农业科研院所等广泛参与农技推广与创新，大力建设农业专家大院和农技实验基地，并以此为依托对规模种养、农产品深加工等返乡创业提供实用农业技术和农业科技创新等农技试验、示范、推广应用等咨询和服务。以现有的企业科技服务平台为依托，由政府主导搭建“返乡创业科技服务中心”，根据返乡创业企业技术服务需求对接技术服务及技术攻关供给主体，形成“一对一”甚至“多对一”科技服务与咨询支持体系，整合市场资源为返乡创业企业提供“订单式”技术问题解决方案，同时也为科技创新成果及时转化提供对接平台，形成产、学、研、政(府)、金(融)一体的技术服务与支持体制机制。培育壮大科技服务中介机构，除在该类机构建设阶段在资金上予以支持外，重点在于创新扶持手段，如引入政府采购技术中介服务及成果转让收入返还、采取科技成果转化服务前期补贴和事后补贴等形式，在服务费用支付等交易环节予以扶持，促进形成活跃的技术市场，推动科技成果转化。

2. 加大财税扶持力度，消除农民工返乡创业政策歧视

加大对农民工返乡创业的财政扶持力度，积极整合财政及其他资金，设立扶持农民工返乡创业专项基金，主要用于农民工返乡创业培训、贷款贴息、担保、创业奖励等。优先扶持符合农业产业化贴息条件、对城乡低收入人群就业和再就业做出贡献的返乡创业企业，优先予以贷款贴息并适当降低审批标准；优先扶持在贫困地区创业并符合扶贫

贷款贴息条件的企业；加大返乡农民工创业培训的财政投入，围绕市场经济运行和管理知识等，对已创业者开展定期或不定期培训，围绕开业指导，对有创业意向的农民工开展初创培训；定期评选返乡农民工“创业之星”，并予以广泛宣传和物质奖励，树立创业典型，示范带动更多返乡农民工自主创业。

加大对农民工返乡创业的税收支持，关键是让返乡创业农民工享受到与其他招商引资对象和城市居民创业对等的优惠扶持政策。如对于农民工返乡新创办企业可享受一定年限的税收减免，或征税后享受部分或全部税收返还；提高营业税起征点；登记为失业返乡的农民工创业，比照城镇下岗失业人员创业享受优惠政策；凡吸纳35岁以上失地农民、城镇下岗失业人员及富余劳动力和城乡低收入人群就业、再就业的返乡农民工创业企业，比照城市有关规定享受优惠政策；平等享受国家和地方政府扶持发展农业产业化企业、农产品加工业、非公所有制服务业、高新技术企业及中小企业等方面优惠政策。

3. **扩大融资渠道，构建农民工返乡创业融资体系**

资金短缺是当前制约农民工返乡创业的主要障碍，返乡农民工创业启动资金来源渠道极其有限，主要以自有资金积累和亲朋好友间借贷为主，难以满足返乡农民工创业的资金需求。解决这一问题的核心在于改革现存农村金融体系，创新金融机构和金融产品，完善对农民工返乡创业的金融服务，拓宽融资渠道，增强创业及经营持续“供血”能力。

首先，加大政策性金融对农民工返乡创业和中小企业的信贷扶持，开发提供小额、期限长、利息低、覆盖面广的信贷产品。

其次，大力发展适合农村和中小企业信贷需求的金融组织机构，积极开发适应农民工返乡创业特点的金融产品。鼓励商业银行进入农村地区开辟返乡创业人员专柜，开发和提供农民工返乡创业专项信贷服务；加快推动农村信用社改制，并使之成为服务“三农”和中小企业的重要力量；扩大村镇银行和小额贷款公司试点，放宽村镇银行同业拆借和跨区域经营限制，允许小额贷款公司按规定从商业银行融入资金，推动新型农村金融组织发展；根据不同客户、不同农产品生产和加工、经营以及中小企业所产生现金流的不同特点，为返乡创业农民工量身打造不同期限、不同还款安排的特色信贷产品，尤其是根据客户现金流入周期特点量身定制还款计划。

建立中小企业融资支持平台，创新返乡农民工涉农创业及创办中小企业融资模式。借鉴国内支持科技型中小企业融资的成功做法，建立农民工返乡融资支持平台，涵盖政策性担保、小额贷款、同行企业联保互保等融资创新。中小企业融资平台采取“信用贷款”的方式向返乡创业中小型企业放贷，企业可在“无抵押、无担保”的方式下取得时间不等、规定上限的短期信用贷款；联合区域内企业和金融机构组建“工商联企业互助融资平台”，由地方政府与区内非公企业共同出资，并由商业银行给予对等的担保授信额度形成“资金池”，支持中小企业进行融资。鼓励成立“农民创业基金合作社”等民间社会化金融组织，发展民间借贷资本，集中社会闲置的资金，多渠道筹集创业资金。由政府整合区内金融机构和企业力量，共同探索创新涉农企业和中小企业融资运营模式，如对农业产业化项目采取“公司+农户”的产业链融资运营模式，由政府提供预算资金支持并以银行信贷资金为主要来源，推动龙头企业融资资质建设，成立农民专业合作组织，建立合作基金和组织联保，并借此培育农户信用，提升农户的信用评价级别；探索“订单组织+农户+银行+期货公司”合作模式，通过订单农业合同与农产品期货套期保值，既规避农产品价格频繁波动，又避免中小企业缺乏期货知识从而导致的套期保值风险；对返乡农民工创办的中小企业，采取以一家核心企业作为借款平台的产业链融资模式，以与核心企业具有资本关系的多家中小企业为用款企业，以核心企业的集团公司或专业担保机构为担保平台，开展中小企业的统贷业务，并借此打造以核心企业和用款企业为主体的产业集群；以金融租赁公司为借款平台探索融资租赁模式，批发式发放贷款，再由租赁公司将贷款以直接融资租赁或者回租方式提供给需要贷款、与其签署了租赁合同的中小企业，租赁公司以公司全部应收租赁款向银行提供质押；通过对小贷公司授信和转贷款，探索小额贷款公司合作模式，由银行向小贷公司提供批发贷款，并由小贷公司按约定自主向自然人、个体经营户和中小企业零售转贷款。

探索适合农民工返乡创业的担保服务模式，完善涉农担保、保险体系。组建市、县农业担保公司，为返乡农民工创办的农业现代化项目贷款提供担保；在担保品种类、担保品监管和处置等方面积极探索创新，接受以苗木桩头、动物活体、品种权等提供反担保，接受以风险可控的可转让股权、商标专用权、专利权、大型农用生产设备、仓单、应收账款等权利质押贷款，允许农户“互联互保”贷款，放宽农村小额信贷限制条件，提高返乡农民工创业用小额贷款比例；若出现无力还款且出售担保(抵押)品仍不足以补偿担保公司损失，通过银保分担机制分散部分风险；通过政府补贴、市场化运作的方式，引导和鼓励保险机构开展水稻、玉米、生猪、奶牛、油菜等政策性农业保险业务，由保险公司负责根据不同农产品特点设计不同险种并具体承保，各级财政对政策性农业保险给予补贴，并根据不同保险品种分别制定保费补贴分摊比例，为发展规模种养殖业的返乡创业农民工建立涉农创业风险分摊机制；积极开展农村小额人身保险试点。

4. **创建返乡农民工创业孵化载体，优先解决创业用地**

农民工返乡创业必然与土地及经营场所紧密联系。在当前因应高速工业化和城市化需要，大量农村土地“农转非”，农村土地逐年递减，现有工业园区高进入门槛则限制了返乡农民工以小规模为主的创业企业入场，加之土地严格的用途管制，农民工返乡创业的新建或扩建项目面临土地瓶颈。在严格保护耕地和节约化、集约化土地利用原则下，政府应将农民工返乡创业用地纳入城市、村镇、新农村发展建设及其土地利用统筹规划，充分利用小城镇和农村存量非农建设用地、现有园区以及返乡农民工的自有、租借房产等场所，结合农村产权制度改革探索农村集体建设用地流转，因地制宜，妥善解决返乡农民工创业用地问题。

一是搞好基础设施及配套建设，创建农民工返乡创业孵化平台。规划新建“农民工返乡创业园”或“农民工返乡创业一条街”；借鉴高新孵化和文化创意孵化的成功做法，在现有各类工业园区、开发区、农业园区中安排用地建设廉租厂房，或充分利用闲置厂房、农村撤并的中小学校舍或机构和村镇边角，改造或建设廉租厂房，开辟“农民工返乡创业孵化基地”；让返乡创业农民工平等享受本地招商引资和产业发展优惠政策，并在土地使用、厂房租赁等方面，由财政补贴给予更大倾斜，降低农民工返乡创业生产运营成本，提高其市场竞争力，引导其集聚发展。

二是放宽限制、创新机制，探索农村建设用地合法流转，促进城乡生产要素自由流动。允许返乡农民工在符合城乡规划、环境卫生、容貌秩序及安全环保等要求的前提下，将家庭自有住所、租借房屋及临时商业用房作为创业经营场所；在不影响水土保持，不污染、不损害农民权益的前提下，引导和鼓励农民工返乡创业者充分利用荒山、荒坡、荒滩等非耕地进行创业，或在自家宅基地之上建设小型加工项目简易生产性用房，相关部门应积极予以水、电、气配套完善支持；积极开展农村产权制度改革，充分利用耕地“增减挂钩”政策，通过农村土地整治和整理，促进农村耕地保护和土地集约化使用，将一定比例的新增建设用地指标优先支持农民工返乡创业，并给予土地使用税费减免优惠；建立农村产权交易平台，探索集体建设用地合法流转，鼓励土地向有资金、懂技术、会管理的返乡创业农民工手中流转。根据中西部欠发达地区丘区、山区面积大，人口多耕地少的情况，因地制宜，在不影响自然生态环境和保护农民权益的基础上，适当扩大荒山、荒坡、荒滩等非耕地土地资源利用，用以支持农民工返乡创业发展。

5. 加强基础设施和配套设施建设，奠定农民工返乡创业基础物质支撑

农民工返乡创业主要集中于两个区域，一是直接返回所在农村就地创业，发展涉农项目或开办农村工商服务业；二是返回所在县城或中心城镇，创办工业企业或工商服务企业。农民工劳务输出大省多为经济欠发达或较不发达地区，与沿海发达地区相比，县城尤其是小城镇普遍存在水电、道路、通信等基础及配套设施建设不足问题，农村基础设施建设更是处于较低水平，在推进工业化进程中本身就是招商引资的明显“短板”，同样也不能很好满足农民工返乡创业需要。为此，需要转变观念、创新机制，结合新农村建设、县城与中心城镇建设，加强生产、生活性基础与配套设施建设，持续改善创业投资环境，为农民工返乡创业创造良好的基础物质支撑条件，降低其返乡创业成本，提供生产、生活便利，吸引更多农民工返乡创业。重点从两个方面得以实现：

一是用统筹城乡的理念，加快农村基础设施建设。传统的农村公共品供给遵循“国家主导，社区供给”原则，农村公共品的供给主要依靠农村、农业、农民的自我积累，直接导致了农村的发展滞后，严重制约农村生产力发展和生活条件改善。地方政府要逐渐从直接关注和干预农村微观生产经营活动转向城乡均等的公共基础设施建设和公共服务提供，构建以公共财政为引导、市场配置为基础的多元投入机制，持续加大财政支农投入，吸引社会资金参与现代农业生产和农村基础设施建设。结合新农村建设，用够用足中央及上级政府各类涉农优惠政策，整合各部门涉农建设资金，统筹规划、整合项目、打包使用；探索在农民自愿、民主议定的前提下，将粮食直补资金整合使用于农村基础

设施建设，做好资金来源与流向监督管理，确保资金使用公开、透明、高效、专款专用；结合农村产权制度改革，盘活农村存量要素资源，采取村集体经济组织或农户以地权或林权等入股的市场经营方式，或投资商以基础设施建设换取农村生产性资源使用权等方式，吸引社会资金共同参与农业产业化项目开发和农村基础设施建设，责任共担、利益共享；借鉴高速公路等基建项目的成功经验，尝试在合理界定农村基础设施项目公益性强度的基础上，探索政府、市场相结合的金融支持建管模式，由政府资本金投入引导、长期低息信贷支持、部分经营性/准经营性项目多渠道市场融资等多元投融资经营模式；对于外部性较强影响利润持续稳定性的准经营性/经营性项目，可以通过项目沿线或周边土地、物业、景观等优先开发权捆绑，政府财政补贴、税收减免、低息贷款等多种方式予以补贴；运用财政补助、财政贴息、税收和融资优惠、以工代赈、以奖代补等手段，引导农村集体经济组织和农民自主投工投劳，参与农村基础设施建议。

二是以“产城一体”的理念加快县城和中心城镇发展，引导农民工返乡创业向城镇集中发展。在农民工劳务输出大省的多数地区，经济欠发达或较不发达，尤其是地处山区丘陵的部分县市，县城规模小、布局分散，城镇基础设施较为落后，尤其是区域内各县市之间及其与外部区域，普遍具有交通通达性和联接性不足问题，尚未形成网络状的城镇体系，仍处于城镇点状分布和城镇“断裂”状态，严重阻碍了区内区外要素流动与市场交易。部分地区过分倚重于外部“嵌入式”工业引入对本地经济增长的促进作用，城镇基础设施和配套建设单向度地偏向工业发展和外来移民，忽略了对本地城乡居民的生产、生活服务功能，往往出现城镇化滞后于工业化发展的问题，二者不相协调。应以城乡统筹、一体发展的思路，统筹规划县城和中心镇建设，在城乡总体规划的框架下，推进产业发展、空间布局、功能分区、土地利用、交通发展、公共服务、生态建设等多规衔接，构建以中心县城为产业集聚、人口集聚、城市服务功能配套、宜居宜业宜商的核心，以小城镇为农民向城镇转移的重要节点，以中心村、特色村和农村新型社区为基础的网络化现代城镇体系；把农民工返乡创业纳入城镇规划建设，因地制宜建设创业园区，有机融合园区功能与城市配套服务功能，优化空间布局，引导返乡农民工创业向县城和中心镇集聚，培育发展产业集群和特色重点镇，推动产业发展与城镇建设相互促进协调发展，形成农民工返乡创业与城镇建设的良性互动机制。

7.2.1.2　培育壮大农民工返乡创业主体

返乡创业的主体是农民工，主体的创业能力和市场竞争力，是决定创业成功与否和创办企业是否可持续发展的内生决定因素。当前农民工返乡创业亟须提升创业者本身的人力资本水平，也亟须加强对创业的人才支持和技术支持；同时，作为最分散的群体之一，提升其自组织能力和适应现代经济社会的社会资本，也显得尤为重要。这一方面需要农民内蕴自发式地成长，另一方面，也需要政府大力投入。

1. 开展创业培训和跟踪服务，提高返乡农民工创业能力

创业培训不同于通常的职业技术培训或岗位培训，其核心是要解决农民“如何创业当

老板”和“如何经营发展企业”的问题，重点在于强化返乡农民工的创业意识、创新意识、市场意识和风险意识，对创业和经营所需的市场经济运行规律、经营管理、财务管理、市场抗挫和风险规避等方面知识和能力进行培训、提升，并对初创者进行创业指导，激发返乡农民工创业动机和激情，帮助其提高自身创业素质，克服创业心理障碍，明确创业方向和路径，解决创业及经营管理中的困难和问题，提高创业成功率和创办企业存续性。

加大对返乡农民工创业培训的财政支出支持，设立培训专项基金、依托本地劳务服务机构成立返乡创业服务中心，免费搭建创业项目信息交流平台、组织互动交流活动、开办专业(专题)讲座，并给予创业者必要的技术支持；鼓励各类培训机构、科研机构、行业组织和其他社会中介机构，为有创业意愿的农民工提供创业培训、开业指导、技术支持、融资分析、管理咨询等服务，并给予返乡农民工创业培训补贴；引导和联合区内社区服务机构、其他企业家、农民科技培训和教育机构、其他科研教育机构等社会资源，对返乡创业农民工施行“创业导师制”或“结对帮扶制”，通过产业链延伸和产学研一体等合作机制，对返乡创业进行全过程跟踪辅导和帮扶；结合农业和农村特点，筛选一批具有广阔市场前景、经营管理规范和富有社会责任感的企业，建立农民工创业实习基地，促进返乡农民工“干中学”；引导建立返乡农民工创业协会或返乡创业联谊会，定期或不定期组织交流咨询活动，为返乡创业农民工提供一个相互密切联系和与其他企业家、专家充分交流的平台，拓展其社会网络资源和市场机会。

2. 加强员工职业培训和招才引智，解决农民工返乡创业用工和人才引进问题

农村劳动力是返乡农民工创业的主要用工来源之一，整体教育水平较低，即便懂技术，在经营管理、技术研究开发等方面也极为欠缺。另一方面，在经济欠发达和较不发达地区回流高校大学生本身较少的情况下，农民工返乡创业企业引进高素质人才普遍较难，更难以留住高素质人才。缺乏人才和技术支持导致返乡创业企业缺乏真正的核心竞争力，极易陷入机械模仿、恶性竞争、粗放生产的低水平发展道路，并造成资源浪费和环境污染。政府扶持除关注到创业者本身外，还应着力于返乡创业企业的人才引进和员工素质提高问题。

应将农民工返乡创业人才引进纳入地区人才引进规划，对返乡创业企业在人才引进、劳动保障、人事管理、落户和奖励等方面，与其他企业实行同等政策，平等对待；针对返乡农民工创业企业的特点，制定特殊优惠政策吸引所需人才，如抓住产业西进转移和产业承接的契机，建立与沿海企业的联姻结对关系，对接产业链条、订单合作、技术共享、人才互通，此外，特别注重高校大学生回引，通过对返乡就业大学生给予物质和精神奖励，并在未来公务员干部选拔中优先录用等优惠政策，引导大学生积极返乡就业、支持家乡建设。

拓展公共就业服务范围，将返乡创业者及其创办企业纳入其中，免费提供职业介绍、就业指导，并将创办企业所吸纳农民工纳入农村劳动力技能培训计划等各类农民工培训项目，给予职业培训和技能鉴定补贴支持，对其进行上岗培训、职业技能培训；筛选管

理规范、有一定技能要求、发展前景好的企业建立农民工职业实训基地，针对返乡农民创业用工需求开展定向、定单培训；指导返乡创业企业结合自身生产经营需要，开展职工岗前和在岗培训，或组织各类培训机构按需开始菜单培训，政府予以培训补贴；定期或不定期开展返乡创业企业技能大赛，促进技能交流，强化技能提高。

3. **鼓励支持返乡农民工牵头建立各类合作组织，提高农民工组织化程度**

农民极度分散经营、组织化程度低、集体行动成本高昂是障碍农民群体增强市场竞争力和谈判力的重要因素。可以借鉴台湾地区发展农民合作化的成功做法，政府予以财政支持，鼓励和培育农民工骨干牵头发展农村新型集体经济组织，以农民为主体发展壮大农业合作股份有限公司、土地合作社、专业合作社等新型集体经济组织，创立创业相关专业协会和中介组织，促进农民工提高合作意识、树立合作理念并合作创业；以新型集体经济组织为基础，引导和鼓励“公司+专合社+农户”、“公司+基地+农户”等新型组织化合作方式，推动农民及其农产品直接入市，提高农业生产回报；积极推进农村基础民主治理变革，构建与农民切身经济利益和社会权益整合捆绑、以农民为主体、以公共选择的投票机制为基础的新型乡村治理结构。从而，以符合市场经济的产权分割机制、成本—收益权衡、投入兑现方式以及意愿表达形式，重构乡村治理共同体，以最终提高农民整体的组织化程度和增强市场竞争力、谈判力。值得注意的是，政府对农民工提高组织化程度的扶持，需要避免行政直接干预和强势介入以防止农民“被组织化”，应积极探索以经济杠杆、意识形态教育和文化启蒙等为主要手段的引导式创新措施，避免一贯的自上而下的“运动式”动员组织，转为自下而上的“内生性”培育扶持。当前，诸多NGO 深度介入乡村指导扶持乡村文化建设与经济发展的成功案例，为未来吸引多方力量共同参与乡村重构提供了可选方向。①

7.2.2　调整扶持政策的实施方向

7.2.2.1　基于不同类型企业需求的视角

从课题组实际调研数据分析，对返乡创业主体而言，10 类扶持政策的重要程度由高到低依次是：财税政策、金融政策、绿色通道政策、基础设施政策、用地政策、信息咨询服务政策、产业政策、创业培训政策、技术政策和用工政策；其中最难以利用和落实力度最差的则是金融政策，其他依次为技术政策、用地政策、创业培训政策、产业政策、用工政策、信息咨询服务政策、基础设施政策、绿色通道政策和财政扶持政策；返乡创业农民工对这些政策的满意程度由高到低依次为绿色通道政策、技术政策、创业培训政策、信息咨询服务政策、财税政策、产业政策、用工政策、基础设施政策、金融政策和

① 胡雯. 中国灌溉系统可持续治理的制度选择与绩效评价——一个嵌套分层的多中心治理视角 [J]. 成都：四川大学出版社，2011：267-268.

用地政策；返乡创业者对10类政策的知晓程度由高到低依次是基础设施政策、绿色通道政策、信息咨询服务政策、用地政策、财税政策、创业培训政策、金融政策、用工政策、产业政策和技术政策(如表7-1)。如前所述，重要程度越高而落实程度越差、满意程度越低的政策，是短期内亟须突破的政策瓶颈，也是当前政策扶持最需要着力的方向。综合数据分析结果可以判断，金融政策和用地政策为返乡创业主体强烈需求，但这两类政策落实难度极大、满意度极低，是当前扶持政策体系建设和完善的重中之重，亟须创新扶持手段、突破制度性瓶颈。创业培训和技术政策等方面的建设和突破最为迫切。而产业政策、创业培训政策和技术政策虽然在返乡创业实证数据中表现为相对不重要，但其现实政策落实力度和政策知晓度均较差，相反，政策满意度却优于其他方面，说明但凡接受过相关政策扶持的返乡创业者，其政策满意度较高，可见，提高此类政策绩效直接有效的手段是提高其政策知晓度，从而增强其落实力度。

表7-1 创业扶持10类政策课题组实证调研数据评价结果排序

排序 政策评价	1	2	3	4	5	6	7	8	9	10
重要程度	财税	金融	绿色通道	基础设施	用地	信息咨询服务	产业	创业培训	技术	用工
知晓程度	基础设施	绿色通道	信息咨询服务	用地	财税	创业培训	金融	用工	产业	技术
利用程度	财税	用地	技术	创业培训	基础设施	绿色通道	信息咨询服务	产业	用工	金融
落实难度	金融	技术	用地	创业培训	产业	用工	信息咨询服务	基础设施	绿色通道	财政
满意程度	绿色通道	技术	创业培训	信息咨询服务	财税	产业	用工	基础设施	金融	用地

实践中，返乡创业主体因自身禀赋、社会资本、风险态度以及创业企业的类型和经营状况等不同，对不同扶持政策的需求强度具有显著差异；即便不同创业主体的政策需求领域具有共同性，其对相同领域的政策需求方向却各异(如图7-1)。根据返乡创业主体及其企业特征，可大致将返乡创业企业归为3类：起步型、成长型、发展型。起步型企业主要集中于低技术领域，投入小、成本低、企业规模小，多为个体、私营、合伙等组织形式；成长型企业具有一定进入技术门槛，企业成长性较好、中小规模居多，主要采用股份有限等现代企业组织形式；发展型企业经营状况稳定良好，已具有一定规模，有一定技术含量，按照现代企业组织形式运营。

显然，起步型企业的自主成长能力最弱，更可能由低禀赋创业主体创建，社会资本匮乏将进一步降低其创业成功几率，此类企业更迫切地需要获得政府直接的资金资助和政策扶持，并对其创业投入领域和项目选择提供引导，其创业主体也需通过多种渠道获得创业技能提升。

成长型企业处于提档升级的关键时期，既需要政府通过财税等政策优惠、创业及技术创新奖励等政策激励减轻发展负担、提供发展动力，又亟须获得更大的发展空间和市场机会，从而对用地优惠、融资支持、技术创新、人才引进、信息服务等方面政策需求强烈。

发展型企业已经显现出稳健发展的态势，需要考虑如何保持可持续性发展，并进一步扩大再生产，因而，表现出对政府高效规范公共服务的客观要求，也期望维持公平竞争、有序交易的市场秩序，同时，具有资金融取、自主核心技术研发、高素质人才引进以及市场信息服务等方面政策需求。

譬如，针对重要程度或落实难度居于前 3 位的几项政策：直接的财政支持性政策对起步型企业显得更为重要，而对成长型和发展型企业，更需要通过以奖代补的激励性政策予以支持，尤其要在技术创新和研发等领域予以大力支持；金融政策对于以中小企业为主的起步型和成长型企业而言，需要着力于创新融资模式和金融产品、发展新型金融机构、提供担保和提高授信方面，以破解中小企业融资难题，对发展型企业则更多着力于融资规范、融资服务效率和风险防范；绿色通道政策无论对于哪种类型企业，均是着力于简便手续、提高效率；技术政策对于起步型企业而言，更多是技术咨询、推广应用指导、技术难题解决方案等直接帮扶，而对成长型和发展型企业而言，技术创新尤其是自主核心技术攻关显得尤为重要，这既需要政府对科技创新和自主研发予以政策激励，还需要创新手段整合市场资源、吸引社会资本广泛参与技术创新投入与成果转化，特别是培育壮大技术创新服务中介市场；用地政策方面，在村、镇创业的企业受限相对较小，特别是农业创业企业的用地大多由当地政府协调土地流转，比较容易解决，但在市、县创业的企业用地难问题突出，特别是成长型的中小企业，一方面快速扩张亟须土地空间载体，另一方面又受制于发展规模而在地方经济发展中易于被忽略，是用地政策扶持的重点。

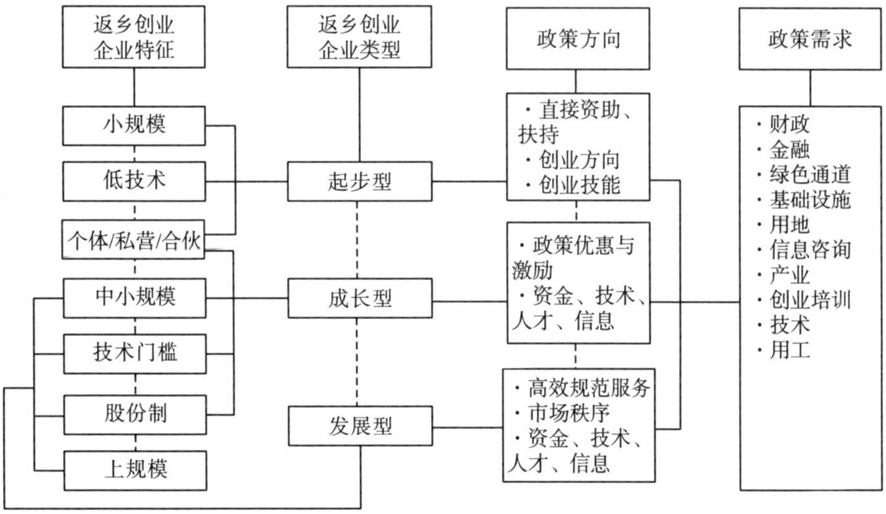

图 7-1　返乡创业分层分类政策扶持示意

7.2.2.2 基于政策供给的视角

根据第 6 章的评估结果，为了进一步改善返乡农民工的创业环境，促进农村经济社会加快发展，在将今后政策的实施方向划分为“改善、加强、重点强化”三类的基础之上，本书提出以下建议作为下一步政府调整政策供给的参考。第一，在政策资源的配置上，要优先实施财税、金融、用地、基础设施、绿色通道以及信息咨询服务等 6 项对农民工返乡创业尤为重要的政策。第二，就扶持政策整体而言，应重点强化扶持政策的宣传工作，并着力提高政策的覆盖面，降低创业者利用政策的难度。第三，就具体政策而言，一是重点强化用工、技术和产业政策的宣传；二是需要特别重视提高金融、用工以及产业政策的覆盖率；三是应大力提高金融、技术和用地政策的落实力度；四是重点改进涉及金融、用地以及基础设施等方面的政府部门的服务质量和水平(见表 7-2)。

表 7-2 政策实施重点及改进方向

内容	重要性	宣传力度	推广力度	落实力度	实施效果
总体政策	很重要	重点强化	加强	加强	改善
财税优惠政策	很重要	加强	改善	改善	加强
金融政策	很重要	加强	重点强化	重点强化	重点强化
用工政策	较重要	重点强化	重点强化	加强	加强
技术政策	较重要	重点强化	改善	重点强化	改善
用地优惠政策	很重要	加强	改善	重点强化	重点强化
基础设施政策	很重要	改善	加强	改善	重点强化
产业政策	较重要	重点强化	重点强化	加强	加强
绿色通道政策	很重要	改善	加强	改善	改善
创业培训政策	较重要	加强	加强	加强	改善
信息咨询服务政策	很重要	改善	加强	加强	加强

7.2.3 加强扶持政策的落实力度

根据表 7-1，创业扶持 10 类政策的落实难度与其政策满意度并不完全正相关，部分政策落实得较好，政策满意度却较差，而部分落实力度较差的政策，满意度却较高。再引入政策知晓度分析(如表 7-3)，我们对第 6 章创业扶持 10 类政策的评价体系实证数据结果进一步归为 4 类，知晓度居前 3 位的政策我们称为知晓度高，居末 3 位的我们称为知晓度低，而第 4～5 位称为较高，6～7 位称为较低；相应的，落实难度居前 3 位的政策为落实差，末 3 位为落实好，4～5 位为较差，6～7 位称为较好；满意度居前 3 位的政策为满意度高，末 3 位为低，4～5 位为较高，6～7 位称为较低。分级评价发现，知晓度高或较高的政策，其政策落实力度与政策满意程度呈正相关；反之，政策知晓度差或较差的政策，除金融政策外，其他各项政策的落实力度与满意度评价结果相悖。

表 7-3　创业扶持 10 类政策分级评价示意

评价分级＼政策		基础设施	绿色通道	信息咨询服务	用地	财税	创业培训	金融	用工	产业	技术
知晓度	分级		高		较高		较低			低	
	排序	1	2	3	4	5	6	7	8	9	10
落实度排序及分级		8—差	9—好	7—较好	3—差	10—好	4—较差	1—差	6—较好	5—较好	2—差
满意度排序及分级		8—低	1—高	4—较高	10—低	5—较高	3—较高	9—低	7—较差	4—较差	2—高

结合前述章节的对政策绩效的影响因素分析数据，对如何加强扶持政策的落实力度，有如下基本判断：

(1)绿色通道政策、信息咨询服务政策和财税政策的知晓度高或较高，而落实度又好或较好、满意度也高或较高，说明这些政策当前的绩效相对较高，下一步需要进一步转变政府职能，提高政策惠及面和政策执行效率。其中，绿色通道政策的重点实施群体是风险厌恶型的创业者，员工人数多、非股份制、位于县及以上城市、经营状况一般的企业；信息咨询服务政策的重点实施群体是风险偏好型的创业者，员工人数少、非股份制以及经营状况好的企业；财税政策的重点实施对象为女性、风险保守型创业者，以及经营困难的企业。

(2)创业培训、技术政策的知晓度低或较低，而满意度高或较高，说明接受过相关政策扶持的创业者满意度都较高，政策知晓度构成影响其政策落实度的重要因素，下一步须着力于创新政策宣传推广手段，大幅提升政策知晓度以提高政策利用度。其中，创业培训政策的重点实施对象为进入创业平台的企业以及经营状况好的企业；技术政策的重点实施对象为位于县及以上城市的企业。

(3)基础设施政策和用地政策知晓度高或较高，而落实度与满意度均差或较差，需要重点从政策设计本身分析原因：基础设施政策可能更多受制于地方政府政策偏好与财政投入能力；用地制度则受制于极其严格有限的地方用地指标管控，地方政府对大企业、大项目的偏好则进一步加大创业扶持用地政策的落实难度。关键是要以统筹城乡的观念扶持农民工返乡创业，在政策上给予返乡创业农民工以“国民待遇”甚至“超国民待遇”，使之与地方经济发展的其他招商引资项目公平竞争；要对农民工返乡创业与新农村建设、传统农业的现代化改造、产业“西进”转移、县城和中心城镇发展等进行统筹规划，平等和科学配置资源，形成农民工返乡创业与这些方面工作的良性互动机制。在资源禀赋较好的地区，农民工创业向非农产业方向发展可能性较大，可以通过建设创业园区，使返乡创业集中发展，以改善基础设施和提供优惠；而在资源禀赋一般的农业地区，重点考虑对下游的农产品深加工龙头企业做园区基础配套，而传统的上游种养殖业，则要着力解决水利、水电、交通等相关问题。对于多数财力有限的地方政府，在加大对返乡创业扶持财政偏向的同时，探索机制体制创新，以规划引领和财政引导，撬动大量社会资本进入，形成多元投入的返乡创业支持体系，是更加可持续的政策方向。其中，基础设施政策的重点实施对象为高学历、已婚以及社会资本单薄的创业者；用地政策的重点实施对象为位于县及以上城市的企业。

(4)用工政策与产业政策的知晓度低或较低，而落实度和满意度均较差，说明这类政策既需要加大政策宣传力度，又需要着力于提高政策的惠及面、降低政策利用成本、简化利用手续等方面以提高政策落实力度。以返乡创业园区为依托配套用工政策和产业政策扶持，是最为直接有效的路径；而根据不同类别企业的实际需求，既充分利用传单、告示、手机、报刊、广播电视等传统信息手段，又大量运用网络新媒体等新兴信息手段，建立创业企业实名登记基础上的综合服务平台，及时发布信息，建立企业间、企业与市场、企业与社会资源间的实时沟通与对接机制，是政策持续发挥作用的关键手段。其中，用工政策的重点实施对象为大专学历的创业者，进入创业平台的企业、位于大城市的企业以及经营状况好的企业；产业政策的重点实施对象为社会资本单薄的创业者，员工人数少的企业、经营高收入的企业以及位于县及以上城市的企业。

(5)金融政策的知晓度较差，而落实度和满意度均相当差，说明金融政策是各项扶持政策中的重中之重，既需要加大政策宣传力度，更需要在金融扶持手段和融资模式创新、政策惠及门槛降低等制度创新层面下大力气，真正破解制约返乡创业企业发展的资金瓶颈老大难问题。金融政策的重点实施对象为已婚、风险偏好的创业，经营年限短、企业人数少、员工月均工资高者以及企业经营状况好的企业。

7.2.4 提高政府服务质量及水平

首先，地方政府须从根本上转变对农民工返乡创业的认识，把返乡创业作为重大民生问题，列入政府重要议事日程，并加强组织领导。创新县域农民工返乡创业工作组织模式。按照现行的行政管理体制，县级政府是具有实施农民工返乡创业扶持政策综合协调能力的最低层级政府。针对一些地方政府只注重“招大引强”，以及政策资源分散在各个部门的局面，本书认为应该首先把创新县域工作组织模式作为推动返乡创业经济发展的重要抓手。在劳务输出基地县试点推广建立“农民工返乡创业工作领导小组”，以县长为组长，各县级部门和乡镇主要负责人为成员。县委、县政府明确将推动农民工返乡创业工作作为各级各部门的“专项工程”，制定与国家、省、市各级各部门密切衔接、系统全面的创业扶持政策，并由县领导小组统一分解任务、协调各部门在政策“宣传—推广—落实”等各个环节上的工作，由部门主要负责人主抓，并落实1名分管领导和多名工作人员具体负责，以构建促进农民工返乡创业的组织保障。

其次，要建立公平的市场准入制度。鼓励和引导返乡创业者进入法律法规未明确禁止准入的行业和领域。建立保障返乡创业者公平参与市场竞争、平等获得生产要素和资源的机制，实施与城镇下岗失业人员相同的创业优惠政策以及对外地客商相同的招商引资政策，享受与工业园区企业相同的社会保险优惠政策。加快推进注册资本登记制度改革，凡国家未限制的行业，一律实行注册资本认缴登记制，由创业者自主约定认缴出资额、出资方式、出资期限，取消最低注册资本金限制，且无须审验注册资本金。放宽对经营场所的限制，凡持有合法有效房地产证明文件，在符合城市规划、安全、环保、卫生、消防等要求的前提下，创业者家庭住所、租借房、临时商业用房在保持原房产性质的前提下均可视为创业经营场所。

其三，应加强政策宣传引导，营造良好创业文化和社会氛围。主要实现三个目标：一是向全社会宣传农民工返乡创业对拓展农村劳动转移就业和增收途径、促进农业现代化、推动新农村建设、加快中西部地区城镇化以及缩小城乡差距和区域差距的重要作用，改变社会对农民工返乡创业的传统歧视，引导全社会尊重、重视和支持农民工返乡创业；二是通过广泛舆论宣传、树立创业典型并予以表彰和奖励，改变农村“小富即安”的传统观念，形成返乡创业示范效应，唤起农民工的创业激情和创业动机，培育农民工返乡创业文化，营造“想创业、敢创业、会创业”的良好社会氛围；三是大力宣传和解读农民工返乡创业扶持政策以及地区产业政策、产业发展方向、可能的商机和各种创业信息，使广大有创业意愿和动机的返乡农民工充分了解、理解和善于利用各项优惠政策，明确创业方向、降低创业成本。通过政府自身和社会的观念转变及行动响应，营造一种崇尚创业、褒奖成功、宽容失败、善待他人的和谐创业环境，充分调动和活跃一切有利于创业的思想观念，强化农民工的创业动机，释放农民工的创业能力，并吸引更多农民工返乡创业，不断放大农民工返乡创业的政策效应，努力形成广大农村“以创业带动就业、以就业促进创业”的良性互动局面。

根据第 6 章政策知晓度影响因素的分析结果可知，影响农民工返乡创业扶持政策知晓度的因素主要来源于政策信息需求方的努力，而政府部门在政策信息的宣传上，还存在很大的不足，因此在宣传主体上应该着重强调提高政府部门对政策宣传的积极性和主动性。就具体的分项政策而言，应该在对创业者进行广泛宣传的基础上，根据不同类型的政策有倾向性地针对不同的政策对象进行重点宣传。财政政策的重点宣传对象为非股份有限公司、未获得政府帮助的企业以及位于大城市的创业企业；金融政策的重点宣传对象为年轻人、男性、无技能者、社会关系单薄者，经营年限长、员工人数多、员工月均工资低、未获得过政府帮助以及位于大城市内的企业；用工政策的重点宣传对象为年轻人、社会关系单薄者以及非股份制企业；技术政策的重点宣传对象为文化程度高者、风险偏好者，非股份制企业以及经营情况差的企业；用地政策的重点宣传对象为风险偏好者、无技能者，非股份制企业以及经营情况差的企业；基础设施政策的重点宣传对象为学历较高者、风险偏好者，非股份制企业以及位于大城市的企业；产业政策的重点宣传对象为低学历者、社会关系单薄者，员工人数多、员工月均工资低、非股份制企业、未获政府帮助以及位于县乡村的企业；绿色通道政策的重点宣传对象为风险偏好者、社会关系单薄者，员工人数多的企业以及非股份制企业；创业培训政策的重点宣传对象为年轻人、社会关系单薄者，员工月平均工资低、未获政府帮助以及位于县乡村的企业；

信息咨询服务政策的重点宣传对象为低学历者、社会关系单薄者，员工月平均工资低、非股份制、未获政府帮助以及位于县乡村的企业。

其四，从转变政府机关工作作风入手，提高行政效率。清理和规范涉及农民工返乡创业的行政审批和收费项目，坚决取缔不合理项目；对各类地方性规费和服务收费，按低限收取，对于从事个体经营的返乡创业农民工，予以一定年限内免收地方政府权限范围内各项管理、登记、证照等行政事业性收费，对在农村合法经营的小商贩免于工商登记，以此鼓励返乡农民工创业；严肃查处对企业吃、拿、卡、要的违规违法行为，畅通企业投诉渠道，及时处理和纠正侵犯企业合法权益、干扰正常经营的违规违法行为；简化农民工返乡创业审批程序和办事流程，归并职责、联合审批，提供一站式服务，提高办事效率，为农民工返乡者提供便捷高效的创业“绿色通道”；加强社会治安综合治理，严厉打击扰乱市场秩序和破坏企业发展环境的违法行为，维护安定、公平的市场秩序。

最后，重构现行创业服务平台体系，改变创业服务主要由政府公共管理部门提供的现状，充分发挥社会资本的力量，培育主体多元化的创业服务平台。二要加强政策执行机构、服务平台内部工作人员的业务培训，提升其政策水平和服务质量。还需不断完善返乡创业公共服务平台，加强技术、信息、投资策划与评估、政策咨询等支持性公共服务，并不断创新政策扶持手段，突破体制机制性阻碍，降低扶持政策利用成本，扩大政策惠及面，使政府扶持政策真正落到实处。

7.3 扶持农民工返乡创业的长期政策选择

正如本书所不断强调的，农民工返乡创业所面临的诸多障碍，表面看是政策环境明显指向城市建设和工业发展，以及农民工群体的人力资本累积不足，但这些表象的背后，在于中国特殊历史条件下形成并由来已久的城乡二元分割的制度体系。在这种制度环境中，政府面临城市偏向的行为激励，而返乡农民工则难以真正成长为独立自主的市场主体。因此，构建农民工返乡创业的长效促进机制，其实质是消除城乡二元的体制机制，并建立城乡一体的政策制度体系，其最终目标，应该是让返乡农民工创业与城市创业者和其他企业主对等享受到“国民化”待遇，包括创业者本身所享受的社会福利以及创业过程中所面临的机会与政策制度环境，从而按照公平竞争、规范有序的市场法则实现有效率的资源配置。

7.3.1 推进以户籍制度为核心的综合配套改革：起点公平与权益对等

现行城市偏向的二元分割体制机制使农民整体陷入缪尔达尔的“循环向下”累积，如若不进行根本性制度变革，仅靠农民工及农民本身的内部积累，将难以冲破桎梏，扭转现行资源配置和利益分配的不公平格局。而建立城乡一体的政策制度体系，核心是消解城乡二元分割的户籍制度以及附着于户籍之上的“二元”社会保障、就业、教育、医疗及其他公共服务等所有差异化权益。

中国为在特殊历史条件下实施重工业赶超的兴国战略，从 1958 年开始建立最严格的城乡二元分割的户籍制度，把农民紧紧捆绑在土地上，从农村攫取资源支持工业化和城市化原始积累。农村家庭承包责任制改革的推进和由此而来的农村生产力与农村剩余劳动力释放，以及由农村经营自由扩大而来的扩大农民社会身份自由的利益诉求，使户籍“坚冰”在 1984 年开始首现裂痕，国务院批转公安部《关于农民进入城镇落户问题的通知》规定：有经营能力、有固定住所或在乡镇企业单位长期务工的，公安机关应准予落常住户口。[①] 农民合法进入城市生活、发展的权利和机会扩大。随后进行的商品粮分配制度改革，则进一步破除“自带口粮”的制度障碍，也在相当程度上推动“民工潮”涌向城市。农民工大量流动的事实，曾一度推动户口制度思想的重大改变和政策思路。1993 年国家关于户籍制度改革总体方案的草案已经提出了统一城乡户籍登记制度、调整户口迁移政策等改革目标，依据居住地登记户口原则，把合法固定居所、稳定职业、稳定生活来源等基础生活条件作为落户的基本条件。”但迫于 1994 年以后的宏观环境，户籍改革的步伐受阻，虽然总体上呈逐步放松趋势，但时至今日，并未有实质性松动。

近年来，随着统筹城乡发展战略的深入实施，四川、重庆、河北、辽宁、山东、广西等省(市、区)或其部分城市，逐步取消农业与非农的二元户籍分割，采取统一的城乡户籍登记管理制度，统称为居民户口，并配合以相关经济社会配套政策改革，北京、上海等也开始放宽人口“农转非”的种种条件限制。但事实上，各地如火如荼的户籍制度改革效果并不尽如人意，改革并未很好解决户籍背后的平等问题，甚至有些地方在大刀阔斧地改革后，又开始退向原来的政策。究其原因，户籍制度改革本身特别是户籍登记管理制度的统一并不复杂，但附加在上面的相关经济社会政策及其利益分配格局却错综复杂，户籍改革的同时不全面推进各种相关经济社会政策的配套改革，户籍管理制度也难以成功推进。不但如此，当农民放弃土地这一过去赖以生存的基本生活保障和社会保障而“农转非”为市民，一方面失去了退耕还林、两免一补等农村优惠措施，另一方面，又因自身缺乏在城市较体面谋生并获取持续收入和发展的技能和素质，反而恶化了其生存发展环境，从而在“城—乡”二元格局未消除的同时，可能在城市产生新的二元格局。这并不是我们乐于见到的，也会极大阻碍经济可持续增长和社会稳定和谐。

户籍制度的改革并不是单一的户籍管理制度改革，而是涉及附着在户籍之上的社会保障、就业、教育、医疗及其他公共服务等所有相关经济社会制度的系统改革，最终的指向，将是传统的属地户籍管理制度转变为身份证管理，公民不再受到地域限制，享受在国土范围内自由迁徙的权利，而一个身份证号码背后，承载的各种合法权益将是“国民化”的平等待遇。

---

① 国际先驱导报. 中国户籍之痛：户籍改革的潘多拉困境［N/OL］. 新华网，2005－11－08，http：//news. xinhuanet. com/herald/2005－11/08/content＿3748470. htm.

当前，成都、重庆等地作为全国统筹城乡综合配套改革“试验区”，已经在这方面进行了积极探索。成都早在2004年开始，即对全市户籍人口实行统一的城乡户口登记管理制度，取消农业人口与非农业人口之分，而以“居民户口”统而概之，至2007年，全市已全面建立起城乡统一的管理户籍登记管理制度，实现了城乡户口一元化登记管理；2010年11月，成都市进一步出台了《关于全域成都城乡统一户籍实现居民自由迁徙的意见》，明确提出行政区划内的成都市公民，只要有固定合法居所和稳定职业，可以在行政区内实现户籍自由迁徙，同时，城乡居民将享受到均等化的公共服务。目前，成都已率先在全国实现了城乡基本医疗保险的全覆盖；此外，以养老保险、基本医疗保险、最低生活保障为主要内容的农村社会保障制度也得以逐步与城市社保制度接轨。成都的“试验”，并不是简单意义上的户口改革，而是一整套制度设计，其核心不是户籍统一管理，而是促进城乡公共服务均等化。

但是，当前在中央层面的改革尚未全面推进的情况下，类似成都的地方性改革，在整体性制度体系构建上仍受到来自上层制度设计的牵制，地方改革如何在政策和资金来源上与中央相对接，是目前遭遇的最大瓶颈。显然，要从根本上扭转以户籍制度为核心的相关经济社会制度变革，将传统的户籍身份标志转变为国民身份背后的职业区分，并最终实现城乡居民的对等权利义务，需要来自最上层的政治认同和不遗余力地推进，并涉及来自不同利益集团的异常复杂的利益博弈，尚有较为长期而艰辛的路要走。

7.3.2 推进以土地制度为核心的农村产权制度改革：微观基础与自我“造血”

建立社会主义市场经济的改革方向，决定了无论是劳动力的流动还是土地等其他生产要素的流动和交易，最终都应该朝向基于自由、公平和规范原则的市场化方向。如果说以户籍制度为核心的一系列综合配套改革是解决农民工创业群体乃至整个农民群体的权利“主体”问题，那么这些独立自主的权利“主体”参与市场竞争，须掌握和运用若干具有清晰产权边界的资产，从而在市场交易中实现资产增值，即实现资产向资本的转变，并以此扩大专业化分工和促进社会财富增长。中国为数巨众的农民实际上占有大量土地等资源，但这些资源在现行制度框架下只是“僵化的资产”，其产权边界模糊不清。在过去市场条件发育不充分、城乡生产要素相互隔绝，农民主要依靠土地获得基本生存保障和社会保障的情况下，模糊产权虽然导致资源配置效率低下，但并不至于因权利相互侵犯而激化矛盾。但随着市场化改革的深入推进，农村剩余劳动力大量外流、农民收入结构不再主要依赖于农业，稀缺性土地资源的争夺也越加激烈，此时，模糊产权不仅使农民合法权益受损，甚至为权利的相互侵占提供“制度便利”并最终激化社会矛盾。

对返乡创业农民工而言，要通过增强自我造血能力并运用自有资源实现与社会资本或金融资本的对接，为创业创造良好经济条件，以土地产权为核心的农村产权制度改革也是构建长效促进机制的关键改革领域。关于农村产权制度改革，有大量专门文献予以深入研究，在此，我们无需赘述。但是，我们认为，无论改革的具体措施如何千差万别，其核心思路和方向在于，把承包经营土地、包括宅基地在内的农村集体建设用地以及房屋等法律赋予农民的财产权益厘清边界，真正赋予和归还农民，并提供具有法律强制力的凭证予以强制性保护；确权的目的在于流转，从而实现农村资源要素的增值和资本化过程，并深刻影响增值收益的分配方式与格局，使农民真正参与市场化改革的“红利”分享，实现农民工及农民群体自我造血、自我积累、增收增益。

农村产权制度改革必然促进城乡要素互通共融，有利于形成城乡统一的要素市场。首先是劳动力要素在城乡间的双向自由流动，未来将形成三批人：“走一批”，即农村人口有序市民化和产权改革后农村劳动力“持权进城”；“留一批”，即从事现代农业发展的现代农民，返乡创业或职业农民；“来一批”，即城市劳动力到农村从事现代农业开发或生产。其次，以土地产权为核心的农村产权在城乡间的自由流动，“做实用益物权主体”是实践中富有意义的探索，作为集体产权的实际用益物权主体，农民持有“边界清晰、权能完整、流转顺畅、保护严格”的产权权能，并借此平等参与市场交易和市场竞争，形成利益扭结下的市场经济专业分工深化和社会协作生产，从而平等分享市场利益。第三，资本要素在城乡间的自由流动，在边界清晰、权能完整且符合自愿、合法、合规原则的前提下，农民以抵押、入股、合伙等各种市场化方式，实现农村产权与社会资本和金融资本对接融合。

7.3.3　推进以“农民主体”培育为核心的社会结构再造：利益诉求与价值观念

户籍制度改革和农村产权制度改革必然伴随政府与市场力量的此消彼长和转换衔接。被还原“平等公民主体”地位和赋予产权权能的农民，既是改革的直接受益者，也是改革的参与与推动者。农民一旦对产权形成良好预期，便有足够激励行使产权，在实践中作为真正意义的市场主体以各种形式积极参与市场交易，并对切身利益“斤斤计较”，必然催生各种以符合市场经济的产权分割机制、成本—收益权衡、投入兑现方式和意愿表达形式组建的农村新型经济联合体。[①] 与此同时，因应农民群体内部日益增强的基于产权合约制衡和保护的权益诉求，以及农村劳动力大量跨区域流动所致的农村社会结构变化，农民群体迫切需要寻求某种“基础政治保障”，在实践中表现出日益增强的民主意识和民主参与意识。各类以农民为主体广泛参与、按照民主票决规则建立的纠纷解决和决策机制逐渐得以发育壮大。这是政府自上而下推动城乡统筹协调发展和保障农民合法权益，与农村基层不断接受市场化、工业化、民主化的意识形态教育和文化启蒙并自下而上主动参与改革、推进改革的双向互促进程。

随着农民群体整体向上的社会流动过程，城乡二元分割体制下业已形成的身份歧视

① 胡雯．中国灌溉系统可持续治理的制度选择与绩效评价：一个嵌套分层的多中心治理视角［M］．成都：四川大学出版社，2011：265.

传导机制和某种社会阶层共有的社会价值观也将逐渐得以扭转。无论在城抑或在乡，农民与城市居民均须从观念、行为、习俗、心理等各方面互通互融，最终从制度及社会价值观念上还原农民作为“平等公民主体”的应有之义。

7.3.4 推进以政府职能转变为核心的社会治理结构变革：管理创新与力量制衡

城市偏向的二元体制机制和增长主义驱动的经济发展模式下，地方政府地方治理与农民工返乡创业的目标函数出现明显偏离。地方政府因应地方财政最大化、GDP为核心的绩效考核以及现行职位晋升制度制约，偏好于投资规模大、见效快、利税产值高的企业和项目引进，易于忽略整体尚处于起步阶段的农民工返乡创业。

当前，低成本积累和扩张的中国经济增长方式已然不可持续，必须转变发展方式。经济发展方式的转变涉及经济、社会甚而政治体制机制的系统性变革：首先是观念转型，即由传统的“增长”观转为“发展”观，由量的扩张转向质的提升；其次是生产转型，即现代产业体系的构建和自主创新驱动；最后是社会治理结构关联主体的转型，总体改革方向将朝向市场化和扁平化，涉及政府、企业和劳动力主体转型。

政府转型是一项专门的重大课题，在此难以全面深入解析。但毫无疑问，改革的总体方向，是从无微不至的“慈父”型强政府转向公民社会下的“多元整合”之路。着眼于本书的研究，二元体制机制的一元化改革必将极大增强分散性农户的组织化程度和讨价还价能力，并与政府和其他社会力量形成相互制衡的新型网络合作伙伴关系。围绕对地方政府行为策略及其制度供给影响最为显著的因素，长效改善返乡创业扶持政策供给应首先着力于三个方面：一是财税体系，要按照财权与事权对等原则，建立包含返乡创业扶持在内的涉农支农中央—地方共同负责制，以县为治理单元组织城乡统筹发展和返乡创业扶持，加大中央和省级政府投入规模和比例，形成各级财政逐年增长的投入机制；突破多头管理格局，厘清部门交叉职能、建立部门联席制度、整合利用分散资金，形成以县为单位统筹资金和项目投入的实施机制。二是绩效考核机制，逐渐弱化GDP指标考核，除选取反映经济运行质量和后续发展动力的指标外，不再进行GDP考核，而应将民生指标及生态文明指标作为核心考核内容；同时，改变“一刀切”的绩效考核方式，根据区域分异特征和区域发展水平实际，分层分类建立弹性考核指标体系，促进区域经济因地制宜、互补共生发展。三是官员晋升制度，扩大公推直选和差额直选范畴，突破地域内、体系内局限公开择优招录、广泛招贤纳才，官员任用程序规范、过程透明、竞争公平；通过政务公开、社会监督、建立健全市民听证会议制度等方式，扩大群众参政、议政和督政的权力和能力；切实发挥各级地方人民代表大会的权力机构作用，真正落实官员对人民代表大会负责制度，形成地方官员真正服务于辖区选民的官员任用考评机制。最终，要构建政府与民间力量相互制衡、民主协商的新型治理结构，从而改进政府执政方式和效力、有效解决多主矛盾和冲突、保障人民群众合法权益，以降低改革成本和提高改革效率。

主要参考文献

埃贡·G. 古贝，伊冯娜·G. 林肯. 2008. 第四代评估[M]. 北京：中国人民大学出版社：前言，9，12

爱德华·S. 奎德. 1982. 公共决策分析[M]. 兰德公司：24

白南生，何宇鹏. 2002. 回乡，还是外出？——安徽四川二省农村外出劳动力回流研究[J]. 社会学研究，(3)：64-78

白南生，何宇鹏. 2003. 回乡，还是进城——中国农民外出劳动力回流研究[R/OL]. 中国网，http：//www. china. com. cn/chinese/zhuanti/mingong/351589. htm[2003－06－23]

包国宪，等. 2006. 政府绩效评价中的“顾客导向”探析[J]. 中国行政管理，(1)：29-32

彼得·F. 德鲁克. 2002 创新与创业精神[M]. 上海：上海人民出版社：43

蔡昉，王德文，都阳. 2008. 中国农村改革与变迁：30 年历程和经验分析[M]. 上海：格致出版社，上海人民出版社：5-7，76，89-93，129，167-169

曹现强. 2007. 当代英国公共服务改革[D]. 山东大学：8

陈维. 2009. 农民工的迁移流动对农村留守老人家庭养老的影响[J]. 商丘职业技术学院学报，(06)：31-33

陈振明. 1998. 政策科学[M]. 北京：中国人民大学出版社：337，347，356-360，362，478

程同顺. 2005. 利益集团理论与中国农民的组织化[J]. 社会科学(3)：17-23

程伟，张红. 2012. 农民工返乡创业对村落社会结构变迁的影响研究——基于村落终结的视角[J]. 农村经济，7：109-112

崔传义. 2008. 进入 21 世纪的农民工回乡创业[J]. 经济研究参考，(31)：40-43

邓恩. 2010. 公共政策分析导论(第二版)[M]. 谢明等译. 北京：中国人民大学出版社：3-6，13，53，335-338

邓鸿勋，陆百甫. 2006. 走出二元结构：农民工、城镇化与新农村建设[M]. 北京：中国发展出版社：228

邓祖善. 1996. “民工潮”向“创业潮”的转移[J]. 管理世界，6：202-203

丁孟春，李泓欣. 2009. 吉林省返乡农民工创业现状分析与政策建议[J]. 工业技术经济，(12)：47-48

董伟才. 2007 农民工回乡创业亟需破解五大难题[J]. 学习月刊，(9)：55-56

杜敏. 2007. 关于农民工返乡创业情况的调查报告——以重庆市永川区为例[J]. 重庆文理学院学报(自然科学版)，(4)：110-112

费杰. 2008. 农民工返乡创业的障碍因素及对策[J]. 行政与法，9：48-50

工信部等四部委. 2011. 中小企业划型标准规定[Z]

勾红洋. 2010. 低碳阴谋[M]. 太原：山西经济出版：160-181

郭军盈. 2006. 中国农民创业问题研究[D]. 南京农业大学博士学位论文：54-55

郭正模. 2006. 新农村建设背景下的四川劳务输出产业[J]. 四川省情，(10)：29-30

国际先驱导报. 2005. 中国户籍之痛：户籍改革的潘多拉困境[N/OL]. 新华网，http：//news. xinhuanet. com/herald/2005－11/08/content _ 3748470. htm. [2005－11－08]

国家发展改革委员会，水利部，建设部. 2007. 水利发展“十一五”规划[Z]

国家统计局. 2014. 2013 年全国农民工监测调查报告[EB/OL]. http：//www. stats. gov. cn/tjsj/zxfb/201405/t20140512 _ 551585. html[2014－05－12]

国家统计局农村社会经济调查总队. 2003. 农民收入调查与研究[M]. 北京：中国统计出版社：421-494

国家统计局住户调查办公室. 2011. 新生代农民工的数量、结构和特点[EB/OL]. 中华人民共和国国家统计局网站[2011－03－11]

国务院发展研究中心《国际金融危机对农民工就业的影响及对策研究》课题组. 2010. 农民工就业总体态势与政策因应：对19个省(区、市)107个村的调查[J]. 改革，(06)：5-24
国务院发展研究中心《农民工回乡创业问题研究》课题组. 2008. 农民工回乡创业现状与走势：对安徽、江西、河南三省的调查[J]. 改革，(11)：15-30
国务院研究室课题组. 2006. 中国农民工调研报告[M]. 北京：中国言实出版社：103
韩俊，崔传义. 2008. 我国农民工回乡创业面临的困难及对策[J]. 经济纵横，(11)：3-8
韩俊，崔传义. 2008. 做好农民工回乡创业这篇大文章[J]. 农村金融研究，(5)：12-15
韩俊. 1994. 跨世纪的难题——中国农业劳动力转移[M]. 太原：山西经济出版社：125
何树全. 2012. 中国农业支持政策效应分析[J]. 统计研究，(1)：43-48
何太平. 1997. 地方政府的双重身份与经济行为[J]. 社会主义研究，(2)：37-40
河南省人民政府办公厅. 2008. 关于认真做好农民工回乡创业工作的通知(豫政办[2008]10号)[Z]
贺聪志，叶敬忠. 2010. 农村劳动力外出务工对留守老人生活照料的影响研究[J]. 农业经济问题，(03)：46-53
贺恒信. 2009. 政策科学原理[M]. 兰州：兰州大学出版社，02，18，201，209
贺雪峰. 2011. 农村：中国现代化稳定器与蓄水池[N/OL]. 中国改革论坛，http：//www. chinareform. org. cn/Economy/Agriculture/Forward/201105/t20110505_108470. htm. [2011－05－03]
侯水平. 2007. 劳务输出对四川社会经济发展的影响分析[J]. 四川省情，(06)：20-21
胡俊波. 2007. 禀赋、不确定性与转型期农村劳动力转移[D]. 西南财经大学博士学位论文，6：29-30，50
胡俊波. 2009. 困境与突破：扶持农民工返乡创业的理论分析框架[J]. 农村经济，(6)：113-116
胡俊波. 2010. 制约农民工返乡创业的现实因素分析——来自四川省金堂县的调查[J]. 农村经济，(11)：113-116
胡雯. 2011. 中国灌溉系统可持续治理的制度选择与绩效评价：一个嵌套分层的多中心治理视角[M]. 成都：四川大学出版社：96-97，265，267-268
胡雯，胡俊波，张毓峰. 2013. 农民工返乡创业历史流变：阶段演进及内在逻辑[J]. 农村经济，(8)：97-101
湖南省劳动保障厅. 2009. 关于做好春节后农民工就业工作有关问题的通知(湘劳社工字〔2009〕21号)[Z]
黄季焜，等. 2008. 制度变迁和可持续发展：30年中国农业与农村[M]. 上海：格致出版社，上海人民出版社：181-182，191
黄平. 2010. 重建社区公共性—新农村社区建设的实践与思考[EB/OL]. http：//finance. sina. com. cn/review/fxzs/20100308/17187522816. shtml[2010－03－08]
加里·S. 贝克尔. 1987. 人力资本：特别是关于教育的理论与经验分析[M]. 北京：北京大学出版社：42-43
江西省人社厅. 2009. 关于扶持返乡农民工就业创业的若干意见(试行)(赣劳社就[2009]14号)[Z]
江泽民. 1997. 在中国共产党第十五次全国代表大会上的报告[Z/OL]. 中华人民共和国中央人民政府网站，http：//www. gov. cn/test/2008－07/11/content_1042080_3. htm[1997－09－12]
交通部部长李盛霖谈“十一五”农村公路建设[N/OL]. 新华网，http：//news. xinhuanet. com[2006－02－06]
截维斯 L E，诺斯 D C. 2003. 制度创新的理论：描述、类推与说明[A]. 财产权利与制度变迁—产权学派与新制度学派译文集[C]. 上海：上海三联书店，上海人民出版社：302
金旼旼. 2012. “三线作战”的比较优势[J]. 瞭望，(14)：20-21
经济参考报. 2008. 沿海企业破产倒闭严重[EB/OL]. 新华网，http：//jjckb. xinhuanet. com/wzpd/2008－12/08/content_132559. htm[2008－12－08]
坎贝尔·R. 麦克南，等. 2004. 当代劳动经济学[M]. 北京：人民邮电出版社：81
柯健. 2008. 从劳务输出源头入手维护农民工社会保障权益——基于社会保障制度衔接的思考[J]. 经济管理学院学报，(01)：18-20
拉坦 V W. 2003. 诱致性制度变迁理论[C]. 财产权利与制度变迁—产权学派与新制度学派译文集. 上海：上海三联书店，上海人民出版社：331，338-339.
李刚，王再文. 2010. 金融危机背景下中西部县域经济发展的路径选择——由“打工经济”向“创业经济”擅变[J].

新视野，(01)：15-16
李萍，等. 2011. 统筹城乡发展中的政府与市场关系研究[J]. 北京：经济科学出版社：1-4，73-76，182
李强. 1996. 现代化与中国社会分层结构之变迁[J]. 教学与研究，(3)
李盛仁. 2012. 金融危机以来我国出口产品遭遇技术贸易壁垒统计分析[N]. 金融时报，2012－02－20(010)
厉以宁. 2011. 承接产业转移和次发达地区面临的机遇与挑战[J]. 中国市场·智库版，(11)：3-7
梁平. 2009. 政策科学与中国公共政策[M]. 重庆：重庆大学出版社，07：8-9
林纯洁. 2008. 美国的过度消费如何将全球引入灾难[N]. 第一财经日报，2008－10－27(A06)
林斐. 2001. 对百名“打工”回乡创业农民的问卷调查及综合分析[J]. 江淮论坛，(4)：64-67
林斐. 2002. 对安徽省百名“打工”农民回乡创办企业的问卷调查及分析[J]. 中国农村经济，3：72-76
林毅夫. 1994. 制度、技术与中国农业发展[M]. 上海：上海三联书店出版社：95
林毅夫. 2003. 诱致性制度变迁与强制性变迁：关于制度变迁的经济学理论[A]. 财产权利与制度变迁—产权学派与新制度学派译文集[C]. 上海：上海三联书店，上海人民出版社：371-399
刘光明，宋洪远. 2002. 外出劳动力回乡创业：特征、动因及其影响——对安徽、四川两省四县 71 位回乡创业者的案例分析[J]. 中国农村经济，3：65-71
刘健俊. 2012. 浅谈美国量化宽松政策及扭曲操作政策[J]. 财经界(学术版)，(04)：36-37. 新浪财经. 美联储推出 QE3 每月额度 400 亿美元[EB/OL]. http：//www. sina. com. cn[2012－09－14]
刘庆宝. 2009. 金融危机背景下农民工返乡创业条件分析与对策思考[J]. 乡镇经济，10：81-84
刘霞辉，张平，张晓晶. 2008. 改革年代的经济增长与结构变迁[M]. 上海：格致出版社，上海人民出版社：184-185，187-191，295-297
刘小春，李婵，朱红根. 2011. 农民工返乡创业扶持政策评价及其完善——基于江西省 1145 个返乡农民工调查数据[J]. 农村经济，6：101-104
卢锋. 2014. 中国经济失衡的通胀表现[EB/OL]. http：//www. ftchinese. com/story/001057922? page = 2 [2014－08－29]
陆大道，刘毅，樊杰，等. 2000. 1999 中国区域发展报告[M]. 北京：商务印书馆：108，109
陆文军. 2012. 中国外贸找寻下一个“春天”[J]. 瞭望，(14)：6-9
罗忠勇. 2010. 农民工及其各职业群体工资性别差异之比较分析——基于珠三角农民工的追踪数据：2006～2008 年[J]. 中国农村经济，(9)：59-67
牟文建，刘小娟. 1997. 缺乏政策性引导“返乡创业”难出效益[J]. 中外企业家，3：37
聂华林，李光全. 2009. 金融危机下劳务经济与中国农村经济协调发展的审视[J]. 中南财经政法大学学报，(06)：130-135
“农民流动与乡村发展”课题组. 1999. 农民工回流与乡村发展——对山东省桓台县 10 村 737 名回乡农民工的调查[J]. 中国农村经济，(10)：63-67
农民工回乡创业问题研究课题组. 2009. 农民工回乡创 业现状的调查与政策建议[N/OL]. 人民网，http：//finance. people. com. cn/nc/GB/8751401. html[2009－02－05]
诺斯 DC. 1999. 经济史中的结构与变迁[M]. 上海：上海三联书店，上海人民出版社：24-25
庞东梅. 2012. 积极运用贸易规则 加快产品结构转型 我外贸出口在应对贸易摩擦中努力前行[N]. 金融时报，2012－10－18
乔·B. 史蒂文斯. 1999. 集体选择经济学[M]. 上海：上海三联书店，上海人民出版社：122-123
青木昌彦. 2004. 比较制度分析[M]. 周黎安译. 上海：上海远东出版社：243-245
全国妇联儿童工作部. 2011. 农村留守流动儿童状况调查报告[M]. 北京：社会科学文献出版社：10-13
沈新坤，张必春. 2009. 农民工“返乡潮”背景下的农村基层治理困境及其对策[J]. 安徽农业科学，37(28)：13881-13884
石智雷，谭宇，吴海涛. 2010. 返乡农民工创业行为与创业意愿分析[J]. 中国农村观察，(5)：25-37

四川省人民政府. 2009. 关于促进农民工稳定就业切实解决失业返乡农民工有关问题的意见(川府发[2009]13)[Z]
宋振远. 2009. 2000万失业农民工返乡之后[N]. 中国青年报，2009—2—11
孙韶华. 2011. 贸易摩擦现新局四大趋势成焦点[N]. 经济参考报，2011—12—09(022)
陶怀颖. 2006. 解决农民工工资问题的建议[A]//国务院研究室课题组. 中国农民工调研报告[R]. 北京：中国言实出版社：213-214
田松青. 2010. 农民工返乡创业的政府支持体系研究[J]. 中国行政管理，11：94-97
王爱民，赵浩兴. 2011. 后危机时代农民工返乡创业的影响因素研究—基于问卷调查数据的实证分析[J]. 湖南农业科学，(19)：151-154
王春光. 2006. 我国城市就业制度对农村流动人口生存和发展的影响[J]. 浙江大学学报，9：5-15
王丽慧，王玮，王璐. 2010. 河北省农民工返乡创业的障碍因素及对策[J]. 商业时代，(28)：129-130
王宁，刘娟娟. 2011. 关注空巢老人[EB/OL]. http：//news. sina. com. cn/c/sd/2011—02—28/150122027881. shtml[2011—02—28]
王西玉，崔传义，赵阳. 2003. 打工与回乡：就业转变和农村发展——关于部分进城民工回乡创业的研究[J]. 管理世界，7：99-109
王小广. 2012. 看清美欧再工业化本质和机遇[J/OL]. 财经国家周刊，http：//news. hexun. com/2012—03—21/139568703. html[2012—03—19]
王运宝. 2007. 农民工“归巢”创业渐成气候[J]. 乡镇论坛，18：43-45
王郁昭. 1994. “民工潮”推动“创业潮”[J]. 中国国情国力，7：6-7
温铁军. 2001. 农户信用与民间借贷研究：农户信用与民间借贷课题主报告[R/OL]. 中经网50人论坛[2001—06—07]
吴红宇. 2007. 农村劳动力迁移动机与制度冲突研究[D]. 暨南大学博士学位论文：62-74
吴敬琏. 2010. 当代中国经济改革教程[M]. 上海：上海远东出版社：98
吴晓邦，李艳，唐雯. 2007. 陕西：农民工回乡创业情况的调查与思考[N]. 陕西日报，2007—06—13
吴旭. 2008. 关于中国农村留守妇女现状问题的综述[J]. 法制与社会，(01)：234
辛乔利，孙兆东. 2008. 次贷危机[M]. 北京：中国经济出版社：111-187
新华社. 2008. 2004年中央经济工作会议. 中华人民共和国中央人民政府网站，[EB/OL]. http：//www. gov. cn/test/2008—12/05/content_1168928. htm[2008—12—5]
熊智伟，王征兵. 2011. 农民工返乡创业意愿影响因素实证研究———基于江西省262名返乡创业农民工的调查数据[J]. 统计与信息论坛，(11)：103-108
徐鸿. 2004. “两改”后国家电网公司系统的财务风险及其对策[J]. 农电管理，(3)
徐晋，赵彬. 2010. 农民工返乡创业问题调查[J]. 浙江经济，(16)：44-45
许传新. 2010. 西部农村留守妇女家庭压力及其影响因素分析[J]. 人口与经济，(01)：73-74
许经勇. 2009. 中国农村经济制度变迁六十年研究[J]. 厦门：厦门大学出版社：177，187-192
许均平. 2010. 基于DEA方法的农村信贷政策效应评估研究[J]. 金融与经济，(5)：60-64
阎小培，林初升，许学强. 1994. 地理·区域·城市：永无止境的探索[M]. 广州：广东高等教育出版社
阳立高，等. 2008. 农民工返乡创业问题研究—基于对湖南省的实证分析[J]. 经济问题，4：85-88
杨帆，张弛. 2008. 利益集团理论研究：一个跨学科的综述[J]. 管理世界，(3)：159-164
杨舸，孙磊. 2010. 从“民工慌”到“民工荒”—“后金融危机”时代对农民工就业问题的反思[J]. 中国青年研究，(01)：69-74
姚洋. 2008. 作为制度创新过程的经济改革[M]. 上海：格致出版社，上海人民出版社：39，134-135，138
叶敬忠，吴惠芳. 2009. 丈夫外出务工对留守妇女婚姻关系的影响[J]. 中州学刊，(03)：130-134
詹姆斯·E. 安德森. 2009. 公共政策制定(第五版)[M]. 谢明等译. 北京：中国人民大学出版社：246-248
张国庆. 1997. 现代公共政策导论[M]. 北京：北京大学出版社，9：49，186，194

张金马. 1992. 政策科学导论[M]. 北京：中国人民大学出版社：1-2，240
张莉，冷崇总. 2009. 金融危机下农民工就业问题的思考[J]. 价格月刊，(03)：52-56
张明林，喻林，傅春. 2009. 金融危机和产业转移背景下农民工返乡创业对策研究[J]. 求实，5：53-55
张善余，杨晓勇. 1996. “民工潮”将带来“回乡创业潮”—以安徽省阜阳地区为例[J]. 人口与经济，1：43-47
张文彤，闫洁. 2004. SPSS统计分析基础教程[M]. 北京：高等教育出版社，9：115，167
张晓辉. 1999. 农村劳动力就业结构研究[J]. 中国农村经济，(10)：68-72
赵浩兴，张巧文. 2011. 内地农民工返乡创业与沿海地区外力推动：一个机制框架[J]. 改革，3：60-68
赵俊超，孙慧峰，朱喜. 2005. 农民问题新探[M]. 北京：中国发展出版社：175
赵曼，刘鑫宏，顾永红. 2008. 制约瓶颈与对策思考—基于湖北省 15 县 67 名返乡创业者的纪实调查[J]. 经济学研究，(6)：68-73
赵树凯. 2008. 农民流动 30 年[J]. 农村工作通讯，12：21-23
郑雄伟. 2011. 中国正处于国际产业转移的核心地带[EB/OL]. http：//gb. cri. cn/27824/2011/09/20/3245s3378676. htm[2011－09－20]
中共中央，国务院. 2007. 关于积极发展现代农业扎实推进社会主义新农村建设的若干意见[Z]. 2007－01－29
中华人民共和国国务院. 1990. 关于做好劳动就业工作的通知(国发[1990]28 号)[Z]. 1990－04－27
中华人民共和国农业部. 1989. 关于乡镇企业情况和治理整顿意见的报告[Z]. 1989-10. 转引自：蔡昉，王德文，都阳. 2008. 中国农村改革与变迁：30 年历程和经验分析[M]. 上海：格致出版社，上海人民出版社：91
钟甫宁. 2003. 农业政策学[M]. 北京. 中国农业出版社，3：76
周春霞. 2012. 农村空心化背景下乡村治理的困境与路径选择—以默顿的结构共能论为研究视角[J]. 南方农村，(3)：68-73
周其仁. 2002. 产权与制度变迁：中国改革的经验研究[M]. 北京：社会科学文献出版社：1，3-4
周其仁. 2005. 产权与制度变迁—中国改革的经验研究[M]. 北京：北京大学出版社：56
周祝平. 2009. 农村留守老人的收入状况研究[J]人口学刊，(05)：32-37
朱红根，等. 2010. 劳动力输出大省农民工返乡创业意愿影响因素的实证分析—基于江西省 1145 个返乡农民工的调查数据[J]. 中国农村观察，5：38-47
朱红根，等. 2011. 农民工返乡创业政策满意度影响因素分析[J]. 商业研究，(2)：143-148
朱红根，解春艳. 2012. 农民工返乡创业企业绩效的影响因素分析[J]. 中国农村经济，4：36-46
子午. 2011. 农村“空心化”拷问基层社会管理[J]. 今日中国论坛，(11)：60-62
邹德慈. 2010. 我国城镇化发展的多路径思考/《中国城市发展报告》编委会. 中国城市发展报告(2009)[R]. 北京：中国城市出版社
Baumol W J. 1968. Entrepreneurship in economic theory[J]. The American Economic Review，58 (2)：64-71
Cooper A C，Dunkelberg W C. 1986. Entrepreneurship and paths to business ownership[J]. Strategic Management Journal，7(1)：53-68
Erik H，Lusardi A. 2004. Liquidity constraints，household wealth，and entrepreneurship[J]. Journal of Political Economy，112(2) ：319-347
Evans D S，Jovanovic B. 1989. An estimated model of entrepreneurial choice under liquidity constraints[J]. Journal of Political Economy，97 (8)：8-27
Fairlie R W. 1999. The absence of the African-American owned business：an analysis of the dynamics of self-employment[J]. Journal of Labor Economics，17 (1)：80-108
Fornell C，Johnson M D，Anderson E W，et al. 1996. The American customer satisfaction index：nature，purpose，and findings[J]. Journal of Marketing，60 (10)：7-18
Friedmann J，Douglass M. 1975. Agropolitan Develop-ment：towards a New Strategy for Regional Planning in Asia [M]. LosAngeles：University of California

Green R H, Hymer S H. 1966. Cocoa in the Gold Coast: a study in the relations between African farmers and agricultural experts[J]. The Journal of Economic History, 26(3): 299-319

Hall R E, Kasten R A. 1976. Occupational mobility and the distribution of occupational success among young men[J]. American Economic Review, 66(2): 309-315

IMF. 2014. World economic outlook[J]. Washington D C : International Monetary Fund: 181-187

Jurgen H. 1989. The Structural Transformation of the Public Sphere[M]. The MIT Press

Lazea E P. 2005. Entrepreneurship[J]. Journal of Labor Economics, 23(4): 649-680

Leibenstein H. 1968. Entrepreneurship and development[J]. American Economic Review, 58(2): 72-83

Lewis S R Jr. 1968. Pakistan's development: social goals and private incentives by Gustav F. Papanek[J]. The American Economic Review, 58(5): 1394-1397

Nachmias D. 1979. Public Policy Evaluation: Approaches and Methods[M]. New York: St. Martin Press

Praag C M V, Cramer J S. 2001. The roots of entrepreneurship and labour demand: individual ability and low risk aversion[J]. Economica, New Series, 68(269) : 45-62

Schmitz J A Jr. 1989. Imitation, entrepreneurship, and long-run growth[J]. Journal of Political Economy, 97(3): 721-739

Solow R M. 1957. Technical change and the aggregate production function. The Review of Economics and Statistics, 39(3) : 312-320

Vedung E. 1997. Public Policy and Program Evaluation. New Brunswick(U. S. A) and London(U. K): Transaction Publishers

后　记

本书是在国家社科基金青年项目“劳务输出大省扶持农民工返乡创业研究：制度困境与政策选择”(项目编号 09CJY060)的基础上形成的。从 2009 年立项至今出版，转眼已经数度春秋，其间经历了 5 年时间的调研、写作，1 年多时间的结项、编辑出版。时光荏苒，但其中的点点滴滴似乎就在眼前。

记得课题立项之初，四川省社会科学界联合会魏凤琴主任到四川省社会科学院来给当年新立项的课题负责人作辅导讲座时，对大家说：“国家社科基金项目，立项难，结项更难！望各位高度重视”。这句话让我感到国家社科基金项目负责人肩负的责任和压力，这种压力一直伴随着这个项目推进的全过程。感谢魏凤琴主任的告诫，正是这种负重前行的压力，砥砺着我和课题组成员竭尽全力地去完成这项国家级课题。

对农民工返乡创业问题的研究涉及对两类人群的调查，一是返乡但尚未创业的农民工，二是返乡且已经开始创业的农民工。农民工返乡具有明显的周期性，农历春节前后是农民工集中返乡的时期，也是课题组对那些返乡但尚未创业的农民工进行调查访谈的最佳时期，但是这个窗口期却非常短，大致半个月时间。为了抓住这个宝贵的窗口期，“问卷！问卷！”便成了那段时间所有工作的重心，因为一旦哪个环节出现纰漏，导致当年的数据出现缺失，这种不可逆的损失将对我们的研究工作造成巨大的打击。幸运的是，这种令人担心的局面并未出现，课题组最终获得了极其珍贵的、连续四年的一手数据。相对而言，返乡已经创业的农民工的流动性不大，不存在调查的窗口期问题，但是调研过程却也非常艰辛。尽管目前返乡农民工创业领域已经拓展到机械、电子、医药、卫生等领域，但是农林牧渔仍旧是创业比例最高的行业。这些创业者分布在广阔的农村天地，有时从一个调查点到另一个调查点需要翻过几个山头，碰到这种情况，顺利的话一天调查两个就很不错了。最揪心的情况是，翻过几个山头，却发现受访者有事外出不在家。对我们来说，每一份问卷都是那么宝贵，它不仅意味着在对数据做计量分析的时候多了一个“自由度”，它还承载着课题组艰辛的劳动与付出。

在和创业者们交流的过程中，课题组切身感受到了他们创业过程中的酸、甜、苦、辣，既有初创过程的意气风发，也有身处困境的迷茫徘徊，更有历尽波折之后的柳暗花明。一位创业者的困惑给我留下了深刻印象，言犹在耳。这位创业者投资 1000 多万元，流转村民的土地，修建了包括 1 座小型水库在内的渔业生产设施，每年仅养鱼的饲料成本都要花 1000 多万元，资金链非常紧张，急需银行贷款。但是这些生产设施在银行那里却被视为临时设施，无法充当抵押物。交流过程中他表示：“我就有点想不通，搞工业的

(人)修的厂房、买的设备就算固定资产，银行那里就可以认。我们搞农业的(人)，同样是投资，功能是一样的，都是用于生产，为啥子我们的(投资)就不能算固定资产?！就不能用于抵押?!”是啊，同样是用于生产，怎么就能有不同的待遇呢?

直面创业者们的迷惑、困难，那一张张问卷其实不能被简单地看作为“问卷”，它更多的是创业者心声和期望的反映。需要研究者把这些调研结果及时反馈给政府及社会大众，大家形成合力，一起推动对这些问题的解决。课题组通过撰写学术论文、政策建议，参加座谈会、研讨会，承担政府部门委派的课题，甚至直接参与相关政策的制定等多种方式把我们的研究成果传递出去，以期尽到研究者的应尽之责。课题组先后在《社会科学研究》、《财经科学》、《宏观经济管理》等CSSCI来源期刊上发表10篇学术论文；有3份政策建议获得了四川省主要领导的批示；2012年6月12日向来川开展“城镇建设和城乡统筹发展若干问题”专题调研的全国人大财经委调研组汇报了农民工返乡创业过程中面临的各种问题；2012年11月22日参加“四川省农民创业促进工作研讨会”并作主题发言，与出席会议的四川省各地市(州)以及相关试点县的主管部门负责人进行深入交流；2013年把阶段性成果(创业扶持政策绩效评估体系)应用于四川省经济和信息化委员会组织的《四川省创业型小微企业发展情况研究》中；2014年6~7月参加四川省《关于进一步支持中小微实体经济企业加快发展的若干政策措施》文件的起草工作。

本书是全体课题组成员集体智慧的结晶，参与编写的人员及具体分工如下：由胡俊波负责总体框架设计、统稿、修改和定稿，并撰写第1章、第4章、第5章、第6章；胡雯撰写第2章、第7章；竹俊撰写第3章。袁安贵、陶恒、邵兴全、文国权参加了课题的调研与讨论。

感谢国家社科基金和四川省社会科学院的资助，让这部40多万字的学术专著能够得以出版。感谢我院“三农”问题专家郭晓鸣研究员对青年学者的殷切关怀与期望，为课题调研提供了巨大的帮助，百忙之中为本书作序，并对本书作出积极评价。四川省社科联、四川省社科院的领导，及相关科研职能处室等部门对本书的形成做了大量的管理工作。在本书的写作过程中还得到了杜受祜研究员、李萍教授、蒋永穆教授、张克俊研究员、李忠鹏研究员等专家的指点，感谢他们对本书给予的有益建议和帮助。在调研过程中还得到了遂宁市、金堂县、泸县、岳池县、叙永县、中江县相关部门的支持和帮助。科学出版社的孟锐编辑付出了辛勤的劳动。在此，向所有关心和支持本书出版的单位、专家和有关同志表示诚挚的谢意！

胡俊波

2015年12月